최신시사상식

231집

Contents

2024년 10~12월 주요 시사

상식 요모조모

특집 ············ 230

TEST ZONE

최신시사상식 231집

초판인쇄: 2025. 1. 2. **초판발행:** 2025. 1. 5. **등록일자:** 2015. 4. 29 **등록번호:** 제2015-000104호 **발행인:** 박 용 **편저자:** 시사상식편집부
교재주문: (02)6466-7202 **주소:** 06654 서울시 서초구 효령로 283 서경빌딩 **표지 디자인:** 정재완 **발행처:** (주)박문각출판
이메일: team3@pmg.co.kr **홈페이지:** www.pmg.co.kr

정가 11,000원 ISBN 979-11-7262-501-6

사진 출처: 연합뉴스

Must Have News

"민주당 등 야6당이 12월 4일 윤석열 대통령의 12·3 비상계엄 선포에 따른 탄핵소추안을 발의했다. 12월 7일 이뤄진 첫 번째 탄핵안 표결은 국민의힘 의원 대다수의 불참으로 투표가 불성립됐으나, 14일 두 번째 탄핵안이 가결되면서 윤 대통령의 운명은 헌법재판소로 넘어가게 됐다."

尹 대통령 탄핵안 국회 가결 헌재 탄핵심판 절차 돌입

윤석열 대통령이 12월 3일 밤 긴급담화를 통해 비상계엄을 선포하는 사상 초유의 사태가 일어났다. 그러나 국회의 즉각적인 해제 결의안 가결로 사태는 6시간 만에 마무리됐고, 민주당 등 야6당은 12월 4일 윤 대통령의 비상계엄 선포를 사유로 한 탄핵소추안을 발의했다. 12월 7일 이뤄진 첫 번째 탄핵안 표결은 국민의힘 의원 대다수의 불참으로 투표가 불성립됐으나, 14일 두 번째 탄핵안이 가결되면서 윤 대통령의 운명은 헌법재판소의 탄핵심판 절차로 넘어가게 됐다.

트럼프, 11·5 미국 대선 승리 4년 만의 재집권

도널드 트럼프 미국 공화당 대선 후보 겸 전 대통령이 11월 5일 치러진 대선에서 승리하며 제47대 미국 대통령에 당선됐다. 「다시 미국을 위대하게」를 내건 트럼프 당선인이 4년 만에 재집권에 성공하면서 향후 국제 정세에도 큰 변화가 예고되고 있다. 무엇보다 공화당이 대선과 같은 날 치러진 상·하원 선거에서도 다수당을 차지하며 「트리플 크라운(Triple Crown)」을 달성, 트럼프의 행보는 4년 전보다 더욱 강력해질 것으로 전망된다.

시리아 반군, 내전 승리 선언 알아사드 53년 철권통치 종식

이슬람 무장세력 「하야트 타흐리르 알샴(HTS)」을 주축으로 한 시리아 반군이 12월 8일 수도 다마스쿠스를 점령하고 내전 승리를 선언했다. 반군의 수도 진격에 시리아를 철권통치해온 바샤르 알아사드 대통령은 러시아로 도피했다. 이로써 2011년 「아랍의 봄」을 계기로 촉발된 시리아 내전은 발발 13년 9개월 만에 막을 내렸으며, 53년간 이어졌던 알아사드 일가의 철권통치도 종식됐다.

尹 내란 일반특검법·김건희 특검법 국회 본회의 통과

윤석열 대통령의 12·3 비상계엄 사태와 관련해 내란 행위 진상규명을 할 특별검사 임명안이 12월 12일 국회 본회의를 통과했다. 내란 특검법은 윤 대통령의 비상계엄 선포와 관련한 위법성을 조사하기 위한 법안으로, 윤 대통령을 비롯해 김용현 전 국방부 장관, 한덕수 국무총리 등을 수사 대상으로 명시했다. 또 김건희 여사의 도이치모터스 주가조작 사건 진상규명 등을 위한 4번째 특검법안도 이날 본회의에서 가결됐다.

2025년도 예산안 통과
헌정 사상 첫 감액 예산

국회가 12월 10일 총지출 673조 3000억 원 규모의 「2025년도 예산안」을 의결했다. 이날 본회의를 통과한 예산안은 정부안(677조 4000억 원)에서 증액 없이 총 4조 1000억 원이 감액된 야당 단독 수정안이다. 가장 큰 규모로 감액된 분야는 예비비로, 정부가 편성한 4조 8000억 원에서 절반인 2조 4000억 원이 삭감됐다. 특히 대통령실·검찰·감사원·경찰의 특활비와 특경비의 경우 전액 삭감됐다.

대한항공-아시아나항공,
4년 만에 합병 절차 마무리

대한항공이 12월 11일 아시아나항공 지분 63.9%를 모두 인수했다고 밝히면서, 4년간 이어진 대한항공과 아시아나항공의 기업결합 절차가 마무리됐다. 이로써 통합 항공사는 수송량 기준 글로벌 순위 11위로 급상승하며 10위권 진입을 앞두게 됐다. 다만 향후 두 항공사의 마일리지 통합 문제, 중복 노선 정리, 임직원의 화학적 결합 등 해결해야 할 과제도 적지 않을 것으로 전망된다.

대법, 통상임금 「고정성」 요건
11년 만에 폐기

대법원 전원합의체가 12월 19일 재직 중이거나 특정 일수 이상 근무한 경우에만 지급하는 조건부 정기 상여금도 통상임금에 해당한다는 판결을 내렸다. 지금까지는 상여 등의 지급 여부나 지급액이 미리 정해져 있는 경우(일명 고정성)에만 통상임금으로 판단했는데, 이 기준을 11년 만에 폐기한 것이다. 이번 결정에 따라 각종 수당과 퇴직금의 산정 기준이 되는 통상임금 범위가 넓어지게 됐다.

한국의 「장 담그기 문화」
유네스코 인류무형문화유산 등재

유네스코 무형유산보호협약 정부간 위원회가 12월 3일 파라과이 아순시온에서 열린 회의에서 콩을 발효해 된장과 간장 등을 만드는 한국의 「장 담그기 문화」를 유네스코 인류무형문화유산에 등재한다고 밝혔다. 이번 등재에 따라 「장 담그기」는 우리나라의 23번째 인류무형문화유산이 됐는데, 이는 2001년 「종묘제례 및 종묘제례악」을 시작으로 2022년 「한국의 탈춤」이 22번째로 지정된 데 이은 것이다.

한강, 2024 노벨상 시상식 참석
노벨상 메달과 증서 수상

소설가 한강(54)이 12월 10일 스웨덴 스톡홀름의 랜드마크인 콘서트홀에서 열린 「2024 노벨상 시상식」에 참석, 칼 구스타프 16세 스웨덴 국왕으로부터 노벨상 메달과 증서를 받았다. 한국인의 노벨상 수상은 2000년 노벨평화상을 받은 故 김대중 전 대통령에 이어 두 번째이며, 노벨문학상 수상은 최초다. 또 한강은 역대 121번째이자 여성으로는 18번째 노벨문학상 수상자이며, 아시아 여성 작가 최초의 수상 기록도 남기게 됐다.

나달, 데이비스컵 8강 패배
현역 생활 마무리

라파엘 나달(38·스페인)이 11월 20일 스페인 말라가에서 열린 2024 데이비스컵 테니스 대회 파이널스 8강을 끝으로 현역 생활을 마무리했다. 나달의 현역 은퇴로 2000년대 초반부터 20여 년간 남자 테니스 강자로 군림했던 빅3 가운데 노바크 조코비치(37·세르비아)만 코트에 남게 됐다. 나달·조코비치와 함께 빅3 중 한 명이었던 「테니스 황제」 로저 페더러(43·스위스)의 경우 지난 2022년 은퇴한 바 있다.

Infographics

주요 영화산업 국가의 자국 영화 점유율 현황 | 외환보유액 추이 | 청년 고용 동향 | 남성 대비 여성 임금 비율 |
해외파병 현황 | 계급별 병사 봉급 추이 | 지방세 징수액 현황

❶ 주요 영화산업 국가의 자국 영화 점유율 현황

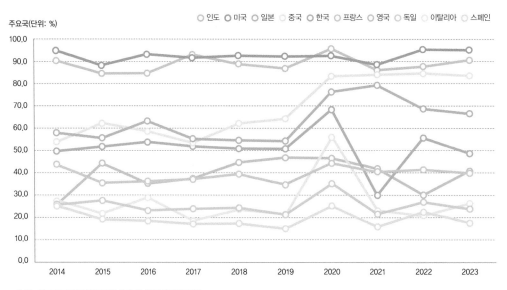

주요국(단위: %)

○ 인도 ○ 미국 ○ 일본 ○ 중국 ○ 한국 ○ 프랑스 ○ 영국 ○ 독일 ○ 이탈리아 ○ 스페인

출처: 한국영화연감(영화진흥위원회 영화정책연구원)

📊 지표분석

> 자국 영화 점유율은 해당 국가의 영화산업에 있어 제작 역량을 파악하는 주요한 지표로서 영화산업의 발전 가능성을 나타내는 척도로 활용 가능하다. 2023년 자국 영화 점유율 95.5%인 미국 영화는 전 세계 영화시장에도 막대한 영향력을 끼치고 있다. 인도는 발리우드라고 불리는 독자적 영화시장이 형성돼 있을 만큼 자국 영화 점유율이 높은데, 인도의 2023년 자국 영화 점유율은 90.7%이며 매년 85%를 상회한다. 중국의 경우 외화 수입제한 규제를 시행하며 항상 50% 이상의 자국 영화 점유율을 유지하고 있는데, 2023년 중국의 자국 영화 점유율은 83.8%에 이른다. 반면 우리나라의 2023년 자국 영화 점유율은 48.5%로, 일본(66.9%)보다도 훨씬 낮다.

❷ 외환보유액 추이

보유액(억 달러)

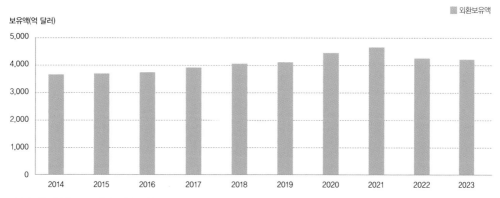

■ 외환보유액

출처: 한국은행(ECOS 경제통계시스템)

📊 지표분석

외환보유액은 한 국가의 대외 지불능력을 나타내는 지표로, 외환보유액이 너무 적을 경우에는 대외 채무를 갚지 못하는 모라토리엄(Moratorium) 상태에 빠질 우려가 있다. 2023년 말 기준 우리나라 외환보유액은 4,202억 달러로 2022년 말 대비 30억 달러가 감소했는데, 외환보유액은 2021년 4,631억 달러로 최고 보유액을 기록한 이후 계속 감소 중에 있다. 한편, 우리나라의 2023년 외환보유액 규모는 중국, 일본, 스위스, 인도, 러시아, 대만, 사우디, 홍콩에 이어 세계 9위 수준이다.

❸ 청년 고용 동향

고용률(%)

■ 고용률 ○ 실업률
실업률(%)

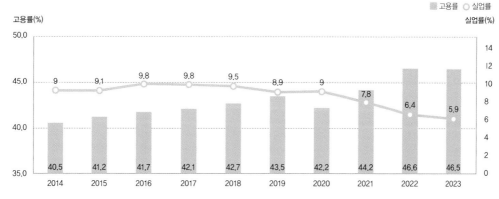

출처: 통계청, 「경제활동인구조사」

📊 지표분석

청년층(15~29세) 생산가능인구 및 취업자 수는 매년 지속적으로 감소 추세다. 경제활동참가율의 감소세는 취업준비생 등 비경제활동인구의 증가가 주요한 원인이다. 2023년 청년 고용 동향을 살펴보면 고용률 46.5%로 통계 작성 이래 역대 두 번째 최고 수준(1위: 2022년 46.6%)이며, 실업률은 5.9%로 역대 최저치를 기록(1995년 4.6% 이후)했다.

❹ 남성 대비 여성 임금 비율

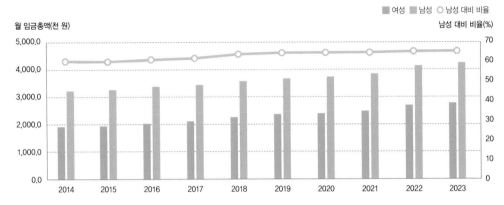

출처: 고용노동부 고용형태별 근로실태조사(1인 이상 기준)

📊 지표분석

남성 근로자의 임금 대비 여성 근로자의 임금 수준은 2022년 65.0%에서 2023년 64.6%로 0.4%p 감소했다. 여성 임금은 2022년 268만 3000원에서 2023년 278만 3000원으로 올랐고, 남성 임금은 2022년 412만 7000원에서 426만 1000원으로 올랐다. 우리나라의 남녀 임금격차는 2022년 기준 주요 OECD 회원국 중 가장 크며, 특히 우리나라 여성은 남성보다 31.2% 정도 적게 임금을 받고 있다. OECD 평균은 12.1%로 조사됐으며, 일본은 21.3%, 미국은 17.0%이다.

❺ 해외파병 현황

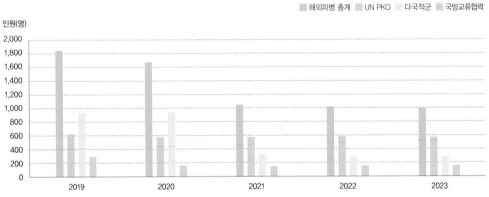

출처: 국방부 국방정책실 국제정책관실 국제협력과

📊 지표분석

해외파병 규모는 2023년 들어 1,000명대 이하로 줄어드는 등 매년 감축돼 왔다. 2023년 해외파병 현황을 살펴보면 UN PKO 566명, 다국적군 280명, 국방교류협력 145명으로 총계는 991명이다.

UN PKO(유엔 평화유지활동): 유엔 안보리 결의안에 의해 권한을 위임받아 분쟁지역에서 정전감시, 선거지원 등 분쟁 확산방지 및 평화정착을 돕기 위한 활동
다국적군: 특정 목적을 위하여 동맹이나 연합 형태로 2개 국가 이상의 군으로 결성되어 평화유지를 추진하는 활동
국방협력: 국가 간 협력과 우호증진, 재난구호 등의 목적을 가진 활동

❻ 계급별 병사 봉급 추이

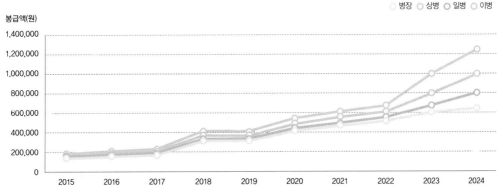

출처: 인사혁신처 「공무원보수규정」 [별표13]

📊 지표분석

병사 봉급 추이는 병역의무를 이행하는 병사에게 계급별로 매월 지급하는 급여를 매년 집계한 것이다. 병사 봉급은 병역의무 이행에 대한 합당한 보상과 예우가 필요하다는 국민적 요구와 국가의 책임 강화 차원에서 단계적으로 인상 추세에 있다. 이에 따라 2024년 계급별 병사 봉급은 ▷병장 125만 원 ▷상병 100만 원 ▷일병 80만 원 ▷이병 64만 원으로 책정됐는데, 이는 전년 대비 18.6% 인상된 것이다.

❼ 지방세 징수액 현황

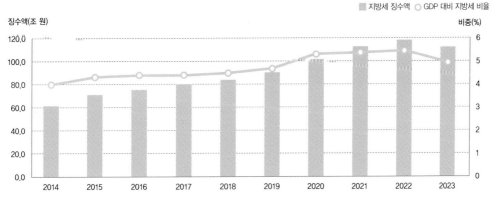

출처: 행정안전부, 「지방세 통계연감」

📊 지표분석

현재 지방세는 크게 도세(취득세, 등록면허세, 레저세, 지방소비세보통세, 목적세, 지역자원시설세, 지방교육세)와 시군세(주민세, 지방소득세, 재산세, 자동차세, 담배소비세)의 11개 세목으로 구성돼 있다. 2023년 기준 지방세 징수액은 모두 112.5조 원인데, 이는 조세총액 대비 24.6%, GDP 대비 5.0%에 달한다.

시사 Infographics

9

시사 클로즈 UP

12·3 비상계엄 후폭풍

8년 만에 또다시 탄핵정국

▲ 윤석열 대통령에 대한 두 번째 탄핵소추안 국회 표결일인 12월 14일, 여의도 국회 앞에 모인 수많은 시민들이 탄핵을 촉구하는 구호를 외치고 있다. (출처: 연합뉴스)

윤석열 대통령의 12월 3일 비상계엄 선포 이후 「국회의 비상계엄 해제 결의안 가결 → 1차 윤석열 대통령 탄핵소추안 투표 불성립 → 2차 윤석열 대통령 탄핵소추안 가결」로 우리나라는 지난 2016년 박근혜 대통령이 탄핵된 지 8년 만에 다시 탄핵정국을 맞게 됐다. 국회의 탄핵안 가결로 윤 대통령의 운명은 헌법재판소로 넘어가게 됐는데, 헌재는 탄핵안 접수 180일 이내로 기각·인용 여부를 결정하게 된다. 이와 함께 윤 대통령을 비롯한 12·3 사태 관련 인물들에 대한 수사도 전방위로 이뤄지면서 비상계엄이 초래한 탄핵정국의 혼란은 상당 기간 이어질 것으로 전망된다.

한편, 12·3 비상계엄 사태 이후 정국 불안 등에 따른 안전문제 발생 우려가 커지면서 세계 주요국이 한국 여행 주의보·경보를 발표하는 등의 후폭풍이 일었다. 여기에 비상계엄 선포 직후인 12월 4일 새벽 야간 거래에서 환율이 1442원까지 오르며 2022년 10월 이후 최고치를 기록하기도 했다. 이에 헌재의 탄핵 결정 때까지 정치적 불확실성이 지속되며 원화 자산 신인도에 악영향이 미칠 것으로 전망되는 등 우리 경제에 대한 우려도 높아지고 있다.

사상 초유의 비상계엄 선포,
尹 대통령 탄핵안 가결로 이어지다

윤석열 대통령이 12월 3일 오후 10시 27분 비상계엄을 선포했으나, 국회가 계엄 선포 2시간 48분 만에 해제 결의안을 통과시켰다. 이에 윤 대통령이 12월 4일 오전 4시 27분께 비상계엄을 해제하면서 전 국민에 공포와 충격을 안긴 12·3 비상계엄 사태는 선포 6시간 만에 종료됐다. 이처럼 사상 초유의 헌법 유린 상황이 펼쳐지며 대한민국 전역이 충격에 빠진 가운데, 민주당 등 야 6당은 12월 4일 윤 대통령의 비상계엄 선포 행위에 대한 탄핵소추안을 발의했고, 이에 8년 만에 탄핵 정국이 다시 시작됐다.

尹 대통령 탄핵안 발의와 투표 불성립(1차)
더불어민주당과 조국혁신당, 개혁신당, 진보당, 기본소득당, 사회민주당 등 야(野) 6당은 12·3 비상계엄 사태 하루 만인 12월 4일 윤석열 대통령 탄핵소추안을 국회에 제출했다. 탄핵안에는 윤 대통령이 12월 3일 선포한 비상계엄이 위헌이자 무효이며 형법상 내란죄에 해당한다는 내용 등이 담겼는데, 민주당은 윤 대통령 탄핵소추안이 부결되더라도 가결될 때까지 발의하나는 계획도 밝혔다. 이후 윤 대통령은 국회의 탄핵안 의결이 예정된 12월 7일 오전 2분 여의 대국민담화를 통해 비상계엄 사태를 사과하면서 임기 등 거취 문제를 여당에 일임했고, 담화 이후 국민의힘이 탄핵 반대를 당론으로 정하면서 탄핵안이 부결될 것이라는 전망이 높아졌다. 이 탄핵소추안은 12월 7일 오후 5시 국회에 상정됐으나 안철수·김예지·김상욱 의원 3명을 제외한 나머지 국민의힘 105명이 표결에 불참하며 투표 불성립으로 폐기됐다. 민주당은 탄핵안 폐기 이후 국민의힘을 향해 「내란 동조 세력임을 자인한 것」이라고 비판했으며, 12월 10일 정기국회가 끝나는 대로 11일 곧바로 임시국회를 열고 탄핵안을 재발의한다는 방침을

밝혔다. 그리고 민주당 등 야6당은 12월 12일 윤 대통령에 대한 두 번째 탄핵소추안을 발의하고 14일 표결한다고 밝혔다.

🖊 국민의힘 한동훈 대표(12월 16일 사퇴)와 한덕수 국무총리가 탄핵안 불성립 이후인 12월 8일 대국민 담화문을 통해 「질서 있는 대통령의 조기 퇴진」으로 현재의 정국 상황을 조속히 수습하고 국정 공백이 없게 하겠다고 밝혔다. 이에 우원식 국회의장은 12월 8일 「그 누구도 부여한 바 없는 대통령의 권한을 총리와 여당이 공동 행사하겠다고 하는 것은 명백한 위헌」이라며, 대통령의 직무를 중단시키는 유일한 법적 절차는 「탄핵」이라고 밝혔다.

2차 탄핵안 가결 - 尹 직무정지
두 번째로 발의된 윤 대통령에 대한 탄핵소추안이 12월 14일 재적의원 3분의 2(200명) 이상인 204명의 찬성으로 국회 본회의를 통과했다. 윤 대통령 탄핵안은 이날 본회의에서 재적의원 300명 전원이 참석한 가운데 찬성 204표, 반대 85표, 기권 3표, 무효 8표로 가결됐다. 현직 대통령에 대한 탄핵안 가결은 2004년 노무현 전 대통령, 2016년 박근혜 전 대통령에 이어 헌정 사상 세 번째다. 탄핵소추안에는 「국민주권주의와 권력분립의 원칙 등 헌법과 법률을 위반한 비상계엄」이 탄핵 사유로 적시됐으며, 국회가 탄핵안 가결 직후 발송한 탄핵소추 의결서가 대통령실에 송달되면서 윤 대통령의 직무와 권한은 즉시 정지됐다. 이에 한덕수 국무총리(12월 27일 탄핵안 가결)가 대통령 권한대행을 맡게 됐는데, 이는 대통령이 직무를 수행할 수 없을 때에는 국무총리 등 순서로 그 권한을 대행한다고 규정하고 있는 헌법 제71조에 따른 것이다.

헌재, 尹 대통령 탄핵 절차 돌입
국회의 탄핵안 가결에 따라 윤 대통령의 탄핵이 헌법재판소의 손으로 넘어간 가운데, 12월 14일 오후 6시 15분 「2024헌나8 대통령 윤석열 탄핵」 사건이 헌재에 접수됐다. 헌재는 헌법에 따라 탄핵소추 의결서를 접수한 날로부터 180일 이내에 대통령 탄핵 여부를 결정해

야 한다. 앞서 노무현 전 대통령의 경우 63일, 박근혜 전 대통령의 경우 91일의 심리기간이 소요된 바 있다. 다만 국회 몫 헌법재판관 지명이 늦어지며 9명 중 3명의 재판관 자리가 공석인 점은 변수로 꼽히는데, 국회는 12월 26일 국회 추천 몫 헌법재판관 후보자 3명의 임명동의안을 가결했다. 향후 헌재가 탄핵안을 기각할 경우 윤 대통령은 국정에 즉시 복귀할 수 있으나, 인용 시에는 헌법에 따라 파면되고 60일 이내에 차기 대선을 치러야 한다. 인용될 경우 차기 대선은 헌재의 결정 시기에 따라 이르면 2025년 4월, 늦게는 2025년 8월 치러질 것으로 전망된다.

대통령 탄핵 절차는?

국회 재적의원 과반수의 탄핵소추안 발의
↓
국회 본회의 보고 후 24~72시간 이내 표결, 국회 재적의원 3분의 2 이상 찬성
↓
탄핵 대상자 권한 행사 즉시 정지
↓
헌법재판소 재판: 접수일부터 180일 이내 선고, 재판관 9명 중 6명 이상 찬성 시 탄핵
↓
최종 파면, 60일 이내에 대선

尹 탄핵심판 주심은 정형식 재판관 윤석열 대통령이 직접 지명한 정형식 재판관이 헌재 탄핵심판의 주심 재판관으로 정해진 것이 알려지면서 사건의 향방에 영향이 있을지 관심이 집중되고 있다. 정 재판관은 2023년 12월 취임했는데, 총

9명인 헌재 재판관은 대통령과 대법원장이 3명씩 지명하고 국회가 3명을 선출해 구성된다. 주심은 일반적으로 전속 연구부의 부장 1명, 헌법연구관 4명과 함께 사건의 쟁점을 정리·검토하는 역할을 하는데, 다만 대통령 탄핵처럼 큰 사건은 이같은 역할의 대부분을 별도의 태스크포스(TF)가 수행한다. 또 규정에 따라 같은 소부에 속한 이미선 재판관이 함께 증거조사 등을 담당할 수명재판관으로 참여한다. 실제 변론이 열리면 심리를 진행하는 재판장은 문형배 헌재소장 권한대행이 맡게 되며, 변론기일 지정도 재판장이 담당하게 된다. 헌재는 12월 16일 재판관 회의를 열고 윤 대통령의 탄핵심판 사건 첫 변론준비기일을 27일 오후 2시로 지정했다고 밝혔다. 변론준비기일은 공식 변론에 앞서 헌재가 양측의 주장과 쟁점, 증거를 정리하고 심리 계획을 세우는 절차다.

헌재, 12월 27일부터 절차 돌입 헌재는 12월 16일부터 우편 등을 통해 윤 대통령에게 최소 11차례 탄핵심판 접수통지와 출석요구서, 준비명령 등의 서류를 보냈으나 윤 대통령 측은 22일까지 받지 않은 것으로 파악됐다. 이처럼 대통령 탄핵 심판에서 첫 단추로 여겨지는 심판 서류가 일주일(가결 당일 포함)이나 송달되지 않은 것은 처음 있는 일이다. 앞서 2004년 노무현 전 대통령은 국회 탄핵안 가결 다음 날, 2016년 박근혜 전 대통령은 가결 당일 서류를 수령한 바 있다. 이에 헌재는 12월 23일 서류 송달이 이뤄진 것으로 간주하고 27일부터 1차 변론준비절차 기일에 돌입하는 등 윤 대통령에 대한 탄핵심판을 진행하기로 했다.

헌법재판관 현황

재판관	현재 6인 체제(3명 공석)						재판관 후보자(임명 전)		
재판관	문형배(59)	이미선(54)	김형두(59)	정정미(55)	정형식(63)	김복형(56)	마은혁(61)	정계선(55)	조한창(59)
임기 만료	2025년 4월		2029년 3월	2029년 4월	2029년 12월	2030년 9월	국회에서 임명동의안 가결 (2024년 12월 26일)		
지명주체	문재인 전 대통령		김명수 전 대법원장		윤석열 대통령	조희대 대법원장	국회 (민주당)		국회 (국민의힘)
성향	진보		중도·보수				진보		중도·보수

8년 만의 탄핵정국 촉발,
12·3 비상계엄 사태 발발과 의혹들

윤석열 대통령이 12월 3일 오후 10시 27분께 용산 대통령실에서 긴급담화를 갖고 「북한 공산세력의 위협으로부터 자유대한민국을 수호하고 우리 국민의 자유와 행복을 약탈하고 있는 파렴치한 종북 반국가 세력들을 일거에 척결하고 자유헌정질서를 지키기 위해 비상계엄을 선포한다」고 밝혔다. 비상계엄 선포에 따라 군은 계엄사령부로 바로 전환됐으며, 계엄사령관에는 박안수 육군참모총장이 지정됐다. 계엄군은 12월 3일 밤 11시를 기해 「정당 활동, 집회 등의 정치 활동을 금지」하는 등의 6개 사항이 포함된 「포고령 1호」를 발령했다. 이러한 가운데 계엄령을 해제할 권한이 있는 국회로 의원·보좌진·당직자는 물론 일반 시민들이 몰려들기 시작했는데, 경찰들이 국회 출입구들을 막아서면서 충돌이 빚어졌다. 특히 계엄군이 국회 본청에까지 진입하면서 긴장이 최고조로 이른 가운데, 국회는 비상계엄 해제 요건인 국회의원 과반수(150명)가 본회의장에 입장하자 12월 4일 새벽 1시께 본회의를 열고 비상계엄 해제 결의안을 만장일치(재적 190명, 찬성 190명)로 가결시켰다. 이로써 비상

계엄 선포 2시간 48분 만에 해제 결의안이 통과됐고, 이에 윤 대통령은 12월 4일 오전 4시 27분께 생중계 담화를 통해 비상계엄을 해제했다.

비상계엄 시간대별 상황은?

12월 3일 22시 27분	윤석열 대통령, 비상계엄 선포
23시	계엄사령부, 「포고령 1호」 발표
4일 0시 8분	우원식 국회의장, 긴급 기자회견
0시 35분	계엄군, 국회 본청 진입
1시	국회, 비상계엄 해제 요구 결의안 상정
1시 2분	비상계엄 해제 요구 결의안, 재석 190명 전원 찬성으로 가결
2시 3분	계엄군 전원 국회 철수
4시 22분	투입 병력 원소속 부대 복귀 조치
27분	윤석열 대통령, 비상계엄 해제

계엄령은 무엇?

계엄령은 국가비상 시 국가의 안녕과 공공질서를 유지할 필요가 있을 때 법률이 정하는 바에 따라 선포하는 국가긴급권으로, 대통령의 고유 권한이다. 계엄령은 「비상계엄」과 「경비계엄」으로 나뉘는데, 비상계엄은 대통령이 전시·사변 또는 이에 준하는 국가비상사태 시 적과 교전 상태에 있거나 사회질서가 극도로 교란돼 행정 및 사법 기능의 수행이 현저히 곤란한 경우 군사상 필요에 따르거나 공공의 안녕질서를 유지하기 위해 선포한다. 대통령이 계엄을 선포하거나 변경하고자 할 때에는 국무회의의 심의를 거쳐야 하며, 계엄을 선포할 때에는 지체 없이 국회에 통고(通告)해야 한다. 이후 비상계엄 및 경비계엄에 따른 계엄 상황이 평상 상태로 회복되거나, 국회가 계엄의 해제(재적의원 과반수 찬성)를 요구한 경우에는 대통령은 지체 없이 계엄을 해제하고 이를 공고해야 한다. 1948년 대한민국 정부 수립 이후 이번까지 모두 17번의 계엄령이 선포됐는데, 최초의 비상계엄은 1948년 10월 발생한 여수·순천사건 때 이뤄졌다. 가장 최근의 비

▲ 12월 3일 비상계엄 선포 이후 국회 본청에 진입한 계엄군들(출처: 연합뉴스)

상계엄 선포는 1979년 박정희 대통령이 서거한 10·26 사건 직후 이뤄졌는데, 이는 1980년 5월 17일 전두환·노태우 등 신군부 세력에 의해 전국으로 확대되며 1981년 1월 24일까지 지속됐다.

계엄사령부 포고령(제1호) - 2024년 12월 3일 오후 11시 발표

1. 국회와 지방의회, 정당의 활동과 정치적 결사, 집회, 시위 등 일체의 정치활동을 금한다.
2. 자유민주주의 체제를 부정하거나 전복을 기도하는 일체의 행위를 금하고, 가짜뉴스, 여론조작, 허위선동을 금한다.
3. 모든 언론과 출판은 계엄사의 통제를 받는다.
4. 사회혼란을 조장하는 파업, 태업, 집회행위를 금한다.
5. 전공의를 비롯하여 파업 중이거나 의료현장을 이탈한 모든 의료인은 48시간 내 본업에 복귀하여 충실히 근무하고 위반 시는 계엄법에 의해 처단한다.
6. 반국가세력 등 체제전복세력을 제외한 선량한 일반 국민들은 일상생활에 불편을 최소화할 수 있도록 조치한다.

선관위에도 진입한 계엄군, 왜?

윤 대통령의 비상계엄 선포 이후 계엄군 297명이 국회 외에도 중앙선거관리위원회에도 진입해 총 3시간 20분 동안 청사를 점거한 사실이 드러나며 사태를 둘러싼 의혹은 더욱 커졌다. 특히 계엄군이 선관위에 최초 도착한 시간은 오후 10시 31분이었는데, 이는 윤 대통령이 비상계엄 선포를 마친 10시 29분 이후 불과 2분 만이었다. 이는 계엄 해제 권한을 가진 국회보다 더 이르게 투입된 것은 물론, 국회에 투입된 병력(280명)보다 많은 것이다. 이에 일각에서는 지난 4·10 총선이 민주당의 압승으로 끝난 뒤 극우 유튜버들을 중심으로 제기된 부정선거 의혹을 강제 수사하기 위해 계엄군이 투입됐다는 주장을 제기했다. 실제로 비상계엄 당시 계엄군은 국회와 선관위 외에도 방송인 김어준 씨가 운영하는 여론조사업체 「꽃」에도 투입됐는데, 이는 윤 대통령의 부정선거 및 여론조작 의혹에 대한 확신이 반영됐다는 분석이다.

🖉 한편, 이번 비상계엄에서 707특수임무단·제1공수특전여단·특수작전항공단·수도방위사령부 소속 280명이 국회에 투입됐고, 특전사 예하 제3공수특전여단과 방첩사·정보사 등 약 300명의 병력은 선관위에 투입된 것으로 알려졌다.

충암고 출신 충암파들, 12·3 사태 주도

12·3 비상계엄 사태는 윤 대통령의 모교인 충암고 선후배로 꾸려진 이른바 「충암파」에 의해 주도됐다. 충암파는 윤 대통령의 충암고 1년 선배인 김용현 당시 대통령 경호처장이 국방부 장관으로 임명되면서 본격적으로 거론된 바 있다. 당시 이상민 행안부 장관도 충암고 출신이었는데, 국방부 장관과 행안부 장관은 대통령에게 계엄을 건의할 수 있는 두 장관직이기 때문이다. 이에 윤석열 대통령이 8월 12일 김용현을 국방부 장관 후보자로 지명하자 야권에서는 충암파들이 군정·군령권을 장악한다며 계엄령 준비 의혹을 제기했다. 하지만 대통령실과 여권은 이 같은 의혹 제기를 가짜뉴스라며 일축해 왔는데, 실제 비상계엄 사태가 벌어지면서 해당 의혹은 불과 3달 만에 현실이 됐다. 아울러 이번 계엄의 핵심 중 한 명인 여인형 방첩사령관도 충암고 출신이라는 점에서 「충암파」에 의해 이번 계엄이 계획되고 실행된 정황이 속속 드러나고 있다.

한편, 국방부는 이번 비상계엄 관련 주요 직위자인 ▷여인형 방첩사령관(육사 48기) ▷곽종근 특수전사령관(육사 47기) ▷이진우 수도방위사령관(육사 48기)(이상 모두 육군 중장)에 대해 12월 6일부터 직무정지 조치를 취했다고 밝혔다. 또 12월 12일에는 비상계엄 선포 당시 계엄사령관을 맡았던 박안수 육군참모총장(육사 46기)의 직무를 정지했다.

🖉 12·3 비상계엄의 핵심 배후에 군에서 전역한 예비역들이 깊이 관여하고, 이들이 산하 부대인 HID(북파공작부대) 대원을 동원해 중앙선거관리위원회 장악 계획 등을 세운 것으로 알려지면서 사태가 더욱 확산되고 있다. 실제 이번 사태 당시 정보사령부가 막후에서 조직적으로 움직이며 사전에 계엄을 준비(이른바 롯데리아 회동)한 가운데, 현재는 민간인 신분인 노상원 전 정보사령관이 김용현 전 국방부 장관과 긴밀히 접촉하며 별도의 조직을 꾸리고 병력 구성·투입에 개입했다는 진술 등이 확보됐다. 이에 경찰 국가수사본부 특별수사단은 12월 17일 노 전 사령관에 대해 내란 등의 혐의로 구속영장을 신청했으며, 노 전 사령관은 18일 구속됐다.

김용현 국방부 장관 취임 전후 야권을 중심으로 제기됐던 「계엄령 준비 의혹」이 불과 3달 만에 현실화된 가운데, 그간 꾸준히 계엄설을 제기해 왔던 김민석 민주당 최고위원은 12월 5일 출연한 한 라디오 방송에서 2차 계엄 가능성을 제기하고 나섰다. 또 군인권센터도 12월 6일 보도자료를 통해 복수의 부대가 8일까지 지휘관 비상소집 대비를 지시받는 등 2차 비상계엄 의심 정황이 포착됐다고 밝혔다. 이에 2차 계엄 선포에 대한 우려가 높아졌는데, 윤 대통령은 12월 7일 비상계엄 사태 이후 가진 첫 대국민담화에서 2차 계엄은 절대 없을 것이라고 밝혔다.

국지전 발발 유도 의혹　12월 7일 이기헌 민주당 의원이 보도자료를 통해 지난 11월 말 김용현 당시 국방부 장관이 대북 국지전 발발을 유도해 비상계엄 상황을 유도하려 했다는 의혹을 제기했다. 이에 따르면 윤 대통령이 비상계엄을 선포하기 일주일 전쯤 김용현 당시 국방부 장관이 김명수 합참의장에게 북한의 오물풍선 부양 원점을 타격하라는 지시를 내렸으며, 합참의장이 이를 반대하자 크게 질책했다는 것이다. 다만 합참은 이날 분사 공시를 통해 「원점을 타격하라는 지시를 받은 바 없다」며 이를 부인했다. 그리고 추미애 민주당 의원은 12월 8일 국회에서 기자간담회를 갖고 여인형 방첩사령관의 직접 지시로 11월 비서실에서 작성해 방첩사령관에 보고한 「윤석열 내란 사전모의 문건」을 입수했다고 발표했다. 추 의원은 「상당 기간 전에 이미 준비하라는 명령이 있었다고 보면 된다」며, (이번 계엄이) 국회를 상대로 우발적으로 저지른 것이 아닌 집권의 영구화 방편으로 준비한 것으로 보면 된다고 밝혔다.

尹 대통령 등 내란죄 혐의, 12·3 사태 관련 인물들에 대한 수사는?

윤 대통령의 이번 비상계엄 선포는 헌법과 법률 요건을 충족하지 못했다는 점에서 「내란죄」 혐의가 적용될 가능성이 제기되고 있다. 내란죄(內亂罪)는 형법상 국토를 참절(僭竊)하거나 국헌을 문란할 목적으로 폭동한 죄로, 외환죄와 더불어 국가존립에 관한 죄에 해당한다. 대통령은 임기 중 범죄 혐의로 기소되지 않지만(불소추특권), 헌법 84조에 따라 내란과 외환의 죄를 범한 경우에는 형사소추가 가능하다.

현 상황이 비상계엄을 선포할 정도로 위급하지 않다는 점에서 위헌 논란이 있는데, 윤 대통령은 민주당의 검사 등 공직자 탄핵, 예산 삭감 등 행정부 마비를 비상계엄 선포 이유로 꼽았다. 또 절차 역시 헌법과 법률을 제대로 따르지 않았는데, 우선 계엄 선포를 위해 거쳐야 하는 국무회의 심의 과정이 불투명하고 계엄 선포 후 지체 없이 국회에 통고하는 절차는 아예 이뤄지지 않았다. 무엇보다 비상계엄은 국회 재적의원 과반수 이상이 의결하면 해제가 가능한데, 문제는 계엄군이 국회에 진입해 봉쇄를 시도했다는 점이다. 여기에 계엄사령부는 비상계엄 선포 후 발표한 포고령 1호에서 국회 권한을 제한했는데, 국회 기능 마비 시도와 권한 제한은 국헌 문란에 해당하기 때문에 「내란죄」가 성립한다는 목소리가 높다.

내란죄 관련 법조항

헌법 제84조	대통령은 내란 또는 외환의 죄를 범한 경우를 제외하고는 재직 중 형사상의 소추를 받지 아니한다.
형법 제87조	대한민국 영토의 전부 또는 일부에서 국가권력을 배제하거나 국헌을 문란하게 할 목적으로 폭동을 일으킨 자는 다음 각 호의 구분에 따라 처벌한다. 1. 우두머리는 사형, 무기징역 또는 무기금고에 처한다. 2. 모의에 참여하거나 지휘하거나 그 밖의 중요한 임무에 종사한 자는 사형, 무기 또는 5년 이상의 징역이나 금고에 처한다. 살상, 파괴 또는 약탈 행위를 실행한 자도 같다. 3. 부화수행하거나 단순히 폭동에만 관여한 자는 5년 이하의 징역이나 금고에 처한다.

검·경, 12·3 사태 수사 돌입

12·3 비상계엄 사태 이후 ▷윤석열 대통령 ▷김용현 전 국방부 장관(12월 5일 장관직 사임) ▷박인수 육군참모총장(전 계엄사령관) ▷곽종근 특수전사령관 ▷이진우 수도방위사령관 ▷여인형 방첩사령관 ▷이상민 행정안전부 장관 ▷조지호 경찰청장 등 주요 관계자들의 내란 및 직권남용 등의 고발이 이어졌는데, 이는 검찰·경찰·공수처 등 여러 수사기관에 산발적으로 접수됐다.

이에 검·경·공수처가 일제히 수사에 나선 가운데, 대검찰청은 12월 6일 비상계엄 사태 관련 사건을 수사하기 위해 박세현 서울고검장을 본부장으로 하는 특별수사본부(특수본)를 꾸렸다. 검찰은 12월 9일 윤 대통령에게 비상계엄 선포를 건의한 김 전 국방부 장관을 긴급체포해 동부구치소로 이송했으며, 윤 대통령도 내란죄 혐의 피의자로 입건했다고 발표했다.

경찰 역시 12월 6일 비상계엄 사태와 관련해 120여 명 규모의 전담수사팀을 구성했는데, 이는 국가수사본부(국수본)가 출범한 2021년 이후 단일 사건으로는 역대 최대 규모다. 국수본은 12월 8일 김 전 장관의 공관·장관 집무실·자택 등의 압수수색에 나섰으며, 수사팀 규모도 단일 사건으로는 최대 규모인 150명으로 늘렸다. 경찰은 이를 통해 휴대폰과 노트북 등 증거물 18점을 확보한 데 이어 김 전 장관과 조지호 경찰청장 등을 내란죄 혐의 피의자로 입건했다. 그리고 공수처는 12월 9일 해당 사태와 관련해 윤 대통령에 대한 출국금지를 신청해 법무부의 승인을 받았는데, 현직 대통령에 대한 출국금지는 헌정 사상 처음 있는 일이다.

12·3 비상계엄 사태, 주요 수사 대상자와 혐의는?

주요 수사 대상자	윤석열 대통령 → 위법한 비상계엄 선포(내란 우두머리, 직권남용 권리행사방해 혐의)	
	김용현(전 국방부 장관), 박인수 육군참모총장(전 계엄사령관) → 위법한 계엄 포고령 선포 및 국회 계엄군 투입(내란, 군형법상 반란, 직권남용)	
	곽종근 특수전사령관(직무정지), 이진우 수도방위사령관(직무정지), 여인형 방첩사령관(직무정지) → 국회 계엄군 투입(내란, 군형법상 반란, 직권남용)	
	이상민(전 행정안전부 장관) → 비상계엄 선포(내란, 직권남용)	
	조지호(경찰청장), 김봉식(서울경찰청장) → 국회·선관위에 경찰 투입(내란, 직권남용)	
주요 수사 혐의	불법 비상계엄 선포	졸속 국무회의 심의 거쳐 국회 통고 절차 없이 요건 갖추지 못한 비상계엄 선포
	국회 해제 요구 방해	• 국회에 군경 투입해 무력 통제 • 포고문에서 국회와 지방의회, 정당의 활동과 정치적 결사, 집회·시위 등 일체의 정치활동 금지
	계엄군 선관위 투입	부정선거 의혹 조사 명목으로 중앙선거관리위원회에 계엄군 투입
	국정원에 정치인 체포 지시	홍장원 국정원 1차장 등에게 이재명, 한동훈 등 정치인 체포 지시

✎ 비상계엄 선포 심의를 위한 국무회의에 참여한 한덕수 국무총리(12월 27일 국회 탄핵안 가결) 등 국무위원 10명도 이번 사태의 수사 대상에 오를 가능성이 높다는 관측이 나온다. 형법은 내란 모의를 적극적으로 말리지 않거나 소극적으로 동조한 이른바 「부화수행(附和隨行)」(줏대 없이 다른 사람의 주장에만 따라서 그가 하는 짓을 따라 행동한다는 뜻)도 처벌하도록 규정하고 있기 때문이다. 지난 12월 3일 열린 해당 국무회의에는 ▷한 총리 ▷최상목 경제부총리 ▷조태열 외교부 장관 ▷김영호 통일부 장관 ▷박성재 법무부 장관 ▷김용현 당시 국방부 장관 ▷이상민 당시 행정안전부 장관 ▷송미령 농림축산식품부 장관 ▷조규홍 보건복지부 장관 ▷오영주 중소벤처기업부 장관 등이 참석한 것으로 전해졌다.

경찰·공수처·국방부 「공조본」 출범 – 檢 제외 12·3 비상계엄 사태를 수사 중인 경찰이 공수처·국방부와 함께 공조수사본부(공조본)를 출범시킨다고 12월 11일 밝혔다. 이에 공조본은 검찰 주도로 군검찰이 합류한 「검찰 비상계엄 특수본」에 대응해 경찰 주도의 수사를 펼친다는 방침이다. 여기에 경찰청 국수본 특별수사단은 12월 11일 경찰청 압수수색 당시 조지호 경찰청장의 집무실에서 비화폰(보안 휴대전화)을 확보했다고 13일 밝혔다. 이 비화폰은 조 청장이 윤 대통령과 계엄 당일 통화 시 사용한 것으로, 특히 경찰 조사 결과 윤 대통령은 12월 3일 포고령이 발동된 오후 11시경부터 조 청장에게 6차례 비화폰으로 전화해 「계엄법을 위반하는 국회의원들을 다 체포하라」는 명령을 내린 것으로 파악됐다.

檢, 윤 대통령 내란혐의 사건 공수처로 이첩 대검찰청이 12월 18일 윤석열 대통령과 이상민 전 행안부 장관의 내란 혐의 사건을 고위공직자범죄수사처(공수처)로 이첩한다고 밝혔다. 이에 공수처는 윤 대통령과 이 전 장관을 제외한 나머지 피의자들에 대한 이첩 요청은 철회하기로 했다. 비상계엄 사건이 발생한 뒤 검·경·공수처가 다수의 고발장을 받아 동시다발적으로 수사에 착수한 가운데, 공수처는 12월 8일 검경에 사건 이첩을 요청했다. 이에 세 기관이 협의를 진행하던 중 공수처는 경찰 국가수사본부와 함께 공조수사본부를 꾸렸고, 12월 13일 재차 검찰과 경찰에 사건 이첩을 요청했다. 이에 경찰은 12월 16일 윤 대통령과 김용현 전 국방부 장관, 박안수 육군참모총장, 여인형 국군방첩사령관, 이상민 전 행정안전부 장관 사건을 공수처로 보낸 바 있다.

🖊 공수처는 고위공직자 및 그 가족의 비리를 중점적으로 수사·기소하는 독립기관으로, 2021년 1월 21일 김진욱 초대 공수처장 취임과 함께 공식 출범했다. 이는 현재 검찰이 과도하게 독점하고 있는 고위공직자에 대한 수사권, 기소권, 공소유지권을 이양해 검찰의 정치 권력화를 막고 독립성을 제고한다는 취지로 설립된 것이다.

검찰–경찰–공수처의 尹 대통령 수사 상황은?

12. 3.	윤 대통령, 비상계엄 선포	14.	국회, 윤 대통령 탄핵소추안 가결
6.	검찰 특수본·경찰 특별수사단 각각 출범	15.	• 검찰, 윤 대통령 피의자 신분 1차 출석 통보 공개
8.	검찰, 윤 대통령 내란죄 피의자 입건		• 검찰, 윤 대통령 2차 출석 통보
9.	법무부, 윤 대통령 출국금지	16.	• 공조본, 윤 대통령 1차 출석 통보
11.	• 검찰, 윤 대통령에 1차 출석 통보		• 경찰, 공수처로 사건 이첩
	• 경찰, 대통령실 압수수색 시도	18.	검찰, 윤 대통령·이상민 전 행안부 장관 사건 공수처로 이첩
	• 공수처, 경찰–국방부 조사본부와 공조수사본부 출범		

최신 주요 시사

최신시사상식 231집

최신
주요 시사

10월 / 11월 / 12월

정치시사 / 경제시사 / 사회시사 / 문화시사

스포츠시사 / 과학시사 / 시시비비(是是非非)

시사용어 / 시사인물

트럼프, 11·5 미국 대선 승리
4년 만의 재집권 - 국제 정세 대변화 예고

도널드 트럼프 미국 공화당 대선 후보 겸 전 대통령이 11월 5일 치러진 대선에서 카멀라 해리스 민주당 후보 겸 부통령에 승리하며 제47대 미국 대통령에 당선됐다. 트럼프는 당초 초접전 양상이 펼쳐질 것으로 전망됐던 7대 경합주 모두에서 승리하면서 총 312명의 선거인단을 확보, 민주당의 해리스 부통령(226명)에 크게 앞서는 압승을 거뒀다.

이처럼 「다시 미국을 위대하게(Make America Great Again)」를 내건 트럼프 전 대통령의 4년 만의 재집권 성공으로 향후 국제 정세에도 큰 변화가 예고되고 있다. 무엇보다 공화당이 대선과 같은 날 치러진 상·하원 선거에서도 다수당을 차지하며 「트리플 크라운(Triple Crown)」을 달성, 트럼프의 행보는 4년 전보다 더욱 거세질 것으로 전망된다.

💡 트럼프 당선인은 2025년 1월 20일 취임식에서 78세 219일을 맞게 되면서, 조 바이든 대통령을 제치고 「미국 최고령 대통령」 기록을 경신하게 된다. 바이든 대통령은 78세 61일인 2021년 1월 취임한 바 있는데, 미 역사상 취임 당시 70세 이상인 대통령은 트럼프 당선인과 바이든 대통령 두 사람뿐이다. 또한 트럼프 당선인은 그로버 클리블랜드 전 대통령(22대·24대)에 이어 미 역사상 두 번째로 첫 임기 후 낙선했다가 재선에 성공하는 대통령이 된다.

트럼프, 대선 승리에 이르기까지 2016년 대선에서 힐러리 클린턴을 제치고 제45대 미국 대통령에 당선됐던 트럼프는 임기 내내 수많은 논란을 일으켰는데, 특히 「러시아 게이트」 특검 수사 등의 스캔들로 미 하원에서 탄핵받은 3번째 대통령이라는 불명예를 안기도 했다. 이후 2020년 조 바이든과 맞붙은 대선에서 패배하면서, 재선에 도전했다가 실패한 네 번째 현역 대통령이 됐다. 하지만 트럼프는 이 패배를 인정하지 않고 부정선거를 주장하면서 2021년 「1·6 의사당 난입 사태」의 원인을 제공하기도 했다. 이후 트럼프는 ▷성 추문 입막음 사건 ▷2020년 대선 결과 뒤집기 시도 ▷기밀자료 유출 ▷조지아주 검찰이 기소한 별건의 대선 결과 뒤집기 의혹 사건 등 총 4건의 형사사건으로 2023년 전현직 미 대통령 최초로 형사 기소되며 사법 리스크까지 불거졌다. 하지만 그는 2024년 미 대선 공화당 후보로 확정된 데 이어 노령 리스크 논란에 부딪힌 민주당의 바이든 대통령을 앞서며 대세를 형성해 나갔다. 특히 지난 7월 유세 중에는 암살 시도범의 총탄에 귀를 관통하는 부상을 입고도 의연한 모습을 보이며 지지층을 결집시켰다.

이후 바이든이 민주당 대선 후보직을 중도 사퇴하고 해리스 부통령이 새 후보로 결정되면서 트럼프의 압도적 우위로 여겨지던 미국 대선이 완전히 새로운 국면으로 접어들게 됐다는 평가가 나오기도 했다. 실제 이후 진행된 여론조사에서 두 후보는 초접전 양상을 보이면서 대선 판세를 예측하기 어려웠으나, 막상 대선에서는 트럼프가 7대 경합주(펜실베이니아, 조지아, 노스캐롤라이나, 위스콘신, 미시간, 애리조나, 네바다) 모두를 승리하며 압승을 거두는 결과가 나왔다. 여기에 트럼프는 이번 대선에서 선거인단과 전국 득표율 모두 앞서는 결과를 거뒀는데, 공화당 후보가 이 모두를 승리한 것은 2004년 조지 W 부시 전 대통령 이후 처음 있는 일이었다.

> **레드 스위프(Red Sweep)**　미국 공화당이 대통령직을 포함한 상·하원 의회 다수당을 차지하며 행정부·입법부를 완전히 장악하는 상황을 뜻하는 정치 용어. 반면 민주당이 유사한 상황을 달성할 때는 민주당의 상징 색깔에 빗대 「블루 스위프(Blue Sweep)」라는 표현이 사용된다.
>
> **블루월(Blue Wall)**　Blue(푸른색)와 Wall(장벽)을 합친 말로, 파란색으로 상징되는 민주당에 대한 지지가 강한 펜실베이니아·미시간·위스콘신 등의 3개 주를 가리킨다. 이들 지역은 과거 대선에서 늘 민주당을 지지해 왔으나, 2016년과 2024년 대선에서는 공화당 트럼프에게 승리를 안기면서 이변을 연출한 바 있다. 이러한 3개 주의 변화에 대해서는 전통적 러스트벨트(과거 미국의 대표적 공업지대)인 이들 지역이 제조업 쇠퇴를 겪으면서 정치 지형이 달라졌기 때문이라는 분석이 나온다.

트럼프의 승리 vs 해리스의 패배, 왜?　트럼프 전 대통령이 이번 대선에서 승리한 주요인으로는 바이든 행정부 출범 이후 가속화된 고물가와 양극화 등으로 민주당의 핵심 지지층이었던 백인 노동자층, 흑인, 라틴계 유권자가 민주당 지지를 철회했기 때문으로 분석되고 있다. 여기에 이번 선거를 앞두고 낙태권 이슈가 부각되면서 보수 성향이 강했던 백인 여성들이 해리스로 조용히 결집하는 「히든 해리스(Hidden Harris)」의 영향이 주목됐으나, 막상 이들의 표심은 해리스에게로 향하지 않았다. 또 민주당의 과도한 PC주의(Political Correctness, 정치적 올바름)가 미국 인구의 다수를 구성하는 백인과 기독교 신자들의 반발을 일으키면서 이들의 표심을 잃었다는 분석도 나왔다.

공화당, 상하원 모두 다수 차지　이번 대선과 함께 치러진 상하원 선거에서 공화당이 양원 모두를 장악하는 「트라이펙타(Trifecta)」가 달성되면서 트럼프 2기가 각종 정책을 추진할 동력을 확보했다는 평가가 나오고 있다. 공화당은 트럼프 1기 시절이었던 2018년 11월 선거에서 상원에서는 53석을 얻어 민주당(45석)에 앞섰지만, 하원에서는 199석에 그쳐 민주당(235석)에 주도권을 내준 바 있다. 이에 트럼프 당선인은 2기 출범(2025년 1월)과 동시에 행징·입법권을 장악하며 견세 없는 권력을 행사할 수 있다는 전망이 나오는데, 여기에 사법 최고기관인 연방대법원의 대법관(9명)도 6명이 보수 성향이다. 연방대법원은 지난 7월 전직 대통령의 재임 시 행위에 대해 형사상 면책특권을 폭넓게 인정하는 판결을 내리면서, 4건의 형사기소를 당한 트럼프의 대선 가도를 열어준 바 있다. 특히 대통령은 연방 범죄로 기소되거나 유죄 판결을 받은 사람을 사면할 수 있는 데다 특검을 해임할 수 있다는 점에서 해당 사건들은 트럼프 취임 이후 흐지부지될 가능성이 높다는 전망까지 나온다.

트럼프의 재집권, 전 세계에 어떤 변화?　트럼프의 당선과 함께 공화당이 상하원 양당 모두를 장악하면서 트럼프 2기는 1기(2017~2021년)를 능가하는 「슈퍼 트럼피즘(트럼프주의)」이 도래할 것이라는 전망이 나온다. 트럼프 2기 행정부에서는 1기 경험을 토대로 더욱 강력하게 「아메리카 퍼스트(미국 우선주의)」와 「보호무역주의」를 진행할 것으로 보인다. 트럼프는 선거 레이스 내내 법인세 인하, 규제 완화, 고율 관세 부과 등의 「새로운 미국 산업주의(New American Industrialism)」를 경제공약으로 내세운 바 있다. 또 트럼프가 현재 최대의 국제 현안인 우크라이나 전쟁과 가자전쟁의 종전을 공언해 온 만큼 대외 기조에도 큰 변화가 일어날 것으로 보인다. 아울러 김정은 북한 국무위원장과의 정상외교 재개, 주한미군 방위비 재협상 요구 가능성도 높아지면서 한반도 정세에도 격변이 불가피할 것으로 전망되고 있다.

우크라이나 전쟁 종전 추진 트럼프의 당선으로 최대 글로벌 외교안보 현안인 우크라이나 전쟁과 가자전쟁 등 이른바 「두 개의 전쟁」이 마무리될 가능성이 높다는 전망이 나온다. 트럼프는 대선 기간 내내 이 두 개의 전쟁 장기화를 바이든 행정부의 실정이라고 비판하면서, 특히 우크라이나 전쟁에 대해서는 취임 후 24시간 안에 끝낼 것이라고 공언해 왔다. 또 우크라이나에 대한 자금과 무기의 전폭적 지원으로는 전쟁을 끝낼 수 없고, 이는 미국의 국익에도 손해라는 점을 여러 차례 강조해 왔다. 이러한 상황에서 트럼프는 11월 27일 우크라이나·러시아 특사로 키스 켈로그 전 백악관 국가안보회의(NSC) 사무총장(80)을 지명했다. 켈로그 지명자는 이번 대선 중 우크라이나 전쟁의 빠른 종전을 위한 평화협정 초안을 작성해 트럼프에게 제안한 것으로 알려진 인물로, 그의 지명은 우크라이나 전쟁을 조기에 종결한다는 구상을 실현하기 위한 행보로 분석되고 있다.

미국 우선주의와 보호무역주의 강화 트럼프 2기 행정부는 관세무역을 앞세워 보호무역주의 기조를 대폭 강화할 것으로 전망되고 있다. 트럼프는 집권 1기 때도 다양한 관세 정책으로 무역장벽을 높였는데, 이번 대선 기간에는 3조 달러 상당의 수입품에 10~20%의 보편 관세를 부과하고 모든 중국산 수입품에는 60%의 관세를 부과하겠다고 공약한 바 있다. 특히 트럼프 당선인은 11월 25일 사회관계망서비스(SNS) 트루스소셜에 글을 올려 「(취임 당일인) 1월 20일 첫 행정명령의 하나로 멕시코와 캐나다에서 미국으로 들어오는 모든 제품에 25%의 관세를 부과하는 데 필요한 모든 문서에 서명할 것」이라고 밝혔다. 이는 동맹국이자 미국과 자유무역협정(FTA)을 맺고 있는 멕시코와 캐나다가 트럼프 관세 폭탄의 대상이 됐다는 점에서 우려를 높이고 있다. 아울러 트럼프 2기 행정부의 감세 정책도 주목되는데, 우선 트럼프 1기 시행한 4조 6000억 달러 규모의 감세정책은 2025년에 일몰이 도래하는데 트럼프는 해당 감세를 영구화하겠다고 공약한 바 있다.

반이민 정책 공고화·친환경 정책 후퇴 트럼프는 대선 기간 불법이민자를 사실상 범죄자로 취급하며 취임 첫날 가장 먼저 할 일로 미국 역사상 최대 규모의 추방 작전을 펼치겠다고 공언해 왔다. 반이민 정책은 그의 집권기간 공고화될 것으로 전망되는데, 트럼프는 1기 집권 때도 멕시코와의 국경에 높이 9m에 달하는 장벽을 설치한 바 있다. 여기에 트럼프는 집권 1기 중 환경보호 규제 수백 건을 철회하고 미국을 파리기후협약 최초의 탈퇴국으로 만들었는데, 이번 대선 기간에도 전기차 보조금 지급 등의 내용이 담긴 「인플레이션감축법(IRA)」을 폐지하고 화석 연료 생산을 2배로 늘리겠다고 공포한 바 있다. 특히 트럼프는 선거기간 내내 국내 석유와 셰일가스 시추 확대를 뜻하는 「드릴, 베이비, 드릴(Drill, baby, drill)」을 외쳐왔다는 점에서 친환경 정책의 대대적인 후퇴가 전망되고 있다.

중국과의 패권 경쟁은 한층 심화 전망 트럼프 당선인은 당선 확정 이후 며칠 사이에 차기 행정부의 외교·안보 책임자 등 국가안보라인에 반(反)중국 강경파 인사들을 잇따라 지명했다. 대표적으로 ▷국방부 장관에는 피터 헤그세스 폭스뉴스 진행자 ▷중앙정보국(CIA) 국장에는 존 랫클리프 전 국가정보국(DNI) 국장 ▷국무부 장관에는 마코 루비오 상원의원 ▷백악관 국가안보보좌관에는 마이크 왈츠 하원의원 등이 지명됐다. 이들은 대내외적으로 중국·이란·북한 등 적성국들에 대한 비판을 쏟아내며 미국의 강경 대응을 주문해온 매파 인사라는 공통점이 있다. 이에 향후 2기 행정부에서 중국과의 패권 경쟁이 한층 심화되고, 이란·북한 등을 겨냥한 압박 수위도 더욱 높아질 것이라는 관측이 나온다.

트럼프의 당선, 우리나라에의 영향은?

주한미군 방위비 분담금 급등 트럼프 1기 행정부 때도 쟁점이 된 주한미군 방위비 분담금 문제가 불거질 가능성이 있다. 한·미는 지난 10월 2026~2030년이 적용 기간인 제12차 방위비분담특별협정을 체결했으며, 적용 첫해인 2026년 분담금을 2025년 대비 8.3% 증액한 1조 5192억 원(약 11억 달러)으로 정한 바 있다. 트럼프는 10월 16일 폭스뉴스 주최 행사에서 미국은 한국 방어를 위해 병력 4만 명(실제로는 2만 8500명가량)을 배치했지만 한국은 돈을 지급하지 않는다고 주장했는데, 이에 체결된 지 얼마 되지 않은 방위비분담협정의 재협상을 요구할 가능성이 높아졌다. 여기에 주한미군 철수나 감축 가능성을 압박 카드로 제시할 가능성까지 전망되고 있다.

북미관계 밀착 가능성 트럼프가 대선 과정에서 친밀한 관계임을 주장해온 김정은 북한 국무위원장과 대화를 재개할지 여부가 초미의 관심사가 되고 있다. 트럼프는 집권 1기 때 김정은 위원장과 3차례 정상 간 만남을 가졌는데, 이번 대선 유세 과정에서도 김정은을 여러 차례 언급하며 친밀감을 과시했다. 따라서 현재 남북이 첨예한 갈등을 빚고 있는 상황에서 한국 정부를 패싱하고 미국과만 협상하는 북한의 「통미봉남(通美封南)」 전략이 이뤄질 경우, 국내의 안보 리스크가 급격히 커질 것이라는 우려가 나온다.

한반도 관련 트럼프 당선인의 발언들

북한	• 나는 핵무기를 가진 김정은과 매우 좋은 관계 • 북한이 다시 도발을 이어가지만 재집권하면 김정은과 잘 지낼 것 • 김정은도 나를 그리워할 것
방위비·주한미군	• 한국이 우리를 제대로 대우하길 바란다. 우리는 위태로운 위치에 4만 명의 군인이 있다. • 왜 우리가 다른 사람을 방어하느냐 • 한국은 머니 머신 • (내가) 대통령이었다면 한국은 연간 100억 달러 냈을 것

경제계도 「트럼프 쇼크」 직면 전망 트럼프 당선인이 11월 25일, 취임 후 멕시코와 캐나다에 25%의 관세를 새로 부과하고 중국에 10% 관세를 추가로 매기겠다고 공표하면서 한국 수출 기업들에게도 트럼프 쇼크가 닥쳤다는 우려가 제기됐다. 미국은 1992년 멕시코·캐나다와 북미자유무역협정(NAFTA)을 체결했고, 이후 트럼프 1기 행정부 때인 2018년에 NAFTA를 개정한 「미국·멕시코·캐나다 협정(USMCA)」을 체결해 기본적으로 무관세로 교역하고 있다. 이에 트럼프 1기 때 강도 높게 진행된 대중 무역 제재를 피해 미국과 무관세 협정을 맺은 멕시코에 대거 생산

> **미국·멕시코·캐나다 협정(USMCA·United States Mexico Canada Agreement)** 미국·멕시코·캐나다 북미 3국이 1994년 발효된 북미자유무역협정(NAFTA)을 개정해 새롭게 합의한 다자 간 협정으로 2020년 7월 1일 발효됐다. 이 협정에는 캐나다와 멕시코산 자동차에 대해 각각 연간 260대·240대에 한해 고율 관세를 면제하고, 무관세 자동차의 역내 부품 비율을 62.5%에서 75%로 상향하는 내용 등이 담겼다. 협정의 유효기간은 16년이며 6년마다 재검토해 갱신 여부를 결정한다.

기지를 확충한 기아·삼성전자 등 국내 주요 기업들의 피해가 예상되는데, 특히 대미 수출 거점으로 멕시코 투자를 확대한 자동차 업계의 타격이 클 것으로 전망되고 있다. 현재 멕시코에서 생산공장을 운영하는 기아의 경우 몬테레이에서 연간 25만 대를 생산 중이며, 이 가운데 15만 대가량을 미국으로 수출하고 있는 것으로 알려졌다.

美, 에이태큠스 러시아 본토 타격 허용
푸틴, 「핵 교리」 개정으로 맞대응

퇴임을 2개월여 앞둔 조 바이든 미국 대통령이 11월 17일 우크라이나에 사거리 약 300km인 장거리미사일 「에이태큠스(ATACMS)」를 이용한 러시아 본토 타격을 허용하면서 우크라이나 전황이 급변하고 있다. 이러한 미국 정부의 조치에 블라디미르 푸틴 러시아 대통령은 핵보유국의 지원을 받은 비(非)핵보유국에도 핵무기를 사용할 수 있도록 하는 새 핵 교리를 승인하면서 맞대응에 나섰다. 그리고 우크라이나가 11월 19일 미국이 제공한 에이태큠스로 러시아 본토 타격을 감행하면서 개전 1000일을 넘어선 러시아-우크라이나 전쟁의 확전 가능성이 높아졌다는 전망이 나왔다.

> **러시아-우크라이나 전쟁** 러시아가 2022년 2월 24일 우크라이나 수도 키이우를 미사일로 공습하고 지상군을 투입하는 등 전면 침공을 감행하면서 시작된 전쟁이다. 양국의 전쟁은 미국을 중심으로 한 서방과 러시아·중국 등 비서방 간의 신냉전이 본격적으로 도래하는 계기가 됐으며, 특히 유럽에는 큰 전환점으로 작용했다. 대표적으로 오랜 기간 군사적 중립국 지위를 유지해온 스웨덴과 핀란드는 러시아의 위협에 대응하기 위해 나토(북대서양조약기구)에 가입하면서 중립국 지위를 포기한 바 있다.

바이든, 에이태큠스 러시아 본토 타격 허용 조 바이든 미국 대통령이 11월 17일 우크라이나에 장거리미사일 「에이태큠스(ATACMS)」를 이용한 러시아 본토 타격을 허가했다. 우크라이나는 그동안 지원받은 미국 무기로 러시아 내부 군사시설 등을 공격하게 해달라고 거듭 요청해 왔으나, 미국은 확전을 우려해 이를 불허해 왔다. 그러다 미국은 전선 방어의 시급성이 확전 위험보다 크다고 판단해 이번 조치를 행했는데, 현재 러시아는 병력 약 5만 명을 쿠르스크에 집결시켜 대규모 공세를 벌일 채비를 하고 있는 것으로 알려져 있다. 미국의 이와 같은 방침에 러시아는 거세게 반발했는데, 특히 블라디미르 자바로프 상원의원은 「이는 3차 세계대전 시작을 향한 매우 큰 발걸음」이라고 밝혔다. 이러한 상황에서 우크라이나군은 11월 19일 미국에서 지원받은 에이태큠스로 러시아 본토를 처음 공격했는데, 이날 표적은 우크라이나 국경에서 130km가량 떨어진 러시아 브랸스크 지역 카라체프시의 군사시설로 전해졌다. 공격 이후 러시아 국방부는 방공시스템이 에이태큠스 6발 중 5발을 요격했으며 나머지 1발의 파편이 군사 시설에 떨어져 소규모 화재가 발생했으나, 인적·물적 피해는 없었다고 발표했다. 그러나 우크라이나의 해당 공격은 그 성패를 떠나 우크라이나가 서방의 장거리 무기로 러시아 본토를 타격한 첫 사례라는 점에서 향후 추이가 주목됐다.

> **에이태큠스(ATACMS·The Army Tactical Missile System)** 하이마스(HIMARS)와 M-270 다연장로켓(MLRS) 등 다연장로켓 플랫폼을 활용하는 장거리 지대지탄도미사일로, 최대 사거리가 약 300km에 이른다. 이는 종류에 따라 수백 개의 폭탄이 탑재된 집속탄두나 225kg의 고폭발성 단일 탄두를 장착할 수 있으며, 위성항법장치(GPS) 유도로 목표물을 정밀 타격할 수 있다. 미군은 1991년 걸프전쟁 때 행해진 「사막의 폭풍 작전(Operation Desert Storm)」에서 에이태큠스 약 30발을 발사하며 이를 처음 사용한 바 있다.

美, 우크라이나에 지뢰도 공급　바이든 대통령이 우크라이나가 에이태큼스로 러시아 본토를 공격하도록 허용한 데 이어 대인지뢰도 제공하기로 한 것으로 11월 19일 알려졌다. 바이든 대통령은 지난 2022년 6월 한반도 이외의 지역에서 대인지뢰 사용을 전면 금지한 바 있는데 이 방침을 전격 폐지한 것이다. 무엇보다 바이든 대통령이 임기를 2달 남기고 에이태큼스 허용에 이어 대인지뢰 금기까지 푸는 등 우크라이나에 대한 지원을 늘리면서 2025년 1월 트럼프 2기 행정부 출범을 앞두고 우크라이나와 러시아 간 영토 탈환전은 더욱 치열하게 전개될 것으로 전망되고 있다. 여기에 미 국방부는 11월 20일 고속기동포병로켓시스템(하이마스, HIMARS)용 탄약을 포함해 우크라이나에 대한 2억 7500만 달러의 군사 원조도 발표했다.

푸틴, 새 핵 교리 공식 승인　푸틴 러시아 대통령이 우크라이나의 에이태큼스 공격이 이뤄진 11월 19일 「비(非)핵보유국이 핵보유국의 지원을 받아 러시아를 공격하면 두 국가의 공동 공격으로 간주해 핵무기를 사용할 수 있다.」는 취지를 담은 새 「핵 교리(핵무기 사용원칙)」를 공식 승인했다. 기존의 핵 교리는 적의 공격이나 국가 존립을 위협하는 수준의 재래식 무기 공격을 받을 때만 핵무기를 사용할 수 있다고 규정하고 있었다.
개정된 핵교리는 이와 함께 ▷재래식 무기를 사용하더라도 러시아 주권에 중대한 위협이 생기는 때 ▷대규모 미사일, 군용기, 순항미사일, 무인기(드론) 등의 공격이 발생하는 때 ▷공격자가 러시아 국경을 넘는 때 등에 핵무기 대응이 가능하다고 명시했다. 이러한 개정은 미국이 에이태큼스를 러시아 본토 공격에 사용할 수 있도록 허용한 데 대한 대응으로 분석되는데, 러시아가 에이태큼스를 이용한 우크라이나의 본토 공격을 중대한 위협으로 평가한다면 핵 대응에 나설 수도 있는 근거를 마련한 셈이다.

우크라 스톰섀도 vs 러 오레시니크
양국 전투, 미사일 각축전으로 확산

도널드 트럼프 미국 대통령 당선자의 취임을 앞두고 우크라이나와 러시아의 전투가 격화되는 가운데, 지상군과 전투용 드론(무인기) 위주로 전개되던 양국의 전투가 장거리미사일 각축전으로까지 확대됐다. 우크라이나는 11월 19일 미국산 장거리미사일 에이태큼스에 이어 20일 영국산 스톰섀도로 연이틀 러시아 본토 공격에 나섰으며, 러시아 측은 11월 21일 신형 중거리탄도미사일을 발사했다고 밝혔다. 이처럼 양국이 미사일까지 발사하며 전쟁 수위를 높이는 데에는 2025년 1월 취임하는 도널드 트럼프 당선자가 우크라이나 전쟁을 최대한 빨리 끝내기 위해 휴전 또는 종전을 밀어붙일 것이라는 전망이 높기 때문이다. 즉, 트럼프 정부가 본격적으로 휴전에 개입하기 전에 조금이라도 영토를 더 차지하는 등 협상에서 유리한 조건을 확보하기 위해 치열한 공방을 펼치고 있다는 것이다.

러시아-우크라이나, 최근 공습 현황은?

8.	6.	우크라이나, 러시아 본토 쿠르스크주 일부 점령
10.	16.	젤렌스키 우크라 대통령, 「북한, 우크라전 파병」
11.	13.	한·미, 「북, 쿠르스크서 우크라와 교전」
	17.	미 정부, 장거리미사일 러시아 본토 공격 허용
	19.	우크라, 미 에이태큼스로 러시아 본토 공격
	20.	우크라, 영국 스톰섀도로 러 본토 공격
	21.	러, 중거리 탄도미사일 발사

우크라이나, 에이태큼스에 이어 스톰섀도 발사 우크라이나군이 11월 21일 영국에서 지원받은 공대지순항 미사일「스톰섀도(Storm Shadow)」를 러시아 영토인 쿠르스크 지역에 발사한 것으로 전해졌다. 특히 쿠르스크는 러시아에 파병된 북한군이 주둔하고 있다는 점에서 북한군 사상자 발생 가능성까지 제기됐다. 영국과 프랑스가 공동으로 개발한 스톰섀도(프랑스명 스칼프)는 작전반경 250km로, 적진의 벙커나 탄약 저장고를 뚫는 데 있어 강력한 무기로 평가된다. 영국은 그간 러시아와의 확전을 우려해 크림반도 등 러시아가 점령한 우크라이나 영토에서만 이를 이용하도록 제한해 왔으나, 미국이 11월 17일 에이태큼스 사용 제한을 풀자 곧바로 스톰섀도의 러시아 영토 공격을 허용한 것으로 알려졌다.

> **스톰섀도(Storm Shadow)** 영국과 프랑스가 공동 개발한 장거리 공대지 순항미사일로, 프랑스식 명칭은 「스칼프」이다. 스톰섀도는 음속보다 다소 느리지만, 고도 30~40m로 날면서 지상 요격 시도를 회피한다. 사거리는 최대 560km지만, 우크라이나에 공급된 버전처럼 대외 수출용은 250km로 제한된다. 오차범위가 1m 수준에 불과할 정도로 높은 정밀도를 갖추고 있으며, 2011년 리비아 공습이나 2015년 이슬람국가(IS) 공습에서도 사용될 정도로 실전 경험도 풍부한 것으로 알려져 있다.
>
> **쿠르스크(Kursk)** 러시아 남서부 우크라이나 국경 지대에 위치한 러시아 쿠르스크주의 주도(州都)로, 러시아의 주요 철광석 생산지 중 하나이자 러시아에서 두 번째로 큰 원자력발전소인 쿠르스크 원전이 위치해 있는 곳이다. 특히 쿠르스크는 우크라이나가 지난 8월 기습 공격으로 점령한 바 있는데, 제2차 세계대전 이후 러시아 영토에 다른 나라 군대가 침범한 것은 처음 있는 일이었다. 이후 러시아가 쿠르스크를 되찾기 위한 공세에 나서면서 양국 간 격전이 이어졌는데, 여기에 우리 국가정보원이 지난 10월 북한군 특수부대의 러시아 파병을 공식 확인하고 해당 병력이 쿠르스크로 이동했다는 보도가 나오면서 이목을 집중시킨 바 있다.

러시아, IRBM 오레시니크 발사 우크라이나의 연이은 미사일 발사에 러시아는 11월 21일 우크라이나 드니프로로 미사일을 발사했는데, 우크라이나는 이에 대해 러시아가 대륙간탄도미사일(ICBM) RS26「루베즈」를 발사했다고 주장했다. 만약 우크라이나 측의 주장이 사실일 경우 2022년 우크라이나 전쟁 개전 이래 러시아가 ICBM을 발사한 첫 사례라는 점에서 전쟁을 새로운 국면으로 이끌 수 있는 심각한 위협으로 평가됐다. 하지만 푸틴 러시

> **오레시니크(Oreshnik)** 러시아가 11월 21일 우크라이나에 발사한 신형 중거리탄도미사일로, 오레시니크라는 명칭은 러시아어로 「개암나무」를 뜻한다. 개암나무는 가지 끝에 여러 열매가 달리는 것이 특징인데, 오레시니크 역시 탄두가 분리돼 여러 목표물로 날아가는 「다탄두 각개목표 재돌입 비행체(MIRV)」로 평가된다.

아 대통령은 11월 21일 국영방송 대국민 연설에서 최신 러시아 중거리미사일 시스템 중 하나를 시험했다며, 핵반두를 장착하지 않은 이 극초음속미사일의 이름이「오레시니크(Oreshnik)」라고 밝혔다. 푸틴 대통령은 오레시니크가 초음속 무기이며, 마하 10의 속도로 목표물에 도달해 서방의 미사일 방어를 무용지물로 만든다고 강조했다. 여기에 드미트리 페스코프 크렘린궁 대변인은 러시아가 우크라이나에 신형 극초음속미사일을 발사하기 30분 전에 미국에 사전 통보했다고 밝혔으며, 미국 당국자들도 ICBM이 아닌 중거리탄도미사일이 사용된 것으로 판단한다고 현지 언론에 전했다.

우크라이나의 스톰섀도 vs 러시아의 오레시니크

구분	스톰섀도	오레시니크
종류	공대지 순항미사일	극초음속 중거리탄도미사일(IRBM)
개발	영국, 프랑스	러시아
사거리	최대 250km	최대 5500km(추정)
최대 속도	마하 0.8(초속 0.3km)	마하 10(초속 2.5~3km)
장착 무기	탄두 450kg(벙커 등 단단한 표적 관통)	핵탄두, 재래식 무기 장착 가능

프랑스 하원, 정부 불신임안 가결
9월 취임 바르니에 정부 총사퇴

프랑스 하원이 12월 4일 미셸 바르니에 정부에 대한 불신임안을 가결하면서 바르니에 정부가 총사퇴하게 됐다. 프랑스 하원은 이날 좌파연합이 발의한 바르니에 정부에 대한 불신임안을 통과시켰는데, 프랑스 정부가 하원의 불신임안 가결로 해산되는 것은 1962년 샤를 드골 대통령 당시 조르주 퐁피두 내각 붕괴 이후 62년 만이다. 이로써 지난 9월 5일 취임한 바르니에 총리는 90일 만에 하원의 불신임을 받으면서 프랑스 제5공화국 역사상 최단명 총리로 기록되게 됐다. 아울러 정부의 총사퇴로 에마뉘엘 마크롱 대통령 역시 큰 정치적 위기를 맞게 됐는데, 실제 야권에서는 바르니에 정부에 이어 마크롱 대통령의 사임까지 요구하고 나섰다. 하지만 마크롱 대통령은 12월 5일 대국민 연설을 통해 야당의 하야 요구를 단호히 거부했다.

> **프랑스의 이원집정부제(二元執政府制)** 프랑스는 대통령제와 의원내각제가 혼합된 이원집정부제로, 프랑스 법상 대통령은 자신이 원하는 인물을 총리에 임명할 수 있다. 그러나 프랑스 국민의 직접선거로 선출되는 하원에서 정부 불신임안을 통과시킬 수 있기 때문에 총리는 일반적으로 다수당이나 다수 연정의 지지를 받는 인물을 임명한다. 즉, 하원 다수당의 지지를 얻지 못하는 사람을 총리로 임명하는 것은 정국 불안정을 일으킬 수 있기 때문에 여소야대 상황에서는 야당 출신 총리를 임명하는 것이다. 그리고 이처럼 총리와 대통령이 서로 다른 당에서 나오는 경우를 가리켜 「동거 정부(Cohabitation)」라고 한다.

정부 불신임안 가결, 왜? 바르니에 정부와 야당은 2025년 예산안을 두고 갈등을 빚어왔는데, 바르니에 정부는 국가재정 적자를 줄이기 위해 총 600억 유로(약 90조 원) 규모의 공공지출 감축과 증세를 골자로 한 2025년도 예산안을 하원에 제출했다. 이에 야당은 사회복지 축소와 프랑스인들의 구매력 약화 등을 우려하며 정부 예산안의 일부 조항에 반대해 왔다. 특히 극우 국민연합(RN)은 바르니에 총리에게 4가지 요구사항을 제시하며 이를 수용하지 않을 경우 정부를 불신임하겠다고 압박해 왔다. 야당의 예산안 반대에 직면한 바르니에 총리는 12월 2일 정부의 책임하에 하원 표결 없이 법안을 처리할 수 있는 헌법 제49조3항을 발동해 사회보장 재정 법안을 채택하겠다고 밝혔다. 그러자 좌파와 극우 진영 모두 즉각 정부 불신임안을 발의했고, 이날 표결이 이뤄진 것이다. 이처럼 바르니에 정부가 붕괴하면서 프랑스의 2025년도 예산안 처리가 불투명해진 가운데, 프랑스는 5공화국 사상 처음으로 셧다운(공공행정 마비)에 직면할 가능성이 높아졌다는 전망이다.

한편, 이번에 해산된 바르니에 정부는 출범부터 불신임 위기를 안고 있었는데, 지난 6월 의회 해산 이후 치러진 조기 총선에서 마크롱 대통령의 범여권은 168석을 얻는 데 그쳐 원내 2당이 됐다. 당시 좌파 정당들이 뭉친 NFP가 182석으로 1위를 차지했는데, 마크롱 대통령은 통상 원내 1당 출신 인사를 총리로 임명하는 관례를 깨고 우파 공화당 출신인 바르니에를 총리로 임명하면서 좌파 정당들의 거센 반발을 일으킨 바 있다.

> **프랑스 헌법 49조 3항** 정부가 긴급 상황에서 의회의 동의 없이 예산안 처리나 입법을 할 수 있도록 규정한 조항을 말한다. 정부가 이 조항을 근거로 단독 입법에 나서면 의회는 24시간 내에 총리(내각) 불신임안을 내 이를 저지할 수 있다. 만약 불신임안이 가결되면 내각은 모두 물러나며 법안도 자동 폐기된다. 불신임안은 1958년 프랑스 제5공화국 출범 후 100회 이상 발동됐으나 이번 바르니에 정부 이전까지 통과된 것은 1962년 10월 조르주 퐁피두 총리 때 한 번뿐이었다. 조르주 퐁피두는 1944년 드골이 이끄는 임시정부에 참여했고, 1962년 총리에 취임해 1968년까지 연속 4차례나 총리를 지낸 인물이다. 이후 1969년 샤를 드골의 뒤를 이어 대통령이 되면서 프랑스 제5공화국 2대 대통령이 되었고, 1974년까지 재임했다.

프랑스 새 총리에 바이루 전 법무장관 임명 마크롱 대통령이 12월 13일 의회의 정부 불신임안 통과로 물러난 바르니에 전 총리의 후임으로 범여권 중도 정당인 모뎀(MoDem)의 프랑수아 바이루(73) 대표를 임명했다. 바이루는 지난 2017년 마크롱 행정부에서 법무장관을 지냈으나 법무장관 임명 뒤 의회 보좌관 허위 채용 의혹으로 사임했다가 올해 초 무죄 판결을 받은 바 있다. 이로써 바이루는 2017년 취임한 마크롱 대통령이 임명한 6번째 총리이자 올해 들어서만 4번째로 임명된 총리가 됐으나, 순탄하게 정부를 구성할 수 있을지는 불투명하다. 실제로 좌파 연합 내 극좌파인 「굴복하지 않는 프랑스(LFI)」는 이날 바이루 총리에 대한 불신임안을 내겠다고 선언했다.

日총선 자민·공명 여당, 15년 만에 과반 실패
향후 국정 운영 난관 전망

일본 집권 자민당과 연립 여당 공명당이 10월 27일 치러진 일본 중의원 선거(총선)에서 15년 만에 과반 의석(233석) 확보에 실패했다. 이번 선거에서 자민당은 191석(기존 247석)·공명당은 24석(기존 32석)을 확보하며 215석을 차지했는데, 이는 선거 전보다 64석이나 줄어든 것이다. 이처럼 자민당·공명당이 총선에서 과반 의석을 놓친 것은 옛 민주당에 정권을 넘겨준 2009년 이후 15년 만에 처음이다. 반면 야당은 나머지 250석을 가져갔는데, 특히 제1야당인 입헌민주당이 선거 전(98석)보다 50석을 늘리며 148석을 차지했다. 이로써 조기 해산 승부수로 국정 동력을 얻고자 했던 이시바 시게루(石破茂) 총리에 대한 책임론이 부상하면서 거취에 대한 위기론이 일기도 했으나, 11월 11일 치러진 총리 지명선거에서 이시바가 재선출되며 2차 이시바 내각이 출범했다.

일본 중의원 총선거 결과	
정당	의석 수 (전체 465석)
자민당	191석
공명당	24석
입헌민주당	148석
일본유신회	38석
국민민주당	28석
레이와신센구미	9석
일본공산당	8석
참정당	3석
일본보수당	3석
사회민주당	1석
무소속	12석

자민당 패배, 이시바 총리 책임론 부상 자민당은 2012년 옛 민주당 내각으로부터 정권을 탈환한 것을 시작으로 2014·2017·2021년 등 4차례 총선에서 단독 의석이 260석 아래로 떨어진 적이 없는 절대 1강으로 군림해 왔다. 하지만 2023년 말 불거진 자민당 파벌 비자금 스캔들과 고물가 지속으로 국민 불만이 급증했고, 이에 정권을 심판하고자 하는 민심이 총선에 그대로 반영됐다는 평가가 나온다. 무엇보다 새 정부 출범 27일 만에 치러진 중의원 선거에서 자민당이 참패하면서 조기 중의원 해산과 총선을 결단한 이시바 총리에 대한 책임론이 불가피해졌다는 평가가 나왔다. 이시바 총리는 지난 9월 집권 자민당 총재 선거에서 4전5기 끝에 당권을 거머쥐면서 10월 1일 기시다 후미오(岸田文雄) 전 총리에 이어 총리직에 올랐다. 그는 취임 이후 제2차 세계대전 후 취임한 역대 총리 중 최단기간(8일)에 중의원 조기 해산과 총선을 단행했다. 그러나 이번 총선 결과에 따라 그가 취임 전부터 주장해 온 아시아판 나토(북대서양조약기구·NATO) 창설과 자위대 헌법 명기 등의 추진 동력을 잃는 것은 물론, 당장 자신의 거취부터 걱정해야 할 처지에 놓이게 됐다는 평가가 나왔다.

이시바, 총리로 재선출 이시바 총리가 11월 11일 국회에서 열린 총리지명 선거에서 모두 1위를 차지하면서 총리로 재선출됐다. 중의원에서는 1차 투표에서 과반 득표자가 없어 2위인 제1야당 입헌민주당 노다 요시히코(野田佳彦) 대표와 결선투표를 치른 끝에 총리로 선출된 것이다. 이처럼 총리 선거가 결선투표까지 간 것은 1994년 이후 30년 만으로 역대 5번째. 이번 투표는 앞서 10월 27일 중의원 선거 후 국회가 다시 개원하면서 새 내각이 꾸려진 데 따른 것이다. 일본 헌법은 중의원 해산 뒤 총선거를 하고 총리 지명선거를 하도록 규정하고 있는데, 이시바 총리가 이날 103대 총리로 선출되면서 2차 이시바 내각이 출범하게 됐다. 다만 집권 자민당과 공명당이 중의원 과반(233석)에 미치지 못해 향후 국정 운영에 있어서는 난관이 예상되고 있다. 특히 야당의 찬성을 얻지 못하면 예산안과 법률안을 통과시킬 수 없다는 점에서 식물 내각이 될 수 있다는 우려까지 제기된다.

> **이시바 시게루(石破茂)는 누구?** 10월 1일 기시다 후미오 전 총리의 뒤를 이어 취임한 일본 총리이다. 1986년 돗토리현 지역구 중의원에 당선되며 정계에 입문한 뒤 내리 12선에 성공한 인물로, 2002년 당시 고이즈미 내각에서 방위청 장관(차관급)으로 처음 입각했으며 차기 후쿠다 내각에서는 2007년 방위대신에 올랐다. 이후 농림수산대신, 자민당 정무조사회장, 자민당 간사장 등을 거친 그는 국방 분야에서 전문성을 갖춰 「자민당 내 안보통」으로 불린다. 그는 9월 27일 치러진 자민당 총재 선거에서 28대 총재로 선출됐는데, 당시 총재 선거에서 아시아판 북대서양조약기구(나토) 창설, 미일 지위협정 개정, 자위대 처우 개선 등의 공약을 내세운 바 있다.

이스라엘-헤즈볼라, 60일간 휴전 합의
양측 모두 레바논 남부서 철수

이스라엘과 레바논 친이란 무장단체 헤즈볼라 간의 일시 휴전안이 11월 26일 타결됐다. 이로써 11월 27일 오전 4시부터 60일 동안 양측의 공습과 교전이 중단됐는데, 이는 2023년 10월 가자전쟁 발발과 함께 이스라엘과 헤즈볼라의 교전이 시작된 지 13개월 만이다. 또 이스라엘군이 지난 9월 헤즈볼라를 겨눈 「북쪽의 화살」 작전 개시를 선포하고 레바논 남부에서 18년 만의 지상전에 돌입한 후부터는 약 2개월 만이다.

헤즈볼라는 2023년 10월 7일 팔레스타인 무장단체 하마스와 이스라엘의 전쟁이 발발하자 하루 뒤하마스를 지지하며 이스라엘과 교전을 벌여 왔다. 이 과정에서 최고지도자였던 하산 나스랄라를 비롯한 헤즈볼라 수뇌부 대부분이 이스라엘의 공격으로 사망했는데, 이스라엘은 10월 1일에는 헤즈볼라의 근거지인 레바논 남부에 지상군까지 투입하며 지상전까지 개시한 바 있다.

> **헤즈볼라(Hezbollah)** 1983년 창설된 레바논의 이슬람 시아파 무장세력이자 정당 조직이다. 이스라엘은 1982년 레바논에서 활동하고 있던 무장세력 「팔레스타인해방기구(PLO)」를 공격하기 위해 레바논을 침공했는데, 이때 이스라엘을 레바논에서 몰아내기 위해 결성된 조직이 헤즈볼라이다. 헤즈볼라는 1975~1990년까지 이어진 레바논의 장기 내전 이후에도 이스라엘에 맞서 저항운동을 한다는 명분으로 무장을 해제하지 않았고, 이에 레바논 정부군과 맞먹는 병력을 갖추고 있다.

양측 휴전 합의문 주요 내용 미국이 제시한 휴전안은 11월 27일 오전 4시부터 이스라엘군과 헤즈볼라가 60일간 휴전하고 레바논 남부 국경지대에서 철수하는 것이 핵심으로, 2006년 레바논전쟁 뒤 채택한 유엔 결의안 1701호에 기반하고 있는 것이다. 이는 이스라엘군이 레바논 남부에서 철수하고, 헤즈볼라의 중화기를 이스라엘 국경에서 약 30km 떨어진 레바논 리타니강 북쪽으로 물린다는 내용 등이 담겼다. 그리고 이스라엘·레바논의 「블루라인」(유엔이 설정한 양측 경계선) 국경 지대에는 레바논군 수천 명을 추가로 투입, 레바논 주둔 유엔평화유지군(UNIFIL)과 함께 무력충돌을 막도록 했다.

> **블루라인(Blue Line)** 유엔(UN)이 설정한 이스라엘과 레바논을 가르는 일시적 경계선으로, 1978년 레바논을 침공한 이스라엘이 2000년 레바논에서 병력을 철수하자 유엔이 이스라엘의 완전 철군 여부를 확인하기 위해 발표한 임시 철수선이다. 하지만 2006년 헤즈볼라가 이스라엘 군인 2명을 납치하자 이스라엘이 블루라인을 넘어 레바논에 병력을 투입하면서 양측의 「제2차 레바논 전쟁」이 34일간 이어진 바 있다. 이에 유엔은 두 나라의 전쟁 종식을 위해 안전보장이사회 결의(UNSCR) 1701호를 채택하는데, 이는 이스라엘군이 레바논에서 완전히 철수하고 레바논 리타니강 이남에는 헤즈볼라를 제외한 레바논군과 레바논 지역 유엔평화유지군(UNIFIL)만 주둔한다는 내용이다.

이스라엘-헤즈볼라, 휴전에 이르기까지 이스라엘과 헤즈볼라는 2023년 10월 이스라엘과 팔레스타인 무장단체 하마스 간의 가자전쟁이 시작된 이후 크고 작은 무력공방을 벌여왔다. 그러다 지난 7월 30일 헤즈볼라 최고위급 사령관 푸아드 슈크르가 이스라엘의 공습으로 추정되는 공격으로 사망하면서 갈등이 고조됐는데, 특히 9월 17~18일에는 헤즈볼라의 근거지 레바논에서 이스라엘이 배후로 추정되는 무선호출기(삐삐)와 무전기 대량폭발 사건이 발생했다. 이후 9월 23일 이스라엘은 「북쪽의 화살」 작전을 선포하고 레바논 각지에 고강도 폭격을 가하기 시작한 데 이어 헤즈볼라 수뇌부를 향한 표적 공습을 지속적으로 전개하면서 헤즈볼라 수장인 하산 나스랄라 등 최고지도부가 이스라엘에 의해 모두 제거됐다. 헤즈볼라는 정규군과 달리 최고지도자와 그를 둘러싼 소수 지휘관들이 집단적 지휘 체계를 이루고 있다는 점에서 헤즈볼라가 사실상 궤멸 상태에 놓였다는 관측까지 제기됐다.

여기에 이스라엘은 10월 1일 레바논 남부 국경지역에 병력을 투입하며 지상전까지 개시했는데, 이러한 지상전은 2006년 레바논 전쟁 이후 18년 만에 이뤄진 것이었다. 이처럼 이스라엘이 가자지구에서 레바논으로 중동 지역의 전선을 확대해 나가는 가운데, 이란이 10월 1일 이스라엘을 겨냥해 200여 발의 탄도미사일을 발사하면서 중동의 전쟁 위기가 최고조로 치닫기도 했다. 이란의 개입은 이스라엘이 이란의 핵심 대리세력인 헤즈볼라의 수장 하산 나스랄라를 제거한 데 이어 18년 만에 레바논 지상전까지 개시한 데 따른 것이었다. 특히 이란의 공격에 이스라엘이 강력한 대응을 천명하면서 양측의 전면 충돌 가능성과 함께 이스라엘의 재반격 수위에 대한 각종 예측이 제기되기도 했다.

이스라엘-헤즈볼라, 13개월간 이어진 교전 일지

2023. 10.	헤즈볼라, 하마스의 이스라엘 습격 다음 날 이스라엘 국경지대 폭격
2024. 7.	• 헤즈볼라, 골란고원에 로켓 포격 가해 이스라엘 청소년 12명 사망 • 이스라엘군 공습으로 헤즈볼라 고위 지휘관 푸아드 슈크르 사망
8. 25.	• 이스라엘군, 레바논 남부 수천 곳 공습 • 헤즈볼라군 로켓 320발, 드론 다수 발사
9. 17.	이스라엘 소행 추정 레바논 삐삐 폭발(최소 12명 사망, 2300여 명 부상)
18.	이스라엘 소행 추정 레바논 무전기 폭발(최소 25명 사망, 700여 명 부상)
20.	이스라엘의 베이루트 공습으로 헤즈볼라 2인자 이브라힘 아킬 등 사망
23.	이스라엘, 레바논 융단 폭격 「북쪽의 화살」 작전 시작
28.	헤즈볼라 지도자 하산 나스랄라, 이스라엘군 폭격으로 사망
10. 1.	이스라엘, 레바논 남부에서 제한적 지상전 시작
11. 26.	이스라엘-헤즈볼라, 60일간 공습과 교전 중단하는 일시 휴전안 타결

이스라엘, 팔레스타인 난민구호기구
유엔 협정도 탈퇴

이스라엘 외무부가 11월 4일 유엔 팔레스타인 난민구호기구(UNRWA)의 활동을 허용하는 협정에서 탈퇴한다고 유엔에 통보했다. 이번 탈퇴 통보는 1967년 이스라엘이 통제하는 지역에서 UNRWA가 팔레스타인 난민을 상대로 구호활동을 할 수 있도록 허용하는 내용의 협정이 체결된 지 57년 만이다. 이에 앞서 10월 28일 이스라엘 의회(크네세트)는 동예루살렘 등 이스라엘 점령지에서 UNRWA의 활동을 금지하는 내용의 법안을 가결한 바 있다. 이번 조처에 따라 UNRWA는 이스라엘의 법이 발효되는 2025년 1월 15일부터 구호활동이 전면 금지될 것으로 보인다고 EU 전문매체 옵서버는 전했다.

한편, 이스라엘은 지난 1월 UNRWA 직원 1만 3000여 명 중 약 10%가 하마스와 팔레스타인 이슬라믹지하드(PIJ) 등 팔레스타인 무장세력과 직·간접적으로 연관이 있다는 내용의 보고서를 내놓으면서 논란을 일으킨 바 있다. 또 2023년 10월 7일 팔레스타인 무장정파 하마스가 자국을 기습공격하는 데 있어 UNRWA 직원 일부가 개입했다는 의혹을 제기하기도 했다.

> **유엔 팔레스타인 난민구호기구(UNRWA)**   팔레스타인 난민들을 위한 교육·보건·복지·구호 사업을 펼치는 국제기구로, 제1차 중동전쟁(1948년 5월~1949년 3월)으로 팔레스타인 난민이 대규모로 발생하자 1949년 12월 유엔총회 결의를 통해 설립됐다. 이는 팔레스타인 가자지구에서 활동하는 유엔 최대 기구로, 팔레스타인을 제외한 전 세계 난민을 위한 활동을 펼치는 「유엔난민기구(UNHCR)」와는 별개의 조직이다. UNRWA는 직원 대부분이 팔레스타인 주민으로, 유엔의 다른 상위 기구에 예속되지 않고 독자적으로 활동하고 있다.

국제앰네스티, 「이스라엘군이 가자지구서 집단학살」   세계적인 인권단체 국제앰네스티가 12월 5일 이스라엘군이 팔레스타인 가자지구에서 고의적인 제노사이드(Genocide, 집단학살)를 저질렀다는 조사 결과를 발표했다. 보고서는 2023년 10월 전쟁 발발 이후 가자지구에서 이스라엘군의 공격으로 4만 4000명 넘게 숨지고 10만 5000명 이상이 부상을 입은 점을 지적했다. 또한 이들은 이스라엘이 가자지구의 팔레스타인인

> **국제앰네스티(Amnesty International)** 언론과 종교 탄압행위 등을 세계 여론에 고발하고 국가권력에 의해 투옥·구금되어 있는 각국 정치시상범의 구제를 목적으로 민간에 의해 1961년에 설립된 세계 최대 순수 민간 차원의 인권운동단체이다.

들을 「느리고 계산된 죽음」에 노출시키고 물리적 파괴를 초래했다면서, 이는 1951년 제노사이드 협약(집단살해죄의 방지와 처벌에 관한 협약) 위반이라고 지적했다.

시리아 반군 HTS, 내전 승리 선언
알아사드 53년 철권통치 종식

이슬람 무장세력 하야트 타흐리르 알샴(HTS·Hayat Tahrir al-Sham, ※ 시사용어 참조)을 주축으로 한 시리아 반군이 12월 8일 수도 다마스쿠스를 점령하고 내전 승리를 선언했다. 반군은 지난 11월 30일 시리아 제2의 도시 알레포를 8년 만에 탈환한 데 이어 이들리브·하마·홈스 등 주요 거점을 잇따라 장악했고, 대공세 11일 만인 이날 다마스쿠스까지 점령한 것이다. 그동안 시리아를 철권통치해온 바샤르 알아사드 시리아 대통령은 반군의 수도 진격에 러시아로 도피했고, 이로써 2011

년 「아랍의 봄」을 계기로 촉발된 시리아 내전이 발발 13년 9개월 만에 막을 내림과 함께 53년간 이어졌던 알아사드 일가의 철권통치도 종식됐다.

> **시리아(Syria)는 어떤 나라?** 아시아 서부 지중해 연안에 위치한 사회주의공화국으로, 1946년 프랑스로부터 독립했다. 특히 1973년 이스라엘과 제4차 중동전쟁을 벌이고, 1975년에는 레바논 내전에 개입하는 등 이스라엘과 적대관계를 형성하고 있다. 1966년 시아파의 분파인 알라위파의 쿠데타가 일어나며 1970년 이 쿠데타 세력의 일원인 하피즈 알아사드가 대통령이 됐다. 그는 알라위파 최초의 시리아 대통령으로 이후 30년간 시리아를 지배한 종신지도자가 됐으며, 2000년 6월 하피즈 사망 이후에는 아들인 바샤르 알아사드가 대통령직을 승계해 현재까지 알아사드 일가의 철권통치가 이어져 왔다.

시리아 내전, 시작부터 종식까지

종파 갈등과 주변국 개입으로 장기화 시리아 내전은 2011년 중동 지역을 덮친 민주화 시위인 「아랍의 봄」 여파로 바샤르 알아사드 독재정권에 항거하는 민중 봉기로 시작됐다. 하지만 아사드 정권이 시위대를 무력 진압하면서 유혈 사태와 내전으로 확산됐는데, 특히 수니파와 시아파 간 종파 갈등과 주변 외세의 경쟁적 개입까지 얽히면서 13년을 넘게 이어져 왔다. 종파 갈등의 경우 시리아 인구 대부분이 수니파임에도 군과 정부의 요직은 시아파계 분파인 「알라위파(Alawi)」가 장악하고 있기 때문으로, 이에 시아파 맹주인 이란과 레바논 헤즈볼라가 알아사드 정권을 지원하고 사우디아라비아와 카타르 등 인근 수니파 국가들이 반군에 무기와 물자를 지원하면서 사태가 확산된 것이다. 여기에 시리아의 혼란상을 틈타 세력을 키운 급진 수니파 무장단체 이슬람국가(IS)가 시리아 북부를 점령하면서, 시리아는 정부군·반군·IS의 3자가 복잡하게 대치하며 혼란이 극에 달했다. 이러한 상황에서 미국(반군 지원)과 러시아(정부군 지원)까지 시리아 내전에 개입하며 양국의 대리전 양상으로까지 확대됐다. 그러다 아사드 대통령은 러시아와 이란의 지원을 받아 2016년 알레포를 장악했고, 이후 2020년 정부군을 지원하는 러시아와 반군을 지원하는 튀르키예가 반군의 주요 거점인 이들리브 지역에서 휴전에 합의하면서 내전은 교착 상태로 접어들었다.

> **아랍의 봄(Arab Spring)** 2010년 말 튀니지에서 시작돼 아랍 전역으로 확산된 민주화·반(反)정부 시위이다. 이는 집권세력의 부패, 빈부 격차, 높은 실업률에 따른 청년들의 분노로 일어났다. 이러한 아랍의 봄 여파로 튀니지, 이집트, 리비아 등에서는 오랜 기간 이어진 장기집권 체제가 막을 내리게 되었다.

반군의 알레포 장악으로 재점화, 그리고 종식 내전이 교착화된 가운데 시리아 영토의 상당 부분은 정부군이 차지하고 있었으며, 이 외의 동북부는 미국의 지원을 받는 쿠르드족 민병대 시리아민주군(SDF)이, 서북부는 HTS 등 반군이 영향력을 행사했다. 그러다 시리아 정부를 지원하던 이란과 레바논 헤즈볼라, 러시아가 각자 가자전쟁과 우크라이나 전쟁으로 시리아 지원에 소홀해지면서 반군의 공세가 시작됐고, 11월 30일 시리아 제2의 도시 알레포가 반군에 장악되면서 내전은 재점화됐다. 반군은 이후 이들리브·하마·홈스 등 주요 거점을 잇따라 장악한 데 이어 12월 8일에는 수도 다마스쿠스까지 점령하며 내전 승리를 선언했다.

한편, 13년이 넘게 진행된 내전으로 시라아 전역에서는 50만 명이 넘는 사망자가 발생했으며, 시리아를 떠난 난민 수는 내전 발발 전 시리아 인구(2100만 명)의 3분의 1에 가까운 630만여 명에 이른다. 특히 쏟아지는 시리아 난민들을 감당하지 못한 주변국들이 점차 국경을 봉쇄했고 이에 시리아인들이 유럽으로 향하면서 시리아 내전은 유럽 난민 사태의 원인이 되기도 했다.

시리아 내전 일지

2011년 3월	• 시리아 남서부 다라에서 바샤르 알아사드 정권의 압제에 반대하는 시위 시작 • 아사드 정권의 강경 진압으로 유혈사태 발생하며 내전으로 확산
2012년 7월	반군, 알레포 공격해 정부군과 전투 → 이후 내전 지속
2013년 8월	알아사드 대통령, 반군 장악 지역에 사린가스 등 화학무기 살포
2014년 6월	이슬람 무장단체 이슬람국가(IS), 이라크 모술에서 수립
2015년 9월	러시아, 알아사드 정권 지원 위해 병력 투입
2016년 12월	정부군, 알레포에서 반군 격퇴
2020년 3월	러시아·튀르키예 중재로 양측 휴전 합의 → 내전 교착 상태 돌입
2024년 11월	하야트 타흐리르 알샴(HTS) 주도 시리아 반군, 정부군 기습 공격
12월 8일	반군, 알레포에 이어 수도 다마스쿠스 장악 후 내전 승리 선언

알아사드 도피, 시리아 53년 철권통치 붕괴　시리아 반군의 내전 승리 선언에 따라 시리아 내전이 종지부를 찍게 된 것은 물론, 53년간 이어진 알아사드 일가의 철권통치도 막을 내리게 됐다. 하페즈와 바샤르 알아사드 부자는 1971년부터 지금까지 2대에 걸쳐 최고 권력을 독점해 왔는데, 바샤르 알아사드(Bashar al-Assad)는 아버지인 하페즈(1971~2000년 재임)가 사망한 직후 대통령직을 세습받았다. 그는 취임 초에는 개혁정책을 추진하면서 아버지와는 다른 모습을 보이는 듯했으나, 2011년 아랍의 봄이 발발하자 시위대를 무자비하게 진압하면서 독재자의 면모를 드러냈다. 특히 아사드 정권은 시위가 점차 확산되자 염소·사린가스 등을 살포하고 반대파 활동가들을 납치하는 등의 행위를 저지르며 국제사회의 공분을 샀다. 이후 아사드는 내전이 한창이던 2014년 6월 3선 연임에 성공한 데 이어 2021년 5월 치러진 대선에서도 4선(임기 7년)에 성공하면서 27년 철권통치의 길을 열었다. 그러나 시리아 북서부를 장악한 반군이 지난 11월부터 본격적으로 공세를 시작하자 외세의 지원을 더 이상 받을 수 없게 된 아사드 정권은 10일 만에 무너졌다. 아사드는 반군이 다마스쿠스를 점령하기 직전 탈출해 자신의 최대 우군인 푸틴 러시아 대통령이 통치하는 러시아로 망명한 것으로 전해졌다.

한편, 13년 9개월간 이어졌던 시리아 내전이 반군의 승리로 끝이 나면서 시리아 반군의 주축인 HTS를 이끌고 있는 아부 모하메드 알줄라니(42·Abu Mohammad al-Julani, ※ 시사인물 참조)가 전 세계의 이목을 집중시키고 있다. 알줄라니는 한동안 이슬람국가(IS)와 알카에다를 추종하는 은둔의 극단주의자로 알려져 있었으나, 지난 수년 새 터번을 벗고 군복을 입은 모습을 대중 앞에 드러내며 정치 지도자로 변신해 온 바 있다.

💡 시리아 내전 이후 전 세계로 흩어졌던 시리아 난민들이 내전이 종료됨에 따라 귀국할 움직임을 보이고 있는데, 2011년 내전 발발 이후 발생한 시리아 난민은 630만 명 이상으로 알려졌다. 시리아 난민들이 대거 몰려들며 국경폐쇄와 난민 수용 등으로 거센 홍역을 치렀던 독일·영국·프랑스·스웨덴·노르웨이·덴마크 등은 12월 9일 일제히 「시리아 난민의 망명 절차를 중단하겠다」고 밝혔다.

이스라엘, 시리아 전역 공습　이스라엘이 시리아의 알아사드 정권이 무너진 뒤 시리아 전역에 대한 공습을 단행하면서 주변 아랍국들의 비판을 받고 있다. 이스라엘은 12월 9일 시리아와의 접경에 있는 골란고원 완충지대에 병력을 진입시키며 시리아를 공습했는데, 10일 로이터 등 외신은 이스라엘 방위군(IDF)이 지난 48시간 동안 시리아 전역에 480회의 전투기 공습을 감행해 시리아의 무기 저장고 대부분을 타격했다고 밝혔다. 이스라엘이 시리아 영토에 지상 작전을 수행한 것은 1973년 욤

키푸르 전쟁 이후 51년 만으로, 이스라엘은 이번 공습이 자국 안보를 위한 선제적 조치라는 입장을 내세우고 있다.

한편, 시리아 반군은 12월 10일 과도정부 수반으로 시리아 북서부 반군 조직 구원정부(SSG) 수장을 지낸 모하메드 알바시르를 임명했다. 하지만 수반 임명 여부와 상관 없이 시리아 전역 통제에 대해서는 비관적 전망이 높은데, 현재 시리아는 튀르키예가 지원하는 북서부의 수니파 반군(북서부)을 비롯해 북동부의 쿠르드족, 서부의 알라위파(시아파의 분파) 세력 등이 각기 군대를 보유하고 해당 지역에서 세력을 형성하고 있기 때문이다.

北, 고체 연료 신형 ICBM 발사
고도 및 비행시간 역대 최고

합동참모본부가 10월 31일 오전 7시 10분쯤 북한이 평양 일대에서 동해상으로 신형 대륙간탄도미사일(ICBM) 1발을 발사했다고 밝혔다. 북한의 ICBM 발사는 올해 들어 처음으로, 지난 2023년 12월 18일 ICBM 화성-18형을 발사한 지 10개월 만이다. 군에 따르면 북한이 이날 쏜 ICBM의 정점고도는 7000km 이상, 비행시간은 약 1시간 26분(86분)으로 역대 최대 고도와 최장 비행시간을 기록했다. 이에 군 당국은 이번에 발사한 ICBM이 신형 고체 연료 추진 ICBM이거나 화성-18형 개량형일 것이라는 관측을 제기했다. 특히 합참은 30도~45도 사이 정상 각도로 발사할 경우 사거리가 미국 전역을 타격할 수 있는 1만 5000km 이상일 것으로 분석했다.

> **대륙간탄도미사일(ICBM·Intercontinental Ballistic Missile)** 핵탄두를 장착하고 한 대륙에서 다른 대륙까지 대기권 밖을 비행하여 발사되는 사정거리 6400km 이상, 로켓엔진으로 추진되는 탄도미사일을 말한다. ICBM은 대부분 관성유도 방식에 의해 한 대륙에서 다른 대륙까지 대기권 밖을 비행해 적의 전략목표를 공격한다.

北, 신형 「화성-19형」 발사 주장 북한은 11월 1일 자신들이 전날(10월 31일) 발사한 ICBM이 신형미사일인 「화성-19형」이라면서, 이 ICBM이 최종 완결판이라고 주장했다. 북한 노동당 기관지 《로동신문》은 이날 발사된 미사일이 최대 정점고도 7687.5km까지 상승하며 5156초(1시간 25분)간 1001.2km를 비행하여 조선동해 공해상의 예정 목표수역에 탄착됐다고 밝혔다. 이처럼 북한의 신형 ICBM 공개는 2023년 2월 열병식에서 첫 고체 연료 ICBM인 화성-18형이 등장한 지 1년 8개월 만이다.

무엇보다 북한은 과거 화성-17형·화성-18형 모두 열병식에서 외형을 처음 공개한 후 시험 발사하는 수순을 밟았지만, 이번 화성-19형의 경우 사전 공개도 없이 바로 시험발사에 나섰다. 북한 관영매체가 11월 1일 공개한 사진에 따르면 이번 신형 ICBM은 11축(22륜) 이동식 발사대(TEL)에서 발사했는데, 이는 9축(18륜) TEL을 활용한 화

화성-19형 vs 화성-18형

구분	화성-19형	화성-18형
높이	화성-18형보다 길어진 형태	약 20m
연료	발사 시 흰색에 가까운 황색 화염, 고체 연료 추정	고체 연료
탄두	탄두부위 뭉툭해진 형태, 다탄두화 적용 의도 추정	다탄두
이동식 발사대(TEL)	11축(22개 바퀴)	9축(18개 바퀴)
최대 정점고도	7687.5km	6510km
비행거리	1001.2km	1002km
비행시간	86분(5156초)	74분(4415초)

성-18형보다 한층 길고 무거운 것으로, 북한이 지금까지 공개한 ICBM 중 가장 큰 것으로 추정된다. 특히 전문가들은 기존 화성-18형에 비해 둥글고 뭉툭해진 탄두부 모양에 주목하고 있는데, 이는 여러 개의 탄두를 탑재(다탄두)시키기 위해 탄두부의 공간과 길이를 늘렸을 수 있기 때문이다.

> **화성-18형(Hwasong-18)** 북한이 2023년 2월 8일 열병식에서 공개한 고체 연료 대륙간탄도미사일(ICBM)으로, 콜드런치 방식으로 이동식 미사일 발사대에서 발사한다. 화성-18형은 추정 사거리가 1만 5000km 이상으로 미국 전역을 사정권에 둔다. 화성-18은 2023년 4월 첫 시험발사 당시 고도가 3000km에 불과했으나 그해 7월 이뤄진 2차 시험발사에서는 최대 정점고도 6648.4km까지 상승해 거리 1001.2km를 4491초(74분51초)간 비행한 것으로 알려져 있다. 무엇보다 화성-18형이 사용하는 고체 연료의 경우 액체 연료보다 발사준비 시간이 짧아 탐지와 대응이 상당히 어렵고, 이동식 발사대 발사는 탐지와 요격을 피할 수 있어 은밀성과 기동성이 뛰어나다는 점에서 위협적이라는 평가를 받는다.

한·미·일, B-1B 포함 공중훈련 실시 한·미·일이 11월 3일 북한의 ICBM「화성-19형」시험발사(10월 31일)에 맞서「죽음의 백조」로 불리는 미 전략폭격기 B-1B가 참여한 공중훈련을 실시했다. 미국 전략폭격기의 한반도 전개는 올 들어 4번째, 한·미·일 공중훈련은 올 들어 2번째. 이날 훈련에는 B-1B와 함께 한국 공군의 F-15K와 KF-16, 미 공군 F-16, 일본 항공자위대의 F-2 등의 전투기들이 참가했다. 이번 훈련은 B-1B가 한·미·일 전투기의 호위를 받으며 계획된 훈련 공역으로 이동해 가상의 표적을 신속하고 정확하게 타격하는 방식으로 진행됐다. 초음속 전략폭격기인 B-1B는 B-2, B-52H와 함께 미군의 3대 전략폭격기 중 하나로 괌 미군기지에서 한반도까지 2시간이면 도착할 수 있다. 이는 핵무기는 싣지 않지만 각종 폭탄을 최대 57t까지 실을 수 있다.

「한국판 사드」L-SAM 10년 만에 독자 개발
40~70km 상공서 직접 충돌 파괴

국방부가 11월 29일 국방과학연구소 대전청사에서 장거리 지대공유도무기(L-SAM·Long-range Surface-to-Air Missile) 개발 완료를 기념하는 행사를 개최했다고 밝혔다. L-SAM은 저의 탄도미사일이 정점 고도를 찍은 뒤 하강하는 종말단계인 고도 40~70km 상공에서 직접 충돌해 파괴하는 무기로, 북한의 핵·미사일 대응을 위한 3축체계 중「한국형 미사일방어체계(KAMD)」를 구성할 핵심 전력으로 꼽힌다. L-SAM은 2010년 소요가 결정된 뒤 2019년부터 본격적인 체계 개발이 진행돼 왔으며, 2025년부터 양산이 시작돼 2030년 이전에 군에 배치될 예정이다.

한국형 3축 체계

킬체인(Kill Chain)	북한이 핵·미사일 등을 발사하기 전에 우리 군이 이를 먼저 탐지해 선제타격한다는 개념으로, ▷탐지 ▷확인 ▷추적 ▷조준 ▷교전 ▷평가 등의 6단계로 이뤄진다.
한국형 미사일방어(KAMD·Korea Air and Missile Defense)	한반도를 향해 날아오는 북한 미사일을 공중에서 요격하는 방어시스템으로, 핵·WMD 대응체계의 2번째 단계이다. 이는 저층에서 막는 패트리엇 시스템(PAC-2·PAC-3 등) ▷중층에서 막는 중거리 지대공미사일(M-SAM) ▷중고도에서 막는 장거리 대공미사일(L-SAM)으로 구성된다.
대량응징보복(KMPR·Korea Massive Punishment & Retaliation)	한국형 미사일방어체제의 마지막 단계로, 북한이 핵·미사일 공격을 가할 경우 북한의 지휘부를 직접 겨냥해 응징 보복하는 개념이다.

L-SAM 주요 내용 2015년부터 개발이 시작돼 1조 2000억 원이 투입된 L-SAM은 미사일 종말단계에서도 고고도(상층)에 속하는 40~70km 상공에서 미사일을 요격한다. 탄도미사일이 목표를 향

해 하강하는 종말단계 중에서도 통상 고도 40km를 기준으로 상층과 하층을 구분한다. 현재 배치된 미국산 패트리엇(PAC-3, 고도 15~40km)과 국산 천궁-Ⅱ(M-SAM-Ⅱ, 15~20km)는 종말단계 하층에서 탄도미사일을 방어하는 무기이며, 주한미군 사드(고도 40~150km)와 L-SAM(고도 40~70km)은 종말단계 상층을 막는 체계이다. 이에 L-SAM이 실전 배치되면 현재 사드·패트리엇·천궁-Ⅱ로 구축된 한미 연합 방공망이 더욱 촘촘해져 북한 핵 위협 대응 능력이 강화될 것이라는 평가가 나온다. 아울러 그간 넓은 면적을 방어하는 무기 체계는 사드뿐이었다는 점에서 L-SAM의 독자개발 의미는 깊은데, 특히 L-SAM은

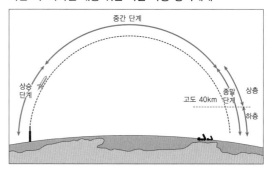

북한 핵·미사일 대응 위한 복합 다층 방어체계

사드	요격 고도 40~150km
L-SAM	요격 고도 40~70km
패트리엇(PAC-3)	요격 고도 15~40km
천궁-Ⅱ	요격 고도 15~20km

1개 포대로 남한 면적의 약 7분의 1을 방어할 수 있는 것으로 알려졌다.

이 밖에 L-SAM은 적 미사일을 직접 타격하는 직격 요격(힛 투 킬·Hit to kill) 방식으로, 이는 목표물 주변에서 폭발해 퍼지는 파편을 통한 요격인 폭발 파편 방식보다 정확도와 파괴력이 뛰어나다. L-SAM 포대는 ▷작전 통제소 ▷교전 통제소 ▷능동위상배열(AESA) 레이더 ▷발사대 ▷유도탄 등으로 구성되는데, 특히 2단으로 구성된 유도탄은 대(對) 항공기용과 탄도탄용이 있어 적의 공중 위협 유형에 따라 대응할 수 있다.

軍 정찰위성 3호기 발사 성공
운용 시험 뒤 대북정찰 수행

우리 군의 정찰위성 3호기가 12월 21일 오후 8시 34분(한국시간) 스페이스X의 팰컨9 로켓에 실려 미국 캘리포니아주 반덴버그 우주군 기지에서 발사됐다. 정찰위성 3호기는 발사 약 50분 만에 팰컨9의 2단 추진체에서 분리돼 목표 궤도에 정상 진입한 데 이어, 같은 날 오후 11시 30분경 해외 지상국과의 첫 교신에 성공했다.

주요 내용 군 정찰위성 3호기는 국방과학연구소 주관으로 위성 성능을 확인하는 우주궤도시험을 수행한 뒤, 군 주관으로 진행하는 운용시험평가를 거쳐 본격적으로 감시정찰 임무를 수행하게 된다. 3호기는 앞서 4월에 발사된 2호기처럼 고성능 영상레이더(SAR)로 야간은 물론 기상 상황에 상관없이 초고해상도 영상을 확보할 수 있다. 이로써 우리 군은 지난 2023년 12월 발사된 1호기를 포함해 사상 최초로 총 3대의 감시정찰 위성을 군집운용하게 될 예정이다. 군은 중대형 정찰위성 5기를 확보하

425사업 고성능 영상레이더(SAR)를 탑재한 위성 4기와 EO·IR(전자광학／적외선) 위성 1기를 2025년까지 발사하는 것을 목표로 하는 사업이다. 425라는 명칭은 SAR(Synthetic Aperture Radar·합성개구레이더) 위성과 EO(Electro Optical)/IR(Infra Red) 위성의 운용을 고려, 「SAR(사)」와 「EO(이오)」를 비슷한 발음의 아라비아 숫자인 425(사이오)로 표기한 것이다. EO·IR 위성은 보다 선명한 이미지를 확보할 수 있지만 날씨에 영향을 받아 감시에 제한을 받을 수 있는 반면, SAR 위성은 기상 여건과 관계없이 촬영할 수 있는 것이 강점이다.

는 「425사업」에 따라 전자광학·적외선센서(EO·IR) 위성 1대(1호기·2023년 12월 발사)와 SAR 위성 4대(2~5호기)를 발사하게 된다. 그리고 2025년까지 정찰위성 5기가 모두 배치되면 북한 내 특정 표적을 2시간 단위로 감시·정찰할 수 있게 된다.

與 추천권 배제 「상설특검 규칙 개정안」
野 주도로 국회 본회의 통과

대통령이나 친인척을 대상으로 한 수사에서 여당을 배제한 채 상설특검 후보를 추천하는 국회 규칙 개정안이 11월 28일 더불어민주당 등 야권 주도로 국회 본회의를 통과했다. 이는 대통령과 그 가족이 연루된 수사의 경우 총 7명으로 구성되는 상설특검 후보추천위원회에서 국회가 추천하는 4명 중 여당 추천 몫 2명을 제외하는 것이 핵심이다. 특히 상설특검 규칙 개정안은 국회 운영 규칙이어서 대통령의 재의요구권(거부권) 행사 대상이 아니다. 앞서 11월 7일 민주당은 김건희 여사 관련 의혹 수사를 위한 상설특검 수사요구안을 국회에 제출하고, 상설특검 후보 추천위에 여당이 참여할 수 없도록 하는 규칙 개정안을 발의한 바 있다.

「상설특검 후보 추천 규칙 개정안」 주요 내용 현행법상 특검 수사가 결정된 경우 후보 추천을 위해 국회에 특별검사후보추천위원회를 구성한다. 위원회는 7명으로 구성되는데 국회의장이 법무부 차관·법원행정처 차장·대한변호사협회장·국회에서 추천한 4명을 임명하면 이들이 특검 후보 2명을 선발한다. 이번 규칙 개정안은 여·야가 2명씩 추천해 국회 몫 4명을 구성해야 한다는 규정에 단서를 달아, 기존의 여당 몫 2명을 야당에 분배하도록 했다. 기존 여당 몫 2명은 비교섭단체 중 의석수가 많은 2개 정당이 각각 1명씩 추천하게 되는데, 의석수가 같으면 선수(選數)가 앞선 국회의원이 있는 당이 우선한다. 현재 의석수를 고려하면 조국혁신당과 진보당이 각각 추천권을 가질 것으로 보인다. 후보추천위가 특검 후보 2명을 추천하면, 대통령은 추천일로부터 3일 이내에 이 중 1명을 임명해야 한다. 다만 임명하지 않았을 때의 대안 조항이 없어 윤석열 대통령이 상설특검 임명을 미룰 것이라는 전망도 나온다.

내란 상설특검 본회의 통과 12·3 비상계엄 사태와 관련해 윤석열 대통령 등을 수사하기 위한 「내란 상설특검 수사요구안(위헌적 비상계엄 선포를 통한 내란 행위의 진상규명을 위한 특별검사의 수사요구안)」이 12월 10일 국회 본회의를 통과했다. 상설특검은 일반특검에 비해 상대적으로 규모가 작은 특검으로, 파견 검사는 5인·공무원은 30인 이하로 제한된다. 또 수사 기간도 기본 60일에 최대 30일까지만 연장할 수 있다. 다만 상설특검은 일반 특검법과는 달리 대통령이 거부권을 행사할 수 없는데, 이번 상설특검 수사요구안은 윤 대통령과 김용현 전 국방부 장관, 박안수 전 계엄사령관, 한덕수 국무총리, 추경호 전 국민의힘 원내대표, 여인형 전 국군방첩사령관 등을 수사 대상으로 명시했다.

아울러 국회는 이날 윤 대통령을 포함해 12·3 비상계엄 사태 관계자들에 대한 신속체포를 요구하는 「내란범죄혐의자 신속체포 요구 결의안」 수정안도 가결했다. 해당 가결안에는 윤 대통령을 비롯해 ▷김용현 전 국방부장관 ▷이상민 전 행정안전부 장관 ▷박안수 육군참모총장(전 계엄사령관) ▷여인형 방첩사령관 ▷이진우 수도방위사령관 ▷곽종근 특수전사령관 ▷조지호 경찰청장 등 내란범죄혐의자 8명을 신속하게 체포할 것을 촉구하는 내용이 담겼다.

尹 내란 일반특검법·4번째 김건희 특검법
국회 본회의 통과

윤석열 대통령의 12·3 비상계엄 사태와 관련해 내란 행위 진상규명을 할 특별검사 임명안(내란 일반특검법)과 김건희 여사의 도이치모터스 주가조작 사건 진상규명 등을 위한 4번째 특검법안이 12월 12일 국회 본회의를 통과했다.

내란 일반특검법 내란 특검법은 윤 대통령의 12·3 비상계엄 선포와 관련한 위법성을 조사하기 위한 법안으로, 사태와 관련한 모든 의혹과 수사과정에서 인지된 관련 사건을 수사 대상에 담았다. 즉 불법적 비상계엄 선포 및 포고령 배경, 정치인·언론인 불법체포 및 구금시도 의혹, 계엄군의 국회 내 병력투입과 중앙선거관리위원회 진입 사건 등이 명시됐다. 특검 추천권의 경우 민주당이 1명, 비교섭단체가 1명을 후보자로 선정하면 대통령이 그 가운데 1명을 임명하도록 했다. 특히 12·3 내란 수사를 위해 검사 40명을 파견받아 최대 150일 동안 수사할 수 있게 했는데, 이는 앞서 국회 본회의를 통과한 내란 상설특검보다 규모가 크고 수사 기간도 긴 것이다. 이 일반특검은 앞서 12월 10일 본회의를 통과한 상설특검과 맞물려 운영될 것으로 관측되고 있다.

> **특별검사(特別檢事)** 고위 공직자의 비리나 위법 혐의가 드러났을 때 방증 자료를 수집·기소하기까지 독자적인 수사를 할 수 있는 독립 수사기구이다. 우리나라에서는 1999년 9월 「한국조폐공사 노동조합 파업 유도 및 전(前) 검찰총장 부인에 대한 옷 로비 의혹사건 진상규명을 위한 특별검사 등의 임명에 관한 법률」이 제정되면서 처음으로 특검제가 도입됐다. 특별검사는 수사와 공소 유지를 위해 검찰청법과 형사소송법이 규정하고 있는 검사의 모든 권한을 행사할 수 있다. 특별검사는 검찰총장과 경찰청장 등에게 수사협조를 요청할 수 있을 뿐 아니라 관련기관에 수사상 필요한 자료 제출을 요구할 수 있다. 특별검사 등 수사팀은 사건과 직접 관련된 사안만 수사할 수 있고, 직무상 알게 된 비밀이나 공소 제기 전 수사내용 또는 수사진행 상황을 누설·공표할 수 없다. 이를 어길 경우 대통령은 특별검사를 해임할 수 있다.

김건희 특검법 네 번째 표결에 붙여진 김건희 특검법은 ▷도이치모터스·삼부토건 주가조작 사건 ▷코바나컨텐츠 관련 의혹 ▷디올백 수수 ▷서울-양평 고속도로 특혜 논란 ▷명태균 파문으로 불거진 여당 공천개입 등 15가지 의혹을 수사 대상으로 명시했다. 특검 후보는 민주당 1명, 비교섭단체 1명씩 추천하고 대통령이 이 중 1명을 임명하도록 했다. 김건희 특검법은 앞서 윤 대통령의 재의요구권(거부권) 행사로 세 차례 「발의-표결-거부권-재표결-폐기」 수순을 거친 바 있다. 대통령의 거부권 행사로 국회에 돌아온 법안이 재표결에서 가결되려면 재석의원 3분의 2 이상의 찬성이 필요하다.

내란행위 가담 의혹, 법무부 장관·경찰청장 탄핵 가결 국회가 12월 12일 이번 12·3 비상계엄 사태에서 내란행위 가담자로 지목된 박성재 법무부 장관과 조지호 경찰청장에 대한 탄핵소추안을 가결했다. 이에 박 장관과 조 청장은 헌법재판소의 탄핵심판 결과가 나올 때까지 직무가 정지된다. 민주당은 박 장관 탄핵안에서 내란행위 모의에 해당하는 국무회의에 참석해 의사결정에 관여했으며 비상계엄 이후 주요 정치인의 체포·구금에도 연루되는 등 내란행위 계획과 실행에 관여했음을 보여주는 것이라고 지적했다. 앞서 이상민 전 행정안전부 장관, 김용현 전 국방부 장관이 사퇴한 상황에서 박 장관의 직무정지가 결정되면서 윤석열 정부의 국무위원은 3명이 공석이 됐다. 그리고 조 청장은 계엄 선포 당일 경찰력을 동원해 국회를 막아 계엄해제 요구권 표결을 방해했으며, 이는 국헌문란 목적의 폭동에 가담했다는 점에서 내란죄를 범한 것이라고 명시됐다.

💡 우원식 국회의장이 12월 11일 국회에서 기자회견을 열고 12·3 비상계엄 사태에 대한 국정조사를 추진하겠다고 밝혔다. 국정조사는 국회 재적의원 4분의 1 이상 요구가 있으면 특별위원회 또는 상임위원회가 실시할 수 있다. 그리고 민주당 등 야6당은 12월 12일 국회 의안과에 윤석열 대통령 12·3 비상계엄 내란행위 국정조사 요구서를 제출했다.

국회, 감사원장·중앙지검장 탄핵소추안 의결
사상 첫 감사원장 탄핵

국회가 최재해 감사원장과 이창수 서울중앙지검장 등 검사 3명에 대한 탄핵소추안을 12월 5일 통과시켰다. 이로써 헌법재판소의 결정이 나올 때까지 이들의 직무가 정지되는데, 특히 국회에서 감사원장 탄핵안이 통과되며 직무가 정지되는 것은 이번이 처음이다.

감사원장·중앙지검장 탄핵소추안 가결, 왜? 민주당은 최 원장이 대통령 집무실 및 관저 이전 감사를 부실하게 한 반면 이전 정부에 대해서는 표적 감사를 진행하는 등 감사원장의 중립 의무를 저버린 점을 탄핵 사유로 들었다. 또 이 지검장과 조상원 서울중앙지검 4차장, 최재훈 서울중앙지검 반부패2부장 등 3명은 도이치모터스 주가조작 사건에서 김건희 여사를 무혐의 처분해 탄핵이 필요하다고 봤다. 민주당은 전날인 12월 4일까지 비상계엄을 선포한 윤석열 대통령 퇴진에 당력을 집중하기로 하고 이들에 대한 탄핵 추진을 보류하겠다는 방침이었으나, 국민의힘이 의원총회에서 「윤 대통령 탄핵 반대」를 당론으로 정하자 해당 방침을 바꾼 것으로 전해졌다.

> **감사원(監査院)** 대통령 소속하에 있는 행정각부에 대한 회계검사와 직무감찰을 주된 임무로 하는 대통령 직속의 국가최고 감사기관이다. 감사원장은 국회 인사청문회와 임명동의를 얻어 대통령이 임명한다.

한덕수 권한대행, 양곡법 등 6개 법안 거부권 행사
민주당, 「한 권한대행 탄핵」 착수 방침

한덕수 대통령 권한대행 국무총리가 12월 19일 농업4법(양곡관리법·농수산물 유통 및 가격안정에 관한 법률·농어업재해대책법·농어업재해보험법)과 국회법, 국회증언감정법 개정안 등 6개 정책법안에 대해 재의요구권(거부권)을 행사했다. 한 권한대행이 이날 거부권을 행사한 법률안은 지난 11월 28일 야당 주도로 국회를 통과한 바 있다. 특히 양곡관리법 개정안은 쌀이 일정 수준 이상 초과 생산되거나 쌀값이 기준 가격 미만으로 떨어지면 정부가 초과 생산량을 전량 매입하도록 하는 내용으로, 21대 국회에서도 대통령의 거부권 행사로 폐기된 바 있다.

한편, 민주당은 한 권한대행의 거부권 행사에 이날 예정에 없던 비공개 최고위 간담회를 갖고 한 대행의 국회 탄핵소추를 검토할 수 있다며 압박 수위를 높였다. 이는 한 대행의 이번 거부권 행사가 12월 말 내란 및 김건희 여사 특검법에 대한 후속 거부권 행사와 헌법재판관 임명 절차 지연으로 이어질 수 있다는 우려를 차단하겠다는 취지다.

정부가 거부권 행사한 6개 쟁점법안 주요 내용

법안	주요 내용
양곡관리법	쌀 초과 생산 또는 쌀값 기준가격 미만 하락 시 정부가 초과 생산량 전량 매입
농수산물 가격안정법	쌀 외의 농산물 가격이 기준가격 아래로 떨어지면 정부가 생산자에게 차액 보상
농업재해대책법	농어민의 재해 피해를 정부가 보상
농업재해보험법	재해 피해 손해배상을 받은 농민에 대한 보험료 할증 제한
국회증언감정법	동행명령 대상 증인 범위 확대, 개인정보보호·영업비밀보호 등 이유로 자료 제출 거부 금지
국회법	11월 30일이 지나도 국회 예결위 등에서 예산안과 부수법안 심사 지속

한덕수 권한대행 탄핵소추안 국회 통과
재적 192·찬성 192로 가결

국회가 12월 27일 본회의를 열고 한덕수 대통령 권한대행에 대한 탄핵소추안을 재석의원 192명 중 찬성 192명으로 통과시켰다. 우원식 국회의장은 탄핵소추안 투표에 앞서 한 대행 탄핵안의 가결정족수 기준이 151석 이상이라고 밝혔는데, 앞서 국민의힘은 대통령 권한대행의 탄핵은 「대통령 탄핵(재적의원 3분의 2 이상)」을 기준으로 봐야 한다고 주장해 왔다. 국회의 탄핵안 가결에 따라 한 권한대행의 직무는 즉시 정지됐는데, 대통령 권한대행에 대한 탄핵소추는 헌정 사상 처음 있는 일이다. 이로써 대통령 권한대행은 최상목 경제부총리 겸 기획재정부 장관이 맡게 된다.

한 권한대행, 탄핵안 가결에 이르기까지 국회는 12월 26일 국회 추천 몫 헌법재판관 3명의 선출안을 통과시켰지만, 한 권한대행은 본회의 표결에 앞서 대국민담화를 통해 「여야가 합의안을 제출할 때까지 헌법재판관 임명을 보류하겠다」며 사실상 이들의 임명을 거부했다. 이는 국회 추천 헌법재판관 3명의 임명동의안이 본회의를 통과하는 즉시 대통령 권한대행으로 헌법재판관을 임명하라는 야당의 요구를 거부한 것이다. 본래 9인 체제로 운영되는 헌법재판소는 국회 몫 3명 임명이 지연되면서 현재 6인 체제로 운영 중이다. 여기에 2025년 4월 18일 문형배·이미선 재판관의 퇴임이 예정돼 있어 그 전에 국회 추천 몫 3명의 헌법재판관 임명이 이뤄지지 않으면 탄핵심판 자체가 불가능해지게 된다.
이에 민주당은 12월 26일 한 권한대행의 헌법재판관 임명 보류 방침에 즉각 탄핵소추안을 발의했는데, 한 권한대행 탄핵소추안에는 ▷채 해병·김건희 특검법에 대한 대통령 거부권 행사 건의 ▷12·3 비상계엄 내란 행위 공모·묵인·방조 ▷계엄 직후 한동훈·한덕수 공동 국정운영 체제 발표 ▷내란 상설특검 임명 회피 ▷헌법재판관 임명 거부 등이 탄핵 사유로 명시됐다.

💡 탄핵소추는 국회 재적의원 3분의 1 이상의 발의가 있어야 하고, 그 의결은 재적의원 과반수의 찬성이 있어야 한다. 다만 대통령에 대한 탄핵소추는 요건이 더 엄격하여 국회 재적의원 과반수의 발의와 재적의원 3분의 2 이상의 찬성이 있어야 한다.

마용주 대법관 후보자 임명동의안 통과 국회가 12월 27일 열린 본회의에서 마용주(55·사법연수원 23기) 대법관 후보자에 대한 임명동의안을 가결했다. 마 대법관은 지난 11월 27일 퇴임한 김상환 전 대법관의 후임으로, 앞서 조희대 대법원장은 11월 26일 마용주 서울고법 부장판사를 윤 대통령에게 대법관으로 임명 제청한 바 있다. 대법관은 대법원장의 제청으로 국회의 동의를 얻어 대통령이 임명하며, 임기는 6년으로 연임할 수 있다. 다만 법관은 임기 내라도 정년(70세)에 달하면 퇴직한다.

日 사도광산 추도식, 한국 불참으로 반쪽 행사 논란
추도사에는 조선인 강제동원 언급 외면

일제강점기에 한국인이 강제 노역했던 일본 니가타현 사도광산에서 한국과 일본 양국이 11월 24일 함께 추도식을 개최하려 했으나 한국 정부와 조선인 강제동원 희생자 유족들이 불참하면서 반쪽 행사로 마무리됐다. 우리 정부의 불참은 일본 정부 대표의 야스쿠니 신사 참배 전력 등이 문제가 된 데 따른 것으로, 정부는 추도식 하루 전인 11월 23일 불참 결정을 밝힌 바 있다.

정부는 지난 7월 말 사도광산의 유네스코 세계문화유산 등재에 반대하지 않기로 일본과 합의한 대신, 일본은 한국인 노동자의 역사를 알리는 전시물을 설치하고 한국인 노동자 등을 위한 추도식을 매년 개최키로 약속한 바 있다. 그러나 추도식 첫해부터 야스쿠니 신사 참배 이력 인사를 참석시키면서 2015년 군함도 등재 당시처럼 우리 정부의 외교 부실이 또다시 드러났다는 평가가 나온다.

> **사도광산(佐渡金山)** 1601년에 발굴돼 1989년까지 운영된 일본에서 가장 오래된 광산으로, 1989년 광산 고갈로 채굴이 중단돼 현재는 일부가 박물관으로 조성되며 관광지 역할을 하고 있다. 그러나 사도광산은 태평양전쟁 당시 조선인들이 강제노역에 동원된 현장으로, 공개된 일본 정부의 문서에 따르면 최소 1000명 이상의 조선인들이 이곳에서 강제 노역을 했다. 이에 2021년 유네스코 세계유산 등재가 추진되며 한일 외교갈등으로 확산됐으나 지난 7월 31일 결국 등재가 이뤄졌다.

사도광산 추도식 주요 내용 일본 정부 대표로 추도식에 참석한 이쿠이나 아키코(生稲晃子) 외무성 정무관(차관급)은 참의원 당선 직후인 2022년 8월 15일, 태평양전쟁 A급 전범이 합사돼 있는 야스쿠니 신사를 참배한 사실이 알려지면서 논란이 됐다. 정부는 11월 22일 일본 정부가 사도광산 추도식 참석 일본 대표로 발표한 이쿠이나 정무관의 이력이 논란이 되자 일본 측에 인사 교체를 요청했으나, 일본은 이를 거부한 것으로 전해졌다. 또 추도식에서 일본 대표의 추도사 내용에 추모와 반성 등의 의미를 담아 달라는 정부의 요청에도 일본은

사도광산 관련 일지

7.	26.	외교부, 사도광산 세계문화유산 등재 동의 잠정합의 발표(일본, 조선인 강제동원 피해 관련 전시와 추도식 개최 약속)
	27.	사도광산, 유네스코 세계문화유산 등재
11.	22.	일본 정부, 이쿠이나 아키코 정무관을 사도광산 추도식 참석자로 발표 → 야스쿠니 신사 참배 전력 논란
	23.	한국 정부, 사도광산 추도식 불참 발표
	24.	일본 단독으로 사도광산 추도식 개최
	25.	한국 당국자들과 유가족 9명, 별도의 자체 추도식 개최

명확한 입장을 주지 않은 것으로 알려졌다. 실제 이쿠이나 정무관은 추도사에서 조선인 노동자들이 위험하고 가혹한 환경에서 힘든 노동을 했다고 밝혔으나, 조선인 노동자가 강제 동원돼 차별받은 사실은 물론 사죄나 유감의 표현도 전혀 언급하지 않았다.

중국, 한국인 무비자 입국 허용
11월 8일부터 2025년 12월 31일까지 적용

중국 외교부가 11월 1일 홈페이지를 통해 우리나라를 비롯해 슬로바키아·노르웨이·핀란드·덴마크·아이슬란드·안도라·모나코·리히텐슈타인 등 9개국 여권 소지자를 대상으로 일방적인 무비자 정책을 8일부터 시행한다고 발표했다. 이에 따라 한국 등 9개국 일반 여권 소지자는 비즈니스, 여행·관광, 친지·친구 방문, 환승 목적으로 15일 이내 기간 중국을 방문할 경우 비자를 발급받지 않아도 된다. 이번 정책은 2025년 12월 31일까지 적용되는데, 한국이 중국의 무비자 대상국에 포함된 것은 1992년 한중 수교 이후 처음이다.

중국의 한국 무비자 적용, 왜? 중국은 현재 태국, 카자흐스탄, 싱가포르 등 24개국과 상호 비자면제협정을 맺고 있다. 또 프랑스·독일·이탈리아 등 20개국에는 일방적으로 비자 면제를 시행하고 있는데, 이번에 유럽 8개국과 한국이 추가되면서 일방적 무비자 대상 국가는 29개국으로 늘어났다. 우리나라에 대한 무비자 적용 방침은 우선 중국 관광산업에서 비중이 큰 편인 한국 여행객을 쉽게 유

입해 중국 내수 활성화를 꾀하고자 한다는 분석이 나온다. 실제로 중국 문화관광부가 집계한 올해 1~2분기 입국 관광객 현황에 따르면 한국 관광객은 1분기 5만 3419명, 2분기 11만 2295명으로 가파른 증가세를 보이고 있는데, 이는 지난 상반기 홍콩에 이어 2위의 수치다. 또 이와 같은 관광객 유입 효과 외에도 외교적 효과도 고려했다는 분석이 있는데, 한중 관계를 우호적으로 이끌면서 러시아와 북한 협력을 견제하겠다는 중국의 의지가 반영됐다는 것이다.

헨리여권지수(HPI·Henley Passport Index) 국제교류 전문업체 헨리앤드파트너스가 국제항공운송협회(IATA)의 글로벌 여행정보 자료를 바탕으로 특정 국가의 여권 소지자가 무비자로 방문할 수 있는 국가가 얼마나 되는지 합산해 2006년부터 산출하고 있는 지수이다.

한편, 중국의 무비자 적용에 따라 대한민국 여권 소지자는 192개국의 무비자 입국이 가능해지게 됐다. 지난 7월 공개된 헨리여권지수 2024 세계 순위에 따르면 당시 기준으로 대한민국 여권 소지자는 191곳에 무비자 입국이 가능해 오스트리아·핀란드·아일랜드·룩셈부르크·네덜란드·스웨덴 등과 여권 파워 공동 3위를 기록한 바 있다.

덴마크, 트럼프의 그린란드 매입 의사에
그린란드 군사시설 대대적 강화 방침

덴마크 정부가 12월 24일 최소 15억 달러(약 2조 1800억 원)를 투입해 그린란드의 군사 인프라를 대대적으로 증강한다는 방침을 발표했다. 이는 도널드 트럼프 미국 대통령 당선인이 차기 덴마크 주재 대사를 발표하면서 그린란드 매입 의사를 밝힌 지 하루 만이다. 트럼프는 12월 23일 자신의 소셜미디어 트루스소셜에 페이팔의 공동창립자 켄 하우리를 차기 덴마크 주재 미국 대사로 발표하면서 「미국의 안보와 전 세계 자유를 위해서는 그린란드를 소유해 통제하는 것이 절대적으로 필요하다」고 밝힌 바 있다. 트럼프는 앞서 1기 행정부 때인 2019년에도 그린란드 매입 검토를 지시했다가 외교 문제로 비화하며 무산된 바 있다.

그린란드(Greenland) 유럽과 북미 대륙 사이에 위치한 면적 약 217만 5600km² 규모의 세계에서 가장 큰 섬으로 덴마크 자치령이다. 국토의 85%가 얼음으로 덮여 경작이 가능한 땅은 2%에 불과하지만, 희토류를 비롯한 천연자원이 풍부해 전 세계의 주목을 받고 있다. 그린란드는 14세기 후반 이래 줄곧 덴마크 지배하에 있다가 식민지로 합병됐으며, 1979년 자치령이 됐다. 이후 행정권은 자치정부가 갖고 있지만, 외교와 국방 권한은 덴마크에 있다.

페이팔 마피아(PayPal Mafia) 1990년대 후반 결제업체 페이팔(PayPal)을 탄생시킨 주역들을 일컫는 말로, 페이팔의 초창기 경영진과 핵심 멤버들이 페이팔을 퇴사한 이후에도 IT 기업 등을 창업해 성공시키면서 형성된 강력한 인적 네트워크를 지칭한다. 페이팔 마피아의 주요 인물로는 ▷일론 머스크 테슬라 CEO ▷맥스 레브친 슬라이드 창업자 ▷리드 호프먼 링크드인 창업자 ▷채드 헐리 유튜브 설립자 등이 있다. 특히 트럼프의 당선 이후 머스크를 비롯한 페이팔 마니아들이 정부 요직 곳곳에 발탁되면서 이들에 대한 주목도가 다시금 높아지고 있다.

트럼프, 「파나마 운하」 통제권도 반환 요구 트럼프 당선인이 12월 21일 파나마가 운하를 이용하는 미국 해군과 기업 등에 과도한 통행료를 부과하고 있다고 주장하며 운하 반환을 요구할 수 있다고 경고했다. 특히 트럼프는 운하가 「결코 나쁜 이들의 손에 떨어지도록 방치하지 않을 것」이라고 밝혔는데, 이를 두고 중남미 지역 인프라에 점차 영향력을 확대하고 있는 중국을 견제하려는 의도가 있다는 분석이 제기되기도 했다. 대서양과 태평양을 잇는 지름길인 파나마 운하는 1914년 미국에서 인력과 자본을 투입해 처음 개통했으며, 미국이 85년 넘게 직접 운영하다가 1999년 12월 31일 파나

마에 운영권을 반환한 바 있다. 트럼프는 특히 12월 25일 파나마 주재 미국대사에 케빈 마리노 카브레라를 지명했는데, 이를 두고 파나마 운하 운영권 반환을 실행하기 위한 첫 단계라는 분석이 나오고 있다.

한편, 호세 라울 물리노 파나마 대통령은 「파나마의 영토주권은 협상 대상이 아니다. 파나마 운하와 그 인접 지역은 모두 파나마 일부이며 앞으로도 계속 그럴 것」이라며 트럼프의 주장에 강하게 반발했다.

파나마 운하(Panama Canal) 　대서양과 태평양을 잇는 약 82km 길이의 인공 수로로, 1904년~1914년의 공사로 개통됐다. 그러나 운하에서 얻는 막대한 통행세를 미국이 차지하고 운하지대에서의 파나마인 차별이 계속되면서 파나마인들의 불만이 점차 늘기 시작했다. 그러다 1964년 운하지대에서 파나마 국기 게양을 둘러싸고 일어난 분쟁이 계기가 되어 폭동이 발생, 운하지대의 주권 반환에 대한 파나마인의 요구가 높아졌다. 이에 1977년 9월 미국은 파나마 정부와 2000년에 운하를 반환하기로 하는 새 운하조약을 체결하고 이듬해 4월 이를 비준했다. 그리고 미국이 1999년 7월 철수함에 따라 파나마 운하 운영권은 미국에서 파나마 정부로 완전 이양됐으며, 2016년 6월에는 새로운 갑문을 건설한 확장 공사가 완공됐다. 현재 파나마 운하에는 연간 약 1만 4000척의 선박이 통과하는데, 이는 세계 해상 무역량의 약 6%를 차지한다.

💡 미국 시사주간지 《타임》이 12월 12일 「올해의 인물」에 도널드 트럼프 미국 대통령 당선인을 선정했다. 트럼프가 타임 올해의 인물로 선정된 것은 미 대선에서 처음 승리한 2016년에 이어 두 번째다. 타임은 1927년부터 매년 연말 국제사회에 가장 큰 영향력을 끼친 인물이나 그룹을 「올해의 인물」로 선정해 발표하는데, 지난 2023년에는 세계적인 팝스타 테일러 스위프트가 선정된 바 있다.

경제시사

美, 반도체·양자컴퓨터 등
첨단기술 대중(對中) 투자 차단

미국 재무부가 2025년 1월 2일부터 첨단 반도체·양자컴퓨터·인공지능(AI) 등 첨단기술 분야에서 「미국 자본의 대(對)중국 투자를 차단」하는 내용의 행정명령 최종 규칙을 10월 28일 발표했다. 미국이 최종 규칙에서 지목한 우려 국가는 중국·홍콩·마카오로, 이번 규칙은 중국과의 기술패권 경쟁에서 핵심이 될 첨단기술 분야에서 중국이 미국을 추월하지 못하도록 하겠다는 취지다. 앞서 2023년 8월 조 바이든 대통령은 미국 자본의 중국 첨단기술 부문에 대한 투자를 제한하는 행정명령에 서명했고, 재무부는 지난 6월 이를 구체화한 규칙 제정안을 발표한 뒤 관련 의견을 수렴해 온 바 있다.

행정명령 최종 규칙 주요 내용 이번 규칙에 따라 대중 투자를 진행하려는 미국 기업은 사전에 투자 계획을 신고해야 하며, 해당 규칙을 위반할 경우에는 「국제비상경제권법(IEEPA)」에 따라 민사·형사 처벌을 받을 수 있다. 구체적으로 반도체 분야에서는 ▷특정 전자 설계 자동화 소프트웨어 ▷특정 제조 또는 고급 패키징 도구 ▷특정 고급 집적회로의 설계나 제조 ▷집적 회로용 고급 패키징 기술 ▷슈퍼컴퓨터와 관련된 거래 등이 금지된다. 양자컴퓨팅 분야는 ▷개발이나 생산에 필요한 핵심 부품 생산 ▷특정 양자 감지 플랫폼의 개발 또는 생산 ▷특정 양자 네트워크나 양자 통신시스템 개발 또는 생산 등과 관련한 거래가 금지된다. 그리고 AI 분야에서는 특정 최종 용도로 사용되도록 설계되거나 의도된 모든 AI 시스템 개발 관련 거래가 금지된다.

미국의 대중국 최첨단 기술투자 통제 최종 규칙 개요

시행	2025년 1월 2일
우려 국가	중국, 마카오, 홍콩
기술 분야	반도체, 양자컴퓨팅, 인공지능(AI) 등 미국 자본의 최첨단 기술
규제 내용	• 미국인은 특정 기술·제품 관련 특정 거래에 관여 금지 및 투자 계획 등 미국 재무부에 사전 신고 • 거래 금지 　– 반도체 분야: 특정 전자 설계 자동화 소프트웨어, 특정 제조 또는 고급 패키징 도구, 특정 고급 집적회로 설계 및 제조, 집적회로용 고급패키징 기술, 슈퍼컴퓨터 관련 거래 등 　– 모든 AI 시스템 개발 및 관련 거래 　– 양자컴퓨팅 분야: 개발·생산에 필요한 핵심 부품 생산, 특정 양자 감지 플랫폼의 개발·생산, 특정 양자 네트워크 또는 양자 통신시스템 개발·생산 등 • 의무신고: 집적회로 설계·제작 및 패키징 관련 거래
규제 목적	• 우려국가들이 미국 국가안보 이익을 훼손하는 민감한 기술·제품 개발로 미국의 특정 해외 투자 악용 방지 • 중국의 군사 현대화 핵심기술 발전 저지

美, 대중국 수출규제에 HBM 포함 미국 상무부 산업안보국이 12월 2일 대중 반도체 수출통제 품목에 고대역폭메모리(HBM)를 추가한다고 밝혔다. HBM은 D램 여러 개를 수직으로 쌓아올린 고성능 메모리이자 인공지능(AI) 개발의 핵심 재료로, 우리나라의 SK하이닉스와 삼성전자, 미국 마이크론 등이 공급을 주도하고 있다. 특히 SK하이닉스는 사실상 AI 반도체 시장의 큰손인 엔비디아에 HBM 물량 대부분을 공급하며 이 부문 선두를 달리고 있다. 그런데 상무부가 해외직접생산품규칙(FDPR·Foreign Direct Product Rules)을 적용함에 따라 미국산뿐만 아니라 한국을 비롯한 외국산 HBM에도 미국산 소프트웨어나 장비, 기술 등이 사용됐다면 이번 수출 통제 대상이 된다. 구체적으로 상무부는 HBM의 성능 단위인 「메모리 대역폭 밀도(Memory Bandwidth Density)」가 평방밀리미터당 초당 2GB보다 높은 제품을 통제하기로 했는데, 현재 생산되는 모든 HBM 스택은 이 기준을 초과하기 때문에 사실상 HBM을 중국으로 수출하는 길은 모두 막히게 된다. 업계에 따르면 삼성전자는 구형 HBM 일부를 중국에 수출하고 있어 이번 수출 규제에 따라 일부 영향이 있을 것으로 보이지만, SK하이닉스는 HBM 전량을 미국에 공급하고 있어 당장에는 큰 영향이 없을 것으로 보인다.

> **HBM(High Bandwidth Memory)** TSV(실리콘관통전극)로 D램 칩을 수직으로 쌓아 데이터 처리 속도를 높인 고대역폭메모리로, 주로 인공지능(AI) 연산을 위한 그래픽처리장치(GPU) 등에 탑재된다. HBM은 AI 학습과 구동에 필수적인 반도체로, 일반 D램보다 가격은 2~3배 비싸지만 방대한 양의 데이터를 연산하는 AI에 필수적이다. HBM을 만들기 위해서는 TSV 공정이 필수인데, TSV 공정은 수직 형태로 직접 칩을 연결할 수 있기 때문에 공간 확보에 유리하고 빠르게 신호를 전달할 수 있다는 이점이 있다. HBM은 D램을 수직으로 쌓아 올리는데, 세대를 거듭할수록 단수가 높아지는 것이 특징이다. 현재는 D램과 D램 사이에 전기 신호를 보내는 돌기(범프)를 넣어 이어 붙이는 방식이 사용되고 있다. 하지만 차세대 제품부터 HBM 높이의 물리적 한계를 극복하기 위해 돌기를 없애고 직접 D램끼리 붙이는 방식을 쓰는데, 이를 「하이브리드 본딩」이라고 한다.

💡 중국 상무부는 12월 3일 「갈륨, 게르마늄, 안티몬, 초경질 재료와 흑연 등의 미국 수출을 엄격히 통제한다」며 미국의 대중국 반도체 수출통제에 대한 맞대응에 나섰다. 이 조치는 발표 즉시 시행됐는데, 이들 소재는 반도체와 태양광패널 등 민간용은 물론 첨단 레이더 등 군수용으로도 사용되고 있다.

美, 환율관찰 대상국에 한국 재지정
대미 무역흑자와 경상흑자 조건 충족

미국 재무부가 11월 14일 의회에 보고한 「주요 교역 대상국의 거시경제 및 환율 정책」 반기 보고서에서 중국, 일본, 한국, 싱가포르, 대만, 베트남, 독일 등 7개국을 환율관찰 대상국으로 지정했다. 7개 환율관찰 대상국 중 이번에 새롭게 추가된 곳은 우리나라뿐이다. 우리나라는 2019년 상반기를 제외하고는 2016년 4월부터 미국 환율관찰 대상국에 이름을 올려 왔는데, 2023년 하반기와 올 상반기에는 명단에서 제외됐다가 이번에 다시 포함된 것이다.

한국의 환율관찰 대상국 지정, 왜? 미국은 2015년 제정된 무역촉진법에 따라 자국과의 교역 규모가 큰 상위 20개국의 거시경제와 환율정책을 평가하고 일정 기준에 해당할 경우 심층분석국 또는 관찰대상국으로 지정하고 있다. 현재 평가 기준은 ▷지난 1년 동안 150억 달러를 초과하는 대미 무역흑자 ▷국내총생산(GDP) 대비 3%를 초과하는 경상수지 흑자 ▷12개월 중 최소 8개월간 달러를 순매수하고 그 금액이 GDP의 2% 이상인 경우로, 이 3가지 요건에 모두 해당하면 심층분석 대상이 되며 2

가지에 해당하면 관찰대상국으로 분류된다. 환율조작국(심층분석)으로 지정되면 미 정부의 개발자금 지원과 공공입찰에서 배제되고 국제통화기금(IMF)의 감시를 받게 되며, 관찰대상국으로 분류되면 미 재무부의 모니터링 대상이 된다. 기획재정부는 이번에 환율관찰 대상국에 재지정된 것과 관련, 우리나라가 교역촉진법상 3개 요건 중 대미 무역흑자와 경상흑자 등 2개에 해당한다고 밝혔다. 미 재무부에 따르면 2024년 6월 말 기준으로 한국의 연간 경상수지 흑자는 GDP의 3.7%로 1년 전의 0.2%에서 급증했으며, 대미 무역흑자는 전년도의 380억 달러에서 500억 달러로 늘었다.

673조 3000억 원 「2025년도 예산안」 통과
4조 1000억 원 감액-헌정 사상 첫 감액

국회가 12월 10일 열린 본회의에서 총지출 673조 3000억 원 규모의 「2025년도 예산안」을 의결했다. 이날 본회의를 통과한 예산안은 정부안(677조 4000억 원)에서 증액 없이 총 4조 1000억 원이 감액된 야당 단독 수정안이다.

2025년도 예산안 주요 내용 국회를 통과한 이번 예산안은 정부 원안에서 총수입 651조 8000억 원은 3000억 원 줄이고, 총지출은 677조 4000억 원에서 4조 1000억 원 감액했다. 가장 큰 규모로 감액된 분야는 예비비로, 정부가 편성한 4조 8000억 원에서 절반인 2조 4000억 원이 삭감됐다. 특히 대통령실·검찰·감사원·경찰의 특수활동비(특활비)와 특정업무경비(특경비)가 전액 삭감됐는데, 이는 ▷대통령 비서실·국가안보실의 특활비(82억 5100만 원) ▷검찰 특경비(506억 9100만 원)와 특활비(80억 900만 원) ▷감사원 특경비(45억 원)와 특활비(15억 원) ▷경찰 특활비(31억 6000만 원) 등이다.

아울러 윤석열 정부가 추진한 중점 사업 예산들도 감액됐는데, 우선 의정 갈등 해소를 위한 전공의 수련 지원 예산이 931억 1200만 원(25.3%) 삭감됐고 전 국민 마음투자지원사업도 74억 7500만 원(14.7%)이 감액됐다. 여기에 정부의 핵심 사업 중 하나인 「대왕고래 프로젝트(동해 심해가스전 개발사업)」 관련 예산이 505억 5700만 원 중 497억 2000만 원(98.3%)이 대폭 삭감됐다. 이 밖에 ▷기초연금 예산이 500억 원(0.2%) ▷병사 인건비 예산이 645억 원(1.7%) ▷연구개발(R&D) 예산이 815억 원(0.3%) 감액됐다.

2025년도 예산안 주요 내용

항목	정부 원안	최종 확정 예산	감액
예비비	4조 8000억 원	2조 4000억 원	−2조 4000억 원
대통령실 특활비	82억 5100만 원	0	전액 삭감
검찰 특경비·특활비	586억 9900만 원	0	전액 삭감
감사원 특경비·특활비	60억 3800만 원	0	전액 삭감
경찰 특활비·치안활동비	31억 6700만 원	0	전액 삭감
동해 심해가스전 개발 (대왕고래 프로젝트)	505억 5700만 원	8억 3700만 원	−497억 2000만 원
전공의 지원사업	3678억 1600만 원	2747억 400만 원	−931억 1200만 원
병사인건비	3조 7737억 7400만 원	3조 7092억 7400만 원	−645억 원
연구개발(R&D)	4768억 8200만 원	3953억 4159만 원	−815억 4041만 원

> **특수활동비와 특정업무경비** 특수활동비(특활비)는 정보 및 사건수사와 그밖에 이에 준하는 국정 수행활동을 하는 데 있어 직접적으로 소요되는 경비를 말한다. 이는 급여 이외의 비용으로 국회를 비롯해 검찰, 국방부, 경찰, 국가정보원 등에 할당돼 있다. 특활비는 집행내역이 공개될 경우 국가의 중대한 이익을 해치거나 관련인의 신변보호에 현저한 지장을 초래할 우려가 있으면 비공개가 가능하다는 점에서 「검은 예산」으로 불리며 투명성 강화 목소리가 계속돼 왔다. 특정업무경비(특경비)는 국정원·검찰·경찰·법무부·헌법재판소·감사원·국세청 등 주요 수사·감사·예산 기관의 직원들에게 주어지는 비공식 특수활동비를 말한다. 이는 공적 업무를 위해서만 사용해야 하며, 영수증 등 증빙서류를 반드시 제출해 공무 관련성을 입증해야 한다.
>
> **예비비[豫備費]** 용도를 결정하지 않고 예산에 계상하는 지출항목으로, 예상하지 못한 재난·재해나 경제적 위기 등에 대응하기 위해 편성된다. 즉, 지출항목 중에서 예측이 불가능한 예산 외의 지출 또는 회계연도의 모든 지출예산보다 필요한 경비가 증가할 때를 대비, 이를 충당하기 위해 용도를 결정하지 않고 미리 예산에 계상하는 것이다. 예비비 예산 설정을 위해서는 국회의 의결이 필요하며, 만약 지출이 발생했을 경우는 국회로부터 사후 승인을 받아야 한다.

소득세법·법인세법 개정안 등 예산부수법안도 처리 국회는 이날 금융투자소득세(금투세)를 폐지하는 내용의 소득세법 개정안, 가상자산에 대한 과세를 2년 유예하는 법인세법 개정안 등의 예산부수법안도 처리했다. 예산부수법안은 정부와 의원들이 발의한 세법 개정안 가운데 국회의장이 다음 해 세입 규모에 큰 변동을 줄 수 있다고 판단해 지정한 법안을 말한다. 국회의장은 매년 예산안 처리 시한인 12월 2일 직전 국회 예산정책처의 조언을 받아 예산부수법안을 지정한다.

금투세 폐지 外 금투세는 주식투자 등으로 얻은 양도차익이 일정 수준(국내 주식 5000만 원 등)을 넘으면 250만 원을 공제하고 과세하는 제도로, 2025년 1월 시행을 앞두고 있었으나 정부·여당의 금투세 폐지안에 민주당이 동의하면서 도입 전에 폐지됐다. 이로써 금투세를 둘러싼 논란은 4년여 만에 마무리됐는데, 금투세는 지난 2020년 6월 문재인 정부 때 2023년 도입이 발표됐지만 개인 투자자의 반발 등으로 시행이 2년 유예된 데 이어 결국 이날 최종 폐지가 결정됐다. 또 2025년 시행을 앞둔 비트코인 등 가상자산 투자소득에 대한 과세는 오는 2027년 도입으로 2년 유예됐는데, 가상자산 과세는 「가상자산 양도·대여 시 발생하는 소득이 연 250만 원을 초과할 경우 지방세 포함 22%를 과세」하는 것이 핵심이다.

상속·증여세법 개정안은 부결 정부가 추진하던 상속세 최고세율 인하와 상속세 자녀공제 확대(상속·증여세법 개정안)는 부결됐다. 정부는 최고세율 인하(50%→40%)와 과세표준 최저구간 상향(1억 원 → 2억 원), 자녀공제 인상(1인당 5000만 원 → 5억 원)을 핵심으로 하는 상속세 개편을 추진했으나 야당은 이를 부자 감세라며 반대해 왔다. 주주 환원에 나선 밸류업 기업에 투자할 경우 기업으로부터 받은 현금배당의 일부를 분리과세하는 배당소득 분리과세도 세제 개편의 혜택이 자산가들에게 집중된다는 이유로 부결됐으며, 개인종합자산관리계좌(ISA) 비과세 한도를 200만 원에서 500만 원으로 상향하고 총 납입 한도를 1억 원에서 2억 원으로 높이는 내용도 통과되지 못했다.

기타 통과된 세제안 기업이 근로자나 그 배우자의 출산 때 자녀가 태어난 이후 2년 이내에 최대 두 차례에 걸쳐 지급하는 급여에 전액 과세하지 않도록 하는 기업의 출산지원금 근로소득 비과세 규정이 통과됐다. 또 결혼세액공제가 인당 50만 원씩 신설되며, 자녀세액공제는 1명(15만 원 → 25만 원)·2명(35만 원 → 55만 원) 등으로 확대된다. 이 밖에 저소득근로자

2025 세법 개정안 주요 내용
• 상속증여세 최고세율(50→40%) 인하 → 부결
• 5000만 원 이상 금융투자소득에 20~25% 과세 → 폐지
• 가상자산 수익에 대한 20% 과세 → 2년 유예
• 결혼세액공제(인당 50만 원), 기업출산지원금 전액 비과세 → 신설

가구의 근로장려 등을 위해 지급하는 근로장려금의 맞벌이가구 소득 상한액은 정부안이 통과돼 현행 3800만 원 미만에서 4400만 원 미만으로 인상된다. 근로장려금은 국가가 저소득 근로자 또는 사업자 가구에 대해 소득에 따라 산정된 장려금을 지원해 주는 근로연계형 소득지원제도로, 2009년부터 실시돼 현재에 이르고 있다.

서울 서초구 등 그린벨트 해제
서초에 2만 가구 등 수도권 5만 가구 신규 택지 발표

국토교통부가 11월 5일 서울 서초구, 경기도 고양·의왕·의정부시 일대 그린벨트(개발제한구역)를 풀어 수도권에 향후 5만 가구 규모의 주택을 공급하겠다고 밝혔다. 정부가 대규모 주택 공급을 위해 서울 내 그린벨트를 해제하는 것은 이명박 정부 시절인 2009~2012년 이후 12년 만이다. 국토부는 이날 5만 가구의 주택을 공급할 신규 택지 후보지로 ▷서울 서초구 원지·우면동 일대 서리풀지구 ▷경기도 고양시 대곡역세권 ▷의왕시 오전·왕곡동 ▷의정부시 신곡·용현동 일대 4곳을 선정했다. 국토부는 이들 신규 택지에 대한 행정절차를 최대한 단축해 ▷2026년 상반기 공공주택지구 지정 ▷2029년 첫 분양 ▷2031년 첫 입주라는 로드맵도 제시했다.

> **그린벨트(Green Belt)** 도시의 무질서한 확산을 방지하고, 환경을 보전하기 위해서 설정된 녹지대를 말한다. 국토교통부 장관은 도시의 무질서한 확산을 방지하고 도시 주변의 자연환경을 보전하여 도시민의 건전한 생활환경을 확보하기 위하여 도시의 개발을 제한할 필요가 있거나, 국방부장관의 요청으로 보안상 도시의 개발을 제한할 필요가 있다고 인정되면 개발제한구역의 지정 및 해제를 도시·군관리계획으로 결정할 수 있다.

그린벨트 해제된 4곳은 어디?

서울(서초 서리풀지구) 서초구 원지동·신원동·염곡동·내곡동·우면동 일대(221만m²·67만 평)로, 이번 신규 택지 가운데 최대 관심 지역이다. 이 지역은 강남 중심권에서 5km 거리에 입지하고 있는 데다 신분당선(청계산입구역)이 지나는 등 주거환경과 교통여건도 양호한 곳으로 꼽힌다. 국토부는 역세권 고밀 개발을 통해 이 지역에 2만 가구를 공급하겠다는 계획으로, 여기에 서리풀지구를 가로지르고 있는 신분당선에 추가역 신설도 검토한다는 방침이다. 무엇보다 정부는 이 지역에 공급할 2만 가구 중 절반 이상(55%·1.1만 가구)을 「신혼부부용 장기전세주택Ⅱ(미리 내 집)」로 공급하겠다고 밝혔다. 장기전세주택Ⅱ는 입주자가 최장 20년간(10+10년) 시세보다 낮은 보증금을 지불하고 전세로 살다가 20년 뒤에는 분양전환도 받을 수 있는데, 2자녀 이상 출산 때는 시세(감정가격)보다 80~90% 저렴하게 분양받을 수 있다.

경기권 경기권에서는 고양시 대곡·화정동 역세권(9400가구)과 의왕시 오전·왕곡동(1만 4000가구), 의정부시 신곡·용현동(7000가구) 일대가 선정됐다. 고양 대곡역세권은 덕양구 내곡동·대장동·화정동·토당동·주교동 일대로, 지하철 3호선·경의중앙선·수도권광역급

서울·수도권 신규택지 5만 호 예정 지구

서울 서리풀	• 서초구 원지, 우면동 등(221만m²) • 2만 호 조성/ 신분당선 추가역 검토
고양대곡역세권 지식융합단지	• 고양시 대곡, 화정동 등(199만m²) • 9400호 조성/ 복합환승센터 건립
의왕 오전왕곡	• 의왕시 오전, 왕곡동(187만m²) • 1만 4000호 조성/ GTX-C, 동탄인덕원선 연계
의정부 용현	• 의정부시 신곡, 용현동(81만m²) • 7000호 조성/ 의정부역 연계

행철도(GTX)-A·서해선·교외선 등 5개 노선이 만나는 철도교통 요충지다. 이곳은 역세권을 중심으로 자족시설과 업무시설을 배치해 지식융합단지로 만든다는 구상이다. 그리고 의왕 오전·왕곡지구는 경수대로·과천봉담 간 도시고속화도로에 가까운 부지로, 산업기능 유치 잠재력이 높은 곳으로 꼽힌다. 또 의정부 용현지구는 양호한 입지 여건에도 군부대로 인해 오랫동안 개발되지 못한 곳으로, 주변에 개발 중인 법조타운과 기존 도심 등을 연계해 통합생활권으로 조성될 방침이다.

4곳 모두 토지거래허가구역 지정 국토부는 이날 수도권 신규 택지 후보지를 발표하면서 해당 지구를 즉각 「토지거래허가구역」으로 지정해 투기성 토지거래 등을 사전에 차단하기로 했다. 토지거래허가구역으로 지정되면 일정 면적을 초과하는 토지를 취득할 때 이용 목적을 밝히고 관할 지자체의 사전허가를 얻어야 한다. 또 미공개 개발 정보를 이용했을 가능성을 고려해 국토부 직원 등 업무 관련자 등의 토지 소유 현황도 전수조사했다고 밝혔다.

정부, 「디딤돌대출 맞춤형 관리방안」 발표
수도권 5억 아파트 디딤돌대출 최대 5500만 원 축소

국토교통부가 주택 구입자금 정책대출인 디딤돌대출을 일부 축소·제한하는 조처를 시행한다고 11월 6일 밝혔다. 이번 방안의 핵심은 수도권 아파트를 구입하는 경우에 한해 최우선변제금 공제(방공제)를 의무화하고, 후취담보대출(준공 전 미등기 아파트 대출)을 금지하는 것이다. 다만 국토부는 이러한 제한은 신생아 특례대출 및 전세사기 피해자에 대해서는 적용하지 않기로 했다. 이번 방안은 지난 10월 디딤돌대출 한도를 예고 없이 줄이고, 정책 철회와 재추진 등 오락가락하는 행보로 실수요자 반발과 시장 혼선을 초래한 지 23일 만에 나온 것이다.

> **디딤돌대출** 부부합산 연소득이 6000만 원(단, 생애최초·신혼·2자녀 이상인 경우 7000만 원, 신혼 8500만 원) 이하의 무주택 세대주가 5억 원(신혼·2자녀 이상 6억 원) 이하 가격의 주택을 살 때 최대 2억 5000만 원(신혼가구 4억 원)을 최저 2%대 저금리로 빌려주는 대표적인 서민 정책대출 상품이다. 이는 한도 내에서 주택담보대출비율(LTV)의 최대 70%(생애최초 구입은 80%)까지 대출이 가능하도록 설계돼 있다.

「디딤돌대출 맞춤형 관리방안」 주요 내용

수도권 아파트, 방 공제 의무 적용 12월 2일 신규대출 신청분부터 수도권 소재 아파트를 대상으로 디딤돌대출의 방 공제(소액임차보증금 차감)를 의무 적용하는데, 현재 지역별 방 공제액은 서울 5500만 원, 경기·인천 과밀억제권역은 4800만 원이다. 다만 12월 2일 전에 주택 매매 계약을 체결했지만 즉시 입주가 불가능할 경우, 잔금일이 2025년 상반기(6월 30일) 이전이면 방 공제 없이 대출을 받을 수 있다. 또 2025년 하반기부터 후취담보 신규 대출이 제한되는데, 후취담보는 준공 전인 미등기 상태에서 담보 없이 먼저 대출을 받은 뒤 주택이 완공돼 소유권 설정이 되면 담보로 바꿔주는 대출이다. 이 역시 혼란을 줄이기 위해 12월 2일 이전에 입주자모집공고를 실시한 사업장 중 공고문상 입주예정월이 2025년 6월 이내라면 가능하도록 한다는 방침이다.

해당 방안으로 달라지는 대출액은?

경기도에서 5억 원짜리 아파트를 신혼부부가 생애 최초로 구입하는 경우	
종전 대출 가능액	4억 원(5억 원의 80%)
시행 후(12월 2일 부터)	3억 5200만 원(5억 원의 80% − 최우선변제금 4800만 원)

신생아 특례대출 등은 예외 올해 1월 출시된 신생아 특례대출은 이번 제한 대상에서 제외됐는데, 신생아 특례대출은 2년 내 자녀를 출산한 무주택자가 9억 원 이하 집을 살 때 최대 5억 원까지 연 1~3%대로 받을 수 있는 대출을 말한다. 또 현재 부부합산 연소득 1억 3000만 원인 신생아 특례대출의 소득요건은 12월 2일부터 2억 원으로 완화한다. 아울러 생애최초 주택구입자의

디딤돌대출 맞춤형 관리방안

대출 축소 대상	수도권 아파트(지방 및 비아파트 제외)
적용 시기	12월 2일 신규 대출부터 적용
주요 내용	• 대출금에서 최우선변제금 제외(방 공제) • 미등기 주택 후취담보대출 제한 → 일반, 신혼부부, 생애최초에 모두 적용
신생아 특례 예외	• 부부 합산 연소득 기준 1억 3000만 원 → 2억 원으로 완화 • 주택가액 6억 원 초과 시 대출금에서 최우선변제금 제외

경우 담보인정비율(LTV) 한도(80%)를 그대로 유지하는데, 다만 방 공제 적용과 후취담보제한 조치는 동일하게 적용한다. 또 이번 조치는 연소득 4000만 원 이하 가구가 3억 원 이하 주택을 구입할 때도 적용하지 않는다.

국토부, 5개 광역시 도심융합특구 조성계획 승인
지방판 판교 테크노밸리 조성

국토교통부가 11월 7일 도시개발심의위원회 심의를 거쳐 부산·대구·광주·대전·울산 등 5개 광역시를 「도심융합특구」로 지정하고, 도심융합특구 기본계획을 승인했다고 발표했다.

> **도심융합특구** 지방 대도시 도심에 산업·주거·문화 등 복합혁신공간을 조성하고, 기업지원 사업을 집중시키는 광역 성장거점 사업을 말한다. 이는 기회발전특구·교육자유특구·문화특구와 함께 지역 균형발전을 위한 지방시대 4대 특구 중 하나로, 해당 특구에서는 도시·건축 규제가 완화돼 고밀 복합개발을 할 수 있다. 또 국공유지 사용료·부담금 감면과 임시허가·실증특례 등도 지원되며, 청년 종사자의 안정적인 주거지원을 위한 주택 특별공급도 이뤄진다.

지역별 도심융합특구 주요 내용 부산 도심융합특구는 해운대구 반여동 일대 센텀2 도시첨단산업단지를 중심으로 스마트 선박과 로봇, 지능형 기계 산업을 발전시킨다. 대구는 경북도청 이전 부지, 경북대, 삼성창조캠퍼스를 신산업 거점으로 조성해 도심항공교통(UAM), 첨단로봇, 지능형 반도체 등 핵심산업 인재 육성과 창업 체계를 마련한다. 광주는 현대차 등 모빌리티 산업 중심지인 상무지구 인근에 위치하며, 이곳에 인공지능(AI)·모빌리티·의료 분야 첨단산업을 집적한다. 대전은 광역교통 인프라가 우수한 KTX 대전역세권을 집중 육성하는데, 대덕 연구개발특구와 연계한 연구·개발(R&D) 산업을 확산한다. 울산은 KTX 울산역세권과 울산테크노파크를 활용해 모빌리티, 2차전지, 수소 등 핵심 전략산업을 육성한다.

지역별 도심융합특구 개요

지역	규모	사업비	핵심 산업
부산	191만m²	2조 411억 원	스마트 선박·로봇, 지능형 기계 등
대구	98만m²	7872억 원	도심항공교통(UAM), 스마트로봇, 반도체 등
광주	85만m²	1조 5790억 원	인공지능(AI), 모빌리티, 의료 등
대전	134만m²	1조 9090억 원	첨단지식산업, UAM, 문화 등
울산	192만m²	3조 5704억 원	모빌리티, 2차전지, 미래화학 신소재 등

국토부, 30년 넘은 아파트
2025년 6월부터 안전진단 없이 재건축

국토교통부가 11월 14일 재건축 패스트트랙 도입을 골자로 한 「도시 및 주거환경정비법 개정안」이 국회 본회의를 통과했다고 밝혔다. 이에 따라 2025년 6월부터는 준공 30년이 지난 아파트는 안전진단을 통과하지 않더라도 재건축에 착수할 수 있게 된다. 안전진단은 재건축의 첫 관문으로, 현재는 안전진단 D등급 이하를 받아 위험성이 인정돼야 재건축 조합 설립 등의 절차에 돌입할 수 있다. 그러나 개정법은 안전진단을 통과하지 않은 상태에서도 「정비계획 수립 및 정비구역 지정→재건축 추진위 설립→조합설립 인가」 절차를 진행하도록 했는데, 이를 통해 재건축 사업기간이 지금보다 3년가량 줄어들 것으로 전망된다.

이와 함께 안전진단의 명칭도 「재건축진단」으로 바꾸고, 재건축진단의 실시 기한을 사업시행계획 인가 전까지로 늦추는 내용도 담았다. 아울러 지방자치단체(정비계획 입안권자)의 현지조사 없이도 주민이 원하는 경우 재건축진단을 추진하고 연접 단지와 통합해 재건축진단을 할 수 있도록 했으며, 재건축·재개발 과정에서 추진위·조합 설립에 필요한 주민동의는 전자적 방식으로도 받을 수 있도록 했다.

분당 샛별·일산 백송 등
1기 신도시 재건축 선도지구 13곳 선정

국토교통부와 1기 신도시 지자체 5곳(분당·일산·평촌·중동·산본)이 11월 27일 1기 신도시 재건축을 가장 먼저 추진하는 선도지구 단지들을 선정해 발표했다. 이는 총 13개 구역·3만 6000가구 규모로, 선도지구로 선정된 구역은 「특별정비구역 지정(2005년) → 사업시행계획 인가(2006년)」를 거쳐 2027년 착공, 2030년 입주를 목표로 사업이 추진된다. 이는 통상 10~15년 걸리는 재건축을 정부와 지자체의 지원하에 6년 안에 마무리하겠다는 목표다. 이로써 1991년 입주를 시작한 1기 신도시 재건축이 33년 만에 본격적으로 시작될 예정이다.

1기 신도시 선도지구 단지 주요 내용   선도지구 발표에 따르면 ▷분당에서는 샛별마을·양지마을·시범단지 우성 등 1만 948가구가 선정됐고 ▷일산에서는 강촌·백송·후곡마을 등 8912가구가 ▷평촌은 샘마을·꿈마을금호 등 5460가구가 ▷중동은 삼익·대우동부 등 5957가구가 ▷산본은 자이백합·한양백두 4620가구 등 총 13개 구역·3만 5897가구가 선정됐다. 여기에 선도지구로 선정되지 않은 구역 중 연립주택인 분당 목련마을 빌라단지(1107가구)와 일산 정발마을 2·3단지(262가구) 등은 선도지구에 준해 지원·관리하기로 했다. 이들 2개 구역을 포함하면 분당은 재건축 단지가 총 4개 구역 1만 2055가구, 일산은 4개 구역 9174가구로 늘어난다. 이처럼 선도지구로 선정된 단지는 안전진단 면제, 용도지역 변경, 용적률 상향, 인허가 통합심의 혜택을 받게 된다. 아울러 사업성을 높이기 위한 금융 지원도 마련됐는데, 이는 12조 원 규모의 미래도시펀드를 추진해 2025년 모펀드 조성을 완료하고 2026년 초기 사업비부터 지원할 예정이다.

📎 1기 신도시 선도지구 정비계획 일정	
2024. 11.	선도지구 발표
2025.	특별정비구역 지정
2026.	시행계획 및 관리처분계획 수립
2027.	착공
2030.	입주

향후 해결 과제는?　우선 향후 이주대책이 과제로 꼽히는데, 이는 약 3만 6000채에 달하는 선도지구 이주 수요가 한꺼번에 전월세 시장에 몰려들 경우 전월세 가격이 급등할 수 있기 때문이다. 또 사업성 확보 여부에 대해서도 논쟁이 있는데, 선도지구 선정 경쟁이 치열했던 분당 선도지구들은 높은 가점을 받기 위해 공공기여를 약속한 바 있어 향후 사업성에 있어 걸림돌이 될 것이라는 전망이 나온다. 여기에 상대적으로 집값이 낮은 일산, 중동, 산본 등에서는 향후 분양 수익이 기대에 미치지 못해 분담금이 커질 수 있다는 우려가 있다.

대한항공-아시아나 합병 절차, 4년 만에 완료
세계 10위권 대형 항공사 탄생 전망

대한항공이 12월 11일 아시아나항공 지분 63.9%를 모두 인수했다고 밝히면서 4년간 이어진 대한항공과 아시아나항공의 기업결합이 마무리됐다. 앞서 11월 28일 유럽연합(EU) 경쟁 당국인 EU 집행위원회(EC·European Commission)가 양사의 기업결합을 최종 승인한 데 이어, 통합 마지막 관문인 미국 법무부(DOJ)도 12월 2일 이를 승인하면서 대한항공은 합병을 위한 14개국의 기업결합 심사 승인을 모두 마친 바 있다. 이로써 통합 항공사는 수송량 기준 글로벌 순위 11위로 급상승하며 10위권 진입을 앞두게 됐다. 다만 향후 두 항공사의 마일리지 통합 문제, 중복 노선 정리, 임직원의 화학적 결합 등 해결해야 할 과제도 적지 않을 것으로 전망된다.

대한항공-아시아나 합병 절차 완료에 이르기까지　대한항공은 2019년 4월 산업은행의 아시아나항공 지분 매각 결정 후 2020년 11월 인수를 공식화했다. 이후 2021년 2월 튀르키예 경쟁 당국의 기업결합 승인을 시작으로 세계 주요국에서 합병 승인을 받아왔다. 하지만 유럽연합(EU)이 올해 2월 양사의 합병 조건으로 아시아나항공 화물기 사업부문 분리 매각과 여객부문에서 유럽 내 중복 4개 노선에 신규 항공사 진입을 조건부로 내걸면서 합병이 지연됐다. 이에 대한항공은 티웨이항공에 유럽 4개 노선을 이관했고, 티웨이항공은 지난 8월 이탈리아 로마를 시작으로 프랑스 파리, 스페인 바르셀로나, 독일 프랑크푸르트에 연이어 취항하며 여객부문 합병 조건을 충족했다. 화물부문에서는 에어인천이 아시아나항공 화물사업부 인수자로 낙점돼 매각 기본합의서를 체결하면서 2025년 7월에는 합병 에어인천이 출범할 예정이다. 이후 대한항공은 11월과 12월 EU와 미국을 끝으로 4년 여에 걸친 결합 심사를 마치면서 합병 과정이 완료된 바 있다.

향후 절차는?　대한항공은 2026년 10월 25일을 목표로 통합 항공사 출범을 준비 중으로, 향후 2년간 아시아나항공을 자회사로 운영하면서 인력 재배치, 고용 승계, 마일리지 통합, 아시아나항공 재무구조 정상화 작업 등 화학적 결합을 위한 작업을 진행하게 된다. 이러한 과정을 거친 뒤 통합 대한항공이 출범하면 세계 10위권 초대형 항공사가 탄생하게 되는데, 보유 항공기 대수는 대한항공 158대, 아시아나항공 80대를 합해 총 238대에 이른다. 특히 여객부문의 경우 글로벌 10위권(2019년 기준 11위)의 초대형 항공사(매가캐리어, Mega Carrier)가 된다. 여기에 양사 합병에 따라 진에어·에어부산·에어서울 등 두 회사의 저비용항공사(LCC) 통합도 이뤄지는데,

양사 합병 시 규모는?

매출액(2023년 기준)	21조 1072억 원
직원 수	2만 7470명
항공기	238대
여객 수송 규모	세계 11위
운항 노선	대한항공: 114개 도시, 아시아나항공: 72개 도시

합병 LCC는 보유 항공기 규모나 매출 등에서 LCC 업계 선두가 된다.

다만 양사의 향후 화학적 결합 과정에서 인력 재배치와 고용 승계, 마일리지 등은 해결해야 할 과제로 꼽힌다. 무엇보다 아시아나항공 마일리지의 대한항공 전환 비율이 주목되는데, 시장에서는 기업가치 등을 고려했을 때 대한항공 마일리지가 아시아나항공 마일리지보다 최대 1.5배 더 높아 1-1 전환은 어려울 것이라는 전망을 내놓고 있다.

고려아연 하이니켈 전구체, 국가핵심기술 지정
경영권 분쟁 새 국면 돌입

영풍과 경영권 분쟁을 빚고 있는 고려아연이 자사가 보유한 특정 전구체 제조 기술이 국가핵심기술로 지정됐다고 11월 18일 밝혔다. 고려아연은 지난 9월 영풍·MBK와의 경영권 분쟁이 격화한 당시 산업부에 「하이니켈 전구체 가공 특허 기술」을 국가핵심기술로 인정해달라고 신청한 바 있다. 그리고 이번 지정에 따라 향후 외국 기업에 의한 고려아연의 인수·합병 승인 권한을 정부가 갖게 되면서 최윤범 고려아연 회장 측과 영풍·MBK 간 경영권 분쟁이 새 국면을 맞게 됐다는 관측도 나오고 있다. 무엇보다 「고려아연 중국 매각설」이 끊임없이 제기돼온 영풍·MBK 측에는 부담으로 작용할 수 있다는 평가다.

국가핵심기술은 무엇? 국가핵심기술은 국내외 시장에서 차지하는 기술적·경제적 가치가 높거나 관련 산업의 성장잠재력이 높아 해외로 유출될 경우 국가의 안전보장 및 국민경제의 발전에 중대한 악영향을 줄 우려가 있는 산업기술로, 「산업기술의 유출방지 및 보호에 관한 법률(산업기술보호법)」 9조에 따라 지정된 산업기술을 말한다. 산업기술보호법에 따라 13개 분야의 76개 기술 목록이 지정돼 있는데, 기업의 특정 기술이 하위 기술로서 이 목록에 해당되는지 산업부가 심사한다. 산업기술보호법에 따르면 국가핵심기술 보유 기업이 해당 기술을 외국 기업 등에 매각 또는 이전 등의 방법으로 수출할 때, 해외 인수·합병과 합작투자 등 외국인 투자를 진행할 때는 산업부의 승인을 받아야 한다.

> **고려아연 경영권 분쟁** 9월 13일 영풍과 사모펀드(PEF)운용사 MBK파트너스가 약 2조 원을 투입해 고려아연 지분 7.0~14.6%를 공개매수한 뒤 회사의 경영권을 확보하겠다고 나서면서 시작된 분쟁이다. 1949년 고(故) 장병희·최기호 창업주가 공동 설립한 영풍은 1974년 고려아연을 설립했다. 이후 장씨 일가는 영풍문고와 전자계열사를, 최씨 일가는 고려아연을 포함한 비철 분야 계열사를 맡았다. 두 집안의 동업 관계는 70여 년간 이어졌으나, 2022년부터 창업주 3세 최윤범 회장 주도로 유상증자 등을 진행하며 지분 관련 분쟁이 시작됐고 영풍이 지난 2월 주주총회 안건에 반대를 표명하며 갈등이 본격화했다. 그러던 중 장형진(78) 영풍 고문 측이 국내 1위 사모펀드 MBK파트너스와 손을 잡고 9월 13일부터 주당 66만 원에 고려아연 공개매수에 돌입하며 경영권 분쟁이 시작됐다.

고려아연, 일반공모 유상증자 철회 고려아연이 11월 13일, 2조 5000억 원 규모의 일반공모 유상증자를 자진 철회한다고 밝혔다. 고려아연은 앞서 10월 30일 자사주 소각 후 기준으로 발행주식 약 20%(보통주 373만 2650주)를 주당 67만 원에 일반공모 방식으로 유상증자하겠다고 밝혔었다. 그런데 최윤범 고려아연 회장 측이 공개매수를 진행한 지 불과 일주일 만에 유상증자를 추진하겠다고 나서면서 불공정 행위라는 논란이 이어졌고, 이어 금융감독원이 11월 6일 고려아연이 유상증자를 위해 제출한 증권신고서에 대한 정정 요구를 하면서 제동이 걸린 바 있다. 이에 결국 고려아연이 유상증자를 철회하면서 영풍과의 지분을 둘러싼 경영권 분쟁은 다시 이어지게 됐다.

> **유상증자(有償增資)** 기업이 주식을 새로 발행해 기존 주주나 새로운 주주에게 파는 것으로, 자금 확보 수단의 하나이다. 금융권이나 사채권자로부터 자금을 융통하는 경우에는 이자를 지급하고 만기에 원금을 상환해야 하지만, 주주로부터 자금을 납입받는 경우에는 상환의무가 없으므로 장기간 안정적으로 자금을 활용할 수 있다. 이 때문에 기업체에서는 자금 조달을 위해 유상증자를 하는 경우가 많다. 기업은 유상증자를 실시함에 있어 ▷주주배정 ▷일반공모 ▷주주우선공모 ▷제3자 배정방식을 선택할 수 있다. 상장법인의 유상증자 발행가액은 시가에 이론 권리락 주가(조정주가) 또는 일정 할인율을 적용해 산정한다.

여행사·스터디카페도 현금영수증 의무 발급
국세청, 2025년부터 13개 업종 추가

국세청이 2025년 1월 1일부터 여행사와 스터디카페 등의 13개 업종을 현금영수증 의무발행 업종에 추가한다고 12월 15일 밝혔다. 정부는 자영업자 세원 투명성을 높이기 위해 2010년부터 일정 금액 이상 현금 거래 시 사업자가 현금영수증을 반드시 발급하도록 강제하고 있는데, 의무발행 업종은 2022년 95개, 2023년 112개, 올해 125개로 점차 늘어나는 추세다.

주요 내용 2025년 1월부터 현금영수증 의무발행 업종에는 ▷의복 액세서리 및 모조 장신구 소매업 ▷여행업 ▷기타 여행 보조 및 예약 서비스업 ▷앰뷸런스 서비스업 ▷실내 경기장 운영업 ▷실외 경기장 운영업 ▷스키장 운영업 ▷종합 스포츠시설 운영업 ▷수영장 운영업 ▷볼링장 운영업 ▷스쿼시장 등 그외 기타 스포츠시설 운영업 ▷컴퓨터 및 주변기기 수리업 ▷반려동물 장묘 및 보호서비스업 등이 추가된다. 의무발행 업종 사업자는 거래 건당 10만 원 이상(부가가치세 포함) 재화 또는 용역을 공급하고, 대금을 현금으로 받으면 소비자가 요청하지 않더라도 현금영수증을 반드시 발급해야 한다. 거래 상대방의 인적사항을 모르더라도 거래일로부터 5일 내 국세청 지정번호(010-000-1234)로 발급해야 하며, 의무를 위반하면 미발급 금액의 20%에 해당하는 가산세가 부과된다.

정부, 1년 만에 전기요금 인상
산업용 전기료만 9.7% 인상-주택용은 동결

산업통상자원부와 한전이 10월 24일부터 산업용 전기요금을 평균 9.7% 인상하는 내용 등을 담은 전기요금 인상안을 23일 발표했다. 이는 2023년 11월 이후 약 1년 만의 전기요금 인상으로, 이번에도 당시와 마찬가지로 주택용과 일반용 전기요금은 동결됐다.
인상되는 산업용 전기요금은 ▷대기업이 주고객인 산업용(을) 전기요금은 1kWh당 165.8원에서 182.7원으로 10.2%(16.9원) ▷중소기업이 주로 쓰는 산업용(갑) 전기요금은 164.8원에서 173.3원으로 5.2%(8.5원) 인상된다. 이에 산업용(을) 사용자는 기업 1곳당 연간 부담액이 1억 1000만 원가량, 산업용(갑) 사용자는 1곳당 60만 원가량이 증가할 것으로 전망된다.

해수부, 「김 산업 경쟁력 강화 방안」 발표
김의 영문 명칭 「GIM」으로 통일

해양수산부가 10월 31일 해외에서 여러 명칭으로 사용되고 있는 김의 영문 명칭을 「GIM」으로 통일시켜 브랜드화하는 내용 등을 담은 「김 산업 경쟁력 강화 방안」을 발표했다. 이에 따르면 우리식 김

영문 명칭인 GIM을 확산시키고 김 제품 규격안이 글로벌 스탠다드가 될 수 있도록 국제표준화(국제식품규격위원회·CODEX)를 추진한다. 또 정부는 2027년까지 김 수출액을 10억 달러 수준까지 늘리는 것을 목표로 세웠는데, 2023년 김 수출액은 최초로 7억 9000만 달러(약 1조 900억 원)를 달성하면서 2023년 세계 김 시장 교역규모(10억 8000만 달러)에서 70% 이상의 비중을 차지했다. 해수부는 양식장 확대 등을 통해 현재 50만~60만 t 수준의 김 원료(물김) 생산량을 늘릴 방침으로, 우선 깊은 바다(외해)에서 시범 양식에 나선다. 또 물김 자동 적재 등 김 양식 자동화 시스템을 개발하고 김 종자 생산시설 현대화를 지원한다는 방침이다.

정부, 공급망 안전망에 3년간 55조 원 투입
2030년까지 핵심물자 해외 의존도 50% 이하 목표

기획재정부와 산업통상자원부 등이 12월 19일 공급망안정화위원회를 열고 도널드 트럼프 행정부 출범 이후 미·중 무역분쟁이 격화될 가능성에 대비해 공급망 안정화에 3년간 55조 원을 투입하는 내용 등을 담은 「제1차 공급망안정화 기본계획」을 발표했다. 정부는 기본계획을 통해 2023년 70% 수준이었던 경제안보품목의 특정국 의존도를 2027년 60%, 2030년 50% 이하로 낮추겠다는 목표를 세웠는데, 경제안보품목은 수급에 차질이 생기면 국가 경제에 큰 영향을 미치는 소재·부품·장비(소부장) 등을 말한다.

「제1차 공급망안정화 기본계획」 주요 내용 정부는 공급망 위기가 발생했을 때 즉시 대응하기 위해 범정부 차원의 「공공 비축 통합 관리체계」를 구축하며, 기관별로 구축된 공급망 조기경보시스템(EWS)을 연계해 공급망 관련 정보 공유도 강화한다. 경제안보품목을 생산하는 국내공장을 신설 또는 증설할 시에는 외국인투자 보조금(최대 +10%포인트)·지방투자 보조금(+2%포인트)을 확대한다. 또 경제성이 떨어져 생산이 어려운 품목을 국내 생산하는 기업에는 「공급망안정화 지원 프로그램」을 통해 구매 촉진 지원을 검토할 예정으로, 공급망안정화기금 공급 규모를 향후 3년간 30조 원으로 확대한다. 이 밖에 긴급한 상황에 대비해 주요 금속광물의 비축물량 확대도 추진하는데, 현재 180일분인 영구자석용 희토류 비축물량은 2025년까지 900일분까지 확대한다. 또 2027년까지 비철금속(6종)은 60일분, 경제안보품목 희소금속은 평균 75일분까지 확보한다.

2023년 일반정부 부채 1217조 원,
GDP 대비 50% 처음으로 돌파

기획재정부가 12월 12일 「2023년 일반정부·공공부문 부채 집계 결과」를 통해 2023년 일반정부 부채가 1년 전보다 60조 1000억 원(5.2%) 늘어난 1217조 3000억 원으로 집계됐다고 밝혔다. 국내총생산(GDP) 대비 일반정부 부채 비율은 전년보다 0.9%포인트 오른 50.7%였는데, 이 비율이 50%를 넘어선 것은 2011년 관련 통계가 집계된 이후 처음이다. 정부는 부채 통계를 ▷국가채무(D1) ▷일반정부 부채(D2) ▷공공부문 부채(D3)로 나눠 관리하는데, 일반정부 부채(D2)는 국가채무(D1)에 중앙·지방의 349개 비영리공공기관 부채를 포함한 것으로 국제통화기금(IMF)·경제협력개발기구(OECD) 등 국제기구가 국가별 재정건전성 비교를 위해 쓰는 기준이다. 또 국가채무(D1)는 국가재정운용계획 수립에, 공공부문 부채(D3)는 공공부문 재정 건전성을 살펴보기 위한 지표다.

주요 내용 일반정부 부채 증가는 국고채가 58조 6000억 원 늘어나는 등 중앙정부의 회계·기금 부채가 늘어난 것이 큰 영향을 미쳤다. 중앙정부 회계·기금 부채는 1128조 3000억 원으로 전년보다 63조 7000억 원 증가했으며, 중앙정부의 비영리공공기관 부채도 59조 원으로 4조 원 증가했다. 새출발기금 확대 등으로 한국자산관리공사(1조 9000억 원)와 서민금융진흥원(8000억 원) 등의 부채가 확대됐다. 다만 지방정부 부채는 70조 7000억 원으로, 전년보다 2조 원 줄었다.

일반정부 부채에 한전·가스공사 등 비금융공기업 부채를 더한 공공부문 부채(D3)는 1673조 3000억 원을 기록, 1년 전

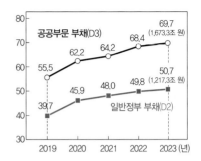

일반정부 및 공공부문 부채 비율 추이
(※ GDP 대비, 단위 %)

과 비교해 84조 6000억 원(5.3%) 늘어나며 또다시 최대치를 경신했다. GDP 대비 공공부문 부채 비율 역시 69.7%로 전년보다 1.3%포인트 늘었다. 이는 전력 구입대금 등으로 한전과 발전 자회사의 부채가 12조 9000억 원 늘었고, 서민 주거 등의 정책사업 영향으로 한국토지주택공사 부채가 6조 8000억 원 증가한 영향이 컸다.

통계청, 「2022년 국민이전계정」 발표
한국인 28세부터 흑자, 61세부터 적자 전환

통계청이 11월 26일 발표한 「2022년 국민이전계정」에 따르면 한국인은 27세까지 적자였다가 28세 때 흑자 시기에 진입하고, 43세에 정점을 기록한 후 61세에 적자로 전환하는 것으로 나타났다. 생애주기 흑자가 시작되는 연령은 2017~2020년 28세였다가 2021년 27세로 앞당겨진 바 있는데, 1년 만에 다시 1년이 미뤄진 것이다. 반면 고령층의 노동시장 참여가 활발해지면서 흑자가 유지되는 나이는 2021년 59세에서 2022년 60세로 미뤄졌다.

한편, 국민이전계정은 연령별 노동소득과 소비·연금 등 공적 이전, 가구 내 세대 간 경제적 자원의 흐름을 파악하는 통계로, 지난 2019년 처음 공개된 바 있다.

「2022년 국민이전계정」 주요 내용 우리 국민은 연령 증가에 따라 「적자→흑자→적자」 순서의 3단계 구조를 나타냈는데, 출생 직후부터 생애주기 적자는 27세까지 이어졌다. 적자가 가장 많은 시기는 17세(−4078만 원)로, 통상 고등학교 때 교육비 지출이 많은 점이 반영된 것으로 분석된다. 그러다 28세 때 소비보다 노동소득이 높아지면서 128만 1000원의 흑자가 처음 발생하고, 이후 순차적으로 흑자액이 증가하다가 43세

(1752만 9000원) 때 정점을 찍는다. 1인당 노동소득만 놓고 봐도 43세가 4289만 6000원으로 가장 높았다. 이후 61세부터 191만 7000원 적자를 시작으로 다시 적자 구조로 들어서는데, 연령이 증가할수록 적자 규모는 늘어나는 경향을 나타냈다.

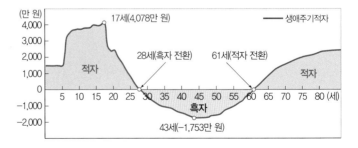

한국인의 생애주기적자(2022년 기준)

통계청, 「2024년 가계금융복지조사」 발표
가구소득 증가율 6.3%로 역대 최대

통계청과 한국은행, 금융감독원이 12월 9일 발표한 「2024년 가계금융복지조사」 결과에 따르면 2023년 가구 평균소득은 역대 최대 폭으로 늘고, 지니계수 등 소득분배지표는 다소 개선됐다. 또 올해 3월 말 기준 국내 가구의 부채는 전년 대비 0.6% 줄어든 것으로 조사돼 통계 작성 이후 13년 만에 처음으로 가계부채가 감소했다. 하지만 세대 간 부의 양극화는 심화되고 있는 것으로 나타났는데, 가구주가 39세 이하인 가구는 전체 연령대 가운데 유일하게 전년보다 순자산이 줄었다.

한편, 가계금융복지조사는 자산, 부채, 소득, 지출 등을 통해 미시적 재무건전성을 파악하여 사회 및 금융 관련정책과 연구에 활용하기 위해 이뤄지는 조사로 통계법 제17조에 따른 지정통계이다.

「2024년 가계금융복지조사」 주요 내용

소득 2023년 가구의 평균소득은 7185만 원으로 전년(6762만 원)보다 6.3%(423만 원) 증가했는데, 이는 2011년 관련 통계 집계 이후 가장 높은 증가율이다. 물가 상승률을 감안한 실질 증가율은 2.7%다. 소득 부문별로 보면 근로·사업·재산소득 모두 늘었지만 특히 재산소득이 559만 원으로 28.1%나 급증해 통계 작성 이후 최대 증가율을 보였다. 또 가구가 실질적으로 사용할 수 있는 돈인 처분가능소득(가구소득−비소비지출)은 5864만 원으로 전년 대비 7.0% 증가했다. 이는 각종 세금·사회보험료 등 비소비지출(1321만 원)이 3.2% 늘었지만 소득 증가세(6.3%)가 더 높았기 때문이다. 하지만 전체 소득 증가율이 높은 데 비해 39세 이하 가구의 소득 증가율은 1.1%에 머무르면서 2023년 물가 상승률(3.6%)의 3분의 1에도 미치지 못하는 것으로 나타났다.

자산 올해 3월 기준 가구의 평균 자산은 5억 4022만 원으로 전년(5억 2727만 원)보다 2.5%(1295만 원) 증가했으며, 가구당 평균 부채는 9128만 원으로 전년 대비 0.6%(58만 원) 감소했다. 가계부채가 감소한 것은 2011년 통계 작성 이후 13년 만에 처음으로, 이에 따라 가구당 순자산 역시 4억 4894만 원으로 전년 대비 3.1%(1354만 원) 늘었다. 하지만 39세 이하 가구의 평균 순자산은 2억 2158만 원으로 전년 동기보다 6.4% 감소

가구의 경제상황

가구의 자산	5억 4022만 원(2024년)
가구의 부채	9128만 원(2024년)
순지산	4억 4894만 원(2024년)
가구의 소득	7185만 원(2023년)
가구의 비소비지출	1321만 원(2023년)
처분가능소득	5864만 원(2023년)

하며 전체 연령대 중 유일하게 감소를 나타냈다. 이는 40대(3.4%)와 50대(2.8%), 60세 이상(6.8%) 모두 순자산이 증가한 것과 대조적인 모습이다.

소득분배지표 전체 자산·소득이 늘어났지만 증가세가 소득 수준이 높은 가구에 집중되며 재분배 수준은 1년 전과 비교해 큰 폭으로 개선되지 않은 것으로 나타났다. 시장소득 기준 지니계수는 0.392로 2022년에 비해 0.004 낮아졌고, 처분소득 기준으로는 0.323으로

소득분배지표

구분	2022년	2023년
지니계수	0.324	0.323(−0.001)
소득 5분위배율	5.76배	5.72배(−0.04배p)
상대적 빈곤율	14.9%	14.9%

0.001 낮아지는 데에 그쳤다. 균등화 처분가능소득을 기준으로 상위 20%를 하위 20%로 나눈 소득 5분위배율은 5.72배로, 1년 전에 비해 0.04배포인트 감소했다. 5분위배율은 숫자가 낮을수록

분배 지표가 개선되고 있음을 의미한다. 그리고 균등화 처분가능소득 기준 상대적 빈곤율(전체 인구 중 중위소득 50% 이하인 인구가 차지하는 비율)은 전년과 동일한 14.9%였다. 다만 66세 이상 은퇴연령층의 상대적 빈곤율은 39.8%로 전년 대비 0.1% 증가했다.

> **지니계수(Gini's coefficient)** 소득 분배의 불평등도를 나타내는 수치로, 가로축에 저소득층부터 인원의 분포도를 그리고, 세로축에 저소득층부터 소득액 누적 배분율을 구하면 소득분배곡선(로렌츠곡선)이 나온다. 여기에 가상적인 소득 분배균등선(45도선)을 긋는데, 대각선(45도)은 균등분배가 행해진 것을 나타내는 선(균등선)이 된다. 이때 소득분배균등선과 종·횡축이 이루는 삼각형의 면적과 균등선과 로렌츠곡선 간의 면적 비율이 지니계수가 된다. 지니계수는 0과 1 사이의 값을 가지며 0에 가까울수록 소득분배가 균등하다는 뜻이 된다. 일반적으로 지니계수가 0.4를 넘으면 소득 분배가 상당히 불평등한 것으로 볼 수 있다.
>
> **소득 5분위배율** 전체 가구를 소득 순으로 20%씩 5등분으로 나눈 후 소득 상위 20%(5분위) 계층의 평균 소득을 소득 하위 20%(1분위) 계층의 평균 소득으로 나눈 수치를 말한다. 소득 분배가 완전히 균등하게 이루어진 경우 소득 5분위 배율 값은 1이 되며 이 수치가 커질수록 고소득층과 저소득층 간 소득 분배의 불평등이 심하다고 볼 수 있다. 지니계수와 함께 국민 소득의 분배 상황을 나타내는 대표적인 지표로 사용된다.
>
> **상대적 빈곤율** 중위소득(가구를 소득 순서로 나열했을 때 중간에 위치한 가구의 소득)의 절반 미만인 계층이 총인구에서 차지하는 비율이다. 상대적 빈곤율이 높다는 것은 상대적으로 가난한 가구가 많다는 것을 뜻한다.

「그냥 쉬었음」 청년 42만 2000명
1년 새 25% 증가

한국은행이 12월 2일 발표한 「청년층 쉬었음 인구 증가 배경과 평가」 보고서에 따르면 육아나 학업, 건강 등의 특별한 이유 없이 구직활동도 하지 않고 그냥 쉰 청년은 2023년 3분기 33만 6000명에서 올해 3분기 42만 2000명으로 25.4%나 증가했다. 이는 1년 새 8만 6000명이 늘어난 수치로, 「쉬었음」 인구는 취업자나 실업자가 아닌 비경제활동인구 중 중대한 질병이나 장애 등 특별한 사유나 교육훈련 없이 쉬고 있는 상태를 말한다.

주요 내용 「쉬었음」 인구는 2023년 기준 국내 비경제활동인구 중 14.5%(235만 명)를 차지했는데, 고령층(60세 이상)과 핵심연령층(35~59세)의 쉬었음 비중은 큰 변화가 없는 반면 청년층(25~34세) 쉬었음 비중은 3분기 기준 29.5%에 달했다. 특히 노동시장에 진입하지 않고 쉬는 것이 아니라 취업을 경험한 후 자발적으로 일을 그만두고 쉬는 청년층이 크게 늘었다.

한은은 이처럼 자발적으로 일을 쉰 청년층의 증가는 눈높이에 맞는 양질의 일자리가 부족한 일자리 미스매치 등 구조적 요인에 기인한다고 분석했다. 그리고 비자발적으로 일을 쉰 청년층이 증가한 데는 구조적 요인 외에 청년층 고용 상황이 악화된 경기 요인도 영향을 미친 것으로 분석했다. 특히 보고서는 청년층의 쉬었음 상태가 장기화하면서 이들이 노동시장에서 영구 이탈하는 「니트족」이 될 가능성에 유의해야 한다고 지적했다.

> **니트족(Neet族)** Not in education employment or training의 약칭으로, 일하지도 않고 일을 하고자 하는 의지도 없는 젊은이들을 가리킨다. 이는 1990년대 경제상황이 나빴던 영국 등 유럽에서 시작돼 일본으로 확산된 말로, 일본의 경우 경기 침체로 2000년대 초반 청년 니트족이 급증한 바 있다. 그러나 경기 회복 이후에도 이들이 일자리를 찾지 못하면서 결국 핵심연령(45~54세)의 니트족 증가로까지 이어졌다.

통계청, 「2017~2022년 소득이동통계」 첫 발표
연간 소득계층 상승 17.6%에 불과

통계청이 12월 18일 처음으로 발표한 「2017~2022년 소득이동통계 결과」에 따르면 한 해 동안 소득계층이 상승한 국민은 10명 중 2명도 되지 않았으며, 특히 고소득층과 빈곤층에서 소득계층이 바뀌는 비율은 가장 낮은 것으로 나타났다. 해당 통계는 15세 이상 국민을 근로·사업소득 수준에 따라 20%씩 5개 분위(계층)로 나누고, 2018~2022년까지 매년 계층 간 이동 양상을 분석한 것이다.

「2017~2022년 소득이동통계」 주요 내용   이번 통계에 따르면 소득자료가 있는 인구 가운데 2022년 기준 1년 전보다 소득분위(1~5분위)가 한 계단이라도 올라간 사람은 17.6%에 그쳤고, 오히려 더 낮은 소득계층으로 떨어진 사람은 전체의 17.4%였다. 또 모든 계층을 통틀어 위 계층으로 올라간 비율과 아래 계층으로 떨어진 비율을 더한 「이동 비율」 역시 2020년 35.8%을 기록한 뒤 2021년 35%, 2022년 34.9%로 점점 줄어들었는데, 이는 사회계층 이동성이 그만큼 정체되고 있다는 의미다.

특히 소득계층 간 이동은 중간 계층에서 주로 일어났고, 부유층과 빈곤층은 계층이 고착화되는 것으로 나타났다. 고소득자인 5분위(소득 상위 20%)의 소득 유지 비율이 86.0%로 가장 높은 가운데, 소득 5분위 계층에 속하지 않았던 사람이 이듬해 소득 5분위에 속한 비율은 3.5%에 불과할 정도로 고소득층 진입이 어려운 것으로 나타났다. 빈곤층인 1분위(소득 하위 20%)의 소득분위 유지 비율은 69.1%로 5분위에 이어 두 번째로 높았는데, 이는 이들 계층 10명 중 7명이 이듬해에도 가난에서 벗어나지 못하고 같은 계층에 머물렀다는 뜻이다.

소득이동성 추이

연도	소득이동성 비율
2017~2018년	35.8%
2018~2019년	35.5%
2019~2020년	35.8%
2020~2021년	35.0%
2021~2022년	34.9%

한국 1인당 명목 GDP
44년 만에 일본 추월

일본 닛케이신문이 일본의 1인당 명목 국내총생산(GDP)이 처음으로 한국에 역전됐다고 12월 23일 보도했다. 일본 내각부가 이날 발표한 통계에 따르면 2023년 일본의 1인당 명목 GDP는 3만 3849달러로 한국의 3만 5563달러보다 낮았다. 또 경제협력개발기구(OECD) 38개 회원국 중 순위로는 일본이 22위로, 한국의 21위보다 한 단계 낮았다. 닛케이는 한국과 일본의 1인당 명목 GDP가 역전된 것은 비교 가능한 1980년 이후로 처음이라고 전했다. 닛케이는 순위 역전의 요인으로 한국의 GDP 통계기준이 바뀌게 된 것을 꼽았는데, 한국은행은 지난 6월 국민계정 통계 기준년을 2015년에서 2020년으로 바꾼 바 있다. 또 엔화 약세와 고령화에 따른 노동생산성 저하도 일본의 GDP 순위가 낮아진 원인으로 분석됐다.

〰〰〰〰〰〰〰〰〰〰〰〰〰〰〰〰〰〰〰〰〰〰〰〰〰〰〰〰〰〰〰〰〰〰

AI 디지털교과서, 국어는 적용 제외
2025년 AIDT 도입은 그대로 시행

2025년 신학기부터 인공지능 디지털교과서(AIDT)가 전격적으로 보급되는 가운데, 교육부가 11월 29일 브리핑을 통해 사회·과학 과목은 도입을 1년 늦추고 국어, 기술·가정(실과)은 아예 제외하기로 하는 등의 내용을 담은 「AIDT 도입 로드맵 조정안」을 발표했다. 앞서 교육부는 ▷2026학년도 초등학교 국어, 사회(역사), 과학, 실과와 중학교 국어, 과학, 기술·가정 ▷2027학년도 중학교 사회(한국사) ▷2028학년도 고등학교 국어, 실과, 사회(한국사), 과학에 AIDT를 단계적으로 도입하겠다고 밝힌 바 있다. 그러나 교육계 안팎에서는 디지털 과몰입과 문해력 저하 등을 우려하는 목소리가 계속됐고, 이에 교육부는 교육 현장의 우려를 고려해 해당 방안을 내놓았다.

> **AIDT(AI Digital Textbook)** 학생 개인별 능력과 수준에 맞는 학습을 가능하도록 하는 교과서로, 인공지능(AI) 기술을 포함한 지능정보화 기술을 활용하여 학생별 맞춤 학습자료와 지원이 탑재되는 것이 특징이다. 이를 통해 학습자들은 자기 주도적 학습이 가능해지고, 교사들은 학생들의 학습 상황을 보다 효과적으로 관리하고 지도할 수 있다는 장점이 있다. 반면 학생들의 문해력이 떨어지고 스마트 기기 중독 등의 부작용을 우려하는 목소리도 높다. 교육부는 2025년 3월부터 초등학교 3·4학년, 중학교 1학년, 고등학교 1학년을 대상으로 AIDT를 우선 시행한다는 방침을 내놓았는데, 이를 둘러싸고 거센 찬반 논란이 일었다.

「AIDT 도입 로드맵 조정안」 주요 내용 조정안에 따르면 2025년 3월로 예정됐던 초등학교 3·4학년, 중학교 1학년, 고교 1학년의 영어·수학·정보 과목 AI 디지털교과서 도입은 예정대로 이뤄진다. 그 대신 2026학년도에 도입 예정이던 국어(초등학교 3·4학년 및 중학교 1학년), 기술·가정(초등학교 5·6학년 및 중학교) 과목은 적용을 제외하기로 했다. 또 초등학교 사회 및 과학, 중학교 과학의 AI 교과서 적용 시기는 2026년에서 2027년으로 1년 미루기로 했다. 다만 고등학교 사회(한국사)와 과학은 예정대로 2028학년도에 도입한다는 방침이다. 이 밖에 특수교육 교과서의 경우 국어는 2025년 초등학교부터 AI 교과서를 도입하고 수학은 2026년 초등학교에 도입해 2027년 중학교, 2028년 고등학교로 확대하기로 했다.

이와 같은 교육부의 방침은 교육 현장에서 제기된 우려를 고려한 데 따른 것으로, 교육부는 이날 「국어는 문해력 저하 문제, 기술·가정(실과)은 실습 부족 문제」로 도입 과목에서 제외하거나 시기를 연기해야 한다는 의견이 많았다고 밝혔다. 또 교육 현장에서는 AIDT 정책이 너무 성급하게 진행됐다는 지적도 이어져 왔는데, 이번 심사에 제출된 교과서 146종 가운데 52.1%만 검정을 통과한 것이 대표적이다. 또 교사 연수가 부족한 점, 이용료와 인프라 구축 등에 소요되는 예산 등도 문제로 지적됐다.

「AIDT 도입 로드맵 조정안」 주요 내용

구분	교과목	기존	변경
초	영어, 수학, 정보	2025년 도입 → 2027년 도입 완료	동일
	사회(역사), 과학	2026년 도입 → 2028년 도입 완료	2027년 도입 → 2028년 도입 완료
	국어, 실과	2026년 도입 → 2028년 도입 완료	적용 제외
중	영어, 수학, 정보	2025년 도입 → 2027년 도입 완료	동일
	사회(한국사)	2027년 도입 → 2028년 도입 완료	2027년 도입 → 2028년 도입 완료
	과학	2026년 도입 → 2028년 도입 완료	
	국어, 기술·가정	2026년 도입 → 2028년 도입 완료	적용 제외
고	영어, 수학, 정보	2025년 도입 → 2027년 도입 완료	동일
	사회(한국사), 과학	2028년 도입	동일
	국어, 실과	2028년 도입	적용 제외

AIDT를 둘러싼 논란은 지속　교육부가 이번 조정안을 내놓았으나, 이에 대한 교원단체들의 찬반 입장은 엇갈리는 등 AI교과서를 둘러싼 논란은 계속될 것으로 전망된다. 전국교직원노동조합(전교조)은 이번 방안에 대해 AI교과서의 졸속 도입을 강행하는 교육부를 강력히 규탄한다며, 국어 과목만 제외한다고 해서 AI교과서가 초래할 문해력 논란은 해결되지 않는다고 주장했다. 또 교사가 사용할 실제 AI교과서가 현장에 제공되지 않아 2025년 도입 방침 실현 가능성이 낮다며 이를 즉각 철회할 것도 요구했다. 반면 한국교원단체총연합회(교총)는 「디지털 교육혁신과 학생 맞춤형 교육의 필요성에 공감한다」고 평가하며 도입 속도 조절과 교원 부담 완화 방안을 긍정적으로 평가했다.

아울러 교육계 안팎에서는 AIDT가 정부의 목표인 교육격차 해소와 공교육 신뢰 회복에 기여할 수 있을지에 대한 찬반 논란도 지속되고 있다. 찬성 측에서는 디지털교과서가 저소득층 학생들에게 맞춤형 교육을 제공하고 학습 진도와 난이도를 조정할 수 있어 기초학력 미달문제 해결과 학습 격차를 줄이는 데 기여할 수 있다는 입장이다. 반면 반대 측에서는 디지털 기기와 인터넷 접속이 어려운 가정환경에 있는 학생들은 교육 자원에 접근할 기회가 애초에 제한될 수 있어 오히려 더 큰 격차를 초래할 수 있다는 점을 우려한다.

AI교과서, 「교과서 아닌 교육자료」　인공지능(AI)을 활용한 디지털교과서를 교과용 도서가 아닌 교육자료로 규정하는 초·중등교육법 개정안이 12월 26일 국회 본회의를 통과했다. 이에 2025년 3월부터 학교에 도입되는 AI교과서 보급에 차질이 빚어질 전망인데, 교과서는 모든 학교에서 채택해야 하지만 교육자료는 학교장 재량에 따라 사용하지 않아도 되기 때문이다. 더불어민주당 등 야당은 AI교과서를 배포하는 데 막대한 예산이 필요하고 학생들의 개인정보 유출과 문해력 약화의 우려가 있다며 개정안 통과를 추진해 왔다.

정부, 딥페이크 성범죄 대책 발표
딥페이크 신고한 영상 24시간 내 삭제

국무조정실이 11월 6일 최근 심각한 사회문제로 부상한 「딥페이크 성범죄」 대응을 위한 합동 대책을 발표했다. 이에 따르면 앞으로 플랫폼 기업들이 딥페이크 성범죄 영상 삭제를 요청받으면 24시간 내에 신속히 삭제해야 하며, 호기심에 딥페이크 영상을 소지하거나 시청만 해도 강력 처벌(징역 3년 또는 3000만 원 이하 벌금)에 처해질 수 있다.

> **딥페이크 성범죄** 딥페이크를 통해 사진을 합성해 성착취물을 제작·유포하는 범죄로, 딥페이크는 인공지능(AI) 기술을 활용해 인물의 얼굴을 다른 사진이나 영상에 실제처럼 조합하는 것을 말한다. 딥페이크 성범죄는 소셜미디어 등에서 내려받은 타인의 얼굴 사진에 음란물의 나체 사진을 합성해 성범죄물로 만든 뒤 유포하는 것으로, 최근 중고등학교는 물론 대학·군대에서도 딥페이크 성범죄물을 텔레그램 단체방(일명 겹지인방) 등에서 공유한 범죄가 드러나며 거센 논란이 일었다.

대책 주요 내용 대책에 따르면 중대 디지털 성범죄, 아동·청소년 성착취물 제작·유포 등의 피의자에게는 구속수사 원칙을 수립했다. 다만 딥페이크 성범죄 자진 신고자에 대해서는 형량을 감면해줄 수 있도록 할 방침이다. 또 딥페이크 성범죄 피해자가 성인이어도 위장수사를 할 수 있도록 성폭력처벌법 개정을 추진한다. 아울러 신속한 피해자 보호를 위해 딥페이크 성착취물 의심 영상을 선 차단 후 심의 조치할 수 있도록 전기통신사업법 개정도 추진하는데, 성범죄물 삭제는 요청한 때로부터 24시간 이내 진행될 수 있도록 한다. 또 정부가 직접 나서 인공지능(AI)을 이용해 딥페이크 촬영물을 실시간 감지, 플랫폼에 삭제 요청을 보내는 자동화 시스템도 구축한다는 방침이다. 이 밖에 딥페이크 성범죄물의 유통 창구로 지목된 텔레그램 등 플랫폼 사업자에 대한 규제를 강화하고, 핫라인(대화 창구)을 추가로 개설해 실질적인 조치를 이끌어내기로 했다. 이는 텔레그램뿐 아니라 네이버·메타(구 페이스북) 등도 성범죄물 유통 방지 의무를 제대로 이행하지 않으면 시정명령과 과징금을 적극 부과한다는 방침이다.

딥페이크 성범죄 대응방안 주요 내용

신속 삭제	• 성범죄 영상 요청 시 24시간 내 삭제 • 성범죄물 의심될 경우 선 차단 후 심의
수사와 처벌 강화	• 딥페이크 영상 소지·시청만 해도 처벌 • 범죄 수익 몰수 및 추징 • 성범죄 위장 수사 확대
플랫폼 규제	• 플랫폼에 과징금 적극 부과 • 사각지대인 텔레그램도 제재 대상 명시

국회, 딥페이크·불법 촬영물 수익금 몰수 법안 통과 국회가 11월 28일 열린 본회의에서 딥페이크 영상물이나 불법 촬영물 배포 등으로 얻은 범죄수익을 몰수하는 「성폭력처벌법」 개정안을 통과시켰다. 개정안에는 최근 논란이 된 딥페이크 등 허위 영상물과 불법 촬영물을 배포하거나 협박해 범죄수익을 얻은 경우 이를 몰수·추징하는 내용이 담겼다. 또 수사기관이 방송통신심의위원회뿐만 아니라 포털 등 정보통신서비스 제공자에게도 불법 영상물의 삭제와 차단을 요청할 수 있도록 했다. 이 밖에 아동학대살해 미수범에 대한 처벌 규정을 신설하고 미수범이 부모 등 아동의 주양육자일 경우 검사가 친권 상실 선고나 후견인 변경심판을 청구하도록 하는 내용의 「아동학대처벌법」 개정안도 통과됐다.

정부, 의대생 휴학 승인
「대학 자율로 승인」 결정

교육부가 10월 29일 의대가 있는 전국 40개 대학 총장들과 영상 간담회를 한 후 의대생들이 낸 휴학계를 조건 없이 대학 자율로 승인해 주기로 결정했다. 이는 정부의 의대 증원 정책에 반발해 학생들이 집단으로 휴학한 지 8개월 만으로, 이로써 의대생들의 대규모 유급·제적 사태는 피할 수 있게 됐다. 그간 교육부는 의대생들 휴학이 정부 정책에 반발한 동맹휴학이므로 절대 승인할 수 없다는 입장을 고수해 왔으나, 10월 초 「2025년 3월 복귀」를 약속하면 휴학을 승인해주겠다고 한 발 물러선 바 있다. 하지만 이러한 방침에도 학생들이 돌아오지 않자 아무 조건을 달지 않고 의대생들의 휴학계를 승인해주기로 입장을 바꾼 것이다.

다만 추후 의대생들의 복귀가 이뤄진다고 해도, 올해 수업을 듣지 못한 의대생과 2025년도 증원된 의대생을 합한 1학년생 숫자가 7500명에 이른다는 점에서 제대로 된 교육을 받을 수 있을지에 대한 우려는 여전하다.

임신 32주 이전 태아 성별 고지 가능
의료법 개정안 국회 통과

의료인이 임신 32주 이전 여성 등에게 태아의 성별을 알려줄 수 있도록 하는 내용의 의료법 개정안이 12월 2일 국회 본회의를 통과했다. 이는 지난 2월 헌법재판소의 위헌 결정에 따른 후속 입법 조치로, 헌재는 당시 임신 32주 이전까지 의료인이 태아의 성별을 알려주는 것을 금지한 의료법 조항에 대해 위헌 결정을 내리면서 해당 조항은 즉시 무효가 된 바 있다. 개정 전 의료법 제20조는 의료인이 임신 32주 이전에 태아를 진찰하거나 검사하면서 알게 된 성별을 임신부나 그 가족 등에게 알려줄 수 없고, 이를 위반한 의료인은 2년 이하의 징역이나 2000만 원 이하 벌금에 처하도록 규정하고 있었다. 그러나 이번 개정안 통과로 임신부와 가족 등은 임신 주수와 관계없이 의사에게 태아의 성별을 물어볼 수 있게 된다.

이 밖에 병원 개설 시 사전 심의가 강화되는 내용의 의료법 개정안도 통과됐는데, 이에 따라 앞으로 병원급 기관을 새로 열려면 해당 시·도 의료기관 개설위원회의 사전 심의를 거쳐야 한다. 또 3개월 이상 의료업 정지 등의 제재 처분을 받으면 전문병원 지정을 취소할 수 있도록 하는 내용도 개정안에 포함됐다.

저고위, 임신 초기 유·사산휴가 10일로 확대 등
임신·출산 지원 보완대책 발표

저출산·고령사회위원회가 10월 30일 제5차 인구비상대책회의를 열고 임신 조기(~11주) 유·사산휴가를 5일에서 10일로 확대하는 등의 내용을 담은 「임신·출산 지원 보완대책」을 발표했다. 또 유·사산을 겪은 여성의 신체적·정신적 회복을 도울 수 있도록 배우자에 대한 유·사산 유급휴가(3일)를 신설하고, 배우자 유·사산 휴가 신설에 따른 부담을 완화하기 위해 중소기업에는 정부가 급여를 지원한다는 방침이다.

대책 주요 내용　대책에 따르면 난임부부의 의료비 지원도 확대하는데, 현재는 난자 채취 실패로 난임 시술이 중단된 경우 시술에 대한 건강보험급여를 환수하지는 않지만 지방자치단체에서 지급하는 시술 지원금은 반환해야 한다. 하지만 11월부터는 난자 미채취나 수정 가능한 난자 미확보 등으로 난임 시술이 중단되더라도 건강보험급여와 마찬가지로 지자체 지원금도 환수하지 않는다. 그리고 광역버스 내 임산부 배려석(교통약자석)과 임산부 전용 주차구역 설치 등 임산부의 이동편의를 제고한다. 이 밖에 산후조리원의 안전·위생·서비스 등에 대한 평가를 의무화하고, 산후조리원이 부족한 지역에 공공산후조리원을 늘리기 위해 2개 이상의 지자체가 협력해 공공산후조리원 설립을 추진할 시 지방소멸대응기금을 활용할 수 있도록 할 예정이다. 여기에 단기 육아휴직을 기업과 근로자의 상황에 맞게 탄력적으로 사용할 수 있도록 보완한다. 이에 따르면 현재 연간 1회 2주 단위로 사용할 수 있는 단기육아휴직은 앞으로 연 1회 1주 단위로 최대 2주간 나눠서 사용할 수 있게 된다.

임신·출산 지원 대책 어떻게 달라지나

임신 초기 유·사산 휴가	• 유·사산 휴가 5일 → 10일 • 배우자는 3일 유급 휴가
난임 시술	수정 가능한 난자를 얻지 못해 난임 시술이 중단됐을 때 지자체 지원금 환수하지 않음
임산부 교통 편의	• 광역버스에 임산부 배려석 설치 • 영유아 동반가족 및 임산부 전용 주차구역 설치
단기 육아휴직	연 1회 2주 단위 사용 → 연 1회 1주 단위, 최대 2주 사용

부모 모두 육아휴직 3개월 이상 사용 시
휴직 기간 1년 → 1년 6개월로 연장

고용노동부가 2025년 2월 23일부터 부모 모두 3개월 이상 육아휴직을 사용한 경우 휴직 기간이 1년에서 1년 6개월로 늘어나는 내용 등이 담긴 남녀고용평등법(남녀고평법), 고용보험법 및 근로기준법 하위법령 일부 개정령안을 11월 20일부터 12월 30일까지 입법예고한다고 밝혔다. 특히 한부모나 중증 장애아동의 부모는 이러한 조건 없이 1년 6개월까지 육아휴직을 사용할 수 있다.

개정안 주요 내용 현재 육아휴직은 3번에 나눠 사용(2회 분할)할 수 있는데, 2025년부터는 4번(3회 분할)으로 더 늘어난다. 육아휴직 급여는 2025년부터 월 최대 250만 원으로 인상되는데, ▷육휴 수요가 많은 1~3개월은 월 250만 원 ▷4~6개월은 200만 원 ▷이후에는 160만 원을 지급한다. 임신 중 여성 노동자에게 주어지는 출산 전후 휴가는 현행 90일이지만, 미숙아를 출산한 경우에 한해 100일로 연장된다. 또 임신 후 11주 이내의 임신 초기 유·사산에 대한 휴가 기간도 현행 5일에서 10일로 확대되며, 난임치료휴가도 연간 3일(유급 1일)에서 6일(유급 2일)로 확대된다. 이밖에 배우자 출산휴가는 현행 10일에서 20일로, 분할 횟수 역시 1회에서 3회로 늘어나게 된다.

육아지원 3법 개정 주요 내용(2025년 2월 23일 시행 예정)

구분		현행	개선
육아휴직	기간	최대 1년	최대 1년 6개월(부모 모두 3개월 이상 사용 시 또는 한부모 또는 중증장애아동부모)
	사용 가능 횟수	3번에 나눠 사용(분할 2회)	4번에 나눠 사용(분할 3회)
배우자 출산 휴가	기간	10일	20일
	정부 지원	중소기업 근로자 5일	중소기업 근로자 20일
	사용	2번에 나눠 사용(분할 1회)	4번에 나눠 사용(분할 3회)
	기한	출산 후 90일 이내 청구	출산 후 120일 이내 사용
육아기 근로 시간 단축	대상	자녀 연령 8세 이하	12세 이하
	기간	최대 2년(1년+육아휴직 미사용기간)	최대 3년(1년+육아휴직 미사용기간×2)
	사용	최소 3개월 이상	최소 1개월 이상
	연차 산정	단축 근로시간 미포함	단축 근로시간도 포함

💡 인사혁신처가 11월 24일 공무원의 배우자가 출산할 경우 아빠로서 사용할 수 있는 배우자 출산휴가를 현재의 10일에서 20일로 늘리는 등의 내용을 담은 「국가공무원 복무규정 개정안」을 입법 예고했다고 밝혔다. 배우자 출산휴가는 출산일로부터 90일 이내에 사용할 수 있다. 또 배우자가 출산한 공무원이 이미 현행 10일의 휴가를 모두 사용했더라도 개정안 시행일을 기준으로 출산 후 90일이 지나지 않았다면 개정 규정에 따라 확대되는 일수만큼 추가로 휴가를 쓸 수 있도록 소급 적용하기로 했다.

국내 첫 온라인노조 출범
누구나 월 5000원에 익명 가입 가능

시민단체 직장갑질119가 인터넷 카페(cafe.naver.com/119union)를 기반으로 개인 누구나 참여할 수 있는 온라인노조를 출범시켰다고 11월 4일 밝혔다. 온라인노조는 지난 10월 31일 고용노동부로부터 노조설립 신고증을 받아 노조법상 노조 지위를 획득한 데 이어 11월 3일 온라인으로 출범식을 연 바 있다. 조합원 100명 규모로 출범한 온라인노조는 산하에 사회복지지부와 한국어교원지부를 두고 있는데, 조만간 병원·정보기술(IT) 등의 업종 지부도 추가할 예정이다. 직장갑질119에 따르면 가입원서와 월 5000원 이상의 조합비를 내면 직종과 업종에 관계없이 누구나 익명으로 온라인노조에 가입할 수 있다. 조합원에는 24시간 온라인 상담을 제공하고 필요할 경우 오프라인에서 대면상담도 진행된다. 온라인노조는 향후 「퇴근 후 연락 금지」, 「내 연차 내 맘대로」, 「회식 문화 개선」 등 직장인이 공감하는 의제를 중심으로 캠페인을 진행한다는 방침이다.

대법, 조건부 정기 상여금도 통상임금에 포함
「고정성」 요건 11년 만에 폐기

대법원 전원합의체가 12월 19일 재직 중이거나 특정 일수 이상 근무한 경우에만 지급하는 조건부 정기 상여금도 통상임금에 해당한다는 판결을 내렸다. 지금까지는 상여 등의 지급 여부나 지급액이 미리 정해져 있는 경우(일명 고정성)에만 통상임금으로 판단했는데, 이 기준을 11년 만에 폐기한 것이다. 지난 2013년 대법원 전원합의체는 정기적·일률적·고정적으로 지급되는 임금만 통상임금에 포함된다고 판결한 바 있는데, 이번 고정성 폐기 결정으로 각종 수당과 퇴직금의 산정 기준이 되는 통상임금 범위가 넓어지게 됐다.

> **통상임금(通常賃金)** 근로의 대가로 정기적이고 일률적으로 지급하는 임금으로, 시간 외·야간·휴일근로 시의 가산수당, 연차유급휴가수당, 퇴직금의 산출기초가 된다. 2013년 대법원 전원합의체는 통상임금의 개념적 요건을 정기성·일률성·고정성으로 정리했는데, ▷정기성은 일정한 간격을 두고 계속적으로 지급되는 것 ▷일률성은 모든 노동자에게 지급되거나, 일정한 조건 또는 기준에 도달한 모든 노동자에게 지급되는 것 ▷고정성은 어떤 날에 소정근로를 제공하면 추가적인 조건의 충족 여부와 관계없이 당연히 지급될 것이 예정돼 임금의 지급 여부나 지급액이 사전에 확정되어야 하는 것으로 정의한 바 있다.

판결 주요 내용 대법원은 이날 한화생명보험과 현대자동차 전현직 근로자가 회사를 상대로 제기한 임금청구소송 상고심에서 근로자 승소 판결을 내렸는데, 이들은 재직 중이거나 15일 이상 근무한 경우에만 지급하는 정기 상여금이 통상임금에 포함된다며 이를 기초로 다시 산정한 수당 등을 달라는 소송을 제기한 바 있다. 이에 대법원은 「근로자가 재직하는 것은 근로를 제공하기 위한 당연한 전제」라며 재직 조건이 부가돼 있다는 이유만으로 임금의 근로 대가성이나 통상임금성이 부정되지 않는다고 판결했다. 이는 그동안 통상임금의 요건이던 고정성을 폐기한 것으로, 대법원은 통상임금을 「소정 근로의 대가

대법원 전원합의체의 통상임금 조건 변화

구분	2013년	2024년
정기성	일정한 간격으로 계속 지급해야 함	유지
일률성	일정 조건 및 기준을 충족한 모든 근로자에게 지급해야 함	유지
고정성	지급 여부나 지급액이 미리 정해져 있어야 함	폐기

로 정기적, 일률적으로 지급하기로 한 임금」으로 재정의했다. 그리고 대법원은 통상임금 개념 변경의 파급 효과 등을 고려해 새로운 법리는 이날 이후 산정되는 통상임금부터 적용되도록 했다.

대법, 장애인 접근권 방치
국가배상 책임 첫 인정 판결

대법원 전원합의체가 12월 19일 국가가 장애인의 시설 접근권을 제대로 보장하지 않았다면 손해배상할 책임이 있다는 판결을 내렸다. 대법원은 이날 지체장애인 A씨 등 3명이 국가를 상대로 제기한 차별 구제청구 등 소송에서 원고 패소 판결한 원심을 파기했다. 대법원은 정부가 장애인인 원고 2명에게 1인당 10만 원씩 위자료를 지급하라고 파기자판(破棄自判)을 통해 직접 명령했는데, 파기자판이란 원심 판결을 깨면서 사건을 돌려보내지 않고 직접 판결하는 것을 말한다.

1998년 제정된 장애인등편의법 시행령은 일상 시설 이용에 불편을 겪는 이동 약자를 위해 편의를 제공해야 하는 소매점 범위를 「바닥면적 합계 300m² 이상」으로 규정했고, 이에 2019년 기준 전국 편의점 97%가 면제 대상이 됐다.(2022년 개정돼 50m²로 강화) 이에 A씨 등은 2018년 국가가 불합리한 시행령을 손보지 않았다며 불법행위에 따른 위자료를 지급해야 한다며 소송을 제기했는데, 1심과 2심에서는 모두 기각된 바 있다.

대법 양형위원회,
상습적 동물학대에 최대 징역 3년

대법원 양형위원회가 11월 1일 135차 회의를 열고 다수의 동물을 대상으로 반복해서 학대하면 최대 징역 3년까지 선고할 수 있도록 양형기준을 새롭게 설정했다고 4일 밝혔다. 양형기준은 일선 판사들이 형량을 정할 때 참조하는 일종의 지침으로 반드시 따라야 하는 것은 아니지만, 기준을 벗어나 선고하려면 판결문에 별도 이유를 적어야 한다.

양형위에 따르면 「동물을 죽이거나 죽음에 이르게 하는 행위」의 기본 법정 형량을 징역 4개월~징역 1년, 벌금 300만~1200만 원까지 권고했다. 「고통을 주거나 상해를 입히는 행위」는 기본 징역 2~10개월, 벌금 100만~1000만 원까지 선고할 수 있도록 했다. 또 ▷불특정 또는 다수의 피해 동물을 대상으로 하거나 상당 기간에 걸쳐 반복적으로 범행 ▷비난할 만한 범행 동기 ▷잔혹한 범행 수법 등은 특별히 형을 가중하거나 집행유예를 선고하지 않을 사유로 지정했다. 이러한 사유 중 2개 이상에 해당하면 양형기준 상한의 1.5배가 가중되지만, 참작할 만한 범행동기가 있고 실질적인 피해회복이 이뤄진 경우 등은 감경요소로 설정했다.

동물보호법 위반 범죄 양형기준(자료: 대법원 양형위원회)

행위	양형	기본	감경	가중
죽이거나 죽음에 이르게 하는 행위	징역	4개월~1년	8개월 이하	8개월~2년
	벌금	300만~1200만 원	100만~700만 원	500만~2000만 원
고통을 주거나 상해를 입히는 행위	징역	2~10개월	6개월 이하	4개월~1년 6개월
	벌금	100만~1000만 원	500만 원 이하	300만~100만 원

건강보험연구원,
BMI 25→27로 비만기준 상향 주장

11월 11일 국민건강보험공단에 따르면 공단 산하 건강보험연구원은 8일 학술대회에서 2002·2003년 건강검진을 받은 성인 847만 명의 빅데이터를 21년간 추적 관찰한 연구 결과를 발표하면서 비만 기준을 「BMI 25 이상」에서 「BMI 27 이상」으로 바꿔야 한다는 주장을 내놓았다. 2022년 기준으로 전체 국민 중 약 800만 명이 BMI 25~27 구간에 있다는 점에서

> **체질량지수(BMI·Body Mass Index)**
> 몸무게(kg)를 키(m)의 제곱으로 나눈 값이다. 카우프지수·체적지수라고도 하며, 비교적 정확하게 체지방의 정도를 반영할 수 있어 가장 많이 이용되는 비만 지표이다.

기준이 바뀔 경우 비만 인구는 1637만 명에서 840만 명으로 줄어들게 된다. 이에 일각에서는 비만 인구가 늘어나는 상황에서 기준을 완화하면 경각심이 무뎌질 수 있다는 반론도 제기하고 있다.

주요 내용 연구원이 BMI에 따른 사망 위험을 분석한 결과 BMI 25 구간에서 가장 낮은 U자 형태로 나타났다. 반면 BMI 18.5 미만 저체중(BMI 25 대비 1.72배)과 35 이상 고도비만(BMI 25 대비 1.64배)에서 사망 위험이 가장 높았다. 연구원은 BMI와 심뇌혈관질환(고혈압, 당뇨병 등) 발생 위험도 분석했는데, 이는 BMI 18.5 미만에서 가장 낮았고 이후 전반적으로 증가했다. 고혈압·당뇨병은 BMI 34 구간(각각 2.06배, 2.88배), 이상지질혈증은 BMI 33 구간(1.24배), 심혈관 및 뇌혈관질환은 BMI 34 구간(각각 1.47배, 1.06배)에서 발생 위험이 가장 높았다. 연구원은 심뇌혈관질환은 BMI가 높아질수록 위험이 전반적으로 증가하기 때문에 BMI 25를 비만 기준으로 정할 근거로는 적합하지 않다는 결론을 내렸다.

현재 세계 각국은 사망 위험과 질병 발생 가능성 등을 고려해 자체적으로 비만 기준을 정하고 있는데, 우리나라는 2000년대 초반 세계보건기구(WHO) 서태평양지역위원회가 설정한 BMI 25 이상을 비만으로 정한 바 있다. ▷미국의 경우 BMI 30 이상 ▷중국은 28 이상 ▷일본은 남성의 경우 27.7 이상, 여성은 26.1 이상일 때 비만으로 간주한다. 아시아인은 인종적으로 체중이 적은 상태에서도 당뇨병 등의 만성질환에 잘 걸린다고 해서 비만 기준을 낮게 잡는 경향이 있다.

현재 기준 및 건보공단 제안 시 비만 인구 변화(19세 이상 기준, 질병청 조사에 총인구를 곱해 산출)

구분	현재 기준	건보공단 제안
저체중(BMI 18.5 미만)	189만 명	189만 명
정상체중(18.5~23 미만)	1584만 명	정상 및 과체중(18.5~27 미만) 3376만 명
과체중(23~25 미만)	995만 명	
비만 1단계(25~30 미만)	1316만 명	비만(27 이상) 840만 명
비만 2단계(30~35 미만)	264만 명	
비만 3단계(35 이상)	57만 명	

외국인 주민 246만 명, 대구 인구 추월
총인구 중 4.8%-다문화사회 근접

행정안전부가 10월 24일 발표한 「2023년 지방자치단체 외국인 주민 현황」에 따르면 국내 외국인 인구는 총인구수(5177만 4521명) 대비 4.8%로, 경제협력개발기구(OECD)가 규정한 「다문화·다인

종 사회」기준인 5%에 근접했다. 통계청 인구주택총조사 자료를 분석한 해당 자료에 따르면 2023년 11월 1일 기준 3개월을 초과해 국내 장기 거주한 외국인 주민 수는 245만 9542명으로 집계됐는데, 이는 관련 통계가 처음 작성된 2006년 이래 역대 최다 규모다. 특히 이는 전국 17개 시도별 인구와 비교하면 인구 6위의 광역지방자치단체인 경북(258만 9880명)과 7위 도시인 대구(237만 9188명)와 견줄 수 있다.

주요 내용 주민 유형별로 살펴보면 외국인 근로자나 결혼 이민자, 유학생 등 한국 국적이 아닌 주민이 193만 5150명으로 가장 많았다. 특히 외국인 노동자(41만 972명)와 유학생(20만 6329명)이 전년 대비 각각 16.6%, 8.9% 늘면서 전체 외국인 주민 수 증가에 큰 영향을 준 것으로 분석됐다. 외국인 주민

국내 거주 외국인 현황(괄호는 인구 비율)

2019년	221만 6612명(4.3%)
2021년	213만 4569명(4.1%)
2023년	245만 9542명(4.8%)

이 가장 많은 시·도는 경기도(80만 9801명)로 나타났으며, 이어 서울(44만 9014명)·인천(16만 859명) 등의 순으로 많았다. 특히 전체 외국인 주민의 57.8%인 141만 9674명이 수도권에 거주하고 있는 것으로 나타났다. 또 시·군·구 중에서는 주로 공단이 많은 경기 안산(10만 8033명), 경기 화성(7만 6711명), 경기 시흥(7만 4653명) 등에 외국인 주민이 많이 사는 것으로 집계됐다.

통계청, 「30대 미혼율 50% 넘어」
서울은 63%로 전국 최고

통계청이 10월 30일 발표한 「인구주택총조사 확대 공표 주요 결과」에 따르면 2023년 11월 1일 기준 18세 이상 내국인 4294만 1000명 중 미혼 인구는 1267만 5000명(29.5%)이었으며, 유배우 인구는 2432만 1000명(56.6%), 사별·이혼 인구는 594만 5000명(13.8%)이었다. 성별 미혼율은 남성이 34.2%로 여성(24.9%)보다 높았으며, 연령대별 미혼율은 20대 미혼율이 95.2%로 가장 높았고 이어 30대(51.3%), 40대(20%), 50대(9.6%), 60세 이상(3.4%)

30대 미혼율 변화

연도	미혼율(%)
2000년	13.4
2010년	29.2
2020년	42.5
2023년	51.3

의 순이었다. 특히 혼인과 출산을 가장 많이 하는 연령대인 30대의 미혼율이 전국에서 51.3%로 집계된 가운데, 성별로는 30대 남자 미혼율이 59.7%, 여자가 42.2%였다. 지역별 30대 미혼율 현황을 보면 서울이 62.8%로 가장 높은 반면, 세종은 34.4%로 가장 낮았다. 서울 다음으로는 부산(54.4%), 대구·인천(51.2%), 대전(51%), 광주(50.9%) 등의 30대 미혼율이 50%를 웃돌았다.

통계청, 「2023년 생명표」 발표
2023년 출생아 기대수명 83.5년-코로나19 끝나자 0.8년 ↑

통계청이 12월 4일 발표한 「2023년 생명표」에 따르면 2023년 출생아(0세)의 기대수명은 83.5년으로 1년 전보다 0.8년 증가했다. 기대수명은 연령별 사망 빈도가 유지될 때 각 연령대의 사람들이 몇 살까지 살 수 있는지를 추정한 통계로, 1970년 관련 통계 작성 이래 꾸준히 증가하다가 2022년 코로나19의 영향으로 처음 감소(-0.9년)한 바 있다.
한편, 생명표는 현재의 연령별 사망 수준이 유지될 경우 특정 연령의 사람이 몇 세까지 살 수 있는지 기대여명을 추정한 통계표를 말한다.

「2023년 생명표」주요 내용   성별로 보면 남자의 기대수명이 80.6년, 여자가 86.4년으로 1년 전보다 각각 0.7년, 0.8년 증가한 가운데, 경제협력개발기구(OECD) 평균과 비교하면 남자 2.2년, 여자 2.8년 각각 더 높았다. 남녀 간의 기대수명 격차는 5.9년으로 전년보다 0.1년 증가했는데, 이는 OECD 평균(5.3년)보다 0.6년 높은 것이다. 2023년 출생아가 향후 80세까지 생존할 확률은 남자가 63.6%, 여자가 81.8%였으며, 100세까지 생존할 확률은 남자 1.0%, 여자 4.6%로 각각 분석됐다. 또 2023년 출생아가 암(악성신생물)으로 사망할 확률은 19.1%로 사망 원인 가운데 가장 높았으며, 폐렴(10.0%)·심장질환(10.0%)이 뒤를 이었다. 코로나19로 사망할 확률은 2.4%로 1년 전(9.4%)보다 급감했다.

기대수명의 변화

연도	남녀 전체
1970년	62.3년
1980년	66.1년
1990년	71.7년
2000년	76.0년
2012년	80.9년
2021년	83.6년
2022년	82.7년
2023년	83.5년

통계청, 「2024 통계로 보는 1인 가구」발표
70세 이상 1인 가구 비중, 29세 이하 첫 추월

통계청이 12월 9일 발표한 「2024 통계로 보는 1인 가구」결과에 따르면 2023년 1인 가구는 782만 9000가구로 전체 가구의 35.5%를 차지했다. 1인 가구 비중은 2019년에 처음으로 30%대에 진입한 이후 매년 사상 최대치를 넘어서고 있다. 연령대별로는 70세 이상이 19.1%로 가장 많았으며, ▷29세 이하(18.6%) ▷60대(17.3%) ▷30대(17.3%) 순이었는데, 70세 이상 1인 가구 비중이 29세 이하를 앞지른 것은 2015년 이래 처음이다.

1인 가구 추이

연도	전체 가구 대비 비중(%)	가구 수 (만 명)
2019	30.2	614.8
2020	31.7	664.3
2021	33.4	716.6
2022	34.5	750.2
2023	35.5	782.9

1인 가구의 연평균 소득은 3223만 원으로 전년 대비 7.1% 늘었으나, 전체 가구 소득 평균(7185만 원)의 44.9% 수준에 그쳤다. 1인 가구의 월평균 소비지출은 163만 원으로 전체 가구(279만 2000원)의 58.4%로 집계됐으며, 평균 자산은 2억 1217만 원으로 전체 가구(5억 4022만 원)의 39.3% 수준이었다. 그리고 1인 가구의 주택 소유율은 31.3%로, 전체 가구 56.4%보다 25.1%p 낮은 수준으로 나타났다.

신혼부부 100만 쌍 첫 붕괴-딩크족은 역대 최대   통계청이 12월 10일 발표한 「2023년 신혼부부 통계」에 따르면 2023년 신혼부부(11월 1일 기준 혼인신고를 한 지 5년이 경과되지 않은 부부)는 총 97만 4000쌍으로 1년 전보다 5.6% 감소했다. 신혼부부가 100만 쌍 밑으로 떨어진 것은 2015년 관련 통계 집계를 시작한 이후 처음 있는 일이다. 초혼 신혼부부 중 자녀가 없는 부부의 비중은 47.5%로 전년보다 1.1%포인트 상승했는데, 특히 맞벌이 부부 중 자녀가 없는 신혼부부는 22만 5345쌍으로 초혼 신혼부부 전체(76만 9067쌍)의 29.3%에 달했다. 이는 딩크족 비중이 역대 최대였던 2022년(28.7%)보다 0.6%포인트 증가한 것이다.

> **딩크족(Dink族)**   정상적인 부부생활을 영위하면서도 의도적으로 자녀를 두지 않는 맞벌이 부부로, 「Double income no kids」의 약칭이다. 이들은 정상적으로 부부생활을 하면서도 아이를 가지지 않아 육아에 대한 부담 없이 부부만의 생활을 즐기며 풍족하게 살아가고자 한다는 특징이 있다.

2052년에는 고령자 가구가 절반 이상
1인가구 비중은 20% 넘어

통계청이 12월 12일 발표한 「시도별 장래가구추계(2022~2052년)」에 따르면 65세 이상 노인 가구 비중은 2022년 24.1%에서 2052년 50.6%까지 급등하며, 고령 1인가구 비중 역시 20%를 넘어선다. 또 2025년 우리나라 평균 가구원 수는 전국 17개 모든 시·도에서 2명에 미치지 못하고, 11개 시·도에서는 가구주 연령이 65세 이상인 고령자 가구가 절반을 웃돌 전망이다.

「시도별 장래가구추계(2022~2052년)」 주요 내용 2052년 고령자 가구 비중은 시도별로 경북(60.2%)·전남(60.1%)·경남(59.3%) 등 11개 시도가 50%를 넘으며, 고령자 비중이 가장 낮은 세종 역시 35.8% 수준으로 전망된다. 또 2022년 34.1%인 1인가구 비중은 2052년에는 41.3%으로 상승하는데, 특히 고령 1인가구는 21.3%으로 2022년(8.9%)보다 2배 이상 뛸 전망이다. 전국 평균 가구원 수는 2022년 2.26명에서 2052년 1.81명으로 2명을 채 넘지 못할 전망이며, 4인 가구 비중은 16개 시도에서 10% 미만으로 떨어질 예정이다. 우리나라 총가구수는 2022년 2166만 4000가구에서 2041년 2437만 2000가구로 정점을 찍고 2052년에는 2327만 7000가구로 줄어든다.

한국 65세 이상 첫 20% 돌파,
고령사회 7년 만에 초고령사회 진입

행정안전부가 12월 23일 기준 65세 이상 주민등록인구가 1024만 4550명으로 전체 주민등록인구(5122만 1286명)의 20%를 기록했다고 24일 밝혔다. 이는 국민 5명 중 1명이 65세 이상인 초고령사회에 진입한 것으로, 2017년 고령사회에 진입한 지 7년 만이다. 이는 유례없는 진입 속도로, 고령화 추세가 가파른 것으로 알려진 일본조차 고령사회에서 초고령사회로 진입하는 데 10년이 소요된 바 있다. 유엔은 65세 이상 인구가 전체 인구에서 차지하는 비율이 7% 이상이면 고령화사회, 14% 이상은 고령사회, 20% 이상은 초고령사회로 구분한다.

주요 내용 국내 65세 이상 주민등록 인구 비중은 2008년 10.02%에서 2017년 14.02%를 넘어선 뒤 2019년 5월(15.06%) 이후 매년 약 1%포인트씩 증가해왔다. 특히 65세 이상이 차지하는 비율은 2008년 10.02%에서 2019년 15.06%로 상승해 5%포인트가량 상승하는 데 11년 걸렸는데, 2019년 이후 20%를 넘어서는 데는 5년밖에 걸리지 않았다. 65세 이상 인구 비중을 성별로 보면 남성이 17.83%, 여성이 22.15%로 여성이 남성보다 4.32%포인트 더 높았다. 권역별로 보면 수도권은 전체 주민등록인구(2604만 6460명) 중 65세 이상 인구 비중이 17.70%, 비수도권은 전체 주민등록인구(2517만 4826명) 중 22.38%로 비수도권의 65세 이상 인구 비중이 수도권보다 4.68%포인트 더 높았다. 시·도별 65세 이상 인구 비중은 전남이 27.18로 가장 높은 가운데 경북(26.00%)·강원(25.33%)·전북(25.23%)이 그 뒤를 이었고, 가장 낮은 곳은 세종(11.57%)으로 나타났다.

**주요국 고령사회 →
초고령사회 도달 기간**

한국	7년
일본	10년
네덜란드	17년
이탈리아	20년
프랑스	29년
덴마크	42년

통계청, 「저출생 지표」 첫 공개
코호트 출산율 등 5개 지표 신규 개발

통계청이 12월 24일 저출생 현황을 종합 분석할 수 있는 「저출생 통계지표」를 지표누리를 통해 처음으로 공개했다. 이는 출산현황·결정요인·정책제도 등 3대 영역으로 나뉘는데, ▷출산현황은 출산력·혼인력 등 18개 지표로 구성되고 ▷결정요인은 가족형성 가치관과 조건·양육돌봄·사교육비 등 24개 지표로 ▷정책제도는 저출생 정책제도 수요·난임시술 지원 등 19개로 구성됐다. 여기에는 통계청이 신규 개발한 코호트 출산율·코호트 무자녀 비율·청년층 소득이동성·저출생 정책제도 수요·늘봄학교 이용률 등 5개 지표도 포함됐는데, 코호트란 동일한 시기에 같은 사건을 경험한 인구 집단을 의미한다.

「저출생 통계지표」 주요 내용　가임기가 종료된 여성을 출생연도별로 묶어 집계한 코호트 출산율을 보면 2010~2020년 50세 여성 기준 출산율은 1.96명에서 1.71명으로 줄었다. 코호트 출산율은 50~54세 여성의 평균 총 출생아 수로, 단순 합계출산율이 아닌 집단별 특성을 분석하는 데 유용하다는 장점이 있다. 무자녀 여성 비율의 경우 1956년생 4.2%에서 1957년생(4.1%) 때 소폭 떨어진 것을 제외하고 꾸준히 상승해 1970년생에 이르러 12.3%까지 나타났다. 평균 출산연령의 경우 1993년에는 평균 27.55세였지만, 2005(30.23세)에 처음으로 30대로 접어들고 2023년에는 33.64세로 높아졌다. 또 2000년 평균 초혼연령은 남편 29.28세, 아내 26.49세였으나 2023년에는 각 33.97세, 31.45세로 4~5세 올라갔다.

이러한 결과는 결혼과 출산, 육아에 드는 비용은 늘어나는 반면 청년 일자리 질은 악화되고 소득 또한 정체된 결과로 분석되고 있다. 실제로 20·30대 청년 근로자 가운데 정규직 비율은 2003년 72.1%에서 올해 68.8%로 하락했다. 저출생 정책제도 수요 조사에서는 가장 원하는 저출생 정책으로 「주거지원」을 꼽은 응답(33.4%)이 압도적인 1위를 차지했으며, ▷청년취업지원 및 일자리 창출(20.8%) ▷일·가정 양립 직장문화 조성(14%) ▷돌봄지원(11.5%) 등이 뒤를 이었다.

농촌소멸 막기 위한 5개 기초단체 시범 선정
당진·부여·순창·나주·신안 등 선정

농림축산식품부가 12월 23일 전국 130여 개 농촌 시·군이 참여하는 「농촌공간계획」 설명회를 열고 충남 당진, 충남 부여, 전북 순창, 전남 나주, 전남 신안 등 5개 시범 시·군의 10년 중장기 계획을 공유했다고 24일 밝혔다. 농촌공간계획은 농촌소멸과 난개발 문제 등을 해결하기 위한 향후 10년간의 농촌 정책 기본방향을 제시한 것이다. 시범지역으로 선정된 5개 시·군은 농촌 공간 재구조화와 정주 여건 개선 등을 추진하게 된다. 시범 시군의 농촌공간계획은 향후 「농촌공간재구조화법」에 따라 주민공청회, 관계기관 협의, 시도지사 승인 등을 거쳐 최종 확정된다.

주요 내용　충남 당진은 북부산업단지를 신재생에너지·미래산업혁신 거점으로, 남부지역은 농촌관광 거점으로, 고대면 일대는 ICT축산단지와 연계해 농축산업 거점으로 조성한다. 충남 부여는 부여읍을 관광 거점으로 고도화하고, 이차전지와 바이오산업 등 미래 신산업 육성에 나선다. 전북 순창은 북서부지역과 동계면의 복지·문화 등 생활서비스 기능을 강화하고, 지역 내 인구 감소에 대응해

16개 작은 거점을 육성할 계획이다. 전북 나주는 북동부지역에 집중된 개발 압력을 분산시키기 위해 동부권역에 농촌특화지구를 지정해 육성하고, 전남 신안은 섬을 연결하는 연륙·연도교 건설에 따른 공간 이용변화를 반영해 암태면과 비금면을 중위 생활서비스 거점으로 육성한다.

한국 성인 언어·수리력, 10년 전보다 악화
OECD 평균 미달

경제협력개발기구(OECD)가 12월 10일 공개한 국제성인역량조사 결과에 따르면 한국 성인의 언어능력·수리능력은 OECD 평균에 못 미치고 10년 전보다 점수가 낮아진 것으로 조사됐다. 다만 조사 대상 중 16~24세의 언어능력·수리능력은 OECD 평균을 웃돌았다. 국제성인역량조사는 16~65세 성인의 일상과 직장 생활에서의 역량 활용 수준을 파악하기 위해 10년 주기로 실시되는데, 첫 조사 결과는 2013년(2011~2012년 실시) 발표된 바 있다. 이번 조사는 언어능력, 수리력, 적응적 문제해결력 등 3개 영역 역량을 대상으로 한 것으로, 전 세계 31개국 성인 약 16만 명(한국인은 6198명)이 참여했다.

주요 내용 만 16~65세 한국 성인의 언어능력 점수는 249점, 수리력은 253점, 적응적 문제해결력은 238점으로 나타났는데, 3개 영역 모두 OECD 평균(언어능력 260점, 수리력 263점, 적응적 문제해결력 251점)보다 낮았다. 특히 한국 성인의 언어능력은 가장 낮은 역량 수준인 「1수준 이하」 비율이 30.8%로 OECD 평균(26%)보다 높았고, 가장 높은 수준인 4~5수준 비율은 OECD 평균(11.7%)과 비교해 절반 수준(5.6%)에 그쳤다. 한국 성인의 언어능력·수리력 점수는 OECD가 2013년 발표한 첫 번째 역량조사 때보다 떨어진 것으로, 당시보다 한국 성인의 언어능력은 24점(273점→249점) 떨어졌고 수리력은 10점(263점→253점) 하락했다. 이처럼 10년 전과 비교하면 특히 언어능력 저하가 두드러지는데, 2011·2012년 조사에서는 한국 성인의 언어능력 점수는 273점으로 당시 OECD 평균과 같았다. 그러나 이번 조사에서는 과거보다 24점 하락하며 OECD 평균보다 11점이나 낮았다.

OECD 국제성인역량조사 주요 내용

구분	2013년		2024년	
	한국	OECD 평균	한국	OECD 평균
언어능력	273점	273점	249점	260점
수리력	263점	269점	253점	263점

제29차 유엔기후변화협약 당사국총회 폐막
연간 1조 3000억 달러 기후투자 합의

11일 11일 개막한 제29차 유엔기후변화협약 당사국총회(COP29)가 핵심 의제인 2025년 이후 신규기후재원목표(NCQG)에 따른 합의로 인해 예정보다 이틀이 지난 24일 폐막했다. 이번 총회에는 198개 당사국을 포함해 국제기구·산업계·시민단체 등 6만여 명이 참석한 가운데, 기후재원 조성과 국제탄소시장 규칙 등에 대한 합의가 이뤄졌다. 다만 전 지구적 이행점검(GTS) 등 일부 내용에 대해서는 당사국 간 갈등이 조정되지 못해 합의가 이뤄지지 못했다. 한편, 차기 총회(COP30)는 2025년 브라질에서 열릴 예정이다.

COP29 주요 내용 신규기후재원목표(NCQG)와 관련해서는 국제사회의 모든 주체가 2035년까지 연간 1조 3000억 달러(약 1827조 원) 이상을 전 세계적 기후투자로 확대하기 위해 협력하고, 이 중 연간 3000억 달러(약 422조 원)는 선진국 주도로 조성하기로 했다. 이는 2009년에 타결된 기존 목표인 연간 1000억 달러에서 3배 늘어난 것으로, 개도국에 대해서는 자발적인 공여를 장려했다. 또 파리협정 제6조에 따른 국제 탄소시장의 세부 규칙도 9년 만에 최종 합의되며 중요한 진전을 이뤘는데, 이번 합의를 통해 ▷국가 간 자발적 국제감축 협력사업(제6.2조) 및 국제감축실적(ITMOs) 허가절차 ▷당사국 보고내용 불일치 식별 및 처리방안 ▷국제등록부 운영방법 및 추가 기능 등이 구체화됐다. 다만 기후재원과 국제탄소시장 기반 마련을 제외한 다른 의제들에서는 성과를 이루는 데 실패했다는 평가가 지배적인데, 특히 손실과 피해 분야에서는 주요 쟁점에 대한 합의가 이뤄지지 못하면서 관련 논의가 2025년 COP30으로 연기됐다.

기타 COP29 관련 내용

2024년 지구 평균기온, 산업화 이전보다 1.54도 상승 세계기상기구(WMO)가 11월 11일 아제르바이잔에서 열린 제29차 유엔기후변화협약 당사국총회(COP29)에서 「2024년 전 지구 현황 보고서」를 발표했다. 보고서에 따르면 올해 1~9월 지구 평균기온은 산업화 이전 대비 1.54(±0.13)도 상승, 과학자들이 기후변화로 인한 재앙을 막기 위해 마지노선으로 정해놓은 기준점인 1.5도를 넘어섰다. 전 지구 평균기온은 2023년 6월부터 지난 9월까지 16개월 연속 경신되고 있는데, 올여름은 가장 더운 해였던 2023년보다 더 더웠던 것으로 나타났다.

트럼프의 당선과 파푸아뉴기니 보이콧 이번 COP29 개막을 앞두고 치러진 미국 대선에서 도널드 트럼프가 당선됐다. 트럼프 전 대통령은 첫 임기였던 2017년 파리협정에서 탈퇴한 전례가 있어, 바이든 행정부가 다시 가입한 파리협정에서 또다시 탈퇴할 수 있다는 전망이 나온다. 이처럼 기후변화 대응 재원에서 비중이 큰 미국이 불확실성과 변동성에 휩싸이면서 올해 COP는 개막 이전부터 맥이

빠졌다는 평가가 제기됐다. 여기에 대표적인 기후변화 피해국으로 꼽히는 오세아니아의 섬나라 파푸아뉴기니는 기후변화 피해자에 대한 즉각적인 지원이 없다며 지난 8월 COP 불참을 선언한 바 있는데, 한 국가가 정치적인 항의 차원에서 참석 거부 입장을 밝힌 것은 처음 있는 일이었다. 파푸아뉴기니는 세계에서 비가 가장 많이 내리는 국가인데, 기후변화 탓에 폭우가 더 자주 발생하며 산사태와 홍수 위험에 처한 것은 물론 해수면 상승으로 작은 섬들이 잠기며 이미 기후난민이 발생한 상태다.

한국, 「오늘의 화석상」 1위 불명예 세계 기후환경단체들의 연대체인 기후행동네트워크가 11월 18일 우리나라를 「오늘의 화석상(Fossil of the day prize)」 1위로 선정하는 불명예를 안겼다. 기후행동네트워크는 1999년부터 유엔기후변화협약 당사국총회가 열릴 때마다 기후대응에 역행하는 나라들을 하루에 한 번씩 선정해 이 상을 수여하고 있는데, 우리나라는 2023년 3위를 차지하면서 처음으로 수상국 명단에 오른 바 있다.

부산 플라스틱 협약 타결 무산, 제5차 정부간협상위원회(INC-5) 종료

플라스틱 오염 종식을 위한 국제협약을 성안(안건을 만듦)하기 위해 11월 25일부터 부산에서 열린 제5차 정부간협상위원회(INC-5)가 최종 합의를 이루지 못하고 12월 2일 종료됐다. 플라스틱 국제협약(Global Plastic Treaty)은 2022년 3월의 5차 유엔환경총회 결의에 따라 2024년 말까지 플라스틱 오염을 종식시킬 법적 구속력이 있는 협약을 만든다는 목표로 진행돼 왔다.

국제 플라스틱 협약 논의 일지

2022. 2.~3.	제5차 유엔환경총회, 플라스틱 오염 종식 결의안 채택
11.~12.	우루과이에서 1차 협상
2023. 5.~6.	프랑스에서 2차 협상
11.	케냐에서 3차 협상
2024. 4.	캐나다에서 4차 협상
11. 25.~12. 1.	부산에서 5차 협상, 합의 실패

주요 내용 플라스틱은 자연 분해까지 최대 500년이 걸려 환경오염의 주범이란 지적을 받고 있는데, 연간 4억 t 이상 생산되지만 재활용 비율은 9%에 불과하다. 이번 회의에서는 플라스틱 제품 디자인 등에서는 상당한 의견 수렴이 이뤄졌지만 플라스틱 생산 규제 여부와 재원 마련 방식 등에서 난항을 겪으며 합의에 도달하는 데 실패했다. 무엇보다 가장 쟁점이 됐던 것은 플라스틱 원료인 「1차 플라스틱

전 세계 연간 플라스틱 생산량 및 폐기물량
(단위: t)

연도	생산량	폐기물량
2019년	4억 6000만	3억 5300만
2040년	7억 3600만	6억 1700만
2060년	12억 3100만	10억 1400만

자료: OECD

폴리머」 생산 규제 여부였는데, 석유에서 만들어지는 폴리머 규제 방안에 사우디아라비아와 러시아 등 산유국들이 강하게 반대하고 나선 것이다. 한편, 이번 회의에서의 합의 실패로 회원국들은 부산 회의 논의 내용을 기반으로 2025년 추가 협상회의(INC-5.2)를 개최하고 협상을 지속해 나가기로 했다.

> **미세 플라스틱(Microplastics)** 5mm 미만 크기의 작은 플라스틱 조각을 말한다. 크기가 매우 작아 하수처리시설에 걸러지지 않고 바다와 강으로 그대로 유입되는데, 이를 물고기들이 먹이로 오인해 섭취하고 이를 결국 인간이 섭취하면서 큰 문제가 되고 있다.
>
> **플라스티크러스트(Plasticrust)** 플라스틱이 바위틈에 들러붙는 형태의 플라스틱 오염으로, 치약이나 껌처럼 갯바위에 붙어 있는 형태다. 플라스티크러스트가 해양 생태계에 미치는 영향에 대해서는 밝혀지지 않았으나 갯바위에 서식하는 생물들에게 위협이 될 수 있어 추가 연구가 필요한 상태다. 즉 갯바위에 붙어 있다 풍화작용으로 미세 플라스틱으로 변화할 수도 있고, 햇볕에 의해 녹아 해양생물에 또 다른 영향을 미칠 수 있기 때문이다.
>
> **파이로 플라스틱(Pyroplastics)** 바다에 버려진 채로 오랜 기간 바람과 파도 등에 의해 깨지고 부서지면서 돌과 유사한 형태로 변형된 플라스틱 조각으로, 실제 돌처럼 검은색·회색인 경우가 많아 구분하기 어렵다. 전문가들은 파이로 플라스틱은 끊임없이 미세 플라스틱을 만들어내고, 중금속에 의해 전체 해양 생태계의 먹이사슬까지 파괴할 것이라고 경고한다.

제주항공 7C2216편 여객기,
무안공항 착륙 중 사고로 179명 사망

승객과 승무원 181명이 탑승한 제주항공 7C2216편 여객기가 12월 29일 오전 9시 3분께 전남 무안국제공항에 착륙하던 중 활주로 외벽에 충돌한 뒤 화재가 발생, 179명이 사망하는 대형 참사가 발생했다. 사고가 난 여객기는 12월 29일 오전 1시 30분께 태국 방콕을 출발해 오전 8시 30분께 무안공항에 도착할 예정이었으나, 랜딩기어(비행기 바퀴) 고장으로 동체착륙을 시도하던 중 사고가 난 것으로 전해졌다.

주요 내용 사고가 난 제주항공 7C2216편에는 승객 175명(한국인 173명, 태국인 2명), 객실승무원 4명, 조종사 2명 등 총 181명이 타고 있었다. 소방청 등 구조 당국은 12월 29일 오후 8시 38분 기준 무안공항 사고 현장에서 사망자 179명을 수습했다고 발표했는데, 사고 생존자는 수색 초기 기체 후미에서 구조한 객실승무원 2명에 불과했다. 이로써 이 사고는 국내에서 발생한 항공기 사고 가운데 가장 많은 인명피해를 낸 참사로 남게 됐는데, 이번 참사 이전에 국내에서 발생했던 인명 피해가 가장 컸던 항공기 사고는 1993년 당시 66명이 사망했던 아시아나 항공기의 해남 추락 사고다. 또 이번 사고는 국내 항공사들의 역대 항공기 사고 중에서도 1997년 대한항공의 괌 공항 추락사고 이후 역대 최악으로 기록될 것으로 보이는데, 당시 대한항공 항공기는 괌 공항 착륙 중 언덕에 충돌하면서 228명이 사망한 바 있다.

한편, 이번 제주항공 여객기 참사의 주요 원인으로는 「버드 스트라이크(조류 충돌)」에 따른 기체 고장이 꼽히고 있는데, 실제로 무안공항은 서해안 철새 도래지와 가까운 곳이어서 공항 건설 초기부터 관련 문제가 제기된 바 있다.

> **버드 스트라이크(Bird Strike)** 항공기의 이착륙 및 순항 중 조류가 항공기 엔진이나 동체에 부딪치는 현상으로, 우리말로 「조류 충돌」이라 한다. 새가 정지된 항공기에 충돌하는 것은 큰 문제가 안 되지만, 이륙과 상승, 하강과 착륙 중인 항공기와 충돌할 때는 역학상 엄청난 타격을 주는 것으로 알려져 있다. 특히 새가 엔진 속으로 들어갔을 경우에는 팬 블레이드를 망가뜨리거나 심하면 엔진을 태울 수도 있어 대형 사고로 이어지게 된다.

문화시사

한국의 「장 담그기 문화」
유네스코 인류무형문화유산 등재

유네스코 무형유산보호협약 정부 간 위원회(무형유산위원회)가 12월 3일 파라과이 아순시온에서 열린 회의에서 콩을 발효해 된장과 간장 등을 만드는 한국의 「장 담그기 문화」(영문 명칭 Knowledge, beliefs and practices related to jang-making in the Republic of Korea)를 유네스코 인류무형문화유산에 등재한다고 밝혔다. 이번 등재에 따라 「장 담그기 문화」는 우리나라의 23번째 인류무형문화유산이 됐는데, 이는 2001년 「종묘제례 및 종묘제례악」을 시작으로 2022년 「한국의 탈춤」이 22번째로 지정된 데 이은 것이다. 특히 23개는 중국·프랑스 등에 이어 세계에서 다섯 번째로 많은 인류무형문화유산 종목 등재이기도 하다.

장 담그기 문화 「장 담그기 문화」는 한국 음식의 기본양념인 장을 만들고, 관리·이용하는 과정의 지식과 신념 및 기술을 모두 포함한다. 우리나라는 삼국시대부터 장을 만들어 먹었다고 알려져 있는데, 특히 조선시대 왕실에서는 장을 따로 보관하는 「장고(醬庫)」를 두었고 「장고마마」라 불리는 상궁이 직접 장을 담그고 관리했다. 우리나라의 장 문화는 「콩 재배

우리나라의 인류무형문화유산(총 23개)

지정연도	인류무형유산
2001	종묘제례 및 종묘제례악
2003	판소리
2005	강릉단오제
2009	강강술래, 남사당놀이, 영산재, 제주칠머리당영등굿, 처용무
2010	가곡, 대목장, 매사냥
2011	줄타기, 택견, 한산모시짜기
2012	아리랑
2013	김장문화
2014	농악
2015	줄다리기
2016	제주 해녀문화
2018	씨름, 한국의 전통 레슬링
2020	연등회
2022	탈춤
2024	장 담그기 문화

→ 메주 만들기 → 장 만들기 → 장 가르기 → 숙성과 발효」 등으로 이어지는 과정을 발전시켜 왔다는 점에서, 콩을 발효해 먹는 문화권 안에서도 중국이나 일본과 구별되는 독특한 장 제조법을 가지고 있다. 여기에 메주를 띄운 뒤 된장과 간장이라는 두 가지 장을 만들고, 지난해에 사용하고 남은 씨간장에 새로운 장을 더하는 방식은 한국만의 독창적인 문화로 여겨진다. 이러한 점 등으로 인해 장 담그기 문화는 2018년에는 국가무형유산으로 지정된 바 있다.

한강, 2024 노벨상 시상식 참석
노벨상 메달과 증서 수상

소설가 한강(54)이 12월 10일 스웨덴 스톡홀름의 랜드마크인 콘서트홀(Konserthuset)에서 열린 「2024 노벨상 시상식」에 참석해 칼 구스타프 16세 스웨덴 국왕으로부터 노벨상 메달과 증서

(Diploma)를 받았다. 한림원 종신위원인 스웨덴 소설가 엘렌 맛손은 시상에 앞선 5분가량의 연설에서 한강의 작품들에 대해 「형언할 수 없는 잔혹성과 돌이킬 수 없는 상실감에 대해 말하고 있다」고 평했다. 한국인의 노벨상 수상은 2000년 노벨평화상을 받은 고(故) 김대중 전 대통령에 이어 두 번째이며, 노벨문학상 수상은 최초다. 또 한강은 역대 121번째이자 여성으로는 18번째 노벨문학상 수상자이며, 아시아 여성 작가로는 최초의 수상 기록을 썼다.

▲ 12월 10일 노벨문학상 시상식에 참석한 한강 작가

> **노벨상 시상식** 노벨상 시상식은 매년 상의 설립자인 알프레드 노벨(1833~1896, Alfred Nobel)의 기일인 12월 10일 스웨덴 스톡홀름의 콘서트홀에서 열리고 있다. 다만 평화상의 경우 노르웨이 오슬로에서 열리는데, 이에 2000년 노벨평화상을 수상한 故 김대중 전 대통령은 오슬로에서 상을 받은 바 있다. 이처럼 노벨평화상만 선정 주체(노르웨이 노벨위원회)와 시상식이 다른 것은 노벨의 유지(평화상의 심사와 시상을 노르웨이 의회에 일임)에 따른 것이다. 시상 순서는 물리학·화학·생리의학·문학·경제학 순으로 진행되는데, 1969년 추가된 경제학상을 제외하면 노벨이 유언장에 남긴 순서를 따르고 있다. 한편, 시상식 초청자들은 예외 없이 엄격한 드레스코드(남성은 연미복, 여성은 이브닝드레스)를 지켜야 하는데, 다만 출신 국가의 전통 의상은 허용된다.

한강의 노벨 주간 일정은? 한강은 12월 6일 노벨문학상 수상 이후 첫 공식 기자회견에 나서면서 12일까지 이어지는 「노벨 주간(Nobel Week)」을 시작했다. 매년 10월 노벨상 수상자가 발표된 이후 그해 12월마다 개최되는 노벨 주간은 수상자들이 시상식을 비롯한 다양한 기념행사를 통해 전 세계 언론 및 대중과 직접 만나는 일종의 축제다. 한강은 12월 6일 노벨박물관을 찾아 소장품을 기증했는데, 이는 노벨상 수상자들이 개개인에게 의미가 있는 물품을 기증하는 전통에 따른 것이다. 한강은 옥색 빛이 감도는 찻잔을 미리 준비해 둔 메모와 함께 전달한 데 이어, 다른 분야 노벨상 수상자들과 함께 박물관 안에 있는 레스토랑 의자에 친필 서명도 남겼다. 그리고 12월 7일에는 스웨덴 한림원에서 가진 32분간의 강연을 통해 자신의 장편소설인 《채식주의자》, 《희랍어 시간》, 《소년이 온다》 등을 집필하며 느낀 감정들에 관해 이야기하면서 자신의 질문은 언제나 사랑을 향하고 있었다고 밝혔다. 그리고 한강은 12월 10일 거행된 노벨 주간의 하이라이트인 시상식에서 노벨상 증서와 메달을 받은 후 스톡홀름 시청사에서 개최된 연회에 참석했다. 한강은 이 연회에서 「문학작품을 읽고 쓰는 일은 필연적으로 생명을 파괴하는 모든 행위에 반대하는 일」이라며 영어로 수상 소감을 밝혔다.

신라 유적 경주 「동궁과 월지」에서
「용왕(龍王)」 적힌 조선백자 조각 대거 출토

국립경주박물관이 12월 9일 경주 동궁과 월지 유물을 재조사하면서 발견한 조선시대 백자 조각 8000여 점 가운데 「용왕(龍王)」 등의 묵서(墨書·먹으로 쓴 글씨)가 적힌 조각 130여 점을 확인했다고 밝혔다. 이 자기편은 1975~1976년 경주 동궁과 월지에서 출토된 뒤 약 50년간 박물관 수장고에 있었는데, 박물관 측은 지난 2023년부터 수장고 속 해당 유물 전량을 재조사하는 「월지 프로젝트」를 시작한 바 있다.

경주 동궁과 월지 통일신라시대 별궁터이자 임해전 등 여러 부속건물과 정원이 있던 장소로, 임해전은 통일신라 때 다른 부속건물과 함께 왕자가 거처하는 동궁으로 사용되면서 군신들의 연회나 귀빈 접대 잔치 등을 베풀던 곳이다. 이곳에는 신라 문무왕 때에 조성된 인공연못인 안압지가 있어 본래 「임해전지」 혹은 「안압지」라고 불렸으나, 2011년 7월부터 「경주 동궁과 월지」로 명칭이 변경됐다.

주요 내용 박물관에 따르면 1970년대 동궁과 월지 발굴조사에서 출토된 조선 자기편 8000여 점 중 이번에 묵서가 확인된 자기편은 130여 점이다. 이들은 대체로 16세기에 제작된 백자로, 그릇 밑부분에 「용왕」, 「기계요(杞溪窯)」, 「기(器)」 등의 다양한 글씨는 물론 「졔쥬」, 「산디」 등의 한글도 확인됐다. 특히 이 묵서 가운데 학계에서 주목하는 것은 「용왕」인데, 이는 적어도 16세기까지 월지가 용왕과 관련한 제사나 의례 공간으로 활용되었음을 입증하는 것이기 때문이다. 여기에 제사를 지낸 주인을 뜻하는 「졔쥬」라는 한글도 이를 뒷받침한다.

한편, 《삼국사기》에는 월지를 관장한 동궁관(東宮官) 밑에 용왕전(龍王典)이란 관부가 있었다는 기록이 있고, 월지에서 「신심용왕(辛審龍王)」이라고 적힌 신라 토기가 출토된 바 있어 월지에서 용왕 제사가 거행됐다는 것이 통설로 인정돼 왔다. 신라 멸망 뒤에는 월지 일대가 폐허처럼 변하면서 이곳의 용왕 제사도 사라진 것으로 간주돼 왔으나, 이번에 「용왕(龍王)」이 쓰인 후대 백자 조각들이 보고되면서 적어도 조선 초기까지 월지에서 용왕 의례가 이어져 왔음을 알 수 있게 된 것이다.

〈서울의 봄〉, 제45회 청룡영화상 작품상 수상
〈파묘〉와 나란히 4관왕 기록

12·12 군사반란을 소재로 한 천만 영화 〈서울의 봄〉(감독 김성수)이 11월 29일 개최된 제45회 청룡영화상 시상식에서 최우수작품상을 수상했다. 〈서울의 봄〉은 이날 최우수작품상을 비롯해 남우주연상(황정민)·편집상·최다관객상까지 수상하며 4관왕을 차지했다. 그리고 오컬트 미스터리 장르이자 또 다른 천만 영화인 〈파묘〉(감독 장재현)는 감독상을 비롯해 여우주연상(김고은)·촬영조명상·미술상 등을 수상하며 〈서울의 봄〉과 함께 나란히 4관왕 기록을 썼다.

이 밖에 남우조연상과 여우조연상은 〈베테랑2〉의 정해인과 〈로기완〉의 이상희가 각각 수상했으며, 신인남우상과 신인여우상은 〈대도시의 사랑법〉의 노상현과 〈드라이브〉의 박주현이 각각 차지했다. 그리고 배우 겸 감독 조현철은 연출 데뷔작

제45회 청룡영화상 주요 수상 내용

수상 부문	수상자(작)
최우수작품상	서울의 봄
감독상	장재현(파묘)
남우주연상	황정민(서울의 봄)
여우주연상	김고은(파묘)
남우조연상	정해인(베테랑2)
여우조연상	이상희(로기완)
신인남우상	노상현(대도시의 사랑법)
신인여우상	박주현(드라이브)
신인감독상	조현철(너와 나)
각본상	조현철(너와 나)

인 〈너와 나〉로 신인감독상과 각본상 등 2관왕의 영예를 안았다. 한편, 청룡영화상은 8명의 심사위원과 네티즌 투표 결과를 종합한 총 9표 중 과반수 득표수를 받은 후보를 수상작(자)으로 선정하고 있다.

영화 〈서울의 봄〉 1979년 12월 12일 일어난 12·12 군사반란을 모티브로 한 최초의 영화로, 당시 서울에서 일어났던 신군부 세력의 반란 과정에서 철저하게 감춰졌던 9시간의 이야기를 영화적 상상력으로 풀어낸 작품이다. 영화는 2023년 12월 24일 1000만 관객을 돌파하면서 역대 개봉작으로는 31번째이자 한국 영화로는 22번째로 천만 영화가 된 바 있다.

이문열·김정옥, 금관문화훈장 수훈
신구·강부자, 대중문화예술상 은관문화훈장 수훈

문화체육관광부가 10월 25일 작가 이문열과 연극연출가 김정옥을 금관문화훈장 수여 대상으로 선정하는 등 「2024 문화예술 발전 유공자」를 선정해 발표했다. 문체부는 이날 문화훈장 수훈자 15명을 비롯해 ▷대한민국 문화예술상(대통령 표창) 5명 ▷오늘의 젊은 예술가상(문체부 장관 표창) 8명 ▷예술가의 장한 어버이상(문체부 장관 감사패) 수상자 3명 등 총 31명을 선정해 발표했다. 특히 금관문화훈장을 받게 된 이 작가는 우리나라를 대표하는 소설가이자 한국문학을 해외에 알린 1세대 작가로서의 공적을 인정받았으며, 김 연출가는 대한민국 1세대 연극연출가로서 극단 민중극장의 대표, 극단 자유극장의 예술감독을 역임하며 해외 공연으로 한국 연극의 세계 진출에 기여한 공적이 인정됐다.

한편, 문화훈장은 문화예술발전에 공을 세워 국민문화향상과 국가발전에 기여한 공적이 뚜렷한 자에게 수여하는 훈장으로 금관(金冠)·은관(銀冠)·보관(寶冠)·옥관(玉冠)·화관(花冠)의 5등급으로 구분된다.

배우 신구·강부자, 대중문화예술상 은관문화훈장 수상 문체부가 10월 28일 ▷문화훈장(6명) ▷대통령 표창(7명) ▷국무총리 표창(8명) ▷문체부 장관 표창(10명(팀)) 등 모두 31명(팀)의 대중문화예술상 수상자를 선정한 가운데, 배우 신구와 강부자가 은관문화훈장 수훈자가 됐다. 올해 15회차를 맞은 대중문화예술상은 대중문화예술인의 창작 의욕을 높이고 관련 산업에 이바지한 사람의 공을 기리기 위해 만들어진 최고 권위의 정부 포상이다. 신구와 강부자는 각각 1962년 연극 〈소〉와 1962년 KBS 공채 2기로 데뷔한 배우로, 60년 넘게 관련 업계에서 다채로운 캐릭터를 만들며 대중에 감동을 선사해온 점을 높이 평가받았다.

영화 〈낙동강〉, 〈돈〉, 〈하녀〉, 〈성춘향〉
국가등록문화유산 등록 예고

국가유산청이 영화 〈낙동강〉, 〈돈〉, 〈하녀〉, 〈성춘향〉 등 근현대기의 사회상과 생활상을 알 수 있는 4편의 영화를 국가등록문화유산으로 등록할 예정이라고 12월 12일 밝혔다. 국가등록문화유산으로 등록되면 기존에 등록된 ▷청춘의 십자로(1934) ▷미몽(1936) ▷자유만세(1946) ▷검사와 여선생(1948) ▷마음의 고향(1949) ▷피아골(1955) ▷자유부인(1956) ▷시집가는 날(1956) 등 8편의 영화와 함께 보존·관리된다.

주요 내용 영화 〈낙동강〉은 한국전쟁 시기인 1952년에 제작된 작품으로, 대학 졸업 후 낙동강 유역으로 귀향한 주인공이 마을 사람들을 계몽하고 살기 좋은 마을을 만들기 위해 노력하는 내용을 담고 있다. 1958년 개봉한 〈돈〉은 산업화 시기 농촌의 비극적인 현실을 묘사한 리얼리즘 영화로, 당대 문제가 되었던 농촌 고리대 및 사기꾼 성행 등의 문제를 가감 없이 드러낸 작품이다. 1960년 개봉한 〈하녀〉는 신분상승을 꿈꾸는 하녀를 중심으로 인간의 욕망과 억압, 한국 사회의 모순을 드러낸 김기영 감독의 작품이며, 1961년 개봉한 신상옥 감독의 〈성춘향〉은 당대 최고 흥행작이자 한국 최초의 컬러 시네마스코프(특수 렌즈를 써서 넓은 범위를 압축해 촬영하고 다시 확대해 넓은 규모의 화면에 영사하는 영화)라는 의미를 갖고 있다.

임윤찬, 「올해의 디아파종 황금상」 수상
유럽 클래식 음악계 주요 음반상 석권

피아니스트 임윤찬이 앨범 〈쇼팽: 에튀드〉로 11월 13일 프랑스에서 열린 「올해의 디아파종 황금상 (Diapason d'Or de l'Annee)」 시상식에서 젊은 음악가 부문을 수상했다고 소속사 목프로덕션이 18일 밝혔다. 프랑스 클래식 음악 전문지 디아파종이 주최하는 이 상은 영국의 그라모폰 등과 함께 클래식계에서 권위 있는 상으로 꼽힌다. 매달 심사를 통해 뛰어난 예술적 성취를 달성한 음반을 선정해 「디아파종 황금상」을 수여하고, 매년 연말에는 분야별 그해의 최고작을 선정해 「올해의 디아파종 황금상」을 시상한다. 임윤찬의 〈쇼팽: 에튀드〉는 지난 6월 「디아파종 황금상」을 받은 바 있다. 이번 수상에 따라 임윤찬은 첫 스튜디오 데뷔 앨범으로 유럽 클래식 음악계의 주요 음반상을 석권하게 됐다. 그는 지난 10월 같은 앨범으로 영국 「그라모폰 클래식 뮤직 어워즈」에서 한국인 연주자 음반으로는 최초로 피아노 부문 음반상과 올해의 젊은 음악가상을 수상한 바 있다.

도량발호(跳梁跋扈),
《교수신문》 선정 올해의 사자성어

《교수신문》이 12월 9일 올해의 사자성어로 제멋대로 권력을 부리며 함부로 날뛴다는 뜻의 「도량발호(跳梁跋扈)」를 선정했다고 밝혔다. 도량발호(跳梁跋扈)는 단일 사자성어가 아닌 고전에서 각각 쓰이던 「도량(跳梁, 거리낌 없이 함부로 날뛰어 다님)」과 「발호(跋扈, 권력이나 세력을 제멋대로 부리며 함부로 날뜀)」가 붙어 만들어진 말이다. 고전에서 도량은 방자하게 날뛰는 행동을 표현하는 데 쓰였고, 발호는 권력을 남용해 전횡을 일삼는 장군을 비판적으로 묘사하는 데 사용됐다.

교수신문은 매년 12월 교수들의 추천과 투표를 거쳐 올해의 사자성어를 선정하고 있는데, 2023년에는 이로움을 보자 의로움을 잊는다는 뜻의 「견리망의(見利忘義)」가 선정된 바 있다. 이 밖에 교수신문은 ▷낯짝이 두꺼워 부끄러움이 없다는 뜻의 「후안무치(厚顔無恥)」 ▷머리가 크고 유식한 척하는 쥐 한 마리가 국가를 어지럽힌다는 의미의 「석서위려(碩鼠危旅)」를 2·3위로 선정했다.

2020년 이후 교수신문 선정 올해의 사자성어

연도	올해의 사자성어	의미
2020년	아시타비(我是他非)	같은 사안도 나는 옳고 남은 그르다는 「내로남불(내가 하면 로맨스, 남이 하면 불륜)」의 뜻을 한자로 번역해 새로 만든 신조어
2021년	묘서동처(猫鼠同處)	고양이와 쥐가 함께 있다는 뜻으로, 도둑을 잡아야 할 사람이 도둑과 한패가 됨
2022년	과이불개(過而不改)	잘못하고도 고치지 않음
2023년	견리망의(見利忘義)	이익을 보고 올바름을 잊어버림

日, 올해의 한자로 「금(金)」 선정 일본한자능력검정협회가 12월 12일 2024년 올해의 한자로 「금(金)」을 선정했다. 협회는 올해 올림픽·패럴림픽의 일본인 선수나 오타니 쇼헤이(大谷翔平) 선수 등의 활약을 선정 이유로 꼽았다. 또 정치 비자금 문제, 어둠의 아르바이트(야미바이토·闇バイト) 등도 선정의 이유로 꼽혔는데, 일본에서는 올해 집권 자민당의 파벌 비자금 문제가 큰 논란이 되면서 자민당의 중의원 선거 패배로 이어진 바 있다. 협회는 1995년부터 매년 응모를 받아 가장 많은 의견이 나온 한자를 「올해의 한자」로 선정해 한자의 날인 12월 12일 즈음해 발표하고 있다. 발표는 일본 교토

소재 사찰인 기요미즈데라(청수사)에서 주지승이 대형 종이에 휘호를 쓰는 방식으로 이뤄지는데, 지난 2023년에는 「세(稅)」가 선정된 바 있다.

> **야미바이토(闇バイト)** 일본어로 어둠을 뜻하는 「야미(闇, やみ)」와 아르바이트의 줄임말인 「바이토(バイト)」를 합친 말로, 불법적인 어둠의 아르바이트를 뜻하는 말이다. 이는 사회관계망서비스(SNS) 등을 통해 고수익 아르바이트를 제안한 뒤 이에 응모한 사람에게 각종 범행을 시키고 그에 대한 대가를 지급하는 방식으로 이뤄진다. 범죄에 가담하는 이들은 철저히 역할을 분담해 범행을 저지르는데, 점조직처럼 운영돼 한 명이 붙잡혀도 다른 가담자를 추적하기 어려워 그 문제가 심각하다.

美 메리엄웹스터, 올해의 단어 「양극화」
英 옥스퍼드 사전은 「뇌 썩음(Brain rot)」 선정

미국의 유명 사전 출판사인 메리엄웹스터가 2024년 올해의 단어로 「양극화(Polarization)」를 선정했다고 12월 9일 밝혔다. 메리엄웹스터는 사전에서 양극화를 「뚜렷이 대조되는 두 개의 대립으로의 분할. 특히 한 사회나 집단의 의견이나 신념, 이해관계가 연속해 걸치지 않고 양극단에만 집중된 상태」라고 정의하고 있다. 메리엄웹스터는 매년 자사 검색 건수 및 사용 빈도를 추적한 데이터를 기반으로 올해의 단어를 선정하고 있는데, 양극화 외에도 올해 자주 검색된 단어로는 「단정한, 얌전한」 등으로 번역되는 「드뮤어(Demure)」가 포함됐다. 드뮤어는 본래 전통적인 여성성에 대한 고정관념을 상징하는 단어로 통용됐으나, 올해 틱톡 등에서 기존의 개념이 아닌 자신만의 방식으로 여성성을 표현하는 단어로 사용되면서 인기를 끌었다.

한편, 지난 2023년에는 「진정한, 참된, 진짜」 등의 뜻을 지닌 「어센틱(Authentic)」이 올해의 단어로 선정됐는데, 이는 인공지능(AI) 기술의 발달로 딥페이크처럼 진짜와 가짜의 경계가 점점 모호해진 상황을 반영한 말이다.

옥스퍼드 사전, 「뇌 썩음(Brain rot)」 선정 옥스퍼드 사전을 편찬하는 영국 옥스퍼드대가 12월 2일 올해의 단어로 3만 7000여 명이 참여한 공개 투표와 전문가들의 논의를 거쳐 「뇌 썩음(Brain rot)」을 선정했다고 밝혔다. 이는 짧은 시간 동안 스쳐 지나가는 온라인상의 많은 정보를 과잉 소비하면서 인간의 정신적·지적 상태가 퇴보한다는 뜻을 담고 있는 말로, 미국의 철학자 겸 시인인 헨리 데이비드 소로(1817~1862)의 수필집 《월든(Walden)》(1854년)에 처음 등장한 바 있다. 옥스퍼드대 출판부는 매년 사회 이슈와 트렌드 등을 반영해 「올해의 단어」를 선정하고 있는데, 지난 2023년에는 「사람을 홀리는 매력」이라는 뜻인 「리즈(Rizz)」가 올해의 단어로 선정됐었다.

「매니페스트」·「드뮤어」·「브랫」 등도 선정 케임브리지 사전은 원하는 것이 실제로 이뤄지도록 상상하는 것을 의미하는 「매니페스트(Manifest)」를, 딕셔너리닷컴은 SNS상에서 여성에 대한 고정관념을 조롱하는 데 널리 사용된 「드뮤어(Demure)」를 2024년 올해의 단어로 선정했다. 그리고 콜린스 사전은 「브랫(Brat)」을 올해의 단어로 꼽았는데, 본래 「악동」, 「망나니」 등의 뜻을 지닌 이 단어는 영국 팝스타 찰리 XCX의 앨범을 계기로 「쿨한」, 「멋진」이라는 긍정의 뜻으로 젊은층 사이에서 확장된 바 있다.

〰〰〰〰〰〰〰〰〰〰〰〰〰〰〰〰〰〰〰〰〰〰〰〰〰〰〰〰〰〰〰〰〰

스페인·포르투갈·모로코, 2030 월드컵 유치
사우디는 2034 월드컵 유치 확정

국제축구연맹(FIFA)이 12월 12일 진행한 특별총회에서 2030년과 2034년 월드컵 개최국 선정 안건을 의결했다. 월드컵 100주년을 기념하는 2030 월드컵은 스페인·포르투갈·모로코가 공동 개최하며, 2034 월드컵은 사우디아라비아 단독 개최로 각각 치러진다. 두 대회 모두 단독 후보여서 사실상 개최가 이미 확정된 상황이었다.

2030·2034 월드컵 개최 주요 내용 2030년 월드컵도 2026년 월드컵(미국·캐나다·멕시코 공동 개최)에 이어 3개국의 공동 개최가 결정되면서 두 대회 연속 3개국 이상이 공동 개최하게 됐다. 2030 월드컵은 월드컵 100주년을 기념하기 위해 개최국 3개국 외에도 남미의 우루과이, 아르헨티나, 파라과이에서도 총 104경기 중 한 경기씩 치르기로 해 3개 대륙 6개국에서 대회가 열리게 된다. 특히 월드컵의 시작인 1930년 제1회 대회 개최국 우루과이에서는 100년 전 대회 경기장이었던 몬테비데오의 에스타디오 센테나리오에서 개막전이 치러질 예정이다.
2034년 월드컵은 사우디에서의 개최가 확정됐는데, 이로써 아시아에서는 2002년(한국과 일본)과 2022년(카타르)에 이어 12년 만이자 통산 세 번째로 월드컵이 열리게 됐다. 하지만 사우디가 여성 인권 및 언론 탄압 등으로 국제사회의 비판을 받고 있어 「스포츠 워싱(Sports Washing·스포츠 이벤트를 통한 이미지 세탁)」에 대한 논란이 있다. 또한 보통 월드컵은 여름인 6~7월에 개최되지만, 중동의 더위로 인해 사우디 역시 2022년 카타르 대회(11~12월에 개최)처럼 겨울에 치러질 가능성이 높다. 다만 사우디는 이미 2034년에 하계아시안게임(11월 29~12월 14일)을 유치한 상태라서 월드컵은 연초인 1월에 열릴 가능성도 있는데, 이 경우 2월에 미국 솔트레이크시티에서 열리는 동계올림픽과 겹칠 수 있다. 아울러 겨울철은 유럽 프로축구가 한창 시즌 중인 시기라는 점에서 유럽 빅리그의 반발도 적지 않을 것으로 예상된다.

로드리, 2024 발롱도르 수상
1990년대생 첫 발롱도르 영예

잉글랜드 프리미어리그 맨체스터시티의 미드필더인 로드리(28·스페인)가 10월 29일 열린 「2024 발롱도르(Ballon d'Or) 시상식」에서 남자선수 부문 수상자로 선정됐다. 올해로 68회째를 맞은 발롱도르는 프랑스 축구 전문지 《프랑스풋볼》이 주관하는 세계 최고 권위의 축구 시상식으로, 올해 시상식은 2023년 8월 1일부터 2024년 7월 31일(2023~24시즌)까지 뛰어난 활약을 펼쳐 최종 후보에 오른 30명을 대상으로 한 것이다. 그동안 리오넬 메시(8회)와 크리스티아누 호날두(5회)가 지배해 왔던 발롱도르에서 1990년대생 수상자가 나온 것은 이번이 처음이다. 무엇보다 이번 발롱도르에서는 2003년 이후 21년 만에 메시와 호날두가 후보 30인 명단에도 들지 못하면서 메날두(리오넬 메시+크리스티아누 호날두)의 시대는 막을 내렸다는 평가다.

> **발롱도르(Ballon d'or)** 전 세계 축구선수 중 뛰어난 활약을 펼친 개인에게 수여하는 상으로, 1956년 제정됐다. 1991년 부터 매년 시상해 오던 FIFA 올해의 선수상과 통합, 2010년 FIFA 발롱도르가 신설돼 2015년까지 운영되다가 2016년 부터는 다시 분리돼 발롱도르로 돌아왔다. 역대 발롱도르 최다 수상자는 총 8회 수상한 리오넬 메시이며, 크리스티아누 호날두가 총 5회 수상으로 그 뒤를 잇고 있다.

로드리는 누구? 세계 최고의 수비형 미드필더로 꼽히는 로드리는 2023~2024시즌 맨체스터 시티 소속으로 50경기(9골)에 출전해 EPL 우승을 이끌었다. 또 지난 7월 열린 2024 유럽축구선수권(유로 2024)에서는 스페인 중원을 책임지며 우승과 함께 대회 MVP를 차지했다. 로드리는 이번 발롱도르 수상으로 맨시티 소속 최초의 발롱도르 수상자이자, 1960년 루이스 수아레스 이후 64년 만에 스페인 국적 수상자로 선정되는 기록도 남기게 됐다. 무엇보다 로드리의 이번 발롱드르 수상을 기점으로 유럽 축구계의 세대교체 흐름이

2024 발롱도르 최종 순위

1위	로드리(스페인·맨체스터 시티)
2위	비니시우스 주니오르(브라질·레알 마드리드)
3위	주드 벨링엄(잉글랜드·레알 마드리드)
4위	다니 카르바할(스페인·레알 마드리드)
5위	엘링 홀란(노르웨이·맨체스터 시티)
6위	킬리안 음바페(프랑스·레알 마드리드)
7위	라우타로 마르티네스(아르헨티나·인터 밀란)
8위	라민 야말(스페인·FC바르셀로나)
9위	토니 크로스(독일·은퇴)
10위	해리 케인(잉글랜드·바이에른 뮌헨)

본격화됐다는 평가도 나오고 있다. 로드리는 1990년대 태어난 선수로는 처음으로 발롱도르를 수상했는데, 함께 유력 후보로 거론됐던 득표 순위 2위 비니시우스 주니오르, 3위 주드 벨링엄(이상 레알 마드리드)은 그보다도 어린 2000년대생이다.

💡 이번 발롱노르 시상식에서는 스페인의 레알 마드리드가 단체 보이콧을 선언하며 논란을 빚기도 했다. 레알 측은 발롱도르 1순위 후보로 꼽혔던 비니시우스의 수상 불발 기류가 감지되자, 카를로 안첼로티 감독을 비롯해 후보에 포함된 30명의 선수가 이번 시상식 불참을 결정했다. 한편, 프랑스풋볼은 11월 9일 「2024 발롱도르」 세부 득표 내용을 공개했는데, 수상자인 로드리는 기자단 투표에서 1170점을 받았으며 2위 비니시우스는 1129점을 획득해 41점의 격차를 기록했다.

기타 부문 수상은? 발롱도르 여자 부문에서는 스페인 여자축구 대표팀의 첫 월드컵 우승에 기여한 아이타나 본마티(26·바르셀로나)가 2년 연속 수상했다. 또 21살 이하 최고의 선수에게 주는 「코파 트로피」는 17세의 공격수 라민 야말(바르셀로나)이 차지했으며, 「야신 트로피」는 애스턴빌라의 골키퍼 에밀리아노 마르티네스가 수상했다. 최다 골 상인 「게르트 뮐러 트로피」는 해리 케인(바이에른 뮌헨)과 킬리안 음바페(레알 마드리드)가 공동 수상했다. 그리고 올해의 남녀 감독상은 레알 마드리드의 카를로 안첼로티, 미국 여자대표팀의 엠마 하예스 감독이 차지했다.

비니시우스, 「FIFA 올해의 선수」 선정
레알의 리그·챔스 우승 공로 인정

스페인 레알 마드리드 소속 공격수인 비니시우스 주니오르(24·브라질)가 12월 18일 카타르 도하에서 열린 「더 베스트 FIFA 풋볼 어워즈 2024」 시상식에서 올해의 남자 선수로 선정됐다. 「FIFA 올

해의 선수」는 프랑스 매체《프랑스 풋볼》이 주는 발롱도르(Ballon d'Or)와 함께 세계 축구 최고 권위의 상으로 꼽힌다. 발롱도르가 각국 기자단 투표로 수상자를 정하는 것과는 달리 FIFA 올해의 선수는 각국 대표팀 주장과 감독·기자단·팬 투표로 선정되는데, 브라질 선수가 이 상을 받은 것은 2007년 카카(당시 AC밀란) 이후 17년 만이다.

비니시우스는 평가 대상 기간인 2023~2024 시즌에 공식전 39경기 24골 11도움으로 레알 마드리드가 라리가와 UEFA(유럽축구연맹) 챔피언스리그를 제패하는 데 결정적 역할을 했다. 하지만 지난 10월 맨시티의 로드리가 발롱도르를 수상한 가운데, 비니시우스의 소속 팀 레알은 비니시우스가 발롱도르를 받지 못한다는 것을 미리 알게 되자 팀 차원에서 시상식 보이콧 결정을 내린 바 있다.

💡 한편, 한 시즌 동안 세계 축구에서 나온 가장 멋진 골을 선정해 수여하는 「푸슈카시(푸스카스)상」은 맨체스터 유나이티드의 알레한드로 가르나초(20·아르헨티나)가 수상했다. 푸스카스상은 헝가리의 전설적인 공격수 페렌츠 푸스카스(1927~2006)의 이름을 딴 것으로, 푸스카스는 1950년대 「마법의 마자르 군단」으로 불린 헝가리 대표팀의 주장으로 활약했으며 스페인 레알 마드리드의 전성기를 이끈 축구 스타이다. 우리나라에서는 2020년 12월 손흥민 선수가 한국 선수로는 최초로 푸스카스상을 수상한 바 있다.

벨링엄, 「FIFPRO 월드 11」 최다 득표
메시는 18년 만에 명단에서 제외

주드 벨링엄(21·레알 마드리드)이 국제축구선수협회(FIFPRO)가 12월 10일 홈페이지를 통해 발표한 「FIFPRO 남자 월드 11」에서 최다 득표를 기록했다. FIFPRO는 매년 한 해 최고 활약을 펼친 선수를 포지션별로 선정한 「월드 11」을 발표하고 있다. 3-4-3 포메이션을 기반으로 한 이번 명단은 전 세계 70개국 2만 8000여 명의 현역 축구선수들이 투표를 통해 선정했다. 이번 명단에는 레알이 전 세계 클럽 중 최다인 6명이 포함됐고, 잉글랜드 맨체스터시티가 올해 발롱도르 수상자 로드리(28) 등 4명이 포함되며 뒤를 이었다. 하지만 2007년부터 17회 연속 공격

국제축구선수협회 월드 11

골키퍼	에데르송(맨체스터시티)
수비수	• 다니 카르바할(레알 마드리드) • 버질 반 다이크(리버풀) • 안토니오 뤼디거(레알 마드리드)
미드필더	• 주드 벨링엄(레알 마드리드) • 케빈 더 브라위너(맨체스터시티) • 토니 크로스(레알 마드리드) • 로드리(맨체스터시티)
공격수	• 엘링 홀란(맨체스터시티) • 킬리안 음바페(레알 마드리드) • 비니시우스 주니오르(레알 마드리드)

수 부문에 이름을 올리며 월드 11 역대 최다 선정 기록을 보유한 리오넬 메시(37·인터 마이애미)는 18년 만에 명단에서 제외됐다. 메시는 지난 2023년 7월부터 축구 변방인 MLS(미국 프로축구) 인터 마이애미에서 뛰면서 발롱도르 후보에도 오르지 못하는 등 주요 수상에서 제외되고 있다.

울산HD, K리그1 3연패 달성
통산 5번째 우승 기록

울산HD가 11월 1일 울산종합운동장에서 열린 강원과의 K리그1 36라운드 홈경기에서 2-1로 승리하면서 리그 우승을 조기 확정했다. 울산은 이날 경기로 승점 68(20승8무8패)을 기록, 2위 강원(승점 61)과의 차이를 7점으로 벌리면서 남은 2경기 결과와 관계 없이 1위에 올랐다. 이로써 K리그1 통산 5회 우승을 차지한 울산은 포항스틸러스와 함께 최다 우승 4위에 올랐는데, 해당 부문 1위는

전북현대(9회)다. 또 울산은 2022시즌 정상에 오른 뒤 이번 시즌까지 내리 3연패에 성공하면서, 성남 FC 전신인 성남일화(1993~1995년, 2001~2003년)와 전북현대(2017~2021년)에 이어 3연패를 달성한 세 번째 구단이 됐다.

무엇보다 이번 울산의 우승은 시즌 중 수장을 잃은 가운데서 이뤄낸 성과라는 점에서 의미가 있는데, 지난 7월 홍명보 울산 감독은 축구대표팀 지휘봉을 잡으며 팀을 떠난 바 있다. 그러나 울산은 김판곤

말레이시아 대표팀 감독을 빠르게 영입해 사령탑 공백을 최소화하며 결국 3연패를 이뤄냈는데, 특히 김 감독은 선수와 감독으로 모두 울산에서 우승 트로피를 차지하는 기록도 남기게 됐다.

포항, 2년 연속 「코리아컵」 정상 포항 스틸러스가 11월 30일 서울월드컵경기장에서 열린 울산과의 코리아컵 결승전에서 3-1로 역전승을 거두며 우승을 차지했다. 프로와 아마추어를 막론하고 축구협회에 등록된 모든 팀들이 참가해 국내 최강 축구팀을 가리는 이 대회는 1996년 창설 이후 2023년까지 대한축구협회(FA)컵이라는 명칭으로 열리다가 올해부터 코리아컵으로 바뀐 바 있다.

이번 우승에 따라 포항은 2023년에 이어 2년 연속 코리아컵 우승을 차지하며 2006·2007년 전남 드래곤즈, 2009·2010년 수원 삼성, 2012·2013년 포항에 이어 역대 네 번째로 2연패를 달성한 팀이 됐다. 무엇보다 코리아컵 초대 대회(1996년)를 시작으로 통산 6번째 우승(2008, 2012, 2013, 2023, 2024년)을 차지하며 전북과 수원(이상 우승 5회)을 제치고 역대 최다 우승 단독 1위에 올랐다. 반면 올 시즌 K리그1에서 3년 연속 우승을 달성한 울산은 코리아컵 준우승에 그치면서 창단 후 첫 「더블」(K리그1·코리아컵 석권)이 무산됐다.

💡 한편, K리그1에서 6위를 차지한 포항은 이날 코리아컵 우승으로 다음 시즌 아시아축구연맹(AFC) 챔피언스리그 2(ACL2) 참가 자격도 획득했다. 원래 코리아컵 우승팀은 아시아챔피언스리그 엘리트(ACLE)에 참가할 수 있지만, 포항은 최소한 정규리그 4위라는 규정으로 인해 한 단계 아래인 ACL2에 진출하게 됐다.

울산 조현우, 2024 K리그1 MVP 수상 올 시즌 울산의 프로축구 K리그1 3연패를 이끈 골키퍼 조현우(33)가 11월 29일 열린 2024 K리그 대상 시상식에서 K리그 MVP를 차지했다. 1983년 프로축구가 출범한 이후 골키퍼가 K리그 MVP에 선정된 것은 2008년 이운재(당시 수원 삼성) 이후 16년 만이다. 올 시즌 K리그 38경기에 모두 나서 「전 경기 전 시간 출전상」도 받게 된 조현우는 14차례 무실점 선방으로 울산의 리그 최소 실점(40골) 우승을 이끄는 데 기여했다. 아울러 조현우의 MVP 수상으로 울산은 2022년 미드필더 이청용, 2023년 수비수 김영권에 이어 3년 연속으로 MVP를 배출했다.

한편 데뷔 3년 이내 만 23세 이하 국내 선수에게 주는 「영플레이어상」은 140표 중 136표를 휩쓴 양민혁(18)이 차지했다. 데뷔 시즌에 영플레이어상을 받은 것은 2017년 김민재(당시 전북)에 이어 역대 두 번째로, 양민혁은

2024년 K리그1 대상·베스트11 수상자

부문	수상자
MVP	조현우(울산)
감독상	윤정환(강원)
영플레이어상	양민혁(강원)
득점상	무고사(인천, 15골)
도움상	안데르손(수원, 13도움)
공격수	이동경(김천), 이상헌(강원)
미드필더	안데르손(수원), 고승범(울산), 오베르단(포항), 양민혁(강원)
수비수	이명재(울산), 박승욱(김천), 김기희(울산), 황문기(강원)
골키퍼	조현우(울산)

올해 강원과 준프로 계약을 맺고 K리그에 데뷔해 12골 6도움을 기록하는 활약을 펼쳤다. 또 감독상은 강원을 역대 구단 최고 성적인 준우승으로 이끈 윤정환(51) 감독이 차지했다.

안양, 창단 11년 만에 K리그2 우승
다음 시즌 K리그1 승격 확정

프로축구 K리그2(2부 리그) 팀 FC안양이 10월 2일 부천과의 2부 리그 방문 경기에서 0-0으로 비기며 승점 62점(18승 8무 9패)을 기록, 남은 정규 라운드 한 경기 결과와 관계없이 창단 후 첫 우승을 차지했다. 이로써 안양은 2025년 시즌 1부 리그 승격을 확정 짓게 됐는데, 2부 리그 정규 라운드 우승팀은 플레이오프(PO)를 거치지 않고 다음 시즌 1부 리그로 직행하는 데 따른 것이다. 안양은 지난 2004년 안양LG(현 FC서울)가 연고지를 서울로 옮기면서 팀을 잃은 안양 지역 축구 팬들이 안양시의 도움을 받아 2013년 창단한 팀이다. 그리고 그해 출범한 2부 리그에 참가하며 12시즌 동안 2부에 머물다 2025시즌 1부 무대를 밟게 됐다.

💡 안양 팬들의 안양 창단 스토리는 올해 7월 개봉한 〈수카바티: 극락축구단〉이라는 다큐멘터리 영화로도 제작된 바 있다. 영화는 LG의 연고지 이전으로 팬들이 느낀 상실감과 새로운 시민구단을 만들기 위한 팬들의 노력 등을 담고 있다.

북한 여자축구, U-20 이어 U-17 제패
통산 3번째 우승

북한 17세 이하(U-17) 여자축구 대표팀이 11월 4일 도미니카공화국 산토도밍고의 에스타디오 올림피코 펠릭스 산체스에서 열린 국제축구연맹(FIFA) U-17 여자월드컵 스페인과의 결승전에서 승부차기 끝에 승리(4-3)하며 우승을 차지했다. 북한이 이 대회에서 우승한 것은 지난 2016년 요르단 대회 이후 8년 만이자 통산 세 번째(2008, 2016년)로, 이로써 북한은 U-17 여자월드컵 최다 우승국(3회)으로 올라섰다. 또한 지난 8월 2024 U-20 여자월드컵 우승에 이어 올해 두 번째 FIFA 주관대회 우승이라는 기록도 남겼다. 반면 2018년과 2022년에 이어 대회 3연패에 도전한 스페인은 준우승에 그쳤다. 한편, 북한 공격수 전일청은 대회 최우수선수(MVP)상에 해당하는 골든볼을 수상했다.

대만, WBSC 프리미어12 우승
한국은 조별 예선 탈락으로 공동 5위

대만이 11월 24일 일본 도쿄돔에서 열린 세계야구소프트볼연맹(WBSC) 프리미어12 결승전에서 일본을 4-0으로 완파하며 우승을 차지했다. 이에 지난 2015년 초대 대회에서 조별리그 탈락, 2019년 2회 대회 때 슈퍼라운드 5위로 메달 획득에 실패했던 대만은 사상 처음으로 프리미어12 우승 트로피를 차지했다. 반면 일본은 준우승에 그치며 2019년 프리미어12 슈퍼라운드부터 이어온 국제대회 27연승에도 마침표를 찍었다.
한편, 이번 대회에는 12개국이 출전한 가운데, 6개 팀씩 2개 조로 나눠 풀리그 예선을 벌인 뒤 각조 1·2위가 일본 도쿄에서 진행되는 슈퍼라운드에 진출하는 방식으로 치러졌다. 우리나라는 2015

년 1회 대회에서 초대 챔피언에 오르고 2019년 2회 대회에서는 준우승을 거둔 바 있다. 그러나 이번 대회에서는 조별 예선에서 3위(3승 2패)를 기록하면서 본선 진출에 실패, 공동 5위로 대회를 마쳤다.

> **프리미어12(Premier 12)** 세계 랭킹 상위 12개국이 참가하는 야구 대항전으로, 2011년 폐지된 야구월드컵을 대체하면서 2015년 개설된 대회이다. 세계야구소프트볼연맹(WBSC)이 주최하는 대회로, 2015년 열린 첫 대회에서는 우리나라가 우승을 차지한 바 있다. 대회는 4년에 한 번 개최되며 11월에 열리는데, 이는 각국의 국내 리그 시즌을 끝낸 프로야구 선수들의 경기 참여 기회를 제공하기 위해서다. 한편, 프리미어12와 함께 대표적인 야구 국가대항전으로 꼽히는 월드베이스볼클래식(WBC)은 미국프로야구 메이저리그(MLB) 사무국과 선수노조가 대회를 주관하며, 예선을 거친 20개국이 참가한다.

KIA, 2024 KBO 한국시리즈 우승
역대 최다인 12번째 KS 우승 달성

KIA 타이거즈가 10월 28일 광주 기아 챔피언스필드에서 열린 2024 KBO 포스트시즌 한국시리즈(KS) 5차전 삼성 라이온즈와의 경기에서 7-5로 승리, 시리즈 전적 4승 1패로 통산 12번째 KS 정상을 차지했다. 이로써 KIA는 정규시즌에 이어 한국시리즈까지 제패하며 통합 우승을 달성했는데, KIA의 통합 우승은 단일리그 기준 7번째이며 한국시리즈 우승은 역대 최다인 12번째다. 아울러 KIA는 2017년 이후 7년 만의 KS 정상 복귀는 물론 최종 무대에 서면 지지 않는 한국시리즈 불패 신화도 이어갔다. 한편, 시리즈 최우수선수(MVP)는 5경기 타율 0.588을 기록한 KIA의 김선빈이 차지했다.

2024 KBO 한국시리즈 경기 결과

구분	일시	승리팀(스코어)	데일리 MVP
1차전	10월 21일(서스펜디드 게임 등으로 23일 재개)	KIA(5-1)	전상현
2차전	10월 23일	KIA(8-3)	양현종
3차전	10월 25일	삼성(4-2)	대니 레예스
4차선	10월 26일	KIA(9-2)	김태군
5차전	10월 28일	KIA(7-5)	박찬호

김도영, 2024 KBO 시상식 MVP 차지
신인왕은 김택연이 수상

김도영(21·KIA 타이거즈)이 11월 26일 열린 「2024 KBO 시상식」에서 유효표 101표 중 95표(득표율 94.06%)를 얻어 프로 입성 3년 만에 첫 최우수선수(MVP)를 차지했다. 김도영은 올 시즌 타율 3위(0.348), 홈런 2위(38개), 타점 공동 7위(109점), 도루 6위(40개), 출루율 3위(0.420), 안타 3위(189개) 등 타격 타이틀 8개 부문에서 모두 상위권에 들었다. 특히 득점(143점)과 장타율(0.647)에서는 1위를 기록한 것은 물론, 「최연소·최소경기 100득점」과 「30홈런-30도루」 기록도 세웠다. 여기에 안타-2루타-3루타-홈런 순으로 「사이클링히트(히트 포 더 사이클)」를 해내 역대 최연소 두 번째 사이클링히트이자, 역대 2호 내추럴 사이클링히트도 작성했다.

스포츠시사

한편, 신인왕은 두산 베어스의 마무리 투수 김택연(19)이 차지했는데, 김택연은 올 시즌 60경기에 등판해 3승 2패, 19세이브, 4홀드, 평균자책점 2.08을 기록했다. 두산 선수가 신인왕을 받은 것은 2022년 정철원에 이어 2년 만이다.

2024 KBO 시상식 부문별 수상자

구분	부문	수상자	구분	부문	수상자
MVP		김도영(KIA)	타자	타율	에레디아(SSG)
신인상		김택연(두산)		안타	레이예스(롯데)
투수	평균자책점	네일(KIA)		출루율	홍창기(LG)
	탈삼진	하트(NC)		득점	김도영(KIA)
	승리	원태인(삼성), 곽빈(두산)		홈런	데이비슨(NC)
	승률	박영현(KT)		타점	오스틴(LG)
	세이브	정해영(KIA)		도루	조수행(두산)
	홀드	노경은(SSG)		장타율	김도영(KIA)

KIA, 골든글러브 3관왕 2024년 프로야구 통합우승을 차지한 KIA 타이거즈가 12월 13일 열린 「2024 KBO 골든글러브」 시상식에서 지명타자, 3루수, 유격수 부문에서 황금장갑의 주인공을 배출했다. 이는 10개 구단 중 가장 많은 수상자로, ▷지명타자 부문에서는 최형우(41) ▷3루수 부문에서는 김도영(21) ▷유격수 부문에서는 박찬호(29)가 지명됐다. 이 밖에 삼성이 2명, 롯데·KT·LG·키움·NC가 각 1명씩의 수상자를 배출했다. 반면 한화·SSG·두산에서는 수상자가 나오지 않았는데, 특히 두산에서 골든글러브 수상자가 나오지 못한 것은 2017년 이후 7년 만에 처음이다.

2024 골든글러브 수상자

부문	수상자(소속팀)
투수	카일 하트(NC)
포수	강민호(삼성)
1루수	오스틴 딘(LG)
2루수	김혜성(키움)
3루수	김도영(KIA)
유격수	박찬호(KIA)
외야수	구자욱(삼성), 빅터 레이예스(롯데), 멜 로하스 주니어(KT)
지명타자	최형우(KIA)

> **KBO 골든글러브상(KBO Golden Glove)** 투수 포함 9개 포지션부터 지명타자까지 총 10개의 포지션에서 최고의 활약을 펼친 선수들에게 수여하는 상이다. 미국 메이저리그의 「골든글러브」를 본떠 1982년 프로야구 출범 첫해부터 시상하고 있다. 첫해는 최고 수비수를 뽑았지만 「베스트 10」 시상과 통합된 1983년 이후에는 공격과 수비 인기도를 똑같은 비중으로 평가하고 있다.

LA 다저스, 월드시리즈 우승
통산 8번째 WS 우승 기록

미국 메이저리그(MLB)의 LA 다저스가 10월 31일 미국 뉴욕 양키스타디움에서 열린 2024 MLB 뉴욕 양키스와의 월드시리즈(WS) 5차전에서 7-6으로 승리, 시리즈 전적 4승1패로 WS 우승을 차지했다. 이로써 앞서 WS 1~3차전을 모두 이긴 뒤 전날 4차전을 내줬던 다저스는 5차전에서 시리즈를 끝내게 됐다. 다저스의 WS 우승은 1955·1959·1963·1965·1981·1988·2020년에 이어 이번이 8번째다. 또 다저스가 양키스를 상대로 WS 우승을 차지한 것은 창단 첫 WS 우승을 이룬 1955년 이후 이번이 4번째로, 무엇보다 43년 만에 성사된 오랜 라이벌 양키스를 상대로 우승을 거두면서 의미를 더했다는 평가가 나온다.

한편, 이번 우승으로 오타니 쇼헤이는 다저스 이적 첫해부터 우승 트로피를 차지했으며, 1차전 연장

10회 끝내기 만루홈런을 시작으로 4차전까지 4경기 연속 홈런을 기록한 프레디 프리먼은 최우수선수(MVP)로 선정됐다.

> **메이저리그 월드시리즈(MLB World Series)** MLB 양대 리그인 내셔널리그와 아메리칸리그의 챔피언끼리 7전4선승제의 경기를 치러 최종 우승팀을 가리는 경기를 말한다. 1903년 처음 시작됐다가 다음 해인 1904년 개최되지 못했고, 1905년부터 다시 개최됐다. 이후 1994년 파업으로 한 차례 개최되지 못한 것을 제외하고는 매년 빠짐없이 열리고 있다.

오타니, MLB 내셔널리그 MVP 선정
사상 첫 지명타자 및 3번째 만장일치 MVP

올해 미국프로야구(MLB) 사상 첫 50홈런-50도루를 이룬 오타니 쇼헤이(30·LA 다저스)가 11월 22일 발표된 미국야구기자협회(BBWAA) 투표 결과 만장일치(30표)로 내셔널리그(NL) 최우수선수(MVP)로 선정됐다. 이로써 오타니는 1973년 MLB에 지명타자 제도가 도입된 이래 50년 만에 지명타자 MVP를 수상한 역대 최초의 선수가 됐다. 오타니는 올해는 팔꿈치 수술 여파로 「이도류(二刀流, 투수와 타자를 겸업하는 것)」를 포기하고 타격에만 집중해 왔다. 또 오타니는 프랭크 로빈슨(1961년 신시내티 레즈, 1966년 볼티모어 오리올스)에 이어 양대 리그 MVP를 받은 역대 두 번째 선수가 됐는데, 오타니는 아메리칸리그(AL)에서는 LA 에인절스 시절인 2021년과 2023년 두 차례 MVP를 모두 만장일치로 받은 바 있다. 이에 오타니는 MLB 역사상 만장일치로 MVP를 3번 받은 첫 선수가 됐으며, 통산 세 번째 MVP 수상으로 역대 MVP 수상 공동 2위로 올라서게 됐다.

오타니의 올해 활약은? 올해 LA 다저스와 북미 프로스포츠 최대 규모인 10년 총액 7억 달러에 자유계약선수(FA) 계약을 체결한 오타니는 이번 시즌 홈런 54개와 도루 59개를 기록하며 사상 최초로 50홈런-50도루를 달성했다. 또 홈런과 타점(130)·득점(134)·출루율(0.390)·장타율(0.646)은 내셔널리그 전체 1위를, 타율(0.310)·안타(197)·도루는 2위를 기록하는 등 소속팀을 월드시리즈 우승으로 이끌었다. 오타니는 이번 내셔널리그 MVP 선정에 앞서 지난 11월 13일 양대 리그 포지션별 최고 타자에게 주는 「실버 슬러거」도 차지한 바 있다. 2018년 MLB에 진출한 오타니가 실버 슬러거를 받은 것은 이번이 3번째로, 앞서 2번은 LA 에인절스 시절이었던 2021년과 2023년 아메리칸리그에서 지명타자로 받은 것이다.

> 💡 **오타니, AP 선정 「올해의 男선수」 3번째 수상** 오타니 쇼헤이가 AP통신이 12월 24일 발표한 「올해의 남자 선수」로 뽑히면서 2021년과 2023년에 이어 3번째로 선정됐다. 이로써 오타니는 이 상을 세 차례 수상한 농구 황제 마이클 조던과 동일한 기록을 세우게 됐다. 그동안 이 상을 가장 많이 받은 남자 선수는 ▷「골프 황제」 타이거 우즈 ▷미국프로농구(NBA)의 레전드 르브론 제임스 ▷「사이클 황제」 랜스 암스트롱 등으로 각각 4차례 선정된 바 있다.

저지, 아메리칸리그 만장일치 MVP 아메리칸리그(AL)에서는 MLB를 대표하는 홈런타자 에런 저지(32·뉴욕 양키스)가 만장일치로 MVP에 선정됐다. 양대 리그 MVP가 모두 만장일치로 뽑힌 것은 2023년에 이어 올해가 두 번째다. 저지는 2022년 AL 단일 시즌 최다인 62홈런을 치며 MVP에 오른 데 이어 두 번째 MVP 트로피를 차지했다. 아울러 양키스 선수가 만장일치로 MVP를 수상한 것은 1956년 미키 맨틀 이후 68년 만이다. 올 시즌 타율 0.322를 기록한 저지는 58홈런, 144타점, 133볼넷, OPS(출루율+장타율) 1.159 등은 양 리그를 통틀어 전체 1위에 올랐다. 저지는 지난 11월 13일에는 실버 슬러거 AL 외야수 부문을 수상한 바 있다.

오타니 50·50 홈런볼, 439만 달러에 낙찰
스포츠 공 경매 사상 최고액

미국 야후스포츠가 10월 23일 미국 경매전문업체 옥션의 경매에서 오타니 쇼헤이(30·LA 다저스)의 시즌 50번째 홈런공이 439만 2000달러(약 61억 원)에 낙찰됐다고 밝혔다. 이는 종전 홈런볼 최고액이었던 마크 맥과이어의 시즌 70호 홈런공(300만 5000달러, 약 41억 5000만 원)을 크게 뛰어넘는 것으로 야구공 경매 사상 최고액이다. 오타니는 지난 9월 20일 열린 마이애미 말린스전에서 시즌 50호 홈런을 터뜨리며 MLB 역사상 최초로 단일 시즌 50홈런·50도루 클럽에 가입한 바 있다.

오타니 50번째 홈런볼의 경매 출현, 왜? 오타니의 50번째 홈런볼은 지난 9월 27일 50만 달러(약 6억 7000만 원)로 경매에 부쳐졌는데, 이는 오타니의 50번째 홈런볼을 잡은 것으로 알려진 크리스 벨란스키가 LA 다저스가 공을 돌려받기 위해 제시한 30만 달러(약 4억 원)를 거절하고 경매에 부친 데 따른 것이다. 다만 이 공의 소유권을 두고 관중 사이에 분쟁이 일고 있는 상황에서 경매가 진행됨에 따라 향후 법원의 최종 판결에 따라 수익자나 수익 배분이 달라질 것으로 전망되고 있다. 이는 50-50 기록 작성 당시 오타니의 홈런공이 날아간 좌측 외야 관중석에서 관중들이 공을 잡기 위해 몸싸움을 벌였는데, 다른 관중 2명(맥스 매터스, 조지프 다비도프)이 마지막에 공을 잡은 벨란스키가 자기 공을 뺏었다면서 경매 중단을 요구하는 소송을 냈기 때문이다.

라파엘 나달, 「데이비스컵」 8강 패배
현역 생활 마무리-테니스 빅3 중 2명 은퇴

라파엘 나달(38·스페인)이 11월 20일 스페인 말라가에서 열린 2024 데이비스컵 테니스 대회 파이널스 8강 제1단식에서 네덜란드의 보틱 판더잔출프에게 0-2로 패했다. 국가대항전인 데이비스컵 올해 대회를 끝으로 은퇴하기로 한 나달은 이날 스페인이 네덜란드에 1-2로 패해 탈락하면서 현역 생활을 마무리하게 됐다. 나달이 데이비스컵 단식 경기에서 패한 것은 2004년 이후 올해가 20년 만으로, 나달은 데이비스컵 단식에서 1패 후 29연승을 내달리다 이날 패배로 통산 전적 29승 2패를 기록하게 됐다. 나달은 올해 8월 파리올림픽 이후 줄곧 공식대회에 출전하지 않다가 이번 데이비스컵에 나왔다.
한편, 나달의 현역 은퇴에 따라 2000년대 초반부터 20여 년간 남자 테니스 강자로 군림했던 빅3 가운데 노바크 조코비치(37·세르비아)를 제외한 2명이 코트를 떠나게 됐다. 「테니스 황제」 로저 페더러(43·스위스)는 지난 2022년 은퇴한 바 있다.

> **데이비스컵(Davis Cup)** 국제테니스연맹(ITF·the International Tennis Ferderation)이 주관하는 세계 최고 권위의 남자 테니스 국가 대항 토너먼트로, 1900년 미국과 영국의 대결에서 시작돼 현재에 이르고 있다. 데이비스컵은 전년도 성적에 따른 16개국으로 구성된 월드 그룹이 토너먼트 방식으로 경기를 치러 챔피언으로 선정된다. 경기는 3일에 걸쳐 2단식, 1복식, 2단식 순서로 5세트 「노-타이 브레이크(no-tie break)」 시스템으로 운영된다. 우승국이 되면 우승컵인 「데이비스컵」을 받게 되는데, 이는 그해의 우승국이 1년간 보관한다.

라파엘 나달은 어떤 선수? 1986년생인 나달은 2005년 프랑스오픈에서 처음 메이저대회 단식 정상에 올랐으며, 이후 2022년 프랑스오픈까지 메이저대회 단식에서 총 22차례 우승했다. 이는 조코비치

(세르비아)의 24회에 이어 메이저 남자단식 최다 우승 2위에 해당하는 기록이다. 특히 나달은 프랑스오픈에서만 14번 우승해「클레이코트의 황제」, 「흙신」 등으로 불렸다. 아울러 올림픽에서는 2008년 베이징대회 단식 금메달, 2016년 리우데자네이루대회 남자복식 금메달을 획득하며 「커리어 골든 슬램(4대 메이저대회+올림픽 석권)」까지 달성했다.

얀니크 신네르, ATP 파이널스 우승
이탈리아 선수 최초 단식 우승 기록 작성

테니스 세계랭킹 1위 얀니크 신네르(23·이탈리아)가 11월 18일 이탈리아 토리노에서 끝난 ATP 파이널스에서 테일러 프리츠(27·미국)를 2-0으로 제압하며 우승을 차지, 역대 ATP 투어 남자대회 최다 상금인 488만 달러(68억 원)를 챙겼다. 지난 1월 호주오픈과 지난 9월 US오픈 정상에 오른 신네르는 왕중왕전 성격으로 열리는 ATP 파이널스에서 우승하면서 시즌 8승을 거뒀다. 무엇보다 ATP 파이널스에서 이탈리아 선수가 단식 우승을 차지한 것은 1970년 대회 창설 이후 55년 만에 처음이며, 단식 무실 세트 우승은 1986년 이반 렌들(64) 이후 38년 만이다. 또 2001년생인 신네르는 2000년생 이후로는 처음으로 이 대회 챔피언이 됐다.

> **ATP 파이널스(ATP Finals)** 매년 연말 ATP(남자프로테니스협회)투어 세계 랭킹 상위 8위까지의 탑 랭커들이 출전하는 왕중왕전 성격의 대회다. 매년 ATP투어 시즌이 끝난 뒤 시즌 최종전으로 열리는 대회로, ATP투어 랭킹 상위 8명의 단식 선수들과 8개의 복식 조가 출전하게 된다. 이 대회는 다른 테니스 대회들과 달리 녹아웃 토너먼트(한 번 질 경우 탈락하는 방식)가 아닌 라운드 로빈(모든 출전자가 다른 출전자와 차례로 대전하는 방식)으로 진행되며, 선수들은 2개 조로 나뉘어 조별리그를 벌인 뒤 4강과 결승전을 거쳐 우승자를 가린다.

티띠꾼, CME그룹 투어 챔피언십 우승
올시즌 총상금 600만 달러 돌파-LPGA 신기록

지노 티띠꾼(21·태국)이 11월 25일 미국 플로리다주 티뷰론 골프클럽(파72·6534야드)에서 폐막한 미국 여자프로골프(LPGA) 투어 시즌 최종전 CME그룹 투어 챔피언십(총상금 1100만 달러)에서 최종 합계 22언더파 266타로 우승을 차지했다. 이로써 티띠꾼은 시즌 두 번째이자 투어 통산 네 번째 우승을 차지함과 동시에 여자골프 사상 최다 우승상금인 400만 달러(약 56억 원)의 주인공이 됐다. 아울러 올 시즌 공식대회 상금 605만 9309달러(약 85억 원)를 기록한 티띠꾼은 역대 LPGA 투어 한 시즌 최다 상금 기록도 작성했는데, 종전 기록은 2007년 로레나 오초아(43·멕시코)의 436만 4994달러였다. 또한 티띠꾼은 올 시즌 상금 랭킹에서도 넬리 코르다(26·미국, 439만 1930달러)를 제치고 1위에 올라섰다.

티띠꾼은 지난 2021년 유럽 여자 투어 신인상과 상금왕, 올해의 선수상을 휩쓸고 이듬해 LPGA 투어에 데뷔해 세계 랭킹 1위에 오르며 신인상을 받은 선수로, 2023년에는 최저 타수상을 받은 바 있다.

💡 한국은 올 시즌 LPGA 투어를 3승으로 마무리했다. 양희영이 6월 메이저 대회 KPMG 여자 PGA 챔피언십을 제패했고, 유해란과 김아림(29)이 각각 9월 FM 챔피언십과 11월 롯데 챔피언십에서 우승했다. 3승은 유소연(34)과 최나연(37), 박희영(37)이 1승씩 기록한 2011년 이후 가장 적은 우승 횟수다.

USGA·LPGA,
성전환 선수의 대회 출전 금지 규정 도입

미국골프협회(USGA)와 미국여자프로골프(LPGA) 투어가 12월 5일 남성에서 여성으로 성전환한 선수의 여자 골프대회 출전을 제한한다는 방침을 밝혔다. LPGA와 USGA가 발표한 새 젠더(Gender) 정책에 따르면 남성으로 출생해 남성으로서 사춘기를 보낸 선수들은 투어 내 모든 대회에 출전할 수 없다. 다만 트랜스젠더 선수의 경우 사춘기 이전에 수술을 진행했음을 증명한 후 테스토스테론 수치 기준을 충족한다면 대회 출전이 가능하다. 이 정책은 2025년부터 LPGA 투어와 2부(엡손) 투어, 유럽여자투어, USGA가 주관하는 여자 대회에 적용되며, 취미 프로그램이나 비(非)엘리트 대회에는 적용되지 않는다.

한편, 이번 규정 도입은 남자였다가 여성으로 전환한 헤일리 데이비슨(스코틀랜드)이 LPGA 투어 퀄리파잉시리즈에 응시하면서 촉발된 것으로, 여자 골프선수 275명은 데이비슨의 퀄리파잉스쿨 응시 반대 청원서를 LPGA와 USGA, 국제골프연맹(IGF)에 제출한 바 있다.

T1, 「2024 롤드컵」 우승
페이커는 개인 통산 5회 우승 달성

T1이 11월 2일 열린 세계 최대 e스포츠 대회인 「리그오브레전드(LoL) 월드 챔피언십(롤드컵)」에서 중국 빌리빌리게이밍(BLG)을 세트 스코어 3-2로 꺾으며 정상을 차지했다. 이는 지난 2023년에 이은 2년 연속 세계 정상으로, 2011년 첫 대회 이래 한 팀이 동일한 주전 멤버(제우스-오너-페이커-구마유시-케리아)로 롤드컵을 2회 우승한 것도 이번이 처음이다. LoL 한국 리그 LCK를 대표하는 게임단인 T1은 「SK텔레콤 T1」 시절이던 2013년 롤드컵 우승을 시작으로 2015·2016년에 사상 첫 2연속 국제무대 제패라는 기록을 세웠고, 팀명을 T1으로 바꾼 후에도 서울에서 열린 2023 롤드컵에서 정상에 선 바 있다.

한편, 시청자 집계 사이트 e스포츠 차트에 따르면 T1과 BLG의 이번 대회 결승은 중국 시청자 4억 명을 포함해 총 5억 명이 시청, 롤드컵 역사상 가장 많은 수치를 기록했다.

페이커, 개인 통산 5회 롤드컵 우승　T1의 주장 페이커(이상혁, 28)는 개인 통산 5회 롤드컵 우승을 달성하며 e스포츠 역사에 새 기록을 남김과 동시에 결승전 최우수선수(MVP)에 선정됐다. 이는 2016년 이후 8년 만으로, 결승 MVP에 2번 선정된 것도 이상혁이 처음이다. 2013년 프로게이머로 데뷔한 이상혁은 국제대회인 롤드컵 우승 5회, 국내 리그인 LCK 우승 10회, e스포츠 월드컵 리그 오브 레전드 부문 초대 우승, 항저우 아시안게임 금메달 등 전대미문의 커리어를 보유하고 있다. 이상혁은 e스포츠계에서는 고령에 속하지만(e스포츠는 10대 후반에서 20대 초반을 전성기로 봄), 리그(2022년)와 롤드컵(2024) 최고령 우승자 타이틀을 갖고 있을 만큼 여전히 최정상급 기량을 유지하고 있다. 그는 게임업계에서 「불사대마왕」, 「e스포츠의 살아있는 전설」, 「세체미(세계 최고 미드라이너)」, 「역체롤(역대 최고 롤 프로게이머)」 등 다양한 별명으로 불리는데, 특히 그가 선택한 게임 닉네임 「페이커(Faker)」는 게임업계 GOAT(Greatest Of All Time)를 상징하는 단어로 통하고 있다. 이에 2023년 영국 일간지 《더타임스》는 그를 「2023년 스포츠계 10대 파워 리스트」에 선정하기도 했다.

> **리그 오브 레전드 월드 챔피언십(롤드컵, League of Legends World Championship)** 미국 게임회사 라이엇 게임즈(현재는 중국 텐센트가 인수)가 2011년부터 매년 연말에 개최하고 있는 세계 최대 규모의 e스포츠 대회로, 한국에서는 비공식적으로 축구 월드컵에 빗대어 「롤드컵」이라 부른다. 롤드컵은 한국 리그인 LCK를 비롯해 LPL(중국)과 LCS(북미), LEC(유럽) 등 지역별 리그에서 상위권을 차지한 22개 팀이 선발돼 세계 최강팀을 가리는데, 역대 14번 대회 중 한국 팀이 9번 우승하며 최다 우승 기록을 갖고 있다. 한편, 롤드컵 우승팀에 주어지는 우승컵은 「소환사의 컵」이라는 명칭을 갖고 있다.

한국 여자탁구 대표팀,
세계청소년선수권 단체전 첫 우승

19세 이하(U-19) 한국 여자탁구 대표팀이 11월 25일 스웨덴 헬싱보리에서 열린 「2024 국제탁구연맹(ITTF) 세계청소년선수권」 단체전 결승에서 대만에 3-1 역전승을 거두면서 세계청소년선수권대회 단체전 첫 우승을 차지했다. 한국은 앞서 준결승에서 세계 최강 중국을 3-2로 꺾고 결승에 오른 바 있다. 우리나라는 지난 2007년(정상은)과 2013년(장우진)에 세계청소년선수권 개인전 남자단식에서 각각 우승한 적이 있지만, 단체전 우승은 남녀 대표팀 통틀어 21년 만에 처음이다. 그동안 단체전에서는 남자팀이 다섯 차례 준우승했고, 여자팀은 2015년 거둔 준우승이 가장 좋은 성적이었다.

배드민턴 이용대, BWF 명예의 전당 현액
한국 선수로는 10번째 영예

세계배드민턴연맹(BWF)이 12월 3일 공식 홈페이지를 통해 배드민턴의 전설 이용대(한국)와 천룽(중국)이 「2024년 BWF 명예의 전당」에 헌액된다고 밝혔다. 1988년생인 이용대는 처음으로 출전한 올림픽인 2008년 베이징대회에서 이효정과 함께 혼합복식 금메달을 차지했고, 2012년 런던올림픽에서는 고(故) 정재성과 호흡을 맞춰 남자복식 동메달을 획득한 바 있다. 이후 2016년 리우올림픽 남자복식에 출전한 뒤 국가대표팀에서 은퇴해 현재 요넥스에서 선수 생활을 이어가고 있다.
이번 명예의 전당 헌액 결정에 따라 이용대는 ▷박주봉(2001년) ▷김문수(2002년) ▷정명희, 정소영(이상 2003년) ▷김동문, 라경민, 길영아(이상 2009년) ▷하태권(2012년) ▷방수현(2018년)에 이어 10번째로 BWF 명예의 전당에 입성한 한국인이 됐다.

신진서, 2024년 바둑대상 MVP
5년 연속 대상 수상

한국 바둑의 절대강자 신진서 9단(24)이 12월 26일 열린 2024 바둑대상에서 MVP로 선정됐다. 이로써 2018년 처음으로 바둑 MVP로 뽑혔던 신진서는 2020년부터 5년 연속 대상을 받는 등 통산 6번째 최고의 프로기사로 뽑혔다. 신진서는 또 남자다승상(65승 1무 13패)과 남자승률상(81승 27패)에 이어 팬들이 뽑는 인기상까지 휩쓸었다. 60개월 연속 한국 랭킹 1위를 지키고 있는 신진서는 올 한해 메이저 세계기전인 제28회 LG배와 제2회 란커배에서 우승을 차지했다. 특히 국가대항전인 제25회 농심신라면배에서는 초유의 끝내기 6연승의 신화를 창조하며 한국의 4연패를 이끈 바 있다.

과학시사

Science

中, 선저우 19호 발사
유인 우주임무 나선 세 번째 여성 비행사 탑승

중국이 자체 건설한 우주정거장에서 임무를 수행할 유인 우주선 「선저우(神舟) 19호」를 10월 30일 발사했다. 중국 관영 신화통신 등에 따르면 중국은 이날 오전 4시 27분 간쑤성 주취안 위성발사센터에서 우주 비행사 3명을 태운 선저우 19호를 창정(長征) 2F 로켓에 실어 우주정거장 톈궁(天宮)을 향해 쏘아 올렸다. 선저우 19호는 발사 약 10분 만에 로켓과 성공적으로 분리되며 예정 궤도에 진입했다. 선저우 19호에는 사령관인 차이쉬저(蔡旭哲)와 쑹링둥(宋令東), 왕하오쩌(王浩澤) 등 3명의 비행사가 탑승했는데, 이 가운데 왕하오쩌는 유인 우주임무에 나선 중국의 세 번째 여성 비행사다.

한편, 선저우 19호 승무원들은 올 4월 지구를 떠난 선저우 18호 승무원들과 교대한 뒤 우주정거장 톈궁에서 6개월가량 머물게 된다. 이들은 이 기간 미세중력 기초물리·우주재료과학·우주생명과학·우주의학 등 80여 개의 우주과학 실험을 진행하며, 우주 잔해물에 대한 보호장치 설치, 외부 탑재물 및 장비 설치 등의 임무도 수행한다.

> **톈궁(天宮)** 중국의 독자 우주정거장으로, 2011년 9월 처음 발사됐으며 핵심 모듈인 톈허는 2021년 4월 발사됐다. 현재 미국 주도의 국제우주정거장(ISS·International Space Station)과 함께 우주상에 있는 2개의 우주정거장 중 하나로, 중국의 독자 우주정거장 건설은 미국과의 우주 굴기 경쟁에서 시작됐다. 1990년대 미국은 ISS 프로젝트에 러시아, 캐나다, 영국, 일본 등 16개국의 참여를 허가하는 등 여러 국가와 우주 탐사 협력을 맺었으나 기술 유출 등을 우려해 중국은 배제시킨 바 있다. 톈궁은 톈허를 중심으로 양쪽에 두 개의 실험실 모듈인 원톈과 멍톈을 결합하는 T자형 구조로, 2022년 10월 멍톈의 도킹 성공으로 T자형의 기본 골격이 완성된 바 있다.

체코 반독점사무소, 웨스팅하우스·EDF의
「한국 원전계약 이의 신청」 기각

체코 당국이 10월 31일 자국 정부와 한국수력원자력 간 원자력발전소 신규 건설사업 계약을 일시 보류해달라는 경쟁사의 진정을 기각했다. 체코 반독점사무소(UOHS)는 이날 보도자료를 내고 체코 전력공사(CEZ)의 입찰에 이의를 제기한 미국 기업 웨스팅하우스와 프랑스 기업 EDF가 제기한 진정을 기각했다고 밝혔다. 그러면서 두 업체가 이번 결정에 항소할 수 있으며, 이 경우 최종 결과가 나올 때까지 CEZ가 한수원과 원전 계약을 체결할 수 없다고 설명했다. 따라서 이의 신청이 최종적으로 기각되어야 계약 체결 중단 조치가 해제된다.

체코 UOHS 결정에 이르기까지 체코 정부는 지난 7월 두코바니 원전 추가 건설사업의 우선협상대상자로 한수원을 선정하고, 2025년 3월까지 최종계약을 맺기로 한 바 있다. 이 사업은 24조 원 규모로, 원전 수출로는 사상 최대이자 2009년 아랍에미리트(UAE) 바라카 원전 수주 이후 15년 만에 이룬 성과다. 이 사업에서 한수원은 설비용량이 1.0GW인 APR1000 모델을 수출할 계획인데, 입찰 경쟁에서 탈락한 미국 업체 웨스팅하우스와 프랑스 업체 EDF가 우선협상대상자 선정 이후 각각 체코 반독점 당국에 이의 신청을 하면서 제동이 걸렸다. 웨스팅하우스는 한수원이 자사가 특허권을 가진 원자로 설계기술을 활용했으며, 자사 허락 없이 제삼자가 이 기술을 사용할 수 없다는 주장이다. 이에 UOHS는 10월 30일 웨스팅하우스와 EDF의 이의 신청에 따라 원전 신규 건설사업 계약을 일시적으로 보류 조치한다고 밝혔는데, 이의 신청 하루 만인 31일 기각 결정이 내려진 것이다.

> **체코 신규 원전사업** 체코의 두코바니와 테켈린 지역에 1.2GW(기가와트) 이하의 원전 총 4기를 짓는 프로젝트로, 한수원은 지난 7월 17일 두코바니 5·6호기 건설 우선협상 대상자로 선정됐다. 당시 웨스팅하우스는 체코 원전 건설사업 수주를 위해 한수원 및 프랑스전력공사(EDF)와 3파전을 벌였지만 가장 먼저 탈락한 바 있다. 웨스팅하우스는 한수원의 원자로 기술인 「APR100」과 「APR1400」이 자사의 원천 기술인 「시스템80+」를 활용한 것이므로, 해당 기술로 원전을 짓기 위해서는 자사의 허가를 받아야 한다고 주장하고 있다. 한편, 해당 사업은 2029년 건설 착수 및 2036년 상업운전을 목표로 하고 있다.

2032년 한국 첫 달 착륙선 발사
우주청·항우연 개발협약 체결

우주항공청(우주청)이 10월 30일 한국항공우주연구원(항우연)과 달 착륙선 개발을 위한 「달 탐사 2단계 사업」 협약을 체결했다고 11월 4일 밝혔다. 달 탐사 2단계 사업은 10년간 약 5300억 원이 투입되며, 이를 통해 ▷달 착륙선 독자 개발 ▷달 표면 연착륙 실증 ▷과학·기술 임무 수행을 통한 독자적인 달 표면 탐사능력 확보 등을 핵심으로 한다. 혁신도전형 R&D 사업으로 지정된 이번 2단계 사업은 계약을 맺은 10월부터 시작해 2033년 12월까지 이어질 예정으로, 2032년에 달 착륙선을 발사하는 것을 목표로 한다.

앞서 진행된 달 탐사 1단계 사업에서는 한국 첫 달 궤도선인 「다누리(Korean Pathfinder Lunar Orbit)」가 발사에 성공하며, 우리나라는 7번째 달 탐사국 지위에 오른 바 있다. 다누리는 2022년 8월 5일 미국 케이프커내버럴 공군기지에서 발사돼 발사 145일 만인 2022년 12월 27일 임무궤도에 성공적으로 안착했으며, 현재 달 착륙선의 착륙 후보지 탐색 등의 과학 임무를 수행 중이다.

호주, 16세 미만 SNS 금지법
세계 최초 통과

호주 상원이 16세 미만 청소년의 SNS 사용을 전면 금지하는 법안을 11월 28일 통과시켰다. 규제 대상은 인스타그램·스레드·페이스북·틱톡·X 등으로, 유튜브나 왓츠앱 등은 교육 및 창작 목적으로 쓰일 수 있다는 이유로 대상에서 제외됐다. 앞서 프랑스와 미국 일부 주에서 미성년자가 부모의 동의 없이 SNS를 이용하지 못하도록 하는 법을 통과시킨 바 있지만, 부모의 동의와 관계없이 모든 미성년자의 SNS 이용을 전면 금지한 것은 이번이 처음이다. 해당 법안에 따르면 법을 위반한 사례가 나오면 16세 미만의 계정이 생성된 플랫폼 기업에 최대 4950만 호주달러(한화 약 450억 원)의 벌금이 부과된다. 이 법안은 2025년 1월부터 시범 운영된 뒤 그해 말부터 정식으로 시행되는데, 이 기간 내에 플랫폼 기업들은 미성년자의 이용을 막을 기술적 장치를 마련해 적용해야 한다.

한편, 호주에서 해당 입법 논의가 본격화된 것은 청소년 폭력·혐오시건 원인 중 하나로 SNS가 지목됨에 따른 것이다. 실제로 지난 4월 시드니의 한 교회에서 16세 소년이 성직자에게 흉기를 휘두르는 사건이 발생해 호주 사회에 큰 충격을 안겼는데, 이 소년이 속한 극단주의 단체는 SNS를 통해 세력을 확대해 온 것으로 알려진 바 있다.

인체 모든 유형 세포 정보 담긴
「인간세포지도」 초안 공개

2016년부터 인체의 모든 세포 유형에 대한 생물학적 아틀라스를 구축해온 HCA 컨소시엄이 11월 20일 현재까지의 연구 성과를 과학저널 《네이처(Nature)》와 자매 학술지에 40여 편의 논문으로 공개했다고 밝혔다. 이는 전 세계 9100명으로부터 추출한 약 6200만 개의 세포를 조사해 내놓은 「인간세포지도(HCA·Human Cell Atlas)」의 초안이다. HCA 컨소시엄은 생명의 기본 단위인 모든 인간 세포에 대한 포괄적인 참조 지도를 만들기 위한 국제협력 이니셔티브로, 2016년 챈 저커버그 재단·영국 웰컴트러스트·미국립보건원(NIH) 등의 지원으로 설립돼 현재 102개국 3600명 이상의 연구자가 참여하고 있다.

> **인간세포지도(HCA·Human Cell Atlas)** 인간 몸을 구성하는 모든 세포의 종류, 상태, 위치, 기능을 체계적으로 분석해 해당 정보가 담긴 거대 데이터베이스를 구축하는 것을 목표로 하는 글로벌 연구 프로젝트를 말한다. 이는 37조 2000억 개에 달하는 인간 세포의 고유한 기능을 규명하기 위한 것으로, 세포 단위의 정보를 통해 인체의 구조와 작동 원리를 이해하고 이를 바탕으로 질병 치료 및 예방에 기여하려는 목적을 가지고 있다.

인간세포지도 초안 주요 내용 연구팀이 발표한 인간세포지도 초안은 약 1억 개의 세포 정보를 담고 있는데, 해당 논문들에는 ▷태반과 골격의 형성 과정 ▷뇌 성숙 과정의 변화 ▷새로운 장 및 혈관 세포 상태 ▷코로나19에 대한 폐 반응 ▷유전적 변이가 질병에 미치는 영향 등 다양한 성과가 담겼다. 우선 HCA 컨소시엄에 참가하는 영국 웰컴트러스트생어연구소 연구팀은 인간의 두개골 상단을 제외한 골격 전체에서 뼈가 성장하는 데 필요한 모든 세포를 정확히 나타냈다. 작성된 인간세포지도에 따르면 성인의 고관절 관절염 발병에 관련된 특정 유전자가 어린 뼈 세포에서 활성화된다는 사실이 확인됐다.

또 다른 웰컴트러스트생어연구소 연구팀은 160만 개 세포의 위치 정보와 개별 세포의 기능을 모두 규명하는 등 지금까지 발견된 것 중 가장 자세한 장세포 지도를 공개했다. 특히 이는 위장관 질환이 없는 환자와 위암이나 대장암, 궤양성 대장염, 크론병 환자의 조직 샘플 데이터로 제작해 다양한 장 질환에 영향을 미치는 장내 세포를 구분해 냈다. 그리고 미국 하버드대 의대 연구팀은 태반 세포지도를 그렸는데, 이는 태반이 어떻게 발달하고 배아에 영양분을 공급하며 보호하는 역할을 하는지 세포 수준에서 알아낸 것이다. 또 스위스 취리히 연방 공대 연구팀은 뇌 발달 과정을 연구할 수 있는 뇌 오가노이드 세포 지도를 그려냈다.

韓 AI 성숙도, 전 세계 2군 수준 평가
정부의 「세계 3위권」 주장과 괴리

12월 11일 정보통신기술(ICT) 업계에 따르면 보스턴컨설팅그룹(BCG)이 73개국을 대상으로 평가한 「AI(인공지능) 성숙도 매트릭스」 보고서를 발표했다. 이는 조사 대상이 된 73개국의 AI 도입 현황을 평가하고 해당국의 AI 기술에 기반한 경제 발전 잠재력을 심층 분석한 보고서인데, 우리나라는 AI 기술 성숙도와 잠재력 수준에서 상위 5개국에 들지 못하고 2군으로 분류됐다.

보고서는 캐나다·중국·싱가포르·영국·미국 등 5개국을 「AI 선도국가(AI pioneers)」로 분류했다. 미국과 싱가포르는 혁신을 주도하는 데 중요한 역할을 하는 강력한 AI 인재 풀을 갖춘 것으로 평가했고 중국은 AI 관련 특허에서 선두를 달린다고 설명했다. 우리나라는 이 다음 단계인 「AI 안정적 경쟁국가(AI steady contenders)」에 호주, 핀란드, 프랑스, 독일, 이스라엘, 이탈리아, 일본, 말레이시아, 스페인, 대만 등과 함께 포함됐다. 이 단계는 높은 수준의 AI 활용 가능성을 보이지만, 선도국과 비교했을 때 준비 상태가 다소 뒤처진 국가들을 포함한다.

《네이처》, 올해 과학인물 10인 선정
中 연구자 2명 배출

과학 전문지 《네이처》가 12월 9일 당해 과학 분야의 주요 발전을 이끈 「2024년 과학계 10대 인물」을 선정했다. 네이처는 《사이언스》와 함께 과학계 주요 학술지로, 2011년부터 매년 과학계에서 큰 성과를 냈거나 중요한 문제의식을 제기한 과학자 10명을 선정해 발표하고 있다. 특히 올해는 이 과학계 10대 인물에 중국 연구자 2명이 선정되면서 주목받고 있는데, 올해 선정된 중국 연구자들은 우주와 의학 분야에서 각각 세계 최초의 연구 성과를 인정받았다.

2024년 《네이처》가 선정한 과학계 10대 인물

인물	직책	성과
에케하르트 페이크(독일)	독일 국립 측정 표준연구소 박사	원자핵을 이용한 초정밀 시계 개발
케이틀린 카라스(캐나다)	캐나다 토론토대 박사과정생	과학연구원 임금 인상 운동
리 춘라이(중국)	중국 국가항천국 박사	달 뒷면 샘플 세계 최초 분석
안나 아발키나(러시아)	독일 베를린자유대 연구원	위조 논문, 사기 학술지 퇴치 운동
후지 쉬(중국)	중국 칭화대 의대 교수	자가면역질환 치료제 개발
웬디 프리드먼(캐나다·미국)	미국 시카고대 교수	우주 팽창 속도 비밀 규명
무함마드 유누스(방글라데시)	노벨평화상 수상자	방글라데시 교육 및 인권 신장
플라시데 음발라(콩고민주공화국)	콩고 국립생의학연구소 박사	엠폭스(구 원숭이두창) 발병 경고
코델리아 베어(스위스)	변호사	스위스 기후변화소송 주도
레미 램(프랑스)	구글 딥마인드 연구원	날씨 예측 인공지능(AI) 개발

여대의 남녀공학 전환 논란, 그 향방은?

동덕여자대학교가 최근 남녀공학 전환을 논의한 사실이 알려지며 재학생들의 거센 반발 시위가 일어난 가운데, 이 시위는 여자대학의 존폐를 둘러싼 찬반 논쟁을 촉발시키기도 했다. 학교 측의 방침이 알려진 이후 동덕여대 학생들은 학교 점퍼를 벗어 땅바닥에 널어놓는 「과잠 시위」를 비롯해, 수업을 전면 거부하고 캠퍼스 곳곳에 붉은 스프레이로 「공학 전환 결사반대」를 써놓는 락카 시위를 전개하는 등 「남녀공학 전환」이라는 학교 측 방침을 결사 거부했다.

교육부에 따르면 현재 전국의 4년제 여자대학은 이화·숙명·성신·동덕·덕성·서울·광주여대 등 7곳이며, 전문대까지 더하면 모두 14곳이다. 동덕여대에 앞서 덕성여대와 성신여대도 남녀공학으로의 전환을 검토했으나, 모두 재학생들의 반발로 무산된 바 있다. 반면 상명여대는 1996년 교명을 「상명대」로 변경하고 남녀공학이 됐고, 부산여대는 1997년 남녀공학으로 전환하면서 「신라대」로 교명을 바꾼 바 있다. 또 성심여대는 가톨릭대와 통합했고 대구의 효성여대는 대구가톨릭대와 통합되며 남녀공학이 됐다. 이처럼 여대들이 남녀공학으로의 전환을 추진하는 것은 저출산으로 학령인구가 줄고 대학 입학 인원이 감소하고 있다는 구조적인 문제, 여성들이 교육 불평등을 받았던 과거와 현격히 달라진 교육 환경의 변화, 여대의 낮은 취업률 등이 이유로 꼽힌다. 무엇보다 2000년대 이후 급격화된 학령인구 감소가 지원자 범위가 제한적인 여대들에 특히 위기로 작용하고 있다는 분석이 있다. 학생들 사이에서는 여성 교육 발전을 위해 여대가 필요하다는 의견이 지배적이지만, 일각에서는 학령인구 감소로 인한 대학 재정 감소 등을 고려하면 여대들의 공학 전환이 현실적인 대안이라는 목소리도 있다.

한편, 남녀공학 전환 논의를 중단하라며 학교 본관을 점거해 왔던 동덕여대 총학생회는 점거 농성 23일 만인 12월 4일 오전 11시쯤 본관 점거를 해제한다고 밝혔다. 앞서 동덕여대는 학생들의 본관 점거를 풀어달라는 취지의 퇴거 단행과 업무방해금지 가처분 신청을 법원에 접수했다. 이어 총장 명의로 총학생회장을 비롯한 21명을 본관 점거, 공동재물손괴, 공동건조물침입, 공동퇴거불응, 업무방해 등의 혐의로 경찰에 고소해 학생들과 학교 측의 갈등은 상당 기간 이어질 전망이다.

Tip

페미니즘(Feminism)
오래전부터 이어져 왔던 남성 중심의 이데올로기에 대항하며, 사회 각 분야에서 여성 권리와 주체성을 확장하고 강화해야 한다는 이론 및 운동을 가리킨다. 19세기부터 시작된 페미니즘은 시대와 그 양상에 따라 크게 ▷1세대(여성의 참정권) ▷2세대(사회 모든 분야에서의 평등과 성적 해방 추구) ▷3세대(계급, 인종 문제 등으로 확대)로 나눌 수 있다.

여대 존치, 찬성한다

여대 존치를 찬성하는 측에서는 여대가 지닌 「여성 인재 양성의 장」 역할을 지속해야 한다며, 여대는 여성만의 공간에서 자율성과 리더십을 키울 기회를 제공하고 여성이 사회의 다양한 분야에서 보다 적극적으로 활동할 수 있도록 지원하고 있다는 입장이다. 또 여대는 여성의 교육 기회를 높일 뿐만 아니라 여권신장과 성평등을 추구하는 공간이라는 점에서도 필요하다고 주장한다. 즉, 여대는 남성의 시선이나 판단 체계로부터 자유로운 공간이라는 점에서 여학생들에게 차별 없는 학업과 커리어 개발의 기회를 제공한다는 것이다.

찬성 측은 여성 차별에서 비롯된 많은 여성 혐오범죄가 여전히 계속되는 상황에서 여대는 이러한 차별과 혐오가 완전히 사라지기 전까지 그 존재 이유가 명확하다는 주장이다. 즉 여대는 해당 의제들에서 안전한 논의의 장 역할을 하는 것은 물론, 사회적 소수자에 대한 의제를 연구하는 학문적 기반까지 제공한다는 것이다. 그리고 이러한 동문 네트워크를 통해 여성들 간의 강력한 연대와 지지를 형성할 수 있는 환경을 제공한다는 측면에서도 여대는 반드시 존치되어야 한다는 입장이다.

여대 존치, 반대한다

여대 존치를 반대하는 측에서는 과거 가부장제에 묶여 교육에서 배제된 여성에게 교육권을 보장하고자 했던 당초의 여대 설립 취지가 현 시대 흐름과는 더 이상 맞지 않다고 주장한다. 즉 현재는 성별과 무관하게 평등한 교육의 기회가 주어지고 있으며, 실제 여성들의 대학 진학률이 높아진 만큼 여대가 없어도 충분히 교육 기회를 누릴 수 있다는 입장이다. 또 성별로 학생을 제한하는 것은 오히려 성별에 따른 사회적 역할을 강화하는 결과로 이어져 사회 구성원들이 서로를 이해하는 데 더 방해가 될 것이라는 주장도 있다. 즉, 성 역할에 대한 고정관념을 무너뜨리는 것이 아니라 더욱 강화할 수 있다는 것이다.

이 밖에 학령인구 감소로 인한 대학 재정 감소 등을 고려하면 여대들의 공학 전환은 장기적인 경쟁에 대비한 현실적인 자구책이라는 목소리도 있다. 이에 여대 존치 반대 측에서는 여대의 공학 전환 논의를 여성을 폄하하는 단순한 「젠더 논쟁」으로 접근할 사안이 아닌, 심각한 대학 운영의 현실적 문제를 고려하고 향후 위상 하락을 막기 위한 방향에서 접근할 필요가 있다는 입장이다.

나의 생각은?

시사용어

① 정치·외교·법률

간첩죄(間諜罪) ▼

"국회 법제사법위원회 법안심사제1소위원회가 11월 13일 간첩죄 처벌 범위를 「적국(북한)」에서 「외국」으로 확대하는 형법 개정안을 의결했다. 현행 형법의 간첩죄 조항(형법 제98조)은 처벌 대상이 적국으로만 제한돼 있어 북한을 제외한 국가를 위한 간첩 행위는 간첩죄로 처벌할 수 없다는 문제가 꾸준히 제기돼 왔다."

적국을 위하여 간첩활동을 하거나 적국의 간첩을 방조 또는 군사상의 기밀을 적국에 누설하는 죄로, 형법 98조에 규정돼 있다. 해당 조항에 따르면 적국을 위하여 간첩하거나 적국의 간첩을 방조한 자는 사형, 무기 또는 7년 이상의 징역에 처하며, 군사상의 기밀을 적국에 누설한 자도 같은 처벌을 받는다. 간첩죄는 미수범(100조) 및 예비·음모·선동·선전(101조)을 한 자도 처벌한다.

골란고원(Golan Heights) ▼

"시리아 반군이 12월 8일 수도 다마스쿠스를 장악하며 13년 9개월간 이어진 시리아 내전이 종료된 가운데, 이스라엘이 9일 골란고원 완충지대에 병력을 진입시키며 시리아를 공습해 논란이 되고 있다. 국제사회는 이스라엘이 점령 중인 골란고원 서쪽도 불법으로 규정하고 있는데 이스라엘은 기존 점령지를 넘어 시리아 영토까지 침공한 것이다. 이에 유엔은 이스라엘의 완충지대 침공이 정전협정 위반이라고 비판했다."

시리아와 이스라엘 사이에 위치한 고원지대로, 1967년 6일전쟁으로 이스라엘이 3분의 2를 점령했으며, 시리아가 나머지 3분의 1을 점령하고 있다. 1948년 건국된 이스라엘은 1967년 6일전쟁 당시 시리아를 공격하며 골란고원의 약 3분의 2를 점령했는데, 유엔 안전보장이사회는 결의안 242호를 채택해 이스라엘의 골란고원 점령을 불법으로 규정했다. 이후 이집트와 시리아는 골란고원 탈환을 위해 1973년 10월 6일 이스라엘을 기습 공격(4차 중동전쟁)했으나 패했다. 유엔은 1974년 이스라엘과 시리아의 휴전협정에 따라 골란고원 내 동쪽에 완충지대를 만들어 유엔휴전감시군(UNDOF)을 주둔시켰다. 이후 이스라엘은 1981년 골란고원을 자국 영토로 병합한다고 선언했으나, 국제사회는 이를 불법으로 간주하고 있어 국제법상 골란고원은 시리아 영토에 속해 있다. 골란고원은 해발 2000m에 위치해 있어 갈릴리 일대를 조망할 수 있으며 시리아 수도 다마스쿠스에서는 60km밖에 떨어져 있지 않아 전략적 요충지로 꼽힌다. 무엇보다 주요 하천들의 근원지이기도 해 수자원 확보라는 측면에서 매우 긴요한 지역인데, 실제로 이스라엘 국민 식수의 3분의 1을 책임지는 바니야스강의 발원지가 골란고원이며 이스라엘 대형 식수의 공급원인 갈릴리 호수도 골란고원에서 3분의 1이 기인하고 있다.

골판지 드론 ▼

"12월 3일 국방부에 따르면 올해 말 골판지 드론 도입 계약을 마무리하고 2025년 초 100여 대를 납품받아 드론작전사령부에 배치한다는 계획이다. 군은 골판지 드론을 우선 정찰용으로 운용하고 추후 자폭 용도로 도입·개발하는 방안을 검토할 것으로 전해졌다."

골판지 재질의 드론(Drone, 무인비행기)으로, 저렴한 비용으로 대규모 운용이 가능하고 전시에 비교적 간단히 조립해 실전에 즉각 투입할 수 있다. 골판지 드론은 종이라는 재질 특성상 레이더에 거의 탐지되지 않고 대당 가격도 500만원 안팎에 불과해 가성비가 뛰어난 무기로 꼽헌다. 실제로 우크라이나 보안국은 2023년 8월 호주로부터 지원받은 골판지 드론 「코보(Corvo Precision Payload Delivery System)」를 이용해 러시아 쿠르스크 내 공군 비행장을 공격, 수호이(Su)-30 등 전투기 5대를 파괴하고 미사일 발사대와 S-300 방공시스템 일부를 타격했다고 밝힌 바 있다.

공무직(公務職) ▼

"행정안전부가 소속 공무직 근로자 2300여 명의 정년을 65세까지 단계별로 연장하는 내용의 「행안부 공무직 등에 관한 운영규정」을 10월 14일 개정·시행했다고 20일 밝혔다. 중앙부처 가운데 직종과 관계없이 공무직 전체의 정년을 연장하는 것은 행안부가 처음이다."

국가나 지방자치단체에서 근무하는 무기계약직 근로자를 이르는 말로, 2018년 문재인 정부가 추진한 「비정규직의 정규직화」에 따라 생긴 직종이다. 이들은 기관에 직접 고용돼 상시로 업무에 종사하며, 근로 기간의 정함이 없이 근로계약을 체결한다. 주로 시설관리·미화 등의 업무를 맡고 있는 공무직은 공무원법이 아닌 근로기준법을 적용받기 때문에 임금·복지는 소속 지자체·기관과 임금·단체협약을 통해 정한다.

국가배상법(國家賠償法) ▼

"국회가 12월 10일 본회의를 열어 전사·순직한 군인·경찰 유족이 국가를 상대로 위자료를 청구할 수 있도록 하는 내용의 국가배상법 개정안을 처리했다. 현행법은 전사·순직한 군인·경찰 등이 전사나 순직했을 때 유족이 다른 법령에 따라 재해보상금과 유족연금 등을 지급받을 수 있을 때는 민법에 따른 손해배상을 청구할 수 없도록 하고 있다. 이러한 이중배상금지 원칙에 따라 유족이 연금 등을 받는다는 이유로 위자료를 청구하지 못하고 있다는 지적이 꾸준히 제기돼 왔다."

국가 또는 지방자치단체의 공무원이 그 직무를 집행하다 법령에 위반하여 타인에게 손해를 가한 경우 그 손해배상의 책임과 배상절차를 규정하고 있는 법이다. 국가 또는 지방자치단체는 공무원이 그 직무를 집행하면서 고의 또는 과실로 법령을 위반해 타인에게 손해를 입히거나, 자동차손해배상보장법의 규정에 의해 손해배상의 책임이 있는 때에는 그 손해를 배상해야 한다. 공무원이 고의 또는 중대한 과실이 있는 때에는 국가 또는 지자체는 그 공무원에게 구상할 수 있다.

네포티즘(Nepotism) ▼

"조 바이든 미국 대통령이 12월 1일 불법 총기 소지 및 탈세 혐의로 재판을 받고 있던 차남 헌터 바이든을 사면해 논란이 되고 있다. 이에 도널드 트럼프 대통령 당선인은 사법권 남용이라고 비판했으나, 트럼프 역시 최근 2기 행정부 내각을 구성하면서 사돈을 잇따라 고위직에 내정해 논란을 일으키고 있다. 이에 현지에서는 전현직 미국 대통령의 「네포티즘」이라는 비난이 나오고 있다."

조카(Nephew)와 편애(Favoritism)를 합친 말로 자신의 친척에게 관직을 주거나 측근으로 두는 친족 중용주의 혹은 족벌주의를 일컫는다. 이는 15~16세기 교황들이 자신의 사생아를 조카(라틴어로 Nepos)로 위장시켜 특혜를 주던 것을 비판한 데서 유래한 말이다. 이러한 네포티즘은 현재까지도 이어져 정치계의 비리나 재계의 족벌경영 등의 문제를 낳고 있다.

대적연구원(對敵研究員) ▼

"통일부가 11월 4일 북한의 새로운 대남기구인 「대적연구원」에 대해 기존 통일전선부(통전부) 산하 「조국통일연구원」을 변경한 것이라고 밝혔다. 북한 조선중앙통신은 11월 3일 대적연구원이라는 대남기구 명의로 윤석열 정권을 비판하는 백서를 냈는데, 북한 매체에 대적연구원이라는 대남기구가 등장한 것은 처음 있는 일이었다."

북한의 대남기구로, 기존 대남 기구인 「조국통일연구원」의 새 명칭인 것으로 추정되고 있다. 조선중앙통신은 11월 3일 대적연구원이 윤석열 정권의 범죄적 정체와 비참한 운명을 만천하에 폭로하는 백서를 작성했다고 보도했는데, 북한 매체에 대적연구원이라는 대남 기구가 등장한 것은 처음 있는 일이었다. 북한은 김정은 국무위원장이 「적대적 두 국가론」을 내세운 뒤로 「동족」, 「통일」, 「화해」 등 한민족·한반도와 관련된 용어

삭제 작업을 가속화하고 있다. 대적연구원 명칭 역시 이 적대적 두 국가 관계를 지시한 것에 따른 일련의 후속조치로 풀이되고 있다.

라자루스(Lazarus)·안다리엘(Andariel) ▼

"11월 21일 경찰청 국가수사본부는 2019년 11월 가상자산 거래소 업비트에 보관돼 있던 이더리움 34만 2000개가 탈취된 사건과 관련해, 북한 정찰총국 소속 해커집단 라자루스와 안다리엘 등 2개 조직이 범행에 가담한 사실을 파악했다고 밝혔다. 피해 규모는 당시 시세로는 580억 원, 현재 기준으로는 1조 4700억 원 상당이다. 그간 북한의 가상자산 해킹에 대한 유엔 보고서나 외국 정부의 발표는 있었지만, 국내 수사기관이 공식 확인한 것은 이번이 처음이다."

북한 정찰총국 산하의 해킹 그룹으로, ▷라자루스는 남한과 미국 등의 금융기관을 주공격 대상으로 삼으며 ▷안다리엘은 국방, 방위산업체, 정치기구, 보안업체 등 기관의 정보수집 임무를 수행하는 것으로 알려져 있다. 라자루스는 「킴수키(Kimsuky)」와 더불어 북한의 양대 해킹 조직으로 알려져 있는데, 그간 ▷소니픽처스 해킹 ▷방글라데시 현금 탈취 사건 ▷워너크라이 랜섬웨어 사건 등의 주요 배후로 거론돼 왔다. 특히 2014년 북한 김정은 국무위원장의 암살을 다룬 영화 〈인터뷰〉의 제작사 소니픽처스를 해킹했다는 혐의를 받으면서 그 이름이 세계적으로 알려졌다. 안다리엘의 경우 최근에는 경제적 이익을 위해 도박게임·ATM기기·금융사·여행사·가상자산거래소 등의 해킹 임무를 맡고 있는 것으로 알려졌는데, 지난 2017년 가상자산 사용자 원격지원 솔루션을 공격한 것도 이들의 소행인 것으로 추정되고 있다.

모하비(Mojave) ▼

"11월 12일 경북 포항 앞바다를 항해하던 해군의 대형수송함 독도함에서 미 대형무인기 모하비의 이륙 시험이 진행됐다. 미국 GA(제너럴아토믹)사가 개발중인 최신형 무인기 모하비의 시제기가 실제 바다 위에 떠 있는 군함에서 이륙 시험을 한 것은 2023년 11월 영국 경항모 퀸엘리자베스 2번함에 이어 세계 2번째다."

미국 제너럴애터믹스(GA)사의 고정익(날개형) 무인기로, 킬러 드론인 MQ-1C 그레이 이글에 단거리 이착륙(STOL·Short-TakeOff and Landing) 기능을 탑재했다. 날개 16m·길이 9m·높이 3m 크기로 좌우 날개가 기체에 고정된 형태이며, 최대 1만 피트(약 3km) 고도에서 최대 속력 140노트(시속 약 259km)로 날 수 있다. 유사시 북한 정권 수뇌부 제거 작전에 활용될 것으로 알려진 기종으로, 이착륙 거리를 10분의 1 수준으로 줄여 100m 안팎의 평지만 있으면 이착륙이 가능하다. 이에 우리 독도급 대형 수송함의 헬기용 비행갑판에서도 운용이 가능하며, 헬파이어 공대지미사일과 통합직격탄(JDAM) 등을 장착할 수 있다.

몰도바(Republic of Moldova) ▼

"친유럽과 친러시아 진영의 대결로 11월 3일 치러진 몰도바 대선 결선투표에서 친유럽 성향인 마이아 산두(52) 현 대통령이 승리하며 재선에 성공했다. 몰도바는 동유럽의 소국이지만 이번 대선이 친유럽과 친러시아 간 진영 대결로 전개되며 국제사회의 관심을 모았다. 산두 대통령은 대선 기간 유럽연합(EU) 가입을 추진하면서 러시아의 간섭과 부정부패를 몰도바가 해결해야 할 주요 과제로 내세운 바 있다."

유럽 동부에 위치한 국가로, 1991년 구소련이 붕괴하면서 구성된 독립국가연합(CIS) 공화국 중 하나이다. 수도는 키시너우이며, 언어로는 몰도바어(루마니아어와 거의 동일)와 러시아를 사용한다. 주민의 80%가 루마니아인 계통의 몰도바인이며 이 외에 우크라이나인과 러시아인으로 구성돼 있다. 종교는 동방정교(그리스 정교)가 98%로 지배적이다. 몰도바는 유럽 내 최빈국 가운데 하나로 꼽히는데, 정치는 대통령중심제(임기 4년)의 공화제로 대통령은 의회에서 선출하는 간선제로 정하고 있다. 우리나라와는 1992년 1월 31일 외교관계를 수립한 바 있다.

이번 몰도바 대선도 옛소련 소속이었던 조지아 총선과 마찬가지로 러시아의 선거 개입설을 둘러싼 논란이 분분했다. 산두 대통령은 이번 대선에서 러시아의 선거 개입이 있었다고 줄곧 주장했는데, 이에 따르면 친러 세력이 최소 30만 명의 유권자에게 금품을 살포하며 자신을 지지하지 말라고 회유했다는 것이다. 조지아의 경우 지난 10월 26일 치러진 총선에서 당초 여론조사에서 열세였던 친러 성향의 집권당 「조지아의 꿈」이 단독 과반을 달성하면서 야권을 중심으로 러시아의 선거 개입 의혹이 거세게 인 바 있다. 조지아 역시 1990년 구소련이 붕괴되면서 분리 독립한 국가 중 하나로, 현재의 국호인 조지아 전에는 러시아명인 「그루지야」로 불렸다. 조지아는 구소련에서 독립했음에도 여전히 러시아의 영향을 많이 받고 있는 국가다.

서머타임(Summer Time) ▼

"2025년 1월 취임하는 도널드 트럼프 미 대통령 당선인이 미국에서 106년 동안 시행해 온 「서머타임」이 불편하고 비효율적이라며 폐지를 강력하게 주장하고 나섰다. 특히 트럼프의 서머타임 반대를 계기로 미국을 비롯해 유럽연합(EU) 차원에서 서머타임을 시행 중인 유럽에서도 서머타임 찬반 논란이 확산되고 있다. 미 정계에서는 마르코 루비오 상원의원(공화당) 주도로 2022년 3월 서머타임 폐지 법안이 발의됐다가, 민주당 우위였던 하원에서 막힌 적이 있다."

여름철 낮 시간이 긴 것을 이용해 법령으로 표준시를 원래 시간보다 1시간 앞당긴 시각을 사용하는 제도를 말한다. 이는 에너지를 절약하고 경제 활동을 촉진하자는 취지로 시행되고 있는데, 현재 서머타임을 실시하는 나라는 미국(주마다 별도로 결정)과 EU 등 50여 개국에 이른다. 대표적으로 EU의 서머타임은 매년 3월 마지막 주 일요일에 시작돼 10월 마지막 주 일요일에 끝난다. 미국의 경우 당초 4~10월까지 서머타임을 적용했으나, 2005년 조지 W. 부시 대통령 정부 때 신에너지법이 통과되면서 2007년부터는 매년 오전 2시를 기점으로 3월 두 번째 일요일부터 11월 첫 번째 일요일까지 8개월간 서머타임을 시행하고 있다. 하지만 매년 두 차례 시간을 조정해야 하는 번거로움과 사회적 비용, 수면시간 변화에 따른 건강 문제 등을 이유로 서머타임 폐지 논란도 이어지고 있다. 이에 미국 연방 상원과 하원에서는 서머타임을 영구적으로 적용하는 법안을 여러 차례 발의하기도 했으나 통과는 이뤄지지 않은 상태다. 한편, 우리나라에서도 과거 몇 차례 서머타임이 시행되다가 1989년 완전히 폐지된 바 있다.

선제적 사면(Preemptive Pardon) ▼

"도널드 트럼프 미 대통령 당선인이 2025년 1월 취임 직후 정적(政敵)들에 대한 보복성 수사를 예고한 가운데, 조 바이든 행정부가 트럼프의 타깃에 오른 정치인과 전·현직 공무원들에 대한 「선제적 사면」을 논의 중이라고 미 정치매체 《폴리티코》가 12월 5일 보도했다."

현직 미국 대통령이 특정 인물이 수사를 받거나 기소되기 전이라도 포괄적으로 사면해 법적 처벌을 면해주는 조치다. 이는 헌법에 규정된 것으로, 미국 헌법 제2조는 「대통령은 탄핵됐을 경우를 제외하고 형 집행 정지와 사면을 명할 권한을 가진다」고 규정하고 있다. 선제적 사면은 일반적인 사면과 달리 범죄 사실이 확인되었거나 법적 처벌이 진행되기 전에 그 행위에 대한 면책을 제공한다는 특징이 있다. 특히 1866년 연방대법원은 불법 행위가 발생한 뒤 어느 때라도 현직 미국 대통령이 사면할 수 있는 권한이 있다는 판례를 성립했다. 다만 대통령의 선제적 사면은 연방법을 어긴 범죄에만 적용되며, 주 단위 사법 절차나 의회의 조사·소송에는 효력이 없다. 선제적 사면은 향후 기소 또는 유죄 판결 가능성에 대비해 행사하는 일은 흔치 않지만 전례는 있는데, 대표적인 사례로 1974년 당시 제럴드 포드 대통령은 리처드 닉슨 전 대통령에게 워터게이트 사건과 관련된 모든 범죄 혐의에 선제적 사면을 부여했다. 당시 닉슨은 공식적으로 기소되거나 유죄 판결을 받지 않았지만 포드는 정치적 혼란을 진정시키기 위해 해당 결정을 내린 바 있다.

세드나야 감옥(Sednaya Prison) ▼

시리아 수도 다마스쿠스에서 북쪽으로 약 30km에 위치한 군사 교도소로, 시리아 정부가 운영했던 가장 악명 높은 교도소 중 하나로 알려져 있다. 이 감옥은 1987년 설립됐는데, 특히 2011년 시리아 내전 발발 이후 알아사드 정권에 저항하는 반(反)정권 인사들을 잡아들이는 정치범 수용소로 사용되며 정권의 폭압을 상징하는 장소로 알려졌다. 실제로 이곳은 심한 고문과 비위생, 제대로 배급되지 않는 식량 등 열악한 환경은 물론 대규모 처형이 자행되면서 「인간 도살장」이라는 별칭으로 불렸다. 그러다 12월 8일 시리아 반군에 의해 시리아 내전이 종식되고 이들에 의해 수감자들이 석방되면서 그 참상이 공개되기 시작했다. 세드나야 감옥의 수감 시설은 레드 빌딩(수용소)과 화이트 빌딩(사형집행 장소)으로 이뤄져 있는데, 감옥의 중앙에는 끝이 없어 보이는 나선형 계단이 있고 외부에는 대전차·대인지뢰가 촘촘하게 매설돼 있다. 세드나야 교도소 실종자 협회(ADMSP)가 2022년 내놓은 보고서에 따르면 시리아 내전이 발발한 2011~2018년까지 세드나야 감옥에서는 3만 명이 넘는 사람들이 처형되거나 고문, 열악한 의료 시설, 굶주림으로 사망했다.

소말릴란드(Republic of Somaliland) ▼

소말리아 북서부 옛 영국령 지역에 위치한 국가로, 홍해와 접한 「아프리카의 뿔」이라 불리는 지역에 자리하며 면적은 29만 여km²이다. 소말릴란드는 1991년 소말리아와의 내전을 통해 분리 독립했으나 국제사회로부터는 승인 받지 못한 미승인 국가이다. 이에 공식적으로는 국제사회에서 소말리아의 한 지역으로 간주되지만, 자체 화폐와 여권·군대를 보유하고 있는 등 사실상 자치적으로 운영되고 있다. 또 수많은 내전으로 경제와 치안이 매우 불안정한 동아프리카의 다른 국가들과 달리 자체 헌법과 민주적으로 선출된 정부를 지니고 있는 등 정치·사회적으로 비교적 안정된 나라로 평가받고 있다. 소말릴란드는 1884년 영국군이 주둔하면서 1887년 영국의 보호령이 되었다가 1960년 독립했으며, 같은 해 7월 1일 독립한 남부 지역의 이탈리아령 소말릴란드와 통합해 소말리아공화국을 수립했다. 그러다 1980년대 후반 당시 소말리아 독재자였던 시아드 바레 정권의 억압에 반발해 저항이 시작됐고, 1991년 바레 정권이 붕괴하자 그해 5월 독립을 선언한 바 있다.

미 도널드 트럼프 2기 행정부가 1991년 아프리카 소말리아로부터 독립을 선언한 소말릴란드를 공식 국가로 인정할 가능성이 제기됐다. 트럼프는 1기 행정부 당시 소말릴란드의 독립국 지위 부여를 적극적으로 고려했으며, 1기 임기 말에는 소말릴란드 독립을 반대하는 소말리아에서 미군을 철수하는 내용의 행정명령을 발동하기도 했다. 하지만 2020년 대선 후 취임한 조 바이든 대통령이 해당 행정명령을 철회하면서 해당 구상은 실현되지 않은 바 있다.

수정의 밤(Kristallnacht) ▼

"11월 7일 네덜란드 축구팀 아약스와 이스라엘의 마카비 텔아비브 간 유로파리그(UEL) 경기가 벌어진 가운데, 이스라엘 축구팬들을 향한 집단 폭력이 발생했다. 네덜란드 현지 매체들에 따르면 이날 오후 11시경 경기장 밖으로 나온 이스라엘 축구팬들에게 수백 명의 군중이 몰려들어 집단 린치(폭행)가 이어졌는데, 해당 사태가 과격 축구팬들의 단순 충돌 사태가 아닌 조직적 반유대주의 폭력이라는 정황 때문에 긴장이 높아졌다. 한편, 베냐민 네타냐후 이스라엘 총리는 11월 8일 해당 사태를 두고 「86년 전 벌어진 수정의 밤의 재연」이라며 이를 비판했다."

1938년 11월 9일 나치 대원들이 독일 전역의 수만 개에 이르는 유대인 가게를 약탈하고 250여 개 시나고그(유대교 사원)에 방화했던 날을 말한다. 사건은 독일 내 거주하고 있던 외국 출신 유대인들을 무조건 추방하라는 나치당의 조치에서 시작됐다. 그러다 당시 17세였던 독일계 유대인 청년이 1938년 11월 7일 파리 주재 독일 대사관의 3등 서기관을 피살하는 일이 발생했다. 이 사건이 독일 전역으로 알려지면서 시나고그와 유대인 상점에 대대적인 방화와 약탈이 자행됐으며, 그 결과 유대인 91명이 살해되고 3만 명이 체포됐다. 당시 나치가 밤새 유대인 가게의 유리창 등을 파괴하면서 유리 파편들이 반짝거리며 온 거리를 가득 메웠다고 해서 「수정의

밤」이라는 명칭이 붙었다. 특히 1933년 총선 승리를 통해 집권한 아돌프 히틀러의 나치 정권은 집권 시작부터 유대인에 대한 억압을 전개했는데, 이 「수정의 밤」 사건을 계기로 나치 대원들의 광적인 유대인 말살정책이 본격화됐다.

12·12 군사반란(十二十二 軍事叛亂) ▼

"12월 3일 윤석열 대통령의 갑작스러운 비상계엄 선포로 45년 만에 계엄령이 발동되면서 순식간에 대한민국은 혼란 속으로 빠져들었다. 이는 국회의 신속한 계엄해제 요구안 가결로 6시간 만에 해제됐으나, 사상 초유의 헌법 유린 상황이라는 점에서 윤 대통령의 탄핵안 가결로 이어졌다."

1979년 12월 12일 당시 보안사령관이었던 전두환, 제9사단장이었던 노태우 등 하나회를 중심으로 한 신군부 세력이 일으킨 군사반란을 말한다. 1979년 10·26사건으로 박정희 대통령이 사망한 이후 합동수사본부장을 맡은 보안사령관 전두환과 계엄사령관을 맡은 육군참모총장 정승화는 사건수사 방향과 군 인사문제를 두고 갈등을 빚었다. 이에 전두환은 자신을 중심으로 한 신군부 세력이 군권을 틀어쥐기 위해 정승화에 대한 선제공격을 하기로 했다. 이 반란사건에는 전두환과 노태우 외에 ▷국방부군수차관보 유학성 ▷제1군단장 황영시 ▷수도군단장 차규헌 ▷제20사단장 박준병 ▷제1공수여단장 박희도 ▷제3공수여단장 최세창 ▷제5공수여단장 장기오 등이 가담했다. 전두환은 군부 내의 이 하극상을 합리화하기 위해 정승화가 김재규로부터 돈을 받아 10·26사건 수사에 비협조적 태도로 일관하며 수사 방향을 왜곡시키고 있다는 구실을 만들었다. 그리고 1979년 12월 12일 이들의 반란으로 정승화는 합수부로 강제 연행됐으며, 그는 김재규 내란기도 방조 혐의로 기소돼 1980년 3월 계엄 보통군법회의에서 징역 10년을 선고받았다. 그리고 신군부 세력은 이 사건으로 군 내부의 주도권을 장악한 후 1980년 5·17사건을 일으켜 제5공화국의 권력을 찬탈했다.

아랍연맹(AL·Arab League)·이슬람협력기구(OIC·Organization of the Islamic Cooperation) ▼

"11월 11일 사우디아라비아 수도 리야드에서 열린 아랍연맹(AL)·이슬람협력기구(OIC) 공동정상회의에서 57개 회원국 정상들은 세계 각국이 이스라엘에 대한 무기 금수 조치를 단행하고 이스라엘의 유엔 회원국 자격을 정지할 것을 촉구하는 내용의 폐막성명을 채택했다. 또 팔레스타인 주권 국가 수립을 지지하면서 이스라엘이 1967년 이후 점령한 아랍 영토에서 철수하라고 촉구했는데, 이는 요르단강 서안지구와 동예루살렘, 가자지구와 골란고원을 의미한다."

아랍연맹(AL)은 1945년 3월 결성된 중동의 지역협력기구로, 회원국 간 협력과 중동평화 추구를 목적으로 한다. 본부는 이집트 카이로에 있으며, 최고기관은 참가국의 대표로 구성된 이사회이다. AL은 회원국들의 정치·문화·경제·사회적 협력을 도모하고, 회원국 간 및 제3국과 생기는 분쟁을 조정하는 것을 목표로 한다. 22개 회원국은 연맹협의회 투표에서 한 표씩 행사할 수 있는데, 결정안은 그에 찬성한 국가에서만 구속력을 가진다. 이슬람협력기구(OIC)는 이슬람국가들의 연대와 이익을 보호할 목적으로 1969년 모로코에 설립된 기구다. 본부는 사우디아라비아 제다에 있으며, 1979년 예루살렘을 팔레스타인의 수도로 선포하는 등 이슬람권의 대표기구로 활동하고 있다.

앵커 베이비(Anchor Baby) ▼

불법 체류 중인 외국인 부모가 미국에서 출산해 시민권을 얻게 된 아기를 뜻하는 용어로, 미국은 부모의 국적과 상관없이 자국에서 태어나면 출생시민권을 부여(수정헌법 14조에 규정)하고 있다. 이는 남북전쟁 이후인 1868년 노예 신분에서 해방된 흑인들에게 시민권을 주기 위해 명시된 것이다. 앵커 베이비라는 명칭은 자녀가 부모의 합법적 체류를 돕는 「닻(Anchor)」 노릇을 한다는 조롱의 의미를 담고 있다. 즉, 아이가 시민권을 얻으면 양육과 교육을 책임져야 한다는 이유로 부모도 시민권이나 영주권을 얻기가 쉬워지기 때문이다. 아시아 국가 중산층 사이에서 성행하는 원정출산, 중남미계 불법 체류자들의 미국 내 출산 등이 앵커 베이비에 해당한다.

영 마가(Young MAGA) ▼

도널드 트럼프 미국 대통령 당선인이 지난 2016년 대선 당시 사용했던 구호인 「마가(MAGA)」를 지지하는 젊은 층(정치인)을 이르는 말이다. 마가는 「다시 미국을 위대하게(Make America Great Again)」의 알파벳 앞 글자를 딴 용어다. 이는 트럼프를 지지하는 강경파 공화당 의원이나 극렬 지지층을 일컫는 말로, 트럼프는 2016년 「마가」를 상표권 등록하면서 자신의 트레이드마크로 만든 바 있다. 그리고 「영 마가」는 이 마가를 지지하는 젊은 세대 정치인들을 일컫는 표현으로 사용되는데, 주로 1980~90년생인 영 마가들은 기존 워싱턴 기득권 정치에 반발하는 것은 물론, 트럼프가 주창하는 「미국 우선주의(아메리카 퍼스트)」를 기반으로 한 트럼프의 정책과 이념을 강력히 지지하고 있다.

11월 5일 미 대선에서 당선된 도널드 트럼프 당선인이 2기 행정부의 내각과 백악관의 주요 직책에 영 마가들을 잇따라 지명하면서 이들이 미칠 영향력에 이목이 집중되고 있다. 트럼프는 2024년 대선 레이스 중에는 40세인 J D 밴스 상원의원을 러닝메이트(부통령 후보)로 지명하면서 이 흐름을 시작한 바 있다. 그리고 당선 확정 이후에는 50세 이하의 영 마가들을 잇따라 요직에 지명했는데, 대표적으로 ▷법무장관에 지명된 맷 게이츠(42) 공화당 하원의원 ▷국가정보국(DNI) 국장에 지명된 털시 개버드(43) 전 민주당 하원의원 ▷국방장관으로 지명된 피트 헤그세스(44) 폭스뉴스 진행자 ▷유엔 대사에 지명된 엘리스 스터파닉(40) 하원의원 등이 이에 해당한다.

장사정포요격체계(LAMD·Long-range Air and Missile Defense) ▼

"방위사업청이 10월 28일 제164회 방위사업추진위원회(방추위) 회의를 열고 「장사정포요격체계 사업추진기본전략 수정안 및 체계개발 기본계획안」을 심의·의결했다. 이에 따르면 장사정포요격체계(LAMD)에 2조 9494억 원이 투입되며,

2033년까지 개발과 양산이 지속된다. 또 도입 시점도 2031년에서 2029년으로 2년 앞당긴다는 계획이다."

한국형 미사일 방어계획의 저고도 담당 체계로, 북한군의 장사정포로부터 국가 및 군사중요시설의 대공 방어능력을 확보하는 요격체계 구축 사업을 말한다. 이는 북한의 핵·미사일 위협을 막기 위한 무기체계인 한국형 3축체계(킬체인, 한국형 미사일방어(KAMD), 대량응징보복(KMPR)) 가운데 KAMD에 속한다. 이는 이스라엘이 운용 중인 미사일 방어체계 「아이언돔(Iron Dome)」 방식이라는 점에서 「K-아이언돔」이라고도 불린다.

정부효율부(DOGE·Department of Government Efficiency) ▼

2025년 1월 20일 출범하는 도널드 트럼프 2기 행정부에서 신설되는 부서로, 정부 예산을 효율적으로 운영하고 불필요한 지출을 줄이기 위해 고안된 부서다. 트럼프 미국 대통령 당선자는 11월 12일 일론 머스크 테슬라 최고경영자(CEO)와 공화당 대선 경선에 참여했던 인도계 사업가 비벡 라마스와미를 정부효율부 수장으로 지명했다. 트럼프는 이번 대선 과정에서부터 연방정부 재정에 대한 개혁을 추진하는 정부효율 담당 부처를 설립하고, 이를 머스크에게 맡길 것이라고 공개적으로 밝혀온 바 있다. 머스크 역시 대선 당시 트럼프 후보에게 정부효율부 신설을 제안하며 막대한 낭비와 사기를 걷어내 한 해 연방정부 전체 예산(6조 5000억 달러)에서 2조 달러(약 2814조 원) 이상을 감축할 수 있다고 제안한 적이 있다. 한편, 정부효율부의 약자(DOGE)가 머스크가 홍보하던 밈코인인 「도지코인」과 철자가 같다는 점에서도 화제가 됐다. 도지코인은 2013년 나온 밈코인으로, 머스크가 2019년 4월 엑스(X·옛 트위터)의 개인 계정에서 도지코인에 대한 관심을 드러내면서 급등락을 반복한 바 있다.

중국 신방첩법(中國 新防谍法) ▼

"중국 정부가 10월 28일 신방첩법(반간첩법 개정안) 위반 혐의로 체포된 한국인의 구속 사실을 공식 확인했다. 린젠(林劍) 중국 외교부 대변인은 이날 정례 브리핑에서 50대 한국 교민 A씨의 구속에 대해 「이 한국 공민(시민)은 간첩죄 혐의로 중국 관련 당국에 의해 체포됐다」고 밝혔는데, 신방첩법 위반 혐의로 한국인이 구속된 것은 A씨가 처음이다. 삼성전자에서 장기간 근무한 뒤 지난 2016년 세워진 중국 창신메모리테크놀로지(CXMT·長鑫存儲)에 영입된 A씨는 반도체 정보를 한국으로 유출했다는 혐의를 받는 것으로 알려지는데, A씨 측은 CXMT 재직 당시 핵심 기술에 대한 접근 권한이 없었다고 주장하고 있다."

간첩행위의 정의와 법 적용 범위를 넓히고 국가안전기관의 권한을 확대한 중국의 반간첩법 개정안으로, 2023년 7월 1일 시행됐다. 기존에는 5개 장 40개 조항으로 구성돼 있었으나, 개정 이후 6개 장 71개 조항으로 많은 부분이 개정됐다. 그 개정의 주된 내용으로는 ▷간첩 행위의 정의 확대 ▷정보 수집 제한 ▷민간 부문 참여 ▷처벌 규정 강화 등이 있다. 간첩행위 정의 확대의 경우 ▷기밀 정보 및 국가안보와 이익에 관한 문건·데이터 등에 대한 정탐·취득·매수·불법제공 ▷국가기관·기밀 관련 부처·핵심 정보기반시설 등에 대한 촬영 및 사이버공격 ▷간첩 조직 및 그 대리인에게 협력하는 행위 등을 간첩행위에 추가했다. 또 간첩행위 혐의자의 문서·데이터·자료·물품의 열람 및 수거 권한과 신체·물품·장소 검사의 권한을 명시했으며, 관련된 개인과 조직에 대해서는 협조 의무를 부여했다. 그러나 이 법은 중국 당국이 간첩 행위를 자의적으로 판단할 여지를 높였다는 비판을 받고 있다.

채 상병 사건(채 해병 사건) ▼

"국민의힘이 12월 2일 더불어민주당에서 요구한 채 상병 순직 사건 국정조사를 수용하기로 결정했다. 이는 채 상병이 2023년 7월 순직한 지 1년 5개월 만이자 22대 국회 개원 후 첫 국정조사다. 그동안 야당 주도로 채 상병 특검법이 3차례 국회 본회의를 통과했지만 윤석열 대통령이 거부권을 행사하면서 모두 폐기된 바 있다. 이번 국정조사의 핵심은 채 상병 사건을 처리하는 과정에서 대통령실과 국방부 등의 외압이 있었는지 여부가 될 것으로 전망된다."

해병대 채수근 상병이 2023년 7월 19일 경북 예천의 수해 현장에서 실종자 수색을 하던 중 급류에 휩쓸리며 실종됐다가 14시간 만에 내성천 인근에서 숨진 채 발견된 사건을 말한다. 당시 해병대는 경북 예천 내성천 경진교와 삼강교 사이 22.9km 구간에 119명을 투입해 실종자 수색 작전을 하고 있었으며, 채 상병은 7월 18일부터 실종자 수색 현장에 투입됐다. 사건 이후 박정훈 대령을 수사단장으로 하는 해병대 수사단이 수사를 진행했고, 박 대령은 2023년 7월 30일 채 상병이 소속된 임성근 해병대 제1사단장 등 관계자 8명에게 업무상 과실치사 혐의가 있다는 내용의 조사 결과를 보고했다. 그러나 사건 수사를 둘러싸고 수사 외압(박 대령 측)과 항명(국방부 측) 논란이 일었는데, 박 대령은 「국방부 수뇌부가 사단장, 여단장 등 지휘부의 혐의를 제외하고자 수사결과 조정을 압박했다」며 수사 외압 의혹을 제기했다. 이에 사건의 진상을 수사하기 위한 「채 상병 특검법」이 지난 5월 2일 국회를 통과했으나 윤석열 대통령의 거부권 행사와 재의결 부결로 21대 국회에서 자동 폐기됐다. 이에 민주당 등 야당은 22대 국회 개회와 함께 당론 1호로 「채 상병 특검법」을 다시 발의했으나, 이 역시 윤 대통령의 거부권과 재의결 부결이 이어지며 3번째 폐기됐다.

초승달 벨트 ▼

"시리아 반군이 12월 8일 수도 다마스쿠스를 장악하며 알아사드 정권을 무너뜨리면서 이란에 의해 수십 년간 구축돼 온 초승달 벨트가 무너졌다는 분석이 나온다. 알아사드 정권은 이란의 지원을 받아온 시아파 정권으로, 이에 앞서 초승달 벨트의 한 축인 레바논 헤즈볼라는 이스라엘과의 전면전으로 궤멸 수준에 이른 바 있다."

중동의 이란·이라크·시리아·레바논 등으로 연결되는 이슬람 시아파 국가의 동맹전선으로, 「시아파 벨트」라고도 한다. 현재 전 세계 이슬람교도 가운데 수니파가 전체의 90%를 차지하는 다수파이고, 나머지 10%가 시아파인데 사우디와 이란이 각각 수니파와 시아파의 맹주를 자처하고 있다. 시아파의 맹주인 이란은 이 초승달 벨트를 구축해 사우디를 위시한 수니파 진영과 맞서고 있다. 이란은 이들 국가들 내의 시아파 세력을 지원하는 등의 활동을 펼치고 있는데, 「저항의 축」이라 불리는 레바논의 헤즈볼라, 예멘의 후티 등이 이란의 지원을 받는 대표적 시아파 무장단체다. 한편, 수니파(Suunis)와 시아파(Shiis)는 이슬람 창시자 무함마드 사후(632년)에 그의 후계자 선정 방식을 놓고 충돌하며 분열한 양대 종파로 현재까지도 그 갈등이 계속되고 있다.

충청광역연합(忠淸廣域聯合) ▼

"대전광역시, 세종시, 충남도, 충북도 등 충청권 4개 시도가 충청권 메가시티 구축을 위해 추진한 특별지방자치단체(특별지자체)인 「충청광역연합」이 12월 18일 공식 출범했다. 2022년 특별지자체의 구체적인 설치 및 운영 근거를 담은 지방자치법 전부 개정 법률이 시행된 이후 특별지자체가 출범한 것은 이번이 처음이다."

충청권 메가시티(광역생활경제권) 구축을 목표로 하는 첫 특별지방자치단체(특별지자체)로, 대전·세종시, 충남·북도가 수도권에 버금가는 단일 경제·생활권을 형성하기 위해 연합한 것이다. 이는 지방분권 실현과 지역 균형발전을 목표로 수도권 집중으로 인한 지방소멸 위기에 대응하기 위함이다. 여기서 특별지자체는 2개 이상의 지자체가 공동으로 특정 목적을 위해 광역사무를 처리할 필요가 있을 때 설치하는 지자체로, 기존 행정구역의 변경을 전제로 하는 행정통합과는 다르다. 특별지자체는 별도의 단체장과 지방의회를 구성할 수 있으며, 이에 독립적인 인사·조직권, 조례·규칙제정권 등의 자치권을 가지고 있어 독립적인 의사결정이 가능하다. 2022년 8월 29일 충청권 시도지사들은 특별지자체 추진을 합의했으며, 이후 시도 및 시도의회 협의를 통해 규약안을 마련해 행정안전부의 승인을 받은 바 있다. 충청광역연합은 기존 지자체 행정구역을 그대로 유지하면서 교통망과 산업 육성 등 시·도 간 경계를 넘어서는 초광역 행정사무를 수행하게 된다. 구체적으로 ▷초광역 도로·철도·교통망 구축 ▷초광역 산업 육성 등 자치단체 이관사무 20개 ▷광역간선급행버스체계(BRT) 구축·운영에 대한 국가 위임사무 등 단일 시·도만으로 대응이 어려운 광역사무를 수행하게 된다.

카키스토크라시(Kakistocracy) ▼

「최악의 인물이 통치하는 체제」를 일컫는 용어로, 그리스어 형용사 카코스(Kakos·나쁜)의 최상급 「카키스토(Kakisto)」와 통치를 뜻하는 「크라시(Cracy)」를 합친 말이다. 즉 도덕적·지적 능력 등이 부족한 사람들이 권력을 장악해 부정부패와 비효율성, 비합리성이 만연한 체제를 가리킨다. 이 용어는 1644년 당시 영국 국왕이었던 찰스 1세가 전쟁 비용 충당을 위해 막대한 세금을 부과하려다 의회파 등의 반란에 직면한 데서 시작됐다.

당시 찰스 1세를 지지하던 옥스퍼드의 목사는 반란 세력에게 「건실한 군주제를 미친 카키스토크라시로 전락시키려 한다」고 주장했다. 카키스토크라시는 20세기 이후에는 부패하고 무능한 최악의 인물이 통치하는 체제를 비판하는 시사 용어로 사용되고 있다. 특히 2008년 노벨 경제학상 수상자인 폴 크루그먼 교수가 2017년 도널드 트럼프 미국 대통령의 취임을 앞두고 뉴욕타임스(NYT) 연재 칼럼에서 「미국이 카키스토크라시를 경험하고 있다」는 내용을 쓰면서 화제가 된 바 있다. 그리고 2025년 1월 도널드 트럼프 2기 행정부 출범을 앞두고 영미권에서는 카키스토크라시가 화제가 되고 있는데, 영국 시사주간지 《이코노미스트》는 11월 29일 「2024년의 단어」로 카키스토크라시를 꼽기도 했다. 또 크루그먼 뉴욕시립대 교수는 12월 10일 뉴욕타임스(NYT) 고별 칼럼에서 「카키스토크라시」를 막아야 한다고 촉구하는 내용을 쓰기도 했다.

통신품위법
(CDA·Communication Decency Act) ▼

미국 의회에서 1995년 제정된 법률로, 인터넷 상 유해 콘텐츠에서 이용자를 보호하기 위해 제정됐다. 이는 온라인에서 음란 폭력 정보제공자에게 25만 달러(약 3억 원)의 벌금이나 최고 2년 이하의 징역형에 처할 수 있다는 내용을 담고 있다. 그러나 40여 개 시민단체가 언론의 자유를 침해한다며 연방법원에 위헌소송을 제기했고, 연방대법원은 1997년 통신품위법이 지나치게 광범위한 제한을 적용해 온라인상 표현의 자유를 제한한다고 판단해 일부 조항에 대해 위헌 판결을 내린 바 있다. 이 가운데 통신품위법 230조는 「서비스 제공자(플랫폼 기업)는 제3자인 콘텐츠 제공자가 공급한 정보의 발행인 또는 발언자로 취급하지 않는다」고 규정하고 있는데, 이는 기업들이 플랫폼에서 유통되는 불법 콘텐츠에 대해 법적 책임을 지지 않는 근거로 활용됐다. 그러나 2016년 미국 대선을 전후로 가짜뉴스 문제가 쟁점으로 떠오르면서 해당 조항이 폭력적인 게시물을 방치한다는 논란에 휩싸인 바 있다.

특별감찰관법(特別監察官法) ▼

대통령의 친인척 등 대통령과 특수한 관계에 있는 사람의 비위행위(非違行爲)에 대한 감찰을 담당하는 특별감찰관의 임명과 직무 등에 관해 필요한 사항을 규정한 법률이다. 특별감찰관은 국회가 15년 이상 판사·검사·변호사직에 있던 변호사 중에서 3명의 후보자를 추천하면 대통령이 인사청문회를 거쳐 임명하며, 임명된 감찰관은 감사원 수준의 조사 권한을 갖는다. 특별감찰관은 대통령 소속으로 하되 직무에 관해서는 독립의 지위를 가지며, 임기는 3년으로 하며 중임할 수 없다. 특별감찰의 대상은 ▷대통령의 배우자 및 대통령의 4촌 이내의 친족 ▷대통령 비서실 내 수석비서관 이상의 공무원이다.

다만 이들을 감찰하려는 경우 ▷국무총리로부터 국가기밀에 속한다는 소명이 있는 사항 ▷국방부장관으로부터 군기밀이거나 작전상 지장이 있다는 소명이 있는 사항에 대해서는 감찰할 수 없다. 감찰 결과로 범죄행위에 해당한다고 믿을 만한 상당한 이유가 있거나 형사처벌이 필요하다고 판단되면 검찰총장에게 수사를 의뢰하거나 고발할 수 있다. 한편 특별감찰관이 사고 등 부득이한 사유로 직무를 수행할 수 없는 경우에는 특별감찰관보가 직무를 대행하고, 특별감찰관과 특별감찰관보 모두 직무 수행이 불가능한 경우에는 감찰담당관 중 최상위자가 직무를 맡는다.

윤석열 대통령의 부인 김건희 여사를 둘러싼 각종 의혹으로 인해 「대통령 배우자법」의 필요성을 주장하는 목소리가 높아졌다. 대통령 배우자는 투표를 통해 선출된 권력이 아니지만, 대통령과 함께 각종 정치·외교행사 등에 참여하거나 단독 일정을 수행하는 등 공직자 역할을 하고 있다. 대통령 배우자의 공적 역할은 청와대 제2부속실을 통해 이뤄져 왔는데, 윤 대통령 취임 후 폐지됐다가 최근 김 여사 관련 논란이 거세지면서 재설치 여부가 논의된 바 있다. 대통령 배우자법에 대해서는 법 제정으로 그 공직적 지위와 법적 책임을 명확히 해야 한다는 의견도 있으나, 선출된 권력이 아닌 대통령 배우자에게 법적 지위를 부여하는 것은 불합리하다는 지적도 있다.

PSAT(Public Service Aptitude Test) ▼

"행정안전부가 2027년부터 지방공무원 7급 공채시험 과목 중 국어를 「공직적격성평가(PSAT)」로 대체한다고 12월 18일 밝혔다. PSAT 도입에 따라 지방직 7급 공채시험의 절차 및 합격자 결정방법도 조정되는데, 현행 필기시험(1차·2차 과목)과 면접시험의 2단계로 운영되던 시험절차는 1차 PSAT, 2차 과목 필기시험, 3차 면접시험의 3단계로 조정된다."

공무 수행에 필요한 기본적 지식과 소양, 자질 등을 갖추고 있는지를 종합적으로 평가하는 공직적격성 테스트를 말한다. PSAT의 3대 평가영역은 ▷언어논리 ▷자료해석 ▷상황판단으로, 언어논리에서는 문장 구성과 이해력, 표현력, 논리적 사고력, 추론력을 평가한다. 자료해석의 경우 수치자료 처리와 분석, 기초적 통계처리 및 해석, 정보화 능력을 점검하며, 상황판단에서는 기획, 분석, 추론, 판단 및 의사결정, 문제해결 등의 능력을 검정한다.

하야트 타흐리르 알샴
(HTS·Hayat Tahrir al-Sham) ▼

"11월부터 시리아 정부군을 상대로 공세를 가하기 시작한 하야트 타흐리르 알샴(HTS)을 주축으로 한 시리아 반군이 12월 8일 수도 다마스쿠스를 점령하고 승리를 선언했다. 이와 같은 반군의 공세에 시리아를 철권 통치해온 바샤르 알아사드 대통령은 러시아로 도피했고, 이로써 2011년 「아랍의 봄」을 계기로 촉발된 시리아 내전이 발발 13년 9개월 만에 막을 내림과 함께 53년간 이어졌던 알아사드 일가의 철권통치도 종식됐다."

시리아에서 활동하는 무장단체이자 반군의 주축 세력으로, 시리아 내전이 발발한 2011년에 만들어진 알카에다 시리아 지부인 「알누스라 전선」이 전신이다. 알카에다 등 국제 테러단체들은 시리아 내전 발발 후 시리안 내 영향력 확대를 위해 알누스라 전선을 창설했는데, 이 단체의 지도자인 아부 무함마드 알졸라니는 2016년 알카에다와 결별을 선언하고 조직 이름을 HTS로 변경했다. 이들은 알카에다와 관계를 끊고 독립적으로 활동한다는 입장이지만, 미국 등 국제사회는 여전히 알카에다와 연계돼 있을 것으로 파악하고 있다. 미국의 경우 2012년 알누스라 전선이 알카에다의 다른 명칭에 불과하다고 보고 공식 테러단체로 지정한 바 있다. HTS는 2017년 이슬람주의와 민족주의를 결합한 온건적인 이념 노선 등을 내세우며 시리아 내 유사한 반군 분파를 규합했으며, 이슬람주의 국가 수립을 최종 목표로 바샤르 알아사드 정권에 저항하는 시리아에서 가장 강력한 반군 단체가 됐다. 이들은 여성의 히잡 착용 의무화를 완화하고 금연을 강요하지 않는 등 비교적 온건 노선을 택해 시리아 북서부를 중심으로 세를 불렸다. 특히 북서부 이들리브주에서 이슬람 극단주의 무장단체인 이슬람국가(IS)와 친(親)알카에다 세력을 물리치면서 사실상 이 지역을 장악했다.

> **이슬람국가(IS·Islamic State)** 2014년 6월부터 이라크와 시리아를 중심으로 세력을 확장한 이슬람 수니파 무장단체이다. IS는 중동은 물론 유럽에서도 테러를 자행하며 전 세계에 공포를 안겼으나, 2017년 7월과 10월에 걸쳐 각각 이라크 모술과 수도인 시리아 락까를 잃으면서 와해됐다.

한미 연례안보협의회의(SCM·ROK–US
Security Consultative Meeting) ▼

"김용현 국방장관(현재는 사임)과 로이드 오스틴 국방장관이 10월 30일 미국 워싱턴 인근 미 국방부 청사(펜타곤)에서 제56차 한·미 SCM을 연 뒤 발표한 공동성명에서 「향후 연합연습에는 북한의 핵 사용에 대한 대응을 포함한 현실적인 시나리오를 포함하기로 결정했다」고 밝혔다. 이에 따라 2025년 8월쯤 실시되는 한·미 연합군사연습 「을지 자유의 방패(UFS·을지프리덤실드)」에서 CNI 도상연습(TTX·토의식 훈련)이 진행된다. 다만 이번 성명에서 한반도 비핵화 문구는 포함되지 않았는데, 2016년 48차 SCM 이후 비핵화 문구가 빠진 것은 이번이 처음이다."

한·미 양국의 주요군사정책 협의 조정 기구로, 한미 양국의 국방장관 수준에서 주요 안보문제를 협의하고 해결하기 위해 양국에서 번갈아 가며 연례적으로 개최하고 있다. 이는 1968년 1·21사태(김신조 사건) 및 푸에블로호 납북사건 등으로 한미 양국 간 안보협의 필요성이 대두됨에 따라 시작된 것으로, 그해 5월 워싱턴에서 제1차 회의가 개최됐다. 1971년 제4차 회의 때부터는 회의 명칭을 「한미안보협의회의」로 바꾸었고, 이는 박정희 전 대통령이 암살됐던 1979년을 제외하고는 현재까지 매년 열리고 있다. 한미안보협의회의는 ▷한·미 양국의 안보문제 전반에 관한 정책 협의 ▷동북아시아와 한반도의 군사적 위협평가 및 공동대책 수립 ▷양국 간의 긴밀한 군사협력을 위한 의사조정 및 전달 ▷한·미 연합방위력의 효율적 건설 및 운영방법을 토의하는 기능 등을 수행한다.

② 경영·경제

개인소비지출
(PCE·Personal Consumption Expenditure) ▼

"미 상무부가 10월 PCE 지수가 전년 동월 대비 2.3%, 전월 대비 0.2% 상승했다고 11월 27일 발표했다. 단기 변동성이 큰 에너지와 식료품 가격을 제외한 근원 PCE 가격지수는 1년 전보다 2.8%, 한 달 전보다 0.3% 올랐다. 이는 앞서 제시된 전문가 전망치와 동일한 수준이라는 점에서 연방준비제도(Fed·연준)의 12월 금리인하 전망도 유지되게 됐다."

법인이 아닌 가계와 민간 비영리단체들이 물건을 사거나 서비스를 이용하는 데 지불한 모든 비용을 합친 것으로, 쉽게 말해 한 나라에 있는 모든 개인들이 쓴 돈의 합계액을 말한다. 이는 미국 상무부 산하 경제분석국(BEA)이 직전 월 가계와 민간 비영리기관들이 물건을 사거나 서비스를 이용하는 데 지출한 모든 비용을 집계해 발표하는 경기후행지수다. 이 개인소비지출을 지수화시킨 것을 「PCE 가격지수(PCEPI·PCE Price Index)」라고 하는데, 이는 개인들의 소비지출을 나타내는 지표이기 때문에 경기의 좋고 나쁨을 판단하는 데 있어 매우 중요하다. PCEPI는 소비자물가지수(CPI)와 생산자물가지수(PPI)를 포함해 국민총소득(GDP), 국민소득계정(NIPA) 등 여러 자료를 이용해 산출한다. 특히 미 연준(Fed)은 이 지표를 이용해 인플레이션(물가상승)의 정도를 파악하고, 인플레이션 목표를 정해 통화정책을 결정한다. Fed는 1999년까지 근원 CPI를 활용했으나, 2000년 들어서는 변동성이 큰 음식과 에너지 소비를 제외한 근원 PCE 가격지수(Core PCE Price Index)로 참조 물가지수를 바꿨다. 한편, CPI가 가계의 직접지출 품목을 중심으로 산출된다면, PCE는 가계의 직·간접적인 품목을 모두 포함한다. 또 CPI를 구성하는 품목과 서비스가 2년마다 조정되는 반면 PCE의 경우 분기마다 조정해 소비 패턴을 보다 신속히 반영한다. 아울러 CPI는 도시의 소비자가 직접 구매한 상품과 서비스만 포함하지만, PCE는 미국 전역의 모든 가구를 다룬다.

그린스완(Green Swan) ▼

기후변화로 인한 금융위기 가능성을 뜻하는 말로, 기후변화가 경제에 전방위적인 영향을 미치고 결국은 금융위기까지 초래할 수 있다는 것을 말한다. 그린스완은 「불확실한 위험」을 뜻하는 「블랙스완(The Black Swan)」에서 파생된 말로, 블랙스완은 미국의 나심 탈레브가 2007년 동명의 저서에서 서브프라임 모기지 사태를 예견한 후 경제 분야에서 널리 사용되는 용어다. 국가별 중앙은행의 협력기구인 국제결제은행(BIS)은 2020년 1월 「기후변화 시대의 중앙은행과 금융안정」이라는 보고서를 통해 기후변화로 인한 금융위기를 그린스완이라는 용어로 규정했다. 보고서는 그린스완의 예로 자연재해로 인해 농산물과 에너지 가격이 급격히 상승하면서 단기간 식료품 가격이 급등할 가능성을 제시했다. 또 기후변화로 인한 폭염과 혹한으로 노동생산성이 급락할 우려도 명시했다. 아울러 기후변화로 인해 나타나는 홍수·폭염 등의 자연재해로 각국 금융기관·기업·가정 등의 경제적 비용과 재정적 손실이 증가할 것이라는 전망도 내놓았다.

글로벌 최저한세
(Global Minimum Corporate Tax) ▼

다국적기업의 소득에 대해 특정 국가에서 15%의 최저한세율보다 낮은 세율을 적용하는 경우 최종 모기업의 거주지국 등 다른 국가에 추가 과세권을 부여하는 제도를 말한다. 이는 국가 간 조세 경쟁을 활용해 다국적 기업이 저율과세 국가를 찾아다니며 조세를 회피하는 것을 방지하기 위해 경제협력개발기구(OECD)와 주요 20개국(G20)의 포괄적 이행체계에서 합의된 것이다. 우리나라에서는 글로벌 최저한세 도입을 위한 「국제조세 조정에 관한 법률」 개정안이 2022년 12월 국회에서 통과돼 올해부터 시행되고 있다. 적용대상은 직전 4개 사업연도 중 2개년 이상의 연결 재무제표상 매출이 7억 5000

만 유로(약 1조 원) 이상인 다국적기업이다. 이는 국가별로 계산한 실효세율(조정대상 조세를 글로벌 최저한세 소득으로 나눈 값)을 기준으로 15%에 미달하는 만큼 추가 과세한다. 다만 정부기관, 국제기구, 비영리기구, 연금펀드, 투자펀드 등은 적용 대상에서 제외된다. 이는 경제협력기구(OECD)가 추진하는 국제조세 개편의 두 축 중 하나(필라 2)로, 디지털세를 뜻하는 필라 1의 경우 다국적 기업들이 본사가 속한 국가뿐 아니라 실제 매출이 발생한 국가에도 세금을 내도록 하는 국제조세 규약을 말한다.

금융안정계정(金融安定計定, Financial Stability Account) ▼

금융시장 위기가 우려되는 상황으로 판단될 경우 일시적 어려움에 부딪힌 금융사에 선제적으로 유동성 공급(채무보증·대출) 또는 자본확충(우선주 등 매입)을 지원하는 제도다. 이는 예금자 보호를 위해 마련해 둔 예금보험공사의 예금보험기금 내에 별도의 계정을 설치해 운용하는 방식으로 마련된다. 현재는 금융사 부실이 발생한 이후에나 예보기금이나 공적자금을 투입하는 사후 대응수단밖에 없다. 금융안정계정 도입은 2022년 레고랜드 사태 이후 본격적으로 논의됐으며, 2023년 미국 실리콘밸리은행(SVB) 파산과 새마을금고 위기설에 따른 뱅크런(대규모 예금인출) 우려 등이 잇따라 발생하면서 필요성이 더욱 부각된 바 있다. 2008년 글로벌 금융위기를 계기로 주요 국가에서는 정상 금융회사에 선제적 지원체계를 구축했는데, 미국은 재무부와 연방예금보험공사를 통한 사전적 지원제도를 도입했고 유럽연합(EU)은 2014년 은행정상화·정리지침(BRRD)을 제정해 「예방적 공적지원」 제도를 도입했다.

> **레고랜드 사태(2022)** 강원특별자치도가 레고랜드 조성을 위해 지급 보증한 2050억 원 규모의 프로젝트파이낸싱(PF) 자산유동화기업어음(ABCP)이 2022년 10월 부도 처리되면서 채권시장 경색 등 금융시장에 큰 혼란이 일어난 사태를 말한다.

기업심리지수(CBSI·Composite Business Sentiment Index) ▼

기업경기실사지수(BSI) 가운데 주요지수(제조업 5개·비제조업 4개)를 바탕으로 산출한 심리지표로, BSI를 보완하는 지표로 활용하기 위해 개발됐다. 제조업 CBSI는 업황·생산·신규 수주·제품 재고·자금사정 등 다섯 가지 지수로 이뤄지며, 비제조업은 업황·매출·채산성·자금 사정 등 네 가지 지수로 구성된다. CBSI는 장기평균치(2003~2023년)를 기준값 100으로 두고 100보다 크면 기업심리가 낙관적, 작으면 비관적이라는 의미를 갖고 있다. 한국은행은 2003년 이후 매월 경제 상황에 대한 기업들의 심리를 나타내는 지표인 BSI를 산출해 오고 있는데, 그 수준이 기준점을 지속적으로 하회하여 통계 해석의 오해를 유발할 가능성도 상존해 왔다. 이에 여러 BSI 항목들을 이용해 주 지표의 경기 설명력 및 대응력을 개선하기 위해 개발한 것이 CBSI로, 이는 지난 6월 처음 공개된 바 있다.

넥스트레이드(Nextrade) ▼

"11월 15일 금융투자업계에 따르면 한국거래소 독점 체제를 깰 국내 첫 대체거래소(ATS·다자간매매체결회사)인 넥스트레이드에 30개 증권사가 참여하기로 결정했다. 넥스트레이드는 올해 말까지 모의 거래 테스트를 거쳐 이르면 연말 금융당국에 본인가를 신청하는 등 출범 절차를 차질 없이 이어간다는 계획이다."

국내 첫 다자간매매체결회사(ATS)로, 한국거래소가 독점하고 있는 증권시장을 복수시장 체제로 전환하기 위해 2025년 초 거래업무 수행을 목표로 추진 중이다. 넥스트레이드에서는 기존 거래소 운영시간인 오전 9시~3시 30분에 프리마켓 오전 8시~8시 50분, 애프터마켓 오후 3시 30분~8시가 추가돼 일일 12시간 주식 거래를 할 수 있다. 다만 시세조종을 막기 위해 한국거래소의 시가 예상체결가 표출시간과 종가 단일가매매 시간은 변경된다. 한국거래소의 시가 단일가매매 시간은 현행 8시 30분~9시를 유지하되 예상체결가 표출시간을 8시 50분~9시로 단축하고 이 10분간 넥스트레이드는 일시적으로 거래를 중단한다. 한국거래소의 종가 단일가매매는 15시 25분~15시 30분의 5분으로 단축하고 이 5분간 넥스트레이드의 거래가 중단된다. 호가 유형도 다양해지는데, 최우선 매도와 매수 호가의 중간 가격에 체결되는 중간가호가, 시장 가격이 투자자가 미리 정해놓은 가격 수준에 도달하면 지정가로 주문되는 스톱지정가호가 유형이 도입된다. 매매체결 수수료도 한국거래소의 20~40% 수준으로 인하할 예정이다.

다우 존스 산업평균지수
(DJIA·Dow Jones Industrial Average) ▼

"미국 인공지능(AI) 반도체 기업 엔비디아가 11월 8일부터 전통적인 반도체 강자인 인텔을 밀어내고 미국 주식시장의 대표 지수인 다우평균지수에 편입됐다. 이로써 1999년 반도체 기업 중 최초로 다우평균에 포함됐고 반도체 제조의 절대 강자로 군림해오던 인텔은 엔비디아에 밀리며 25년 만에 퇴출됐다."

미국 다우 존스사가 매일 발표하는 뉴욕 주식시장의 평균주가로, 나스닥지수·S&P500지수와 함께 미국 3대 주가지수로 꼽힌다. 이는 뉴욕증권시장에 상장된 우량기업 주식 30개 종목을 기준으로 하여 산출하는데, 미국 증권시장의 동향과 시세를 알려주는 대표적인 주가지수로 꼽힌다. 다우지수는 개별 기업 수익률의 총합을 총 기업수로 나누는 방식인 수익률 평균방식으로 지수를 사용하는데, 이 때문에 시가총액 가중방식을 사용하는 S&P500 지수에 비해 대표성이 부족하다는 의견이 많다. 또한 증권거래소에 상장된 우량기업 30개의 규모가 크고 오래된 주식들만을 포함하고 있어 이 주식들이 시장 전체를 대표한다고 보기는 어렵다는 지적도 있다. 한편, 다우지수에 포함되는 30개 주식은 경제 상황에 따라 교체된다. 30개 종목 중에서 어떤 주식이 더 이상 소속 산업을 대표할 수 없다고 판단될 때에는 그 주식을 제외시키고 해당 산업을 대표할 수 있는 새로운 기업의 주식으로 대체시킨다. 다우평균은 120여 년 동안 철강 등 산업재와 필수 소비재 기업에서 IT 및 헬스케어 중심으로 바뀌면서 미국 경제 현황을 반영해 왔다. 또 2000년부터 올해 11월까지 24년간으로 한정해 변화를 살펴봐도 17종목이 교체됐고 13종목이 유지되는 등 그 변동이 잦았다.

데스노믹스(Deathnomics) ▼

러시아의 경제학자인 블라디슬라프 이노젬체프가 러시아-우크라이나 전쟁이 경제에 미치는 영향을 분석하면서, 전사자들의 유가족들에게 지급되는 보상금이 오히려 지역 경제에 이득을 가져오는 비극적 상황을 가리키며 명명한 용어다. 우크라이나 전쟁이 장기화되면서 러시아 측은 병력 수급을 위해 군인에 대한 보상 수준을 크게 높였는데, 이에 유가족들에 지급되는 보상금도 함께 증가하면서 해당 지역의 소비 증가 등 오히려 지역경제의 활황으로 이어지고 있는 것으로 나타났다. 이노젬체프는 현재 러시아군에 모병된 젊은이들이 일반적인 러시아 청년보다 훨씬 높은 연봉과 생명수당을 받는다는 것에 주목했다. 전장에서 사망한 러시아 병사의 경우 1500만 루블(2억 205만 원)에 이르는 보상금과 함께 군 보너스와 군인 보험도 돌려받는데, 이는 러시아 일부 지역의 민간인들이 60세까지 버는 누적 금액보다 많은 것으로 알려졌다.

듀프(Dupe) ▼

복제품을 가리키는 영어 단어 「Duplication」에서 유래된 말로, 가성비 높은 대안 제품을 뜻한다. 이는 고물가 상황이 지속되면서 값비싼 명품 대신 유사한 기능을 갖춘 합리적 가격대의 대체품을 찾는 소비자들이 늘어나며 대두되고 있는 개념이다. 듀프 소비는 단순히 가성비만을 중시하는 것이 아닌 품질이 기본 전제 조건이 되므로, 명품 로고 등만을 모방하는 위조품과는 차이가 있다. 특히 이러한 듀프 소비가 두드러지게 나타나는 곳은 세계 최대 명품시장으로 꼽히는 중국인데, 실제로 중국의 젊은 세대들 사이에서는 명품 대신 가성비 대체품인 「핑티(平替)」를 구매하는 현상이 늘고 있다. 핑티는 유명 브랜드의 로고나 제품 디자인 등을 그대로 따라 만든 일반 모조품과는 달리, 특정 브랜드를 모방하지 않으면서도 비슷한 재료를 사용해 동일한 사용감이나 만족감을 제공한다는 특징이 있다.

로보어드바이저(Robo-advisor) ▼

로봇(Robot)과 투자전문가(Advisor)를 합친 말로, 로봇이 투자자의 정보를 고려해 시장 상황에 따라 자산 운용·자문·관리를 해주는 자동화 서비스를 말한다. 서비스를 원하는 투자자가 온라인 계정을 만든 후 수입, 목표 수익률, 위험 회피 정도 등의 정보를 입력하면 로봇이 투자자에게 가장 적합한 투자 포트폴리오를 구상해 운용한다. 이는 빅데이터와 알고리즘을 기반으로 하는데, 이때 시장 환경에 변화가 생기면 자동으로 포트폴리오도 변경된다. 로보어드바이저는 온라인에 익숙한 젊은 금융 소비자층을 주요 대상으로 하는데, 통상 운용 자산의 0.5%를 연간 수수료로 지불한다.

록인효과(Lock-in effect) ▼

"쿠팡이 올해 3분기 매출 10조 6000억 원으로 분기 최대 매출을 기록하고, 1481억 원의 영업이익을 냈다고 11월 5일 밝혔다. 쿠팡은 지난 8월 멤버십 가격 인상, 알리익스프레스와 같은 중국 이커머스의 공습으로 고객 이탈 우려도 제기됐지만, 로켓배송에 익숙해진 고객들이 빠져나가지 않는 록인효과를 누렸다는 분석이 나온다."

새롭거나 보다 뛰어난 제품, 서비스, 플랫폼 또는 기술이 출시되어도 사용자가 다른 제품으로 소비 전환을 하지 않고 기존의 제품이나 서비스에 계속 머무르는 현상을 말한다. 이는 「사용

자 고착 효과, 자물쇠 효과, 잠김 효과」 등으로도 불린다. 이러한 록인효과는 높은 전환비용(금전, 시간, 심리적 비용)의 발생과 원래 쓰고 있던 것이 더 편리하다는 심리가 주원인으로 작용한다. 이는 기업이 고객의 충성도를 강화하거나 시장 지배력을 유지하는 데 중요한 요소가 되므로, 기업들은 이 록인효과를 활용해 상품을 초기에 무상 또는 헐값에 제공해 일정 수 이상의 고객을 확보하는 것을 우선적인 목표로 삼기도 한다. 록인효과는 기업 입장에서는 안정적인 수익원 확보가 가능하고 소비자의 입장에서는 익숙한 경험을 유지할 수 있다는 장점이 있으나, 소비자의 선택권을 제한하고 기업의 독점 문제가 발생할 수 있다는 단점도 있다.

매그니피센트 7(Magnificent 7) ▼

2023년 상반기 뉴욕 증시에서 강세를 기록한 7종목을 이르는 말로, 2023년 상반기 뉴욕 증시에서는 생성형 인공지능(AI)에 따른 투자 열풍으로 기술주를 중심으로 강세가 펼쳐졌다. 매그니피센트 7은 뱅크오브아메리카(BofA)의 마이클 하트넷 최고 투자전략가가 명명한 것으로, 엔비디아·애플·마이크로소프트·메타 플랫폼스·아마존닷컴·알파벳·테슬라가 이에 해당한다. 매그니피센트 7은 코로나19 확산으로 인한 글로벌 경기침체에도 오히려 성장세를 기록했는데, 애플의 경우 재택근무와 원격교육 확산으로 태블릿PC인 아이패드 판매가 증가하며 실적이 상승했다. 특히 이들 기업 가운데 엔비디아의 주가는 2023년 들어 190% 이상 상승하면서 한때 시가총액이 1조 달러를 돌파하기도 했다. 한편, 「매그니피센트 7」으로 불리는 나스닥 7대 기업의 시총이 많아져 나스닥에서 차지하는 비중이 너무 커지자, 나스닥은 2023년 7월 11일 대표지수인 「나스닥 100」을 사상 처음으로 특별 재조정한다고 밝혔다. 재조정의 핵심은 매그니피센트 7 가운데 시총이 가장 적은 메타를 제외한

애플·MS·알파벳·아마존·엔비디아·테슬라 등 6개 기업의 비중을 줄이고 나머지 기업들의 비중을 늘리는 것으로, 해당 조정안은 2023년 7월 24일부터 적용된 바 있다.

> **돈다(DONDA)** AI와 반도체로 주목받는 5개 기업을 가리키는 신조어로, ▷구글 딥마인드 ▷오픈AI ▷엔비디아 ▷데이터브릭스 ▷앤스로픽 등이 해당한다.

메르코수르(Mercosur) ▼

"유럽연합(EU)과 메르코수르(MERCOSUR)가 12월 6일 자유무역협정(FTA)을 체결하기 위한 협상을 마무리했다. 이는 관련 논의를 시작한 지 25년 만으로, 이로써 유럽과 남미를 아우르며 전 세계 국내총생산(GDP)의 25%를 넘게 차지하는 거대 경제 단일시장이 출범할 것으로 전망되고 있다. 다만 협상은 타결됐으나 최종적인 협정 체결과 발효까지는 난관이 예상되는데, 협정 발효를 위해서는 EU 27개 회원국 모두의 지지가 필요하기 때문이다."

브라질, 아르헨티나, 우루과이, 파라과이 등 남미 4개국이 1995년 1월 1일부터 무역장벽을 전면 철폐함에 따라 출범한 남미공동시장을 말한다. 메르코수르는 물류·인력·자본을 자유롭게 교환하도록 촉구하며 회원국과 준회원국 사이의 정치와 경제를 통합·증진시키는 것을 목적으로 한다. 특히 1995년 이후에는 모든 관세를 철폐하면서 단순한 경제블록을 넘어 유럽연합(EU)과 같은 통합체제를 지향하고 있다. 2012년에는 베네수엘라가 추가 가입하며 회원국이 5개국으로 늘었으나, 베네수엘라는 민주주의 훼손을 이유로 2017년 회원 자격이 정지된 바 있다.

무·저해지보험(無·低解止保險) ▼

"금융위원회와 금융감독원이 11월 4일 발표한 「IFRS17 안착을 위한 제도 개선 방안」에 따르면 앞으로 보험사는 무·저해지보험을 판매할 때 표준형 상품보다 더 많은 해지 위험액을 쌓아야 한다. 해당 보험 상품은 2023년 초 새 회계제도인 IFRS17이 도입되면서 논란이 됐는데, 보험사들이 무·저해지보험의 해지율(중도 해지하는 비율)을 의도적으로 높게 추정하는 방식으로 순익을 늘리는 등 실적을 부풀렸기 때문이다."

무해지환급형과 저해지환급형을 합쳐서 부르는 용어로, 보험료를 저렴하게 유지하면서도 기본적인 보장을 받을 수 있는 보험 상품을 말한다. 일반적인 보험의 해지 환급금에 비해 환급금이 적거나 없는 대신, 낮은 보험료로 보험에 가입할 수 있다는 장점이 있다. 무해지환급형의 경우 보험 기간 중 해지할 경우 환급금이 전혀 없지만, 보험료가 일반 보험보다 저렴하다. 다만 보험 만기 시까지 유지하면 만기 환급금을 받을 수 있다. 저해지환급형은 보험 기간 중 해지 시 일정 부분의 환급금을 받을 수 있지만, 그 금액이 일반 보험보다는 적다. 이는 무해지환급형보다는 약간 높은 보험료를 지불하게 되지만, 해지 시 어느 정도의 환급금을 확보할 수 있다.

브로드컴(Broadcom) ▼

"미국 반도체 기업 브로드컴이 12월 13일 처음으로 시가총액 1조 달러를 돌파하면서 미국 기업으로는 아홉 번째, 반도체 기업으로는 엔비디아에 이어 두 번째로 「1조 달러 클럽」에 가입했다."

엔비디아·퀄컴 같은 반도체 설계 전문 기업(팹리스)으로, 특히 와이파이 등 네트워크와 통신 장비에 들어가는 반도체 설계로 유명하다. 1991년 헨리 사무엘리 UCLA 전기공학과 교수와 제자 헨리 니컬러스 3세가 창업했으며, 초기에는 케이블 TV용 셋톱박스에 탑재되는 반도체를 납품했다. 이후 200여 곳 이상의 기업과 인수합병(M&A)을 거듭하며 경쟁력을 갖췄으며, 2016년 싱가포르에 본사를 둔 아바고에 당시 반도체 업계 최대 규모인 370억 달러에 매각되면서 현재의 브로드컴이 됐다. 2018년에는 퀄컴을 인수하려다, 국가 안보상의 이유로 미국 정부가 금지해 무산되기도 했다.

브릭스(BRICS) ▼

"도널드 트럼프 미국 대통령 당선인이 11월 30일 브라질, 러시아, 인도, 중국, 남아공, 이집트, 에티오피아, 이란, 아랍에미리트(UAE) 등 이른바 브릭스(BRICS)가 미 달러화를 약화시키려 할 경우 100% 관세를 부과할 것이라고 위협했다. 트럼프는 소셜미디어(SNS) 트루스소셜에 「우리는 브릭스가 새로운 브릭스 자체 통화를 만들지 않고, 미 달러화를 대체할 다른 통화를 지원하지 않겠다고 약속할 것을 요구한다. 그렇지 않으면 100% 관세를 부과받고, 미국으로의 물품 판매를 포기해야 할 것」이라고 게시했다."

1990년 말부터 경제성장 속도가 빠르고 경제성장 가능성이 커 주목받은 브라질·러시아·인도·중국 등 신흥경제 4개국의 앞 글자를 딴 신조어에서 출발한 것으로, 2003년 10월 골드만삭스의 보고서에서 처음 사용된 개념이다. 이후 이들 국가는 독점적 서방의 세계경제 구조에 대항하기 위해 2009년부터 매년 「브릭스정상회의」를 개최했으며, 2011년 2월에는 남아프리카공화국이 정식 회원국으로 인정됨에 따라 브릭스(BRICs)의 소문자 s가 대문자로 변경(BRICS)됐다. 그러다 2023년 8월 사우디아라비아·이란·아랍에미리트(UAE)·이집트·에티오피아 등 5개국의 가입이 승인되고 올해 1월부터 발효되면서 총 10개 회원국으로 확대됐다. 현재 브릭스 회원국 인구는 약 35억 명으로 전 세계 인구의 45%이며, 경제 규모는 약 28조 달러로 전 세계 경제의 28%에 달한다.

비트코인(Bitcoin) ▼

2009년 1월 사토시 나카모토라는 필명의 프로그래머가 개발한 가상자산으로, 컴퓨터 프로그램으로 수학문제를 풀어 직접 채굴하거나 채굴된 비트코인을 거래하는 시장에서 구입할 수 있다. 비트코인은 완전한 익명으로 거래되며, 컴퓨터와 인터넷만 되면 누구나 계좌를 개설할 수 있다. 통화 공급량은 엄격히 제한돼 총 발행량이 2100만 개로 정해져 있는데, 유통량이 일정 기준을 넘으면 한번에 채굴할 수 있는 양이 줄어들고 문제도 어려워져 희소성이 높아진다. 비트코인은 누구나 열람할 수 있는 장부에 거래 내역을 투명하게 기록하며, 비트코인을 사용하는 여러 컴퓨터가 10분에 한 번씩 이 기록을 검증하여 해킹을 막는다. 2017년 8월에는 비트코인이 「비트코인」과 「비트코인 캐시(BCC, BCH)」로 나눠졌는데, 이는 비트코인이 거래되는 블록체인의 용량 문제를 두고 개발자와 채굴업자의 입장이 달랐기 때문이다. 이후 10월에는 비트코인 골드(BCG), 11월에는 비트코인 다이아몬드가 잇따라 비트코인에서 분리돼 나왔다.

가상화폐 대장주 비트코인 가격이 12월 5일 사상 최초로 10만 달러 선을 돌파했는데, 비트코인 가격은 「친(親) 비트코인 대통령이 되겠다」고 공약한 도널드 트럼프의 대선 승리 이후 고공 행진을 이어왔다. 특히 이날 비트코인의 급등은 트럼프 당선자가 가상자산에 우호적인 폴 앳킨스 전 증권거래위원회(SEC) 위원을 SEC 위원장으로 지명했기 때문으로 분석됐다.

서부내륙고속도로 ▼

"경기 평택시부터 전북 익산시까지 연결하는 노선인 서부내륙고속도로의 1단계인 평택-부여 구간이 12월 10일 낮 12시부터 개통됐다. 이에 평택시 포승읍에서 부여군 규암면까지의 주행시간이 91분에서 65분으로 26분 단축되며, 이동거리는 132km에서 100km로 32km 줄어들게 된다.

경기 평택시부터 전북 익산시까지 연결하는 노선으로, 민자고속도로 중 가장 긴 노선(137.4km)이다. 사업은 평택~부여 구간과 부여~익산 구간으로 나눠 진행되고 있는데, ▷1단계 사업인 평택~부여 구간은 총 사업비 3조 2700억 원을 투입한 왕복 4차로·연장 94km의 고속도로이며 ▷부여~익산 2단계 사업은 연장 43.4km·왕복 4차로로 총사업비 1조 1500억 원이 투입된다. 1단계는 12월 10일 개통했으며, 2단계인 부여~익산 구간은 2029년 착공해 2034년 완공될 예정이다.

세계 도시 종합경쟁력 지수
(GPCI·Global Power City Index) ▼

"서울시가 2024년 「세계 도시 종합경쟁력 지수(GPCI)」의 종합순위에서 세계 48개 주요도시 중 6번째로 우수하다는 평가를 받았다고 12월 11일 밝혔다. 서울시는 GPCI가 처음 발표된 2008년 13위로 출발해 2012년에 6위로 상승했다. 그러다 2020·2021년 8위로 하락했고, 이후 상승하며 올해 6위를 탈환했다."

일본 모리기념재단 도시전략연구소가 2008년부터 매년 공식 발표하고 있는 도시의 글로벌 경쟁력을 평가하는 지수이다. 이는 도시의 종합경쟁력 관점에서 ▷경제 ▷연구개발 ▷문화교류 ▷거주 ▷환경 ▷교통접근성 등 6개 분야에 대해 26개 평가항목, 70개 지표를 활용해 종합적으로 분석·평가한다. 이는 평가대상 도시에 거주한 경험이 있는 사람을 대상으로 실시한 온라인 설문조사를 비롯해 공신력 있는 국제기구의 자료 등을 반영해 산출하고 있다. 이를 통해 도시의 강점 및 약점을 파악해 도시 개발 및 정책 수립에 참고자료를 제공하며, 도시 간 경쟁력을 비교해 글로벌 도시들의 역할을 연구하는 데 사용된다.

셧다운(Shut Down) ▼

"미국 의회가 12월 21일 임시 예산안을 통과시키면서 미 연방 정부의 셧다운 사태를 가까스로 막았다. 12월 20일이 처리 시한이었던 이번 임시 예산안은 당초 공화당과 민주당이 합의안을 마련하면서 비교적 수월하게 해결될 전망이었으나, 도널드 트럼프 대통령 당선인과 차기 행정부의 정부효율부 수장을 맡은 일론 머스크 테슬라 최고경영자가 반대하면서 큰 혼란이 발생한 바 있다."

미국 연방정부 일시폐쇄제도로, 새해 예산안 통과 시한까지 정당 간의 예산안 합의가 이뤄지지 못하는 경우 정부기관이 잠정 폐쇄되는 상태를 말한다. 이 기간 정부는 일부 필수적인 기능만 유지된 채 업무를 일시 중단하게 된다. 다만 군인, 경찰, 소방, 교정, 기상예보, 우편, 항공, 전기 및 수도 등 국민의 생명 및 재산 보호에 직결되는 업무에 종사하는 핵심기관 서비스는 유지된다. 그러나 그 이외의 공무원들은 강제 무급 휴가를 떠나야 하며, 예산이 배정될 때까지 자발적 무보수 근무도 할 수 없다. 또한 핵심기관 공무원들도 일은 하지만 예산안 의결 전까지 보수를 받지 못한다. 미국 최초의 셧다운은 제럴드 포드 대통령 재임 기간인 1976년 9월 30일 발생했으며, 로널드 레이건 전 대통령은 횟수로는 미 대통령 중 최다인 무려 8차례의 셧다운을 겪은 바 있다. 또 도널드 트럼프 전 대통령 재임

시기였던 2018년 12월 22일부터 35일간 정부가 멈춰 섰던 것은 가장 최근의 사례이자 가장 긴 셧다운으로 기록돼 있다.

소매판매액지수(Retail Sales Index) ▼

"11월 3일 통계청에 따르면 올해 3분기 소매판매액지수가 100.7(2020년=100)로 2023년 같은 분기보다 1.9% 감소했다. 소매판매는 2022년 2분기(4~6월·—0.2%)에 꺾이기 시작한 이후 10개 분기째 감소하고 있는데, 이는 1995년 관련 통계가 작성된 이후 최장기간 기록이다."

소비자들이 소매업에서 구매하는 상품의 총 금액을 지수화하여 나타낸 경제 지표로, 백화점·대형마트·면세점·슈퍼마켓·전문소매점 등 다양한 소매업 부문의 매월 판매금액을 조사해 작성된다. 통계청은 매월 실시하는 서비스업동향조사와 행정자료(관세청, 수입자동차협회, 한국석유공사, 건강보험관리공단 등)를 이용해 약 2800개의 소매표본사업체를 조사한 뒤 소매판매액지수를 작성·공표하고 있다. 소매판매액지수는 최종 수요자에게 판매된 실적에 근사하다는 점에서 소비동향을 잘 반영하기 때문에 경기 흐름을 판단하는 주요 지표로 사용된다. 즉, 소매업 매출은 소비자의 지출에 직접적인 영향을 받는 부분이므로 경기 상황이 좋으면 해당 지수가 상승하는 반면 경기침체 시에는 낮아지기 때문이다. 특히 이 소매판매액지수를 통해 어떤 부문에서 소비가 증가하거나 감소하는지를 파악할 수 있으며, 정부와 기업은 이를 바탕으로 정책을 수립하거나 마케팅 전략을 세우는 데 활용할 수 있다.

소매판매액지수의 구성

내구재	1년 이상 반복적으로 사용이 가능하고 주로 고가의 상품으로 승용차, 가전제품, 가구 등이 해당된다.
준내구재	1년 이상 사용이 가능하지만 사용가능한 지속성이 내구재에 비해 떨어지는 상품으로 의복, 신발·가방, 운동 및 오락용품 등이 해당된다.
비내구재	이용할 수 있는 기간이 짧고 반복적으로 이용이 곤란한 상품으로 음식료품, 화장품, 서적 및 문구 등이 해당된다.

"최상목 부총리 겸 기획재정부 장관이 10월 24일 2025년 하반기부터 달러 가치와 1 대 1로 연동하는 스테이블 코인을 외국환거래법상 규제 대상에 포함한다고 밝혔다. 이에 따라 기재부는 국경 간 가상자산 거래 모니터링을 강화하는 방안을 추진할 방침으로, 2025년 상반기 외국환거래법을 개정해 가상자산과 가상자산사업자에 관한 정의 조항을 신설한다. 그러나 정부는 스테이블 코인 등의 가상자산을 자본거래 수단으로 인정하는 것은 아니라는 입장을 분명히 했다."

비변동성 가상자산을 뜻하는 말로, 법정화폐 혹은 실물자산을 기준으로 가격이 연동되는 가상자산을 뜻한다. 기존 가상자산은 특유의 가격변동성 때문에 통화로 사용되기에는 안정성이 떨어지는 특징이 있다. 그러나 스테이블 코인은 이러한 가격 변동성을 줄이고, 법정화폐와 마찬가지로 가치의 척도가 되는 동시에 가치의 저장 기능을 가지고 있다. 1코인이 1달러의 가치를 갖는 테더(Tether, USDT) 코인이 대표적인 스테이블 코인이다. 특히 스테이블 코인은 국경 간 거래의 경우 외환거래와 동일한 효과를 얻을 수 있어 최근에는 무역대금 결제로도 활용된다.

실손보험 청구 전산화 ▼

병원 창구 방문 및 복잡한 서류 없이도 실손보험을 손쉽게 청구할 수 있는 서비스로, 10월 25일 병상 30개 이상 등 병원급 의료기관과 보건소를 대상으로 시작됐다. 보험가입자는 보험개발원 「실손24」 앱 또는 웹페이지를 통해 진료비 관련 서류를 병원에서 바로 보험회사에 전자 전송해 보험금을 청구할 수 있다. 이처럼 보험금 청구 및 서류전송 요청은 병원이 아닌 소비자가 애플리케이션을 통해 직접 수행하는 방식으로, 소비자 요청에 따라 관련 서류가 요양기관에서 자동으로 보험사에 전송되는 것이다. 구체적으로 보면 앱에서 로그인한 후 보험계약을 조회 및 선택하고 병원과 진료일자 및 내역을 선택하면 청구서를 작성할 수 있다. 해당 앱 등을 통해 병원에서 종이서류 발급 없이 보험사로 전자전송이 가능한 서류는 계산서·영수증, 진료비 세부산정내역서, 처방전이다. 다만 입원 진료비 보험금 청구 등에 필요한 진단서 등의 추가 서류와 약제비 계산서·영수증은 가입자가 사진을 찍어 실손24앱 등을 통해 별도로 보험회사에 전송(첨부)해야 한다. 미성년자 자녀 청구의 경우 행안부 공공마이데이터 연계를 통해 전산으로 가족관계 확인이 가능하며, 실손24 앱 사용이 어려운 고령층은 자녀 등의 대리청구도 가능하다.

CDS 프리미엄(CDS Premium) ▼

CDS(Credit Default Swap)는 채권을 발행하거나 금융기관에서 대출을 받아 자금을 조달한 기업의 신용위험만을 분리해 시장에서 사고파는 신종 금융파생상품 거래를 말한다. 이는 채권자와 제3의 금융회사 간에 이뤄지는 거래로, 채무자가 돈을 못 갚고 부도를 낼 경우 제3의 금융회사가 채무자를 대신해 채권자에게 돈을 갚는다. 따라서 이러한 보증의 대가로 채권자는 제3의 금융회사에 일정한 금액을 지불하는데, 이를 CDS 프리미엄이라고 한다.

CDS 프리미엄은 채권을 발행한 국가나 기업이 빚을 갚지 못할 가능성이 커질 때 오르게 되는데, 이에 CDS 프리미엄은 국제금융시장에서 대외신인도를 측정하는 대표적인 지표로 활용되고 있다. 즉, 이 지표가 높을수록 채권을 발행한 국가나 기관의 신용위험이 크다는 것을 뜻하는데, 특히 CDS 프리미엄은 국가신용등급과 달리 그때그때의 시장 상황을 그대로 반영한다는 점에서 많은 투자자들의 투자 여부 판단에 중요한 기준이 된다. 한국 정부가 발행하는 5년 만기 달러 표시 채권의 CDS 프리미엄은 11월에는 대체로 0.32→0.33%포인트를 유지했지만, 지난 12월 3일(계엄령 선포일) 한때 0.365%포인트까지 오른 바 있다.

CDMO(Contract Development Manufacturing Organization) ▼

고객사의 주문을 받아 의약품의 개발과 분석 지원, 생산을 담당하는 것으로, 「위탁개발생산」이라고도 한다. 구체적으로 합성의약품, 바이오의약품, 원료의약품, 백신 등의 다양한 영역에서 제형 개발, 규제 지원, 임상시험 서비스, 약물 포장 및 공급망 관리 등 광범위한 서비스를 제공한다. CDMO는 개발에서 생산까지의 거의 전 과정을 담당하기 때문에 제약업체에서는 설비 투자 및 유지비용을 절감할 수 있으며, 최신 기술 등을 갖춘 전문가를 통해 의약품 개발 속도와 품질을 향상시킬 수 있다. 또 효율적인 개발 및 생산 체계를 통해 임상시험 승인 뒤 생산으로 빠르게 전환시킬 수 있기 때문에, 제품의 시장 출시 기간을 단축할 수 있다는 장점을 갖고 있다. 이 CDMO 기업은 「의약품위탁개발(CDO)」과 「의약품위탁생산(CMO)」을 구분해 맡기는 경우도 있는데, CMO(Contract Manufacturing Organization)의 경우 주로 제조만 담당한다. 대표적인 CDMO 기업으로는 스위스의 론자, 우리나라의 삼성바이오로직스 등이 있다.

아시아태평양경제협력체(APEC·Asia Pacific Economic Cooperation) ▼

"윤석열 대통령과 조 바이든 미국 대통령, 이시바 시게루 일본 총리가 11월 15일 아시아태평양경제협력체(APEC) 정상회의를 계기로 페루 리마에서 열린 한미일 정상회의에서 북한의 우크라이나 전쟁 파병 규탄을 골자로 하는 공동성명을 발표했다. 또 한미일 정상회의의 제도화를 위한 「한미일 사무국」설립을 발표했는데, 이는 3국이 고위 공무원을 한 명씩 배치한 운영 이사회를 꾸리고 사무국장은 한·미·일 순으로 2년씩 돌아가며 맡게 된다."

아시아·태평양 연안 국가들의 원활한 정책과 협의를 목적으로 하는 지역경제공동체로, 토론 형식의 협의체다. 이는 1989년 1월 당시 호주 총리 보브 호크의 제안에 따라 환태평양 지역의 주요 경제실체 간 경제협력과 무역 증진을 목표로 결성됐다. 의사결정은 컨센서스 방식에 따르며 비구속적 이행을 원칙으로 함으로써, 회원국의 자발적 참여 또는 이행을 중시하고 있다. 싱가포르에 사무국을 두고 있으며, 매년 회원국을 돌면서 정상회의를 개최한다. 정상회의 외에도 외무장관·재무장관·통상장관회의 등 분야별 장관회의가 있고, 정상회의를 정점으로 하여 최종고위관료회의(CSOM)와 회원국의 주요 기업 최고경영자(CEO)가 참여하는 자문위원회(ABAC)를 두고 있다.

아케고스 사태(Archegos 事態) ▼

"미국 뉴욕남부연방법원이 11월 20일 지난 2021년 3월 파생금융상품 마진콜(추가 증거금 요구) 사태로 월가를 뒤흔든 한국계 미국인 투자가 빌 황(한국명 황성국)에게 징역 18년형을 선고했다. 앞서 뉴욕남부지검은 지난 2022년 4월 황 씨가 360억 달러(약 50조 4000억 원) 규모의 회사를 몰락시키고 대출기관에 100억 달러(약 14조 원) 이상의 손실을 입힌 시세조작을 했다며 그를 재판에 넘긴 바 있다."

2021년 한국계 헤지펀드 매니저인 빌 황(Bill Hwang)이 운용하는 펀드 아케고스(Archegos)가 투자한 주식이 큰 폭으로 하락하면서 이 펀드에 돈을 빌려준 대형 투자은행들이 수조 원 규모의 손실을 입게 된 사태를 말한다. 황 씨와 아케고스는 2020년 투자은행(IB)들과 파생상품인 총수익스와프(TRS)와 차액거래(CFD) 계약을 통해 보유자산의 5배가 넘는 500억 달러(약 70조 원) 상당을 주식에 투자했다. 해당 기업들은 2020년 증시 활황으로 주가가 크게 상승했으나 2021년 들어 미국 국채 금리의 상승으로 주가가 크게 하락하면서 투자은행들에 엄청난 규모의 손실이 발생하기 시작했다. 황 씨의 차입금은 당시 1600억 달러(약 224조 원)까지 폭증했지만 투자 종목의 주가가 하락하면서 증거금을 추가로 내야 하는 마진콜 상황이 발생했다. 그러나 아케고스는 이에 응하지 못했고, 결국 투자은행들은 손실을 메우기 위해 담보로 잡은 주식을 강제 매각했고 이에 해당 주식의 가격이 또 다시 폭락했다. 이로 인해 투자은행들이 입은 손실은 100억 달러에 달하는 것으로 집계됐는데, 특히 스위스 투자은행 크레디트스위스(CS)는 아케고스와의 거래로 맺은 손실에 따른 여파로 경쟁사인 UBS에 인수되기도 했다.

예금자보호제도(預金者保護制度) ▼

"여야가 이번 정기국회에서 예금자 보호한도를 기존 5000만 원에서 1억 원으로 상향하는 예금자보호법 개정안을 처리하기로 합의했다고 11월 13일 밝혔다. 예금자 보호한도는 2001년 각 금융기관당 5000만 원으로 지정된 이후 24년째 유지되고 있는데, 1인당 국내총생산(GDP) 상승 등 경제 상황 변화나 해외 사례와 비교할 때 낮다는 지적이 계속돼 왔다."

금융회사가 파산 등으로 인해 고객의 금융자산을 지급하지 못할 경우 예금보험공사(예보)가 예금자보호법에 의해 예금의 일부 또는 전액을 대신 돌려주는 제도를 말한다. 이는 일부 금융회사의 경영이 부실화되더라도 고객의 재산을 안전하게 보호하여 뱅크런(Bank Run, 집단 예금 인출)이나 금융시스템 전체의 위기를 방지할 목적에서 도입됐다. 현재 1인당 보호금액은 원금과 소정의 이자를 합해 예금자 1인당 최고 5000만 원이다. 예금한도 5000만 원을 초과하는 금액은 예보로부터 보험금을 받을 수 없으나, 해당 금융기관에 대한 예금채권자의 지위로서 파산절차에 참여해 다수의 채권자들과 채권액에 비례해 분배하고 그 전부 또는 일부를 돌려받을 수 있다. 다만 보험금 지급은 세전 기준으로 적용되므로, 이자에 대해서는 이자소득세·주민세 등의 관련 세금을 내야 한다. 우리나라의 예금자 보호한도는 2001년 1월 2000만 원에서 5000만 원으로 상향 조정된 이후 20년이 넘도록 동일하게 유지되고 있어 이를 상향해야 한다는 목소리가 지속돼 왔다. 실제로 2022년 한국의 1인당 GDP 대비 예금자 보호한도 비율은 1.2배로, 독일(2.18배)·일본(2.3배)·영국(2.3배)·미국(3.3배) 등에 비해 현저히 낮은 수준이다.

요노족(YONO族) ▼

요노(YONO)는 「필요한 것은 하나뿐(You Only Need One)」이라는 영어 문장의 약자로, 꼭 필요한 것만 사고 불필요한 물건 구매는 최대한 줄이는 소비자들을 가리킨다. 이는 고물가·고금리가 지속되는 상황에서 자신의 경제적 형편에 맞는 실용적 소비를 추구하는 이들이 늘어나면서 등장한 말이다. 요노족은 불필요한 물건 구입은 줄이고 품질 좋은 하나의 물건을 구입해 이를 오래 사용하는 경향이 있으며, 물질적인 것보다 경험과 가치를 중시한다는 특징이 있다. 즉, 물품 소유에 중점을 두지 않기 때문에 구입이 아닌 빌려쓰는 경우도 많으며, 자신이 구입한 물건도 사용성이 줄어들면 중고로 재판매하기도 한다. 이러한 요노족은 현재 자신의 행복을 가장 중시하고 소비하는 「욜로족(YOLO)」과 상반되는 개념이라 할 수 있다.

용인 반도체 클러스터 ▼

"삼성전자가 2052년까지 최대 360조 원을 투자해 짓는 경기 용인 반도체 클러스터가 12월 26일 국가산업단지로 지정됐다. 이는 지난 2023년 3월 후보지 선정 이후 1년 9개월 만으로, 국토교통부는 이날 용인 반도체 국가산업단지 계획을 승인해 31일 고시한다고 밝혔다. 정부는 2026년 12월 착공, 2030년 12월 첫 공장 가동 목표를 달성하기 위해 예비타당성조사(예타)를 면제하고 환경 규제를 신속히 완화했다."

경기도 용인시 처인구 남사읍, 이동읍 일원 총 728만m²(약 220만 평)에 시스템 반도체 공장(팹) 6기, 발전소 3기, 소부장(소재·부품·장비) 협력기업 60개 이상 등이 입주하는 대형 국가전략사업을 말한다. 용인 국가산단 규모는 일본 구마모토의 TSMC 팹(21만m²·약 10조 원 투자)은 물론 삼성전자가 미국 텍사스에 짓고 있는 반도체 팹(500만m²·약 56조원 투자)과 비교해도 크다. 용인 국가산단은 세계 최대 규모 반도체 산업단지로 성장해 반도체 시장의 주도권 확보 등을 목표로 하며, 총 투자 규모는 2052년까지 360조 원으로 세계 최대 규모다.

유언대용신탁(遺言代用信託) ▼

"12월 3일 5대 시중은행(KB국민·신한·하나·우리·NH농협)에 따르면 이들 은행의 유언대용신탁 잔액은 올해 2분기 말 기준 3조 5150억 원으로 2020년 말 8800억 원에서 4배 규모로 성장했다."

금융기관이 위탁자와 생전에 신탁(信託) 계약을 맺고 재산을 관리해 주다가 계약자의 사망 시 계약 내용대로 자산을 분배·관리하는 금융상품이다. 신탁제도의 가장 큰 장점은 유언장에 비해 유연하고, 다양한 방식으로 상속계획을 짤 수 있다는 것이다. 예컨대 유언장이 상속인이 사망했을 경우 대응이 불가능하고 미성년 상속인의 경우 후견인의 개입이 우려되는 반면, 유언대용신탁은 상속인 사망을 대비해 제2·제3의 상속인 설정이 가능하며 미성년 상속인이 일정 연령 도달 시 상속을 받을 수 있도록 설정하는 것이 가능하다. 또 유언장의 경우 자필증서·녹음·공증·비밀증서 등의 형식으로 행해지지만, 유언대용신탁은 금융사와의 신탁계약으로 유언을 대체할 수 있는 것은 물론 생존 시부터 자산신탁이 가능하다. 아울러 금융회사가 존재하는 한 신탁이 유효하고, 금융사가 파산할 경우에도 신탁자산은 손해 없이 본인이나 상속인에게 돌아가기 때문에 20~30년 후의 상황까지 설정해 계약할 수 있다는 이점이 있다.

자사주 매입(自社株 買入, Buy-back) ▼

"한국거래소에 따르면 11월 22일 기준 올해 누적 자사주 매입 금액은 9조 7522억 원을 기록했다. 이는 지난 2023년 같은 기간(3조 1685억 원) 대비 3배 수준이다. 자사주 취득 공시 건수도 같은 기간 77건으로, 2023년 같은 기간 59건의 1.3배 수준으로 불었다."

일반적으로 자기 회사의 주식가격이 지나치게 낮게 평가됐을 때 적대적 M&A에 대비해 경영권을 보호하고 주가를 안정시키기 위해 기업이 자기자금으로 자기회사 주식을 사들이는 것이다. 대체적으로 자사주 매입은 발행주식수를 줄여 주당 순이익과 주당 미래현금흐름을 향상시켜 주가를 상승시키는 요인으로 작용한다. 상법에서는 원칙적으로 자사주 취득을 금지하고 있으며 주식을 매입한 뒤 소각하는 경우나 회사의 합병, 주주들의 매입 청구가 있는 경우 등 일부 예외적인 경우에만 허용된다. 그러나 특별법인 「자본시장과 금융투자업에 관한 법률」은 상장법인에 예외적으로 경영권 안정과 주가안정을 목적으로 자사주를 매입할 수 있도록 하고 있다. 다만 자사주 매입으로 일단 사들인 주식은 상여금이나 포상용으로 임직원에 주는 것을 제외하고는 6개월 이내에 팔 수 없으며, 자사주에 대한 의결권은 인정되지 않는다.

재정준칙(財政準則) ▼

국가채무나 재정적자 등 국가 재정건전성 지표가 일정 수준을 넘지 않도록 관리하는 규범으로, 이 기준이 넘으면 국가는 재정건전화 대책을 마련해야 한다. 주로 국내총생산(GDP) 대비 재정적자 폭이나 국가채무 규모 상한선을 두는 방식으로 구성하는데, 대표적으로 독일의 경우 헌법에 재정운용목표를 규정하고 구조적 재정적자를 국내총생산(GDP) 대비 0.35% 이내로 유시하도록 하고 있다. 우리나라에서는 따로 재정준칙을 두고 있지 않는데, 2020년 10월 5일 정부가 재정환경 변화에 대응하고 재정의 지속가능성 유지를 위해 「한국형 재정준칙 도입 방안」을 발표하면서 도입 움직임이 인 바 있다. 정부가 당시 내놓은 한국형 재정준칙은 2025년부터 GDP 대비 국가채무비율은 60%, 통합재정수지 비율은 -3% 이내로 관리하며, 이를 넘길 경우 건전화 대책을 의무적으로 마련해야 한다는 내용이다. 그리고 두 가지 기준 중 하나가 기준치를 넘어도 다른 하나가 그에 해당하는 만큼 기준을 밑돌면 재정준칙 규제를 적용받지 않도록 설계됐다. 그러다 2022년 출범한 윤석열 정부는 그해 7월 7일 열린 국가재정전략회의에서 앞서 문재인 정부에서 추진했던 재정준칙을 더 단순하고 엄격하게 추진한다는 방침을 밝혔다. 이에 따르면 국가채무가 GDP 대비 60%를 넘지 않으면 재정적자를 GDP의 3% 이내로 관리하고, 채무가 60%를 넘으면 적자 비율을 2% 내로 더 엄격하게 제한하는 것이다.

정부가 2025년 초 추가경정예산(추경)의 재원 마련을 위해 국채 발행 카드를 꺼내들 가능성이 높은 가운데, 재정 건전성 악화 우려도 높아지고 있다. 이는 2023년 56조 4000억 원의 세수 결손에 이어 올해 29조 6000억 원의 세수 펑크가 예상됨에 따른 것으로, 정부는 이와 같은 세수 결손에 대응하기 위해 2025년 국고채 발행 규모를 역대 최대인 201조 3000억 원으로 설정한 바 있다. 이러한 상황에서 추경 편성을 위해 국채 발행을 추가로 늘릴 경우 재정 건전성 악화는 불가피해진다.

저고도 경제(Low-Altitude Economy) ▼

"11월 17일 홍콩 사우스차이나모닝포스트(SCMP)에 따르면 전통적인 유통, 호텔, 택배업체에서 근무하는 20~30대 청년들이 앞다퉈 드론 조종 등 관련 자격증 취득에 몰려들고 있다. 이는 중국의 청년 실업률이 나날이 치솟는 가운데 중국 정부가 저고도 경제를 집중 육성하면서 드론 전문 인력 수요가 폭발적으로 늘고 있는 데 따른 것이다."

중국에서 처음 제시된 개념으로, 높은 상공에서 이뤄지는 우주 경제와 대비되는 고도 1000m 아래 공역을 이용한 경제 활동을 이르는 말이다. 대표적으로 드론택시, 드론택배, 도심항공교통(UAM), 전동수직이착륙기(eVTOL) 등 저고도 공역에서의 유·무인 항공기를 중심으로 한 여객·화물운송 등과 같은 산업을 가리킨다. 중국은 2023년 12월 다음 해의 경제정책 방향을 결정하는 중앙경제업무회의에서 바이오제조, 항공우주, 저고도 경제를 전략적 신흥산업에 포함시켰다. 특히 올해 3월 리창 총리가 「정부업무보고」에서 저고도 경제를 새로운 성장 동력으로 육성하자고 밝히면서 주목을 받았는데, 이를 2030년까지 약 380조 원(2조 위안) 규모의 거대 시장으로 키운다는 구상이다.

드론(Drone)은 조종사 없이 무선전파의 유도에 의해서 비행 및 조종이 가능한 비행기나 헬리콥터 모양의 군사용 무인항공기(UAV)의 총칭이다. 드론은 초기에는 공군기나 고사포의 연습사격에 적기 대신 표적 구실로 사용됐으나, 현재는 정찰·감시와 대잠공격의 용도로 사용되고 있다. 또 2010년대를 전후해서는 군사적 용도 외 다양한 민간 분야에도 활용되고 있다.

정보기술협정 (ITA·Information Technology Agreement) ▼

반도체, 컴퓨터 하드웨어, 통신장비 등의 정보기술(IT) 품목에 대한 관세를 철폐하기로 한 세계무역기구(WTO)의 다자간 협정을 말한다. 이는 IT 관련 제품에 대한 관세를 철폐해 관세장벽을 허물고 무역 자율화를 도모하기 위해 추진된 것으로, 1996년 12월 제1차 WTO 싱가포르 각료회의에서 채택돼 1997년 7월 발효된 바 있다. ITA는 WTO 협정의 일부지만 WTO 회원국 전부가 아닌 일부 국가들에만 적용되고 있는데, 한국·미국·유럽연합(EU)·중국·일본·싱가포르·홍콩·대만·호주·필리핀·뉴질랜드 등이 가입해 있다. 이에 국내 주요 산업인 반도체의 경우 IAT에 따라 전 세계적으로 무관세로 수출입되고 있다.

중소기업 재직자 우대 저축공제 ▼

중소벤처기업부와 중소벤처기업진흥공단(중진공), 기업은행, 하나은행이 중소기업 재직자의 장기재직 유도와 자산 형성을 지원하기 위해 10월 출시한 정책금융 상품이다. 이 상품은 중소기업에 종사하는 근로자가 월 10만~50만 원을 납입하면 기업지원금(재직자 납입금액의 20%)과 협약은행의 1~2% 금리우대가 더해지는 한편, 소득세 등 감면 혜택까지 부여돼 일반 저축상품에 비해 높은 수익이 보장된다. 또한 정부는 기업 납입금에 대해 소득세 및 법인세를 감면해 주고, 협약은행은 참여 중소기업에 대한 대출금리 인하 등도 지원한다는 계획이다. 이 상품에 가입하기 위해서는 근로자와 기업주가 사전에 월 납입금액 등에 대한 협의를 거친 뒤 중진공에 해당 사실을 통보하고, 협약은행에 방문해 저축상품에 가입하면 된다. 가입 희망 재직자는 10월 24일부터 신청을 승인한 중소기업에서 기업 지원금 1회차 납입이 확인된 이후 기업은행·하나은행 홈페이지나 앱을 통해 적금 가입의사를 신청할 수 있다.

지역별 차등 전기요금제
(地域別 差等 電氣料金制) ▼

지자체별 전력 자급률에 따라 전기요금에 차등을 두는 제도로, 2023년 5월 「분산에너지 활성화 특별법」이 국회를 통과하면서 근거를 갖게 됐다. 전기요금은 그동안 전국적으로 단일한 가격 체계를 유지해왔지만 해당 제도를 도입하면 계통 상황을 반영해 도매가격을 지역별로 차등화하고, 원가분석에 기초해 소매 전기요금도 차등화하게 된다. 이러한 지역별 차등 전기요금제는 지역 간 전력 불균형 해소 차원에서 추진되는 것으로, 해당 제도 도입 시 전력 자급률이 100%를 넘는 지역의 전기요금은 내려가고 100%가 안 되는 지역의 전기요금은 오르게 된다. 이는 2025년부터 전기요금 도매가격의 지역별 차등화가 우선 시행되고 2026년에는 소매가격의 지역별 차등이 적용된다. 즉, 2025년부터는 한국전력이 전력거래소를 통해 민간 발전사로부터 구입하는 도매가격에 지역별 차등을 두고, 2026년에는 일반 가정 등에서 쓰는 전기요금(소매요금)에 대한 차등화가 이뤄지게 된다. 이를 통해 전력 생산 지역과 소비 중심 지역 간의 비용 분배를 조정함으로써 형평성 제고 효과가 기대되는 반면, 지역 간 경제적 격차를 심화시킬 수 있고 전력 소비가 많은 대도시 주민들에게 과도한 부담이 될 수 있다는 우려도 있다.

취업유발계수(就業誘發係數) ▼

"한국은행이 11월 26일 발표한 「2021~2022년 산업연관표」 자료에 따르면 2022년 취업유발계수는 전년(8.7명) 대비 감소한 8.1명으로 관련 통계 작성 이후 가장 낮은 수준으로 나타났다. 취업유발계수는 2000년 25.7명 수준에서 2015년 11.8명으로 떨어지며 매년 하락세를 보이고 있는데, 이는 한국 경제 구조가 자동화 등의 영향으로 일자리가 과거처럼 늘어나지 않고 있기 때문으로 분석된다."

소비, 투자, 수출 등 최종 수요 10억 원이 발생했을 때 모든 산업에서 직간접적으로 유발되는 취업자 수를 의미한다. 예컨대 자동차 생산 과정에서 이에 직접적으로 투입되는 노동량 뿐만 아니라 타이어나 부품 등 자동차와 관련한 수많은 제품을 생산하는 데 소요되는 노동량까지도 포함해 측정한다. 이 취업유발계수는 직접적인 고용효과만을 나타내는 취업계수를 보완하기 위해 한국은행에서 산업연관표를 이용해 발표하고 있다.

칩플레이션(Cheapflation) ▼

"한국은행이 12월 18일 「팬데믹 이후 칩플레이션과 인플레이션 불평등」 보고서에서 2020년 1월부터 2023년 9월까지 가공식품 판매정보로 소득분위 간 실효물가를 분석한 결과 우리나라에서 칩플레이션 현상이 나타난 것으로 분석했다. 한은은 대상 기간 동일 품목의 가격 상승률을 비교해봤을 때 가격이 싼 저가(1분위) 상품의 가격은 16.4% 상승했으나, 고가(4분위) 상품의 가격은 5.6% 오르는 데 그쳤다고 밝혔다."

가격이 낮다는 의미의 「칩(Cheap)」과 물가 상승을 의미하는 「인플레이션(Inflation)」을 합친 말로, 저가 상품 가격이 고가 상품보다 더 크게 오르는 현상을 가리킨다. 이는 고물가 시기 저렴한 상품을 주로 소비하는 취약계층 부담이 상대적으로 더 컸다는 의미가 담긴 것으로, 소득계층 간 인플레이션 불평등이 심화된 상황을 반영한다.

퀵커머스(Quick Commerce) ▼

고객이 상품을 주문하면 15분~1시간 만에 배송지로 상품을 배송하는 즉시배송 서비스를 말한다. 배송 가능 상품은 정육, 채소 등의 신선제품에서부터 생필품까지 다양하다. 업체들은 도심에 여러 개의 물류센터를 두고 이를 기점으로 주문이 들어오자마자 라이더에게 상품을 전달하는 방식으로 배송 시간을 단축한다. 또 콜드체인 시스템이 탑재된 트럭에 상품을 싣고 다니다 주문이 들어오면 배송하는 방식으로 배송 시간을 단축하기도 한다. 이에 퀵커머스는 오전에 주문한 상품을 오후에 받는 당일배송, 다음날 새벽 7시 전에 상품을 받는 새벽배송보다도 훨씬 빠르다.

트럼프 트레이드(Trump trade) ▼

도널드 트럼프 미국 대통령 당선자의 경기 부양책 수혜 종목에 투자하는 것으로, 규제 완화 혜택을 보는 에너지·금융주나 강력한 반이민 정책 관련주 등에 베팅하는 것이다. 특히 트럼프 트레이드는 지난 7월 13일 트럼프 피격사건 이후 그의 지지율 상승이 전망되면서 전 세계 금융시장에서 확산된 바 있다. 우선 트럼프는 집권 시 가상자산에 대한 각종 규제를 풀 것으로 예상되고 있어 비트코인 가격이 상승세를 기록하고 있으며, 증시에서는 트럼프가 규제 완화를 시사한 금융과 에너지 분야가 대표적인 수혜주다. 또한 트럼프는 집권 후 대규모 세금 감면과 경기 부양책 시행을 공언하고 있는데, 재정 적자를 메꾸기 위해 국채를 발행할 경우 국채 가격은 하락(금리는 상승)하는 반면 금리 영향을 많이 받는 달러 가치는 오를 가능성이 높다. 아울러 시중에 돈을 많이 풀면 물가가 자극받을 수 있기 때문에 인플레이션 방어 수단으로 여겨지는 금값도 오르게 된다.

특유재산(特有財産) ▼

"대법원이 최태원 SK그룹 회장과 노소영 아트센터 나비 관장의 이혼소송 상고심을 심리하기로 하면서, 최 회장이 노 관장에게 1조 3808억 원을 재산분할해야 한다고 결정한 2심 판결이 대법원에서 다시 다뤄지게 됐다. 대법원 심리에서는 「SK그룹 주식을 특유재산으로 볼 것이냐」가 핵심 쟁점이 될 것으로 전망된다. 최 회장 측은 SK그룹 주식이 선대로부터 증여·상속받은 특유재산이므로 재산분할 대상이 아니라고 주장하고 있으나, 2심 재판부는 이를 받아들이지 않고 오히려 그룹이 성장하는 데 있어 노 관장의 부친인 노태우 전 대통령의 「300억 원 약속어음 비자금」이 쓰였다고 판단한 바 있다."

민법상 특유재산은 「부부 중 한쪽이 혼인 전부터 가진 고유재산과 혼인 중 자기 명의로 취득한 재산」을 말한다. 결혼 전 부모로부터 증여받은 주식이나 부동산 등이 이에 해당한다. 특유재산은 혼인 전 취득했기 때문에 혼인 뒤 배우자의 기여가 없는 한, 이혼소송에서 재산분할 대상이 되지 않는다. 하지만 다른 일방이 그 특유재산의 유지·증가를 위해 기여했다면 그 증가분에 대해 재산분할에 포함시킬 수 있다.

틱톡(TikTok) ▼

"중국 후룬연구소가 10월 29일 발표한 「2024 중국 부자 리스트」에 따르면 중국 동영상플랫폼 기업 바이트댄스의 창업자 장이밍(41) 회장이 순자산 3500억 위안(약 67조 7000억 원)을 기록하며 중국 최고 부호 자리에 등극했다. 이는 전년 대비 1050억 위안(약 20조 3300억 원) 증가한 것으로, 틱톡의 전 세계적 인기에 힘입어 자산이 큰 폭으로 늘어난 것으로 분석된다."

중국 기업 바이트댄스사가 서비스하는 글로벌 숏폼 모바일 비디오 플랫폼으로, 15초~3분짜리 짧은 동영상을 제작하고 공유하는 기능을 제공한다. 특히 글자보다 동영상 소통에 익숙한 10~20대 젊은층으로부터 인기를 끌고 있다. 영상의 길이가 짧아 단시간에 눈길을 끄는 춤이나 노래 또는 재미있고 유쾌한 흥미 위주의 영상이 주를 이룬다. 다양한 음악과 배경화면, 이모티콘 등 특수효과를 이용해 쉽게 영상을 만들 수 있는 편집 기능을 제공하며, 등록이나 유통도 비슷한 동영상 공유 앱인 유튜브에 비해 간단한 편이다. 2016년 9월 첫선을 보인 틱톡은 2017년 미국의 립싱크 앱인 「뮤지컬리(Musical.ly)」를 인수하면서 북미·중남미·유럽·중동 등으로 시장을 확대했고, 2018년 후반에는 미국 내 앱 다운로드 건수에서 1위를 차지했다. 2019년에는 중국을 제외한 국가에서만 10억 회 이상의 다운로드를 기록하는 등 전 세계적 인기를 끌고 있다.

포괄적·점진적 환태평양경제동반자협정 (CPTPP) ▼

"영국이 일본이 주도하는 포괄적·점진적 환태평양경제동반자협정(CPTPP)에 가입한 것을 인정하는 의정서가 12월 15일 발효됐다고 일본 아사히신문과 NHK가 보도했다. CPTPP는 아시아·태평양 지역 국가들이 결성한 다자간 자유무역협정(FTA)으로, 2018년 출범한 이래 회원국이 늘어난 것은 처음이며 아시아·태평양 국가가 아닌 나라가 가입한 것도 최초이다. 영국이 CPTPP에 합류하면서 이들 회원국의 국내총생산(GDP)이 세계에서 차지하는 비중은 12%에서 15%로 높아졌다."

기존에 미국과 일본이 주도하던 환태평양경제동반자협정(TPP)에서 미국이 빠지면서 일본 등 아시아·태평양 11개국이 새롭게 추진한 경제동맹체로, 2018년 12월 30일 발효됐다. 11개 참여국 중 6개국 이상이 비준 절차를 완료하면 60일 후 발효되는데, 멕시코를 시작으로 일본·싱가포르·뉴질랜드·캐나다·호주가 자국 내 승인 절차를 완료하면서 2018년 12월 30일 발효됐다. CPTPP는 다양한 분야의 제품에 대한 역내 관세를 전면 철폐하는 것을 원칙으로 한다. 또 참여국들은 전자상거래에서 역내 데이터 거래를 촉진하고 데이터 서버의 현지 설치, 디지털 콘텐츠에 대한 관세 부과 금지 등 디지털 보호주의를 경계하는 내용을 포함시켰다. 아울러 금융 서비스와 외국 자본 투자에 대한 규제를 완화하고 고급인력의 자유로운 이동을 보장하며, 투자 기업에 기술이전을 강요하는 것을 금지하는 내용도 담겼다.

CPTPP 개요

출범	2018년 12월 30일
회원국	영국, 캐나다, 일본, 호주, 뉴질랜드, 싱가포르, 말레이시아, 베트남, 멕시코, 칠레, 페루, 브루나이 등 12개국
시장 규모	약 14조 7000억 달러(전 세계 GDP의 15%)
인구	5억 8000만 명

필라델피아 반도체지수 (SOX·Semiconductor Sector Index) ▼

미국 필라델피아 증권거래소가 1993년 12월 1일부터 반도체 관련 종목을 대상으로 산정해 발표하고 있는 반도체업종지수(SOX)다. 이 지수는 미국 나스닥시장과 뉴욕증시에 상장돼 있는 회사 중 반도체 설계·제조·유통업과 관련된 기업들의 주가를 포함하고 있다. 투자자들은 이러한 SOX 동향을 토대로 반도체 투자 비중을 조정한다. SOX는 미국뿐만 아니라 세계적인 반도체업종지수로 인식되고 있으며, 국내 반도체기업 주가의 나침반 역할도 하고 있다.

11월 5일 치러진 미국 대선에서 도널드 트럼프가 당선되면서 글로벌 반도체기업들이 트럼프 스톰 영향권에 들어갔다. 특히 11월 13일 미 필라델피아 반도체 지수는 2.0% 하락하며 마감했다. 반도체 업계에 대한 우려가 커지는 것은 미국이 반도체 공급의 대부분을 수입에 의존하는 구조여서 미국발 관세 인상 여파가 전 세계에 영향을 미치는 데 따른 것이다. 2025년 1월 20일 출범하는 트럼프 행정부는 반도체지원법(칩스법)을 무력화시키고 10~20% 보편관세를 부과할 것으로 예상되고 있어, 향후 반도체 시장 전망은 불투명하다는 평가다.

한국·필리핀 자유무역협정(FTA) ▼

"산업통상자원부가 12월 31일부터 한국과 필리핀의 자유무역협정(FTA)이 발효된다고 29일 밝혔다. 이는 우리나라가 2004년 4월 칠레와 처음 FTA 협정을 맺은 이후 22번째 FTA다."

12월 31일부터 발효된 한국과 필리핀 간 자유무역협정(FTA)으로, 협정이 시작되는 날부터 필리핀이 우리나라 내연기관 자동차에 부과하던 5% 관세가 즉시 사라진다. 또 전기차 등 친환경차 관세는 5년에 걸쳐 철폐되는데, 5%이던 관세는 12월 31일부터 4%, 2025년 1월 1일부터 3%가 된다. 필리핀은 2022년 43억 달러어치의 차량을 수입한 아세안 최대 자동차 수입국이라는 점에서 산업부는 향후 15년간 우리나라의 자동차 수출이 연평균 1340만 달러(약 198억 원) 증가하는 등 필리핀에 대한 수출이 2570만 달러 늘어날 것으로 예상했다. 또 우리나라가 필리핀산 바나나를 수입할 때 부과하던 30% 관세도 1월 1일부터 18%로 낮아진 뒤 5년에 걸쳐 사라진다. 2023년 우리나라가 수입한 필리핀산 바나나는 23만 4106t(3043억 원어치)에 이른다.

> **자유무역협정(FTA·Free Trade Agreement)** 특정 국가 간의 거래에서 배타적으로 혜택을 부여하는 특혜무역체제를 일컫는다. FTA 회원국 간 거래에는 무관세나 낮은 관세를 적용하고 비회원국과의 거래에서는 세계무역기구(WTO)에서 사용하는 관세를 적용한다. 또 FTA 회원국 사이의 거래에서는 자유로운 교역이 허용돼 상품의 수출입도 자유롭지만, 비회원국과의 거래에서는 수출입 상품에 대해서 WTO에서 허용하는 제한 조치를 그대로 적용하는 것이 가능하다.

③ 사회·노동·환경

고령자친화기업(高齡者親和企業) ▼

은퇴한 60세 이상 고령자를 상시근로자로 고용할 계획이 있는 기업 가운데 보건복지부에서 지정한 기업을 말한다. 이는 시니어의 능력과 연륜을 활용해 경쟁력 있고 지속가능한 일자리를 창출할 기업을 지정해 그 운영을 지원하기 위함이다. 고령자친화기업 신청 유형은 「인증형」과 「창업형」으로 구분되는데, 「인증형」은 현재 상시근로자의 5%(최소 5명) 이상 고령자를 고용한 기업이 일정 규모(최소 5명) 이상의 고령자를 추가로 고용할 때 지정한다. 「창업형」은 정부, 공공기관 또는 민간에서 다수의 고령자를 고용하기 위해 기업을 설립해 최소 5명 이상의 고령자를 신규 고용하고자 할 때 지정한다.

고령자친화기업 주요 내용

정의	지속적으로 양질의 노인 일자리를 창출할 수 있는 기업을 지원하는 제도
지원 내용	초기 투자비·관리운영비 등 최대 3억 원, 경영 컨설팅 지원
신청자격	① 사업 운영 기간 1년 이상 ② 전년도 매출액 3억 원 이상 ③ 전년도 근로자 수 5명 이상 ④ 전년도 기준 상시근로자의 5%(최소 5명) 이상의 고령자를 고용하고 있는 기업 가운데 최소 5명 이상의 고령자를 추가 고용하고자 하는 기업

국가중요어업유산(國家重要漁業遺産) ▼

"해양수산부가 12월 1일 강릉창경바리어업(강원 강릉시), 광천토굴새우젓가공업(충남 홍성군), 삼천포죽방렴어업(경남 사천시)을 국가중요어업유산으로 지정했다고 밝혔다. 이번에 국가중요어업유산 제14호로 지정된 강릉창경바리어업은 창경(窓鏡)이라는 도구를 이용해 해조류나 저서생물(바닥에 서식하는 수중생물)을 채취하는 어업이며, 제15호 광천토굴새우젓가공업은 풍화암 재질의 친환경 토굴에서 새우젓을 숙성·발효시키는 가공업이다. 그리고 제16호 삼천포죽방렴어업은 연안의 좁은 물목에 대나무로 만든 V(브이)자형 발을 설치해 물살의 힘에 실려 오는 물고기를 통 안에 가둬 잡는 전통적인 어업방식이다."

오랜 시간에 걸쳐 형성된 고유의 유·무형 어업자산을 보전하기 위해 해양수산부가 2015년부터 지정·관리하고 있는 어업유산으로, 제주 해녀어업이 가장 처음으로 지정된 바 있다. 국가중요어업유산은 지역의 환경·사회·풍습 등에 적응하면서 오랫동안 형성된 유·무형의 어업 자원 가운데 보전할 가치가 있다고 인정될 경우 해양수산부 장관이 지정하여 체계적인 관리 및 어업 활동에 활용할 수 있도록 한 것이다. 국가중요어업유산으로 지정되면 어업유산지정서가 발급되고, 향후 3년간 어업유산의 복원과 계승, 홍보와 마케팅 등에 필요한 예산 7억 원(국비 70%, 지방비 30%)을 지원받게 된다. 특히 2023년에는 국가중요어업유산 제1호 제주해녀어업과 제7호 하동광양 섬진강 재첩잡이 손틀어업이 유엔식량농업기구(FAO)의 세계중요농업유산(GIAHS)으로 등재되기도 했다.

> **세계중요농업유산(GIAHS·Globally Important Agricultural Heritage System)** 전통적 농어업시스템의 보전을 목적으로 세계적으로 중요한 농·어·임업 유산 시스템 및 관련 경관, 생물다양성 및 지식 시스템을 식별하고 보존과 지속가능한 관리를 위해 지정하고 있다.

깃대종(Flagship Species) ▼

"경기도가 생태계 보존 및 보호가치가 있고 31개 시군을 대표하는 야생동물을 「경기도 깃대종」으로 지정했다고 10월 20일 밝혔다. 이번에 지정된 깃대종은 각 지역 산림과 습지, 하천, 해안 등에 분포해 있는 야생동물로 ▷포유류 7종(오소리·멧토끼·수달·하늘다람쥐·삵·족제비·담비) ▷조류 13종(흰눈썹황금새·알락꼬리마도요·청딱다구리·크낙새·노랑부리백로·검은머리물떼새·수리부엉이·저어새·큰고니·동고비·독수리·흰꼬리수리·두루미) ▷양서류 4종(수원청개구리·금개구리·맹꽁이·도롱뇽) ▷무척추류 7종(말똥게·넓적사슴벌레·애반딧불이·쌍고리부전나비·대모잠자리·꼬리명주나비·장수하늘소) 등이다."

한 지역의 생태계를 특징적으로 나타내는 동·식물로, 생태·지리·사회·문화적 특성을 반영해 지역을 대표하고 보호할 가치가 있는 상징적 생물종을 말한다. 이는 해당 지역의 생태계를 회복하는 개척자라는 이미지를 깃발의 의미로 형상화한 데서 깃대라는 표현이 사용된 것으로, 깃대종은 1993년 유엔환경계획(UNEP)에서 제시한 개념이다. 우리나라에서는 2007년 21개 국립공원을 대상으로 총 41종의 깃대종을 선정하면서 시작된 바 있으며, 이후 서울시 등 각 지자체에서도 각 지역 특성을 대표하는 깃대종을 선정해 왔다. 선정 시에는 멸종위기, 천연기념물 등 문화·사회적 특성을 반영한 고유종, 자연환경의 변화를 판단할 수 있는 종 등의 여부가 고려된다.

노인 연령(老人 年齡) ▼

현재 노인 연령은 65세로 돼 있는데, 이는 1981년 제정된 노인복지법의 경로우대에서 시작된 것이다. 주요 복지 제도들도 대체로 이를 기준으로 삼고 있으며, 이에 현재 만 65세 이상 노인들에게는 지하철 무료 등의 교통비 혜택 외에도 국공립박물관·미술관·공원·고궁 등 공공시설 무료 사용 및 요금 할인 등의 혜택이 주어진다. 하지만 저출산 및 인구 고령화로 고령층 인구가 급증하면서 노인 연령 상향 조정 필요성이 지속적으로 제기돼 왔다. 하지만 노인 연령 상향은 정년 연장, 국민연금 수급기한 연장 등 각종 사회정책과도 맞물려 있다는 점에서 논쟁만 제기되는 데 그쳐왔다. 특히 65세 이상에 적용되는 지하철 무임승차의 경우 1980년 만 70세 이상 노인들에게 지하철 요금 50%를 감면해 주는 것으로 시작됐으며, 1984년 5월 만 65세 이상 노인들에게 요금을 100% 면제해 주는 방식으로 정착돼 현재에 이르고 있다. 그러나 지하철 운영기관의 누적된 적자와 고령화 추이로 논란이 거센데, 해당 제도가 시행된 1980년대 초반까지만 해도 65세 이상 인구가 전체의 4% 미만에 불과했으나 2023년에는 19.0%까지 오르며 급격한 증가세를 보이고 있기 때문이다.

연령별 주요 노인보건복지제도

연령	제도
55세	고령자 고용촉진법의 고령자, 주택연금 가입 연령
60세	노인복지주택 입주 자격, 법적 정년, 농지연금(노후생활안정자금)
63세	국민연금 수령(2033년에는 65세로 연장)
65세	경로우대제(지하철 무임승차), KTX 30% 할인, 고궁·박물관 무료 입장, 건강보험 피부양자 자격, 기초연금, 노인장기요양보험, 노인맞춤돌봄서비스, 노인일자리(공공형과 사회서비스형), 단기가사서비스(독거), 노인 틀니·임플란트 지원, 행복주택, 응급안전안심서비스, 예방접종(Covid-19, 폐렴구균, 인플루엔자), 노인 이동통신비 감면, 에너지 바우처 등
66세	의료급여 대상자 생애전환기 검진
70세	경로우대자 추가 세금 공제
75세	단기가사서비스(부부), 고령자운전자 의무교육

농촌 체류형 쉼터 ▼

도시민의 주말·체험 영농과 농촌 체류 확산을 위한 임시 숙소 등으로 활용하기 위한 시설로, 본인이 소유한 농지에 농지전용과 건축인허가 등의 절차 없이 신고만으로 10평 이내로 가설건축물(컨테이너 등) 형태로 조성할 수 있다. 기존 농막(農幕)의 경우 영농 활동을 위한 편의 시설이기 때문에 취사와 숙박 등 주거 행위가 원칙적으로 금지되고 있으나, 농촌 체류형 쉼터는 주말 농부나 귀농인 등이 머무를 수 있는 임시 거주 시설이다. 농촌 체류형 쉼터는 총넓이 33m²(10평) 이내의 가설건축물로, 기존 농막의 넓이 제한 20m²(6평)에 비하면 생활반경이 더 넓어졌다. 또 부엌과 화장실을 위한 정화조를 설치할 수 있고 데크와 처마도 설치할 수 있다. 여기에 위급상황이 발생할 때 신속하게 차량 이용이 가능하도록 현황도로 등에 접해 있는 농지에 쉼터를 설치해야 하며, 취사나 난방을 할 수 있기 때문에 주택용 소방시설인 소화기, 단독경보형 감지기 설치도 의무적으로 설치해야 한다. 농촌 체류형 쉼터는 가설건축물 형태로 짓기 때문에 비주택으로 적용돼 양도소득세와 종부세 등 부동산 관련 세제 부과 대상이 아니지만, 취득세·재산세는 적용된다. 또 쉼터에 전입신고를 하는 것은 허용되지 않으며, 주말 농부들을 위한 숙소인 만큼 농사를 짓지 않은 채 별장으로 이용하는 행위 역시 금지된다.

농촌 체류형 쉼터 주요 내용

시설 규모	연면적 33m² 이하(데크, 정화조 등 별도) – 처마: 외벽 중심선에서 1m 이내 허용 – 데크: 가장 긴 외벽에 1.5m를 곱한 면적까지 허용 – 주차장: 주차장법에서 정한 주차장 1면 허용
영농 의무	일정 면적 이상 영농활동 의무화 – 부지: 쉼터와 부속시설 합산의 2배 면적 – 영농: 쉼터와 부속시설 제외 농지는 영농활동 의무
제한 지역	최소한의 안전 확보 및 영농 피해 방지 목적(붕괴위험지역 등 특정 지역에 설치 제한)

마처세대 ▼

부모를 부양하는 「마」지막 세대이자 자녀에게 부양받지 못하는 「처」음 세대라는 뜻에서 붙여진 명칭으로, 베이비붐 세대(1955~1963년생)와 1960년대생이 이에 포함된다. 이들 세대는 이전 세대를 사적으로 부양하는 동시에 자신의 노후도 스스로 챙겨야 하는 세대로, 2024년 현재 우리나라 인구의 16% 정도를 차지하고 있다. 마처세대는 「긴 세대」라고도 불리는데, 이는 급속도로 빨라진 고령화와 청년층의 늦어진 사회 진출이 맞물리면서 80~90대 부모와 20~30대 자녀 모두를 부양하는 경우가 많다는 뜻이 담긴 것이다.

1980년대 중후반부터 노동시장에 진입한 마처세대들은 우리나라 경제의 호황기와 불황기를 (IMF 사태 등) 모두 겪은 세대이다. 이들은 기업에서 이미 정년을 맞았거나 앞두고 있으나, 아직 독립하지 못한 자녀들과 준비가 덜 된 노후대비를 위해 은퇴 후에도 경제 활동을 지속하는 경우가 많다. 이는 통계로도 확인되는데, 2023년 3월 통계청 국가통계포털에 따르면 그해 2월 60세 이상 취업자는 577만 2000명으로 1년 전

같은 기간보다 41만 3000명 늘었다. 이는 베이비붐 세대가 60대에 진입하면서 고령층 인구 자체가 급증한 영향도 있으나, 생활비를 벌기 위해 일자리를 구하는 고령층이 늘어난 것도 영향이 있다는 분석이다. 또 한국은행은 지난 7월 954만 명에 달하는 1964~1974년생을 「2차 베이비붐 세대」로 분류하며, 이들의 은퇴가 시작되면서 연간 경제성장률이 2034년까지 최대 0.38%포인트 하락할 것으로 추정된다는 발표를 내놓기도 했다.

메디푸드(Medi-food) ▼

음식물을 정상적으로 섭취·소화·흡수·대사할 수 있는 능력이 제한되거나 질병·수술 등으로 인해 일반인과 특별히 다른 영양요구량을 가진 사람에게 제공하는 식품을 말한다. 예컨대 당뇨환자용, 신장질환자용, 암환자용 등 일반적으로 특정 질병을 앓는 환자를 위해 제조·가공된다는 특징이 있다. 메디푸드는 식품의약품안전처의 기준에 따라 「특수의료용도식품」으로 분류되는데, 이는 식약처가 규정한 성분 기준을 맞춰야 한다는 점에서 영·유아, 비만자, 임산·수유부를 대상으로 하는 「특수영양식품」 또는 고령층을 대상으로 하는 「케어푸드」 등과 다르다. 메디푸드의 유형은 ▷표준형 영양조제식품 ▷맞춤형 영양조제식품 ▷식단형 식사관리식품 등의 3가지로 나뉜다. 먼저 표준형 영양조제식품의 경우 질병, 수술 등으로 인해 일부 영양성분에 대한 특별한 관리가 필요하거나 체력 유지 및 회복이 필요한 사람들을 위해 제조·가공된 식품을 말한다. 맞춤형 영양조제식품은 일시적·만성적 임상상태로 인해 일반인과 다른 영양요구량을 갖거나 체력의 유지·회복이 필요한 사람을 대상으로 제조되며, 식단형 식사관리식품은 질환별 영양요구에 적합하게 제조돼 도시락 또는 식단 형태로 구성한 것을 말한다.

모바일 주민등록증

"행정안전부가 11월 26일 모바일 주민등록증 발급 근거를 담은 주민등록법 개정안이 국무회의에서 의결되면서 12월 27일부터 시행된다고 밝혔다. 이에 실물 주민등록증을 들고 다니지 않아도 휴대전화에 저장한 모바일 주민등록증으로 본인확인을 할 수 있게 되는데, 실물 형태가 아닌 주민등록증이 발급되는 것은 주민등록증이 도입된 1968년 이후 처음이다."

휴대전화에 저장한 주민등록증으로, 주민등록증을 발급받은 17세 이상 국민은 누구나 신청할 수 있다. 이는 읍·면·동 주민센터를 방문해 받은 1회용 QR코드로 즉시 발급받거나, 실물 주민등록증을 새로 도입한 IC칩 내장 주민등록증으로 교체하면 주민센터를 방문하지 않고도 주민등록증을 휴대전화에 접촉해 모바일 주민등록증을 직접 발급받을 수 있다. 특히 휴대전화를 바꿔도 IC칩 내장 주민등록증만 있으면 주민센터를 찾지 않고도 모바일 주민등록증 재발급이 가능하다. 모바일 주민등록증에는 개인정보 유출과 부정 사용 방지를 위해 블록체인 및 암호화 등 다양한 보안기술이 적용되며, 발급된 모바일 주민등록증은 본인 명의의 휴대전화 1대에서만 사용할 수 있다. 분실 시에는 도용 및 개인정보 유출을 방지하기 위해 주민센터를 방문하거나 「모바일 신분증 웹사이트(www.mobileid.go.kr)」 전용 콜센터(1688-0990)를 통해 효력을 정지할 수 있다. 모바일 주민등록증은 최신 보안기술을 유지하기 위해 3년마다 재발급받아야 한다. 휴대전화 분실 시에는 주민센터를 방문하거나 콜센터 등에 신고하면 모바일 주민등록증의 효력을 정지할 수 있다.

백일해(百日咳, Pertussis)

"질병관리청이 11월 12일 백일해로 입원 치료를 받던 생후 2개월 미만 영아가 지난 4일 사망했다고 밝혔다. 국내에서 백일해 사망자가 나온 것은 이번이 처음이다. 특히 올해 백일해 유행은 연도별로도 역대 최대 규모인데, 올해 환자 수는 직전 유행 시기인 2018년(980명)의 30.8배에 이른다. 백일해는 코로나19 발생 당시 호흡기 감염병 유행 주기를 한 차례 건너뛴 뒤 올해 재유행하면서 규모도 커졌는데, 통상 3~5년을 주기로 확산한다."

보르데텔라균에 의해 발병하는 호흡기 질환으로, 백일 동안 증상이 계속된다는 의미에서 붙은 명칭이다. 백일해는 주로 호흡기 분비물이나 비말을 통해 감염되는데, 잠복기는 7~10일이다. 감염 후 2주 동안은 콧물과 약한 기침 등 일반 감기와 비슷한 증상을 보이지만, 이후 4주간은 기침이 점점 심해지면서 참을 수 없는 발작성 기침이 나온다. 특히 숨을 들이쉴 때 「흡」 소리가 나는 것도 이 시기로, 이후 회복기에 접어들면 2~3주에 걸쳐 기침이 서서히 줄어든다. 백일해는 국가기본접종 대상으로 지정돼 있는데, 생후 2·4·6개월마다 한 번씩 총 3회 기초접종을 한 뒤 15~18개월, 만 4~6세, 만 11~12세에 추가접종 3회를 하면 완전히 예방할 수 있다. 일반적으로 백일해는 예방 접종률이 95% 이상이어야 퇴치 수준의 관리가 가능한 것으로 알려져 있다.

비혼 출생(非婚 出生)

법률상 부부 사이가 아닌 이들 사이에서 이뤄진 출생으로, ▷동거·사실혼 관계의 커플 사이에 이뤄진 출생 ▷싱글 여성에 의한 출생 등을 포괄하는 개념이다. 이는 사회 변화와 함께 전통적 가족의 개념이 진화되면서 미국이나 유럽 등을 중심으로 점차 늘어나는 추세로, 프랑스·영국 등은 동거 커플과 그들의 자녀가 혼인 가족과 같은 복지 혜택을 받도록 가족의 정의를 바꾼 바 있다. 특히 프랑스는 1999년 「PACS(팍스)」라고 불리는 「시민연대계약」 제도를 도입해 결혼하지 않은 동거 커플에게도 결혼과 유사한 법적 권리와 의무를 부여하고 있는데, 프랑스 비혼 출생 비율은 팍스 도입 전인 1998년 41.7%였다가 2020년 62.2%로 빠르게 상승한 바 있다. 우리나라에서도 이와 같은 비혼 출생이 늘어나고 있는 추세인데, 통계청이 8월 28일 발표한 「6월 인구동향」과 「2023년 출생통계(확정치)」에 따르면 2023년 출생아 23만 명 가운데 법적 비혼 관계에서 태어난 아기(혼인 외 출생아)는 1만 900명으로 나타났다. 이는 한해 전에 견줘 1100명 늘어난 것으로, 전체 출생아에서 혼인 외 출생아가 차지하는 비중도 4.7%로 1981년 관련 통계 작성 이래 최대 비중을 나타냈다.

> **초이스맘(Choice Mom)** 영미권에서 선택에 의한 한부모(Single mother by choice)를 가리키는 용어로, 결혼하지 않고 본인의 의지로 아이를 낳거나 입양해 키우는 비혼모를 뜻한다. 이는 스스로 선택한 결과라는 점을 강조해 「자발적」이라는 표현이 들어간 것이다. 이 초이스맘은 1980년대 인공수정·입양 등을 통해 아이를 갖는 여성들이 증가하면서 그 사용이 확산된 바 있다.

생활인구(生活人口) ▼

"행정안전부와 통계청이 10월 30일 전국 2분기 인구감소지역 89곳의 생활인구를 산정한 결과, 인구감소지역을 찾은 체류인구는 해당 지역에 평균 3.2일 머물면서 1인당 약 11만 5000원을 사용했다고 발표했다. 인구감소지역 89곳 생활인구 전수조사는 1분기에 이어 두 번째다. 이에 따르면 89개 지역 생활인구(2850만 명) 중 등록인구 490만 명을 뺀 체류인구는 2360만 명으로, 방문자가 해당 지역 주민보다 4.8배 많았다."

교통·통신의 발달로 이동성과 활동성이 증가하는 생활유형을 반영하기 위해 2023년부터 도입된 제도로 기존 주민등록 인구뿐만 아니라 월 1회, 하루 3시간 이상 체류하는 사람과 외국인으로 구성된다. 즉 정주인구 뿐만 아니라 일정 시간·일정 빈도로 특정 지역에 체류하는 사람까지 지역의 인구로 보는 것으로, 최근 지방소멸을 막기 위한 대안으로 주목받고 있다. 생활인구의 세부요건 등에 관한 규정 및 관련 법령에 따르면 생활인구는 크게 ▷주민등록법에 따라 주민으로 등록한 사람 ▷통근·통학·관광 등의 목적으로 주민등록지 이외의 지역을 방문해 하루 3시간 이상 머무는 횟수가 월 1회 이상인 사람 ▷출입국관리법에 따라 외국인등록을 하거나 재외동포의 출입국과 법적 지위에 관한 법률에 따라 국내거소신고를 한 사람으로 구분된다. 대표적인 생활인구 사례로 휴양지에서 원격 근무하는 워케이션 근무자나 일주일 중 5일은 도시에서 살고 주말 2일은 농촌에서 지내는 5도2촌 생활자 등을 들 수 있다.

생활임금제(生活賃金制) ▼

"10월 22일 현재 전국 광역자치단체 생활임금 책정 현황을 보면 17개 시도 가운데 울산과 경남을 제외한 15개 시도가 2025년도 생활임금을 확정·고시했다. 15개 시도가 고시한 2025년도 생활임금액은 평균 시간당 1만 1865원으로 올해(1만 1539원)보다 약 2.8% 인상됐다. 이는 2025년도 법정 최저임금(시급 1만30원)보다는 평균 18% 정도 높은 수준이다. 하지만 지역에 따라서는 편차가 큰데, 2025년도 생활임금액이 가장 높은 광역단체는 시급 1만 2930원의 광주시였으며 가장 낮은 곳은 대구시(1만 1594원)로 광주보다 시간당 1336원이 적다."

임금 노동자의 실질적 생활이 가능하도록 법정 최저임금 이상의 임금을 지급하도록 법적으로 규정한 제도로, 최저선의 생계비인 최저임금을 넘어서는 개념이다. 이는 최저임금보다 높은 임금 수준을 보장해 노동자들이 최소한의 인간적인 삶과 문화적 생활을 누릴 수 있도록 한다는 취지로 시행되고 있다. 생활임금 제도는 1994년 미국 볼티모어에서 관련 조례가 제정되면서 시작됐으며, 국내에서는 서울 성북구와 노원구가 2013년에 처음으로 도입한 바 있다. 이후 광역단체의 생활임금제도는 2015년 서울시와 경기도가 처음 도입한 이후 전국으로 확산됐는데, 마지막 남아 있던 대구시가 올해 생활임금제를 도입함으로써 현재는 전국 17개 시도가 모두 시행 중에 있다. 이 생활임금제는 대부분 자치단체와 산하 기관에 소속된 공무원 이외의 공공부문 노동자가 적용 대상이다.

수습교사제(修習教師制) ▼

임용 시험에 합격한 예비 교사들이 교단에 서기 전 6개월~1년간 학교에서 수습 기간을 거치며 실무 역량을 쌓는 것으로, 이르면 2025년 3월부터 임용 시험에 합격했지만 발령이 나지 않은 예비 교사들을 대상으로 시범 운영될 것으로 알려졌다. 현재도 교생실습이 있지만 참관 등을 제외한 순수 실무 실습은 통상 4주 정도다. 이에 교육부는 교생실습으로는 실무 역량을 키우는 데에 한계가 있다고 보고 수습교사제를 추진한다는 방침인데, 해당 제도가 도입되면 최소 6개월간 기간제 교사로 근무한 뒤 정규 교사로 발령하는 방안이 검토되고 있다. 수습교사제는 김영삼 정부 때인 1996년 대통령 자문기구 교육개혁위원회에서 처음으로 도입을 제안했고, 김대중 정부 때는 실제 도입을 발표했지만 이뤄지지 않은 바 있다. 이는 수습 평가를 거쳐 최종 임용을 결정하는 방식이었는데, 임용시험까지 합격한 예비 교사들은 수습 평가를 또 거쳐야 한다는 점에서 이를 반대한 바 있다. 하지만 이번에 교육부가 검토 중인 수습교사제는 임용이 확정된 신규 교사를 대상으로 실무 역량을 쌓는 과정으로만 운영한다는 방침이다.

실버스테이(Silverstay) ▼

"국토교통부가 고령층의 안정적 주거 생활을 지원하기 위한 민간임대주택인 「실버스테이」 도입을 위해 「민간임대주택에 관한 특별법」 시행령과 시행규칙 개정안을 10월 30일부터 입법예고한다고 29일 밝혔다."

60세 이상 고령층에 특화한 시설을 비롯해 안부 확인, 응급안전과 식사, 생활지원 등의 서비스를 제공하며 20년 이상 거주 가능한 공공지원 민간임대주택을 뜻한다. 실버스테이는 무주택자에게 우선 공급하되, 유주택자는 잔여 세대에 입주할 수 있도록 했다. 임대료는 노인복지주택 등 기존 시니어 레지던스 시세의 95% 이하로 초기 임대료를 산정하고, 임대료 5% 증액 제한을 적용한다. 다만 식사 및 생활 지원 서비스 이용료는 별도로 청구할 수 있도록 했다. 국토부는 민간임대주택법 하위법령 개정이 완료되면 12월 실버스테이 시범사업을 공모할 계획인데, 시범사업은 택지 공모와 민간 제안 공모방식을 통해 추진하기로 했다. 사업자에게는 취득세·재산세 감면, 종부세 합산 배제 등 세제 혜택과 주택도시기금 출·융자 등 금융 지원을 공공지원 민간임대주택 수준으로 제공한다.

> **시니어 레지던스(Senior residence)** 주거·가사·건강·여가 서비스가 결합된 노인 주거 시설로, ▷고령자 복지주택(저소득층 공공임대주택) ▷실버스테이(중산층 민간임대주택) ▷실버타운(고소득층 민간 노인복지주택) 등의 노인 주거 공간을 포괄하는 개념이다. 이러한 시니어 레지던스는 노인들이 안정적이고 편안한 생활을 할 수 있도록 지원하는 주거 시설이라는 점에서 안전한 환경과 편의시설은 물론, 정기적인 건강관리와 다양한 사회활동 및 교류를 할 수 있는 환경을 제공한다는 특징을 지니고 있다.

아키야 뱅크(空き家バンク) ▼

아키야(空き家)는 「빈집」을 뜻하는 일본 말로, 아키야 뱅크는 「빈집 은행」이라는 뜻이다. 일본 지자체들이 나날이 심각해져가는 빈집 문제를 해결하기 위해 운영 중인 기구로, 빈집 정보를 웹사이트 등에 소개해 매수와 매도를 지원하는 서비스이다. 이는 빈집 대부분을 무료로 제공(세금과 부동산 거래 수수료만 부담)하거나 아주 싼 가격에 살 수 있도록 해 주는데, 특히 어린 자녀나 고령자를 둔 가구의 경우 빈집 보수 등에 대한 정부와 지자체의 지원이 이뤄지기도 한다. 이러한 아키야 뱅크는 일본의 빈집 문제가 심각함을 알려주는 것으로, 실제로 일본은 초고령화와 급격한 인구 감소로 빈집이 급증하며 심각한 사회문제로 대두되고 있다. 여기에 자녀 등 상속인이 있더라도 만만치 않은 유지비 등의 이유로 여건상 거주하지 않는 경우가 늘어난 것도 빈집 증가의 이유가 되고 있다. 그리고 이처럼 오랜 기간 방치된 빈집은 경관을 해치는 것은 물론 화재나 붕괴 등 각종 위험에도 노출돼 주변 가옥들에까지 피해를 미칠 수 있으며, 지방자치단체의 세수 결손에도 영향을 끼친다.
이에 일본은 2015년 「아키야 대책 특별조치법」을 제정해 지자체가 빈집을 강제 철거할 수 있도록 하고 있으며, 지자체에서는 빈집을 매우 저렴한 가격이나 무료로 제공하는 아키야 뱅크 제도를 시작했다. 특히 2040년경이면 일본에서 900개의 기초지자체가 소멸될 것으로 우려되는 등 지방 붕괴 전망이 높아지면서, 일부 지자체들은 아키야 뱅크 전담부서까지 설치해 빈집의 효율적인 공급·수요 관리에 나서고 있다.

안심돌봄 120 ▼

"서울시가 11월 1일부터 돌봄이 필요한 시민에게 맞춤형 서비스를 안내하는 돌봄상담 전문콜센터 「안심돌봄 120」의 시범운영을 시작한다고 10월 30일 밝혔다."

전문상담원이 돌봄 대상자의 기본 정보를 파악한 후 중증도와 돌봄 난이도 등에 맞춰 제공할 수 있는 돌봄 종류와 신청 자격, 절차를 종합적이고 자세하게 알려주는 서비스다. 당사자는 물론 가족, 지인 누구든지 다산콜센터(02-120)로 전화한 후 음성안내에 따라 3번(안심돌봄)을 누르면 밀착 상담을 받을 수 있다. 이는 사회복지 전문 상담원 5명이 중증도를 고려해 정부와 지방자치단체 및 각종 기관에서 제공하는 다양한 서비스를 알려준다. 특히 필요할 경우 거주지 주변에 있는 우수 돌봄서비스 기관도 알려주는데, 특히 와상·중증치매·큰 체구 등 민간에서 돌봄 서비스를 받기 어려운 고난도 돌봄 대상자는 「서울형 좋은돌봄인증기관」을 연계해 준다. 아울러 돌봄 종사자에 대한 상담도 진행되는데, ▷서비스 제공 과정에서 발생하는 사건·사고나 업무 고충 상담 ▷고령자와 장애인 학대 ▷노인 실종 등 돌봄 현장의 기초상담을 비롯해 권리 침해 등 법적 보호가 필요한 경우에는 서울시 복지재단의 법률상담도 연결해준다. 안심돌봄 120은 평일 오전 9시부터 오후 6시까지 운영되는데, 야간이나 공휴일에는 다산콜센터(24시간 운영)나 안심돌봄120(1668-0120)에 상담 예약을 남기면 된다. 서울시는 3달간의 시범 운영 결과를 토대로 2025년 2월부터 본격 운영을 시작한다는 방침이다.

영케어러(Young carer) ▼

질병, 정신건강, 알코올·약물중독 등의 중증질환이나 장애를 가진 가족 구성원을 돌보면서 생계까지 책임지는 13~34세의 아동·청소년·청년을 말한다. 우리나라의 경우 영케어러에 대한 법적 정의가 아직 확립되지 않은 상태지만, 일반적으로 학업과 일을 병행해야 하는 청소년과 청년층이 이에 해당한다. 이들은 이른 나이부터 학업과 돌봄을 병행하다 보니 또래들처럼 자신의 미래를 꿈꾸기조차 어려우며, 이에 신체적 고통은 물론 심리·정서적, 경제적 어려움 등의 삼중고를 겪고 있다. 우리나라에서 영케어러에 대한 정부 차원의 첫 실태조사는 2023년에 이뤄진 바 있다. 보건복지부가 발표한 「가족돌봄청년 실태조사 결과」에 따르면, 돌봄이 필요한 가족을 돌보고 있거나 그로 인해 생계를 책임지는 만 13~34세 가족돌봄청년은 전국 4만 3000여 명에 달했다. 또 이들의 주당 가족돌봄 시간은 21.6시간, 평균 돌봄 기간은 46.1개월에 달했다. 이에 정부는 지난 7월부터 영케어러 전담지원 시범사업을 진행하고 있는데, 이는 인천·울산·충북·전북에 거주하는 만 13세 이상~34세 이하 청년 2400명이 대상이다. 정부는 영케어러 중 소득기준(중위소득 100% 이내)을 확인해 1년에 자기돌봄비 200만 원을 지급하며, 돌봄 코디네이터를 전담 배치해 이들을 관리하고 있다.

오버투어리즘(Overtourism) ▼

수용 가능한 범위를 넘어서는 관광객이 몰려들며 도시를 점령하면서, 해당 관광지 주민들의 삶을 침범하는 현상을 말한다. 우리나라에서는 대표적으로 서울의 북촌한옥마을과 이화 벽화마을 주민들이 몰려드는 관광객들로 인해 사생활 침해와 소음공해, 쓰레기 무단투기 등의 불편이 급증하는 문제가 이어지고 있다. 이에 서울 종로구는 지난 7월 1일 북촌한옥마을을 관광진흥법상 「특별관리지역」으로 지정해 관광객들의 통행을 제한하는 방침을 11월부터 시행했다. 지정된 특별관리지역은 112만 8000㎡(약 34만 평) 규모로, 주민 불편이 많은 정도에 따라 ▷레드존 ▷오렌지존 ▷옐로존 등 3개 구역으로 나눴다. 특히 주민 민원이 가장 많이 제기되는 레드존(북촌로11길(3만 4000㎡))의 경우 관광객의 통행 시간을 오전 10시부터 오후 5시까지로 제한하고 있는데, 이는 2025년 2월까지의 계도 기간에 이어 3월부터 본격 시행된다. 따라서 3월부터 출입 불가 시간에 해당 구역에 들어가면 과태료 10만 원이 부과된다.

전 국민 마음투자지원사업 ▼

우울·불안 등으로 도움이 필요한 사람에게 일대일 심리상담을 받을 수 있는 바우처를 제공하는 정부 사업으로, 7월부터 시행됐다. 대상자에게는 총 8회의 심리상담 서비스를 받을 수 있는 바우처가 제공되는데, 본인부담금은 기준 중위소득 수준에 따라 차등 부과(0~30%)된다. 전문 심리상담서비스의 이용 대상은 우울·불안 등 정서적 어려움이 있는 국민으로, 올해는 전문기관에서 의뢰한 경우에 바우처를 지급하고 단계적으로 대상을 확대해 나가게 된다. 구체적으로 올 하반기 8만 명을 시작으로 지원 대상 규모를 2027년 50만 명까지 늘린다는 계획이다. 서비스 신청은 구비서류를 갖춘 뒤 읍면동 행정복지센터를 방문하면 되고, 서비스 대상자로 결정되면 거주지와 상관없이 서비스 제공 기관을 선택한 후 소득 수준에 따른 본인부담금을 납부하고 이용할 수 있다. 상담자는 이용자의 심리·정서적 문제가 악화하지 않도록 개입하고, 스트레스 대처능력이나 의사소통 기술 향상 등을 도와주게 된다.

편장족 ▼

편의점에서 장을 보는 사람들을 이르는 신조어로, 1인 가구 증가로 나타난 현상이다. 즉, 1인 가구가 증가하면서 대용량을 판매하는 대형마트가 아닌 소포장·소용량 제품을 찾는 소비자들이 늘기 시작했고, 필요할 때마다 언제든 손쉽게 방문이 가능하다는 편의점의 특징이 편장족의 증가로 이어진 것이다. 여기서 편의점은 편리함을 개념으로 도입된 소형 소매점포로, ▷연중무휴 ▷조기·심야영업 ▷주거지 근처에 위치 ▷10~100평의 중형 점포 ▷식료품과 일용잡화를 중심으로 2500개 내외의 상품 취급 등을 특징으로 한다.

플라스틱 크레딧(Plastic Credit) ▼

플라스틱 폐기물을 수거하고 재활용하는 것에 경제적인 가치를 부여, 플라스틱으로 인한 환경오염을 줄이는 방안 중 하나로 거론된다. 이는 플라스틱을 수집 또는 재활용했음을 나타내는 인증서로, 폐플라스틱 수거에 경제적 가치를 부여해 플라스틱 재활용을 촉진하겠다는 취지다. 구체적으로 기업이 자사 제품 생산이나 유통 과정에서 발생되는 플라스틱 쓰레기를 줄이거나 재활용·수거할 경우 그에 따른 보상을 제공하고, 해당 크레딧을 구매한 기업은 플라스틱 싱쇄 크레딧을 빚게 되는 것이다. 예컨내 1돈의 플라스틱을 사용한 특정 기업이 1톤의 플라스틱을 수거하거나 재활용하는 단체로부터 플라스틱 크레딧을 구매해 자사의 환경 영향을 상쇄할 수 있다. 이러한 플라스틱 크레딧은 기업들이 자발적으로 탄소상쇄 비용을 지불하는 「탄소배출권」에서 파생된 개념으로, 플라스틱의 실질적인 배출량을 0으로 만드는 「플라스틱 중립」을 목표로 한다. 플라스틱 크레딧은 플라스틱 폐기물의 실제 감소량을 측정하고 추적이 가능하다는 특징이 있는데, 이는 「기업의 플라스틱 폐기물 배출량 계산 → 배출량에 준하는 플라스틱 크레딧 구매 → 제3기관이 구매한 크레딧만큼의 플라스틱 수거 → 수거한 폐기물의 재활용 또는 업사이클링」의 단계로 이뤄진다.

한강 리버(Hangang River) ▼

서울시가 11월 19일 밝힌 한강의 올바른 영문 표기로, 현재 방송과 신문 등에서는 한강의 영문 표기가 「Han River」(한 리버), 「Hangang River」(한강 리버)가 혼용되고 있다. 서울시는 한강공원 영문 표기를 통일하고 국내·외 관광객들에게 정확한 명칭을 전달하기 위해 2010년 「한강공원 내 시설물·홍보물 외국어 표기 개선 및 홍보계획」을 수립, 한강의 공식적인 영문 표기를 Hangang River(한강 리버)로 일원화한 바 있다. 이후 2020년 문화체육관광부에서 「공공 용어의 외국어 번역 및 표기 지침」 훈령을 제정해 자연 지명 영어표기에 대한 통일적인 규정을 마련했다. 이에 따르면 자연 지명은 전체 명칭을 로마자로 표기하고 속성 번역을 병기하는 방식이 원칙인데, 예컨대 한강은 「Hangang River」, 한라산은 「Hallasan Mountain」으로 표기해야 한다.

황금티켓 증후군(Golden Ticket Syndrome) ▼

명문대 진학과 대기업 입사에만 몰두하는 한국 사회의 현상을 이르는 말로, 2022년 경제협력개발기구(OECD)의 〈한국경제보고서〉에서 처음 등장한 용어다. OECD는 한국의 청년들이 좋은 대학에 진학하고 공공 부문이나 대기업에서 안정적인 일자리를 찾기 위해 치열한 경쟁을 벌이는 상황을 가리켜 「황금티켓 증후군」이라고 지칭했다. 이 황금티켓 증후군은 개인의 재능은 무시되고 소수의 사람만 성취할 수 있는 사회적 성공에만 개인의 모든 역량을 집중시키는 기형적 현상을 통칭하는 말로 사용되기도 한다. 한편, 영미권에서 황금티켓이라는 용어는 원하는 모든 것을 이루게 해 주는 만능열쇠와 같은 수단이라는 뜻으로 사용되는데, 이는 1960년대의 영국 동화 〈찰리와 초콜릿 공장〉에서 유래된 것이다. 동화 속 초콜릿 회사 사장 윌리 웡카는 자사가 생산하는 초콜릿에 황금티켓 5장을 무작위로 끼워 파는 이벤트를 열고, 이 황금티켓을 가진 아이들에게 공장 견학의 기회를 주기로 한다. 하지만 부유한 부모들이 자식들을 위해 초콜릿 사재기를 하는 상황까지 연출되며 이벤트의 당초 취지는 변질되고, 부유한 부잣집 아이들이 대부분의 티켓을 차지하는 결과로 이어진다.

후테호도(ふてほど) ▼

"일본에서 매년 유행어를 조사해 《현대 용어의 기초 지식》이라는 책으로 출간하는 출판사인 자유국민사가 2024년 올해의 유행어 선호도 조사 결과 「후테호도」가 1위를 차지했다고 밝혔다."

올 1월 26일부터 3월 29일까지 일본에서 인기리에 방영된 TBS 드라마 〈부적절한 것도 정도가 있어(不適切にもほどがある)〉의 줄임말로, 일본에서 2024년 올해의 유행어 1위로 꼽힌 말이다. 〈부적절한 것도 정도가 있어〉는 일본 거품 경제 시대를 다룬 코미디 드라마로, 1986년에 살던 남자 주인공이 별안간 2024년으로 시간 여행을 하게 되고 이에 사회와 가치관의 변화 속에서 벌어지는 소동을 그려내고 있다. 1986년에서 온 그는 2024년에는 적합치 않은 언행을 반복하게 되고, 그럴 때마다 「부적절한 것도 정도가 있다」는 말로 면박당한다.

> **반웨이(班味)** 출근이라는 뜻의 단어 「상반(上班)」의 두 번째 글자와 맛 또는 냄새를 의미하는 「웨이(味)」가 합쳐진 말로, 직장인들이 출근만 하면 피곤하고 초췌한 모습으로 변하는 모습을 가리키는 신조어다. 중국 잡지 야오원자오쯔(咬文嚼字)는 12월 2일 2024년 중국에서 가장 널리 쓰인 10대 유행어를 선정해 발표했는데, 반웨이가 1위로 꼽혔다.

④ 문화·스포츠

국채보상운동(國債報償運動) ▼

"국가보훈부가 2025년 첫 번째 「이달의 독립운동」에 국채보상운동을 선정했다고 12월 18일 밝혔다. 보훈부는 2025년 광복 80주년을 맞아 1992년부터 선정해 온 「이달의 독립운동가」 대신 「이달의 독립운동」을 선정하고, 2026년부터는 다시 이달의 독립운동가를 선정해 발표한다는 방침이다."

대한제국 때인 1907년(융희 1) 2월 일본으로부터 얻은 1300만 원(圓)의 차관을 갚기 위해 서상돈, 김광제 등이 주동이 되어 전개된 거족적인 민족경제 자립운동이다. 당시 국채를 갚기 위해 남자는 담배를 끊고, 여자는 비녀와 가락지 등을 내놓는 등의 노력이 전개됐는데, 이는 대구에서 처음 시작돼 점차 전국으로 확산됐다. 서울에서는 국채보상 기성회를 중심으로 대한자강회 등 각종 애국 계몽단체와 《제국신문》, 《황성신문》 등의 언론단체들이 이를 지지하며 모금운동을 벌였으나 일제 통감부의 압력과 일진회의 방해로 결국 중단됐다.

한편, 2025년 「이달의 독립운동」으로 선정된 월별 독립운동으로는 ▷1월 국채보상운동 ▷2월 신간회 창립 ▷3월 3·1운동 ▷4월 대한민국임시정부 수립 ▷5월 근우회 창립 ▷6월 6·10만세운동 ▷7월 광복회 조직 ▷8월 일장기 말소사건 ▷9월 한국광복군 창설 ▷10월 한글날 제정 ▷11월 광주학생 독립운동 ▷12월 13도창의군 결성이 있다.

귀벌레 증후군(Earworm Syndrome) ▼

어떤 노래를 듣고 난 후 하루 종일 그 음악이 귓속에서 맴도는 현상으로, 마치 귓속에 벌레가 있는 것 같다고 해서 붙은 명칭이다. 실제로 미국 신시내티대학의 제임스 켈라리스 교수는 2009년 전 세계 인구의 98%가 귀벌레 현상을 경험한 것으로 나타났다고 밝혔다. 또 영국의 더럼대와 골드스미스대, 런던대 그리고 독일 튀빙겐대의 공동연구팀은 2011~2013년 귀벌레 증후군에 대한 연구를 진행한 바 있다. 이들은 일반인 3000명을 대상으로 귀벌레 현상을 가장 강하게 느끼게 하는 노래 100곡을 조사한 결과, ▷빠른 템포 ▷반복적이고 빠른 동작 ▷일상생활의 반복적인 템포와 일치하는 음악들이 귀벌레 증후군에 영향을 미친다고 주장했다. 이러한 귀벌레 증후군을 없애기 위해서는 해당 노래 전체나 자연의 소리를 듣는 등 반복적인 리듬을 피하는 것이 도움이 된다고 알려져 있다.

국내에서는 이러한 귀벌레 증후군과 관계 있는 신조어로 「수능 금지곡」이 있는데, 이는 해당 노래의 가사와 멜로디 중독성이 강해 한 번 들으면 계속 귓가에 맴돌아 수험생의 집중력을 해칠 수 있다는 의미에서 붙은 명칭이다. 지난 10월 18일 공개된 걸그룹 블랙핑크의 로제와 미국 팝스타 브루노 마스의 듀엣곡 《아파트(APT)》도 중독성 있는 리듬으로 새로운 수능 금지곡 반열에 오르며 화제가 됐다.

노트르담 대성당 (Cathédrale Notre Dame de Paris) ▼

"2019년 4월 화재 이후 복원 작업에 들어갔던 노트르담 대성당이 12월 7일 재개관 기념식을 가졌다."

프랑스 센강 시테섬에 위치한 고딕 양식의 성당으로, 1163년 파리 주교 모리스 드 쉴리(Maurice De Sully)의 주도하에 착공해 1345년 완공됐다. 이곳은 1455년에 잔 다르크(Jeanne 1412~1431)의 명예회복 재판이 열렸고, 1700년대에는 나폴레옹 1세(1769~1821)의 대관식이 거행되는 등 역사적으로 중요한 곳으로 활용됐다. 1789년 프랑스혁명으로 건물에 파손이 생겨 방치되다가 1831년 빅토르 위고(Victor Hugo, 1802~1885)가 소설 〈노트르담 드 파리〉에서 대성당을 주요 배경으로 다루면서 세간의 관심이 모였고, 1845년부터 보수 공사를 한 바 있다. 가장 최근에는 2019년 4월 15일 보수 공사 도중 원인 모를 화재가 발생하면서 성당의 상징인 96m 높이 첨탑과 본관 지붕이 소실된 바 있다.

WAR(Wins Above Replacement) ▼

야구선수의 평가지수 중 하나로, 특정 선수가 보통 선수보다 팀 승리에 얼마나 기여했는가를 산출한 값이다. 리그 내 평균 혹은 평균 이하 선수보다 팀에 얼마나 많은 승리를 가져다 주었는지를 보여주는 지표로, WAR이 높을수록 잘하는 선수로 평가된다. 이는 한 선수가 기록한 전 종목(타격, 수비, 투구 등)의 성적을 바탕으로 산출하는데, ▷WAR 0~1은 벤치 플레이어(Scrub) 수준 ▷1~2는 핵심 선수(Role Player) 수준 ▷2~3은 꾸준한 주전선수(Solid Starter) ▷3~4는 좋은 선수(Good Player) ▷4~5는 올스타급(All-Star) ▷5~6은 슈퍼스타급(Superstar) ▷6 이상은 MVP급에 해당된다. 국내 리그를 기준으로 보면 1시즌에 WAR이 5를 넘으면 최상위권 선수라고 보고, 7이 넘으면 그해 리그 MVP급 선수로 평가한다. 다만 WAR은 산출방식이 복잡하고 평가하는 사람에 따라 제각각일 수 있다는 단점이 있다. 또 과거의 데이터로만 평가하고 포수의 수비역량 평가 방식이 미흡하다는 것이 단점으로 지적되기도 하지만, 선수의 가치평가 지수로 유용하게 사용되고 있다.

동인문학상(東仁文學賞) ▼

"소설가 김기태(39)가 소설집 《두 사람의 인터내셔널》로 11월 5일 제55회 동인문학상 수상자로 선정됐다. 이는 2000년 동인문학상 개편 이후 작가가 처음 낸 소설집으로 상을 받은 첫 사례다."

소설가 김동인(金東仁, 1900~1951)의 문학을 기념하기 위해 제정된 문학상으로, 1955년 사상계사에 의해 설립됐다. 이후 1979년부터는 동서문화사가, 1987년부터는 조선일보사가 주최하고 있다. 수상자에게는 상금 5000만 원과 상패가 수여된다. 개최 시기는 매년 10~11월로, 1년간 국내 주요 잡지에 발표된 중·단편소설 작품 중 한 편에 한해 시상한다. 주로 김동인의 자연주의적 문학과 맞닿아 있는 신진 작가들에게 수상하는데, 1956년 제1회 수상작은 김성한의 〈바비도〉이다. 한편, 1920~30년대에 활동한 소설가 김동인은 고소설·신소설 등에서 흔히 발견되는 영웅전기적 인물을 거부하고 소설 속 리얼리티를 추구한 인물이다. 주요 작품으로 〈배따라기〉, 〈감자〉, 〈광염 소나타〉, 〈발가락이 닮았다〉, 〈광화사〉 등이 있다.

라이프 핵(Life Hack) ▼

일상에서 시간을 절약하거나 문제를 쉽게 해결하기 위한 간단한 요령이나 방법을 뜻하는 말로, 생활 속 작은 불편함을 해결하기 위한 실용적인 팁이나 아이디어, 창의적인 도구 활용법 등이 이에 해당한다. 이는 소비자가 자신이 원하는 물건을 스스로 만들 수 있도록 한 「DIY(Do It Yourself)」에서 더 나아간 개념으로, 미국 사전 출판사 메리엄 웹스터에 등재돼 있을 정도로 영미권에서는 널리 확산된 말이다. 국내에서는 제품을 기존 용도와 다르게 활용하는 아이디어라는 개념으로 사용되기도 하는데, 예컨대 가구 제작이나 인테리어까지 본인이 직접 시도하는 경우가 이에 해당한다.

베어 트로피(Vare Trophy) ▼

"유해란(23)이 11월 25일 열린 LPGA 투어 2024시즌 최종전 CME그룹 투어 챔피언십에서 최종 합계 6언더파 282타를 기록한 가운데, 1타 차이로 일본의 후루에 아야카에게 지며 베어 트로피 차지에 실패했다. 이날 시즌 평균 타수 69.99타를 기록한 후루에는 유해란(70.00타)을 제치고 일본 선수 최초로 최저 타수상을 받았다."

미국여자프로골프(LPGA)에서 최저 평균 타수를 기록한 여자 선수에게 수여하는 상으로, 1953년부터 시작됐다. 이는 한 시즌 70라운드 이상 출전한 선수 중 평균 최저 타수를 기록한 골퍼에게 시상하는데, 1920년대 미국 최고 여자골퍼로 이름을 날린 글레나 콜렛 베어

(Glenna Collett Vare)를 기리기 위해 제정된 것이다. 최저 타수를 기록한 선수에게 수여하므로 시즌 기간 얼마나 안정된 플레이를 했는지가 중요하게 평가된다. 한편, LPGA 명예의 전당에 들어가려면 ▷메이저 대회 우승 ▷베어 트로피 ▷올해의 선수 수상 등 세 분야 중 최소 하나는 이뤄야 하는데, 베어 트로피 수상자에게는 시즌 1승과 같은 명예의 전당 포인트 1점(명예의 전당 입회 시 필요한 포인트는 총 27점)이 주어진다.

> **덕춘상** 한국프로골프협회(KPGA)가 최저 평균 타수를 기록한 선수에게 수여하는 상으로, 우리나라 프로골퍼의 시초인 연덕춘의 이름을 딴 것이다. 연덕춘은 1941년 한국인 최초로 일본오픈에서 우승한 데 이어 1958년 한국프로골프선수권도 제패한 인물로, 1963년에는 프로골프회를 발족시킨 바 있다.

빌보드 핫 100(Billboard Hot 100) ▼

"걸그룹 블랙핑크의 로제가 팝스타 브루노 마스와 함께한 〈아파트(APT)〉로 10월 29일 발표된 미국 빌보드 핫 100에서 8위를 기록, K팝 여성 가수 최고 순위를 기록했다. 지금까지 K팝 여성 아티스트가 핫 100에서 달성한 최고 순위는 블랙핑크가 지난 2020년 셀레나 고메즈와 함께 부른 〈아이스크림(Ice Cream)〉으로 기록한 13위였다. 이로써 로제는 〈아파트〉로 자신이 가지고 있던 종전 핫 100 기록을 경신하게 됐다."

매주 발표되는 미국 빌보드 차트의 싱글 인기 차트로, 빌보드 200과 함께 메인차트를 구성한다. 빌보드 차트는 크게 최고 인기곡을 선정하는 싱글 차트(핫 100)와 음반 판매량에 따른 순위를 매긴 앨범 차트(빌보드 200)로 구분된다. 1958년부터 발표되고 있는 빌보드 핫 100은 음원 판매량, 스트리밍 실적, 유튜브 조회수, 라디오 방송 횟수 등을 종합해 순위를 집계한다. 이에 반해 빌보드 200은 앨범 판매량과 트랙별 판매량, 스트리밍 실적 등을 기반으로 순위를 매기는 것으로, 핫 100이 빌보드 200보다 좀 더 대중적인 인기를 요한다고 할 수 있다. 빌보드 핫 100 차트에 한국인이 진출한 것은 2009년 원더걸스의 〈Nobody〉가 최초로, 당시 핫 100 76위에 오른 바 있다. 이후 2012년에는

싸이의 〈강남스타일〉이 전 세계적인 열풍을 일으키며 7주 동안 2위를 기록했고, 2020년에는 BTS가 〈다이너마이트〉를 시작으로 〈새비지 러브〉, 〈라이프 고스 온〉, 〈버터〉 등으로 연이어 핫 100 1위를 기록했다. 2023년 4월에는 BTS 지민이 솔로앨범 타이틀곡 〈라이크 크레이지〉로 핫 100 1위에 오르며 K팝 솔로 아티스트로는 최초의 기록을 달성했고, 그해 7월에는 BTS 정국의 솔로 데뷔곡 〈세븐〉이 핫 100 진입과 동시에 1위를 차지한 바 있다.

그룹 스트레이 키즈가 12월 13일 발매한 앨범 〈합〉(合·HOP)으로 빌보드 200 1위를 차지해 이 차트에 6회 연속 오르는 대기록을 세웠다. 이는 2000년대 이후 빌보드 200에서 가장 많은 1위를 차지한 방탄소년단, 린킨 파크, 데이브 매튜스 밴드의 6회와 동률이다. 특히 이 차트에 처음 진입한 앨범부터 연이어 나온 여섯 앨범이 모두 1위를 한 사례는 빌보드 68년 역사상 스트레이 키즈가 최초다.

사이영상(Cy Young award) ▼

"크리스 세일(35·애틀랜타 브레이브스)과 태릭 스쿠벌(28·디트로이트 타이거스)이 11월 21일 2024년 미국프로야구 메이저리그(MLB)의 내셔널리그(NL)와 아메리칸리그(AL) 사이영상 수상자로 각각 선정됐다. 2010년 시카고 화이트삭스에서 빅리그에 데뷔한 세일이 사이영상을 수상한 것은 이번이 처음이다. 또 2020년 빅리그에 데뷔한 스쿠벌은 2013년 맥스 셔저 이후 11년 만에 디트로이트 신수의 사이영싱 수상 기록을 썼다."

메이저리그 전설의 투수 덴톤 트루 영(Denton True Young, 1867~1955)의 별명을 본떠 1956년 신설된 상으로, 그해 최우수 투수에게 수여하고 있다. 1956~1966년까지는 아메리칸 리그와 내셔널리그를 통틀어 1명의 수상자를 선정했으나, 1967년부터는 양 리그에서 따로 선정해 상을 수여하고 있다. 수상자는 해마다 플레이오프 직전에 전미야구기자협회(BBWAA) 소속 기자 32명의 투표로 선정된다. 사이영상 선정 기준은 다승과 방어율로, 현재까지 최다 수상자는 7차례 수상한 로저 클레멘스(Roger Clemens, 1962~)이다. 특히 클레멘스는 2004년에는 42세의 나이로 이 상을 수상하면서 역대 최고령 기록도 갖고 있다.

사치세(Luxury Tax) ▼

"올 시즌 미 프로야구 메이저리그(MLB) 월드시리즈 우승팀 LA 다저스가 사치세로 1억 300만 달러(약 1493억 원)를 추가 부담하게 됐다고 미 스포츠 매체들이 12월 22일 보도했다. 올해 MLB 사무국과 선수협회가 확정한 사치세 규모는 다저스가 1위, 뉴욕 메츠(9710만 달러)가 2위, 뉴욕 양키스(6250만 달러)가 3위다. 9개 구단 사치세 합계는 3억 1130만 달러(약 4512억 원)로 나타났는데, 이는 사치세 도입 이후 가장 많은 것이다."

자금력이 풍부한 부자 구단이 좋은 선수들을 독점하면서 팀 간 전력 불균형이 심해지는 것을 방지하기 위해 운용하는 일종의 벌금 제도를 말한다. 북미 스포츠 리그 중에서 북미미식축구리그(NFL)와 북미아이스하키리그(NHL)는 선수들의 연봉 상한액을 규제하는 「샐러리캡(Salary Cap)」 제도를 운영하는데, MLB는 이 대신 전력 평준화를 유지하기 위해 사치세를 고안했다. 이 때문에 사치세는 「균등경쟁세(Competitive Balance Tax)」라고 불리기도 한다. 이는 선수들의 계약 금액과 기타 운영비 등을 합쳐 일정 규모를 넘으면 그 팀에 사치세를 부과해 압박을 가하는 것으로, 리그 사무국은 이 돈을 운영비나 선수들의 복리후생 등에 사용한다.

숏폼(Short-form) ▼

1~10분 이내의 짧은 영상으로, 언제 어디서나 모바일 기기를 이용해서 콘텐츠를 즐기는 대중들의 소비 형태를 반영한 트렌드이다. 이는 넘쳐나는 콘텐츠 속에서 시청자의 이탈을 막기 위해 짧은 시간 내에 직접적인 스토리 구성을 이룬다는 특징이 있다. 숏폼 콘텐츠는 TV보다 모바일 기기가 익숙한 Z세대(1990년대 중반~2000년대 초반에 걸쳐 태어난 세대)가 콘텐츠 주소비자로 자리 잡으면서 활발하게 소비되고 있다. Z세대는 일과 여가활동이 다양해짐과 더불어 소비할 콘텐츠 양이 방대해지는 환경에서 이동시간 등 시간이 날 때마다 볼 수 있다는 점에서 짧은 길이의 숏폼 콘텐츠를 선호한다. 특히 숏폼이

주류를 이루면서 그 분야도 확대되고 있는데, 대표적으로 숏툰(숏+웹툰)·숏드(숏+드라마)·숏송(숏+노래)·숏핑(숏+쇼핑) 등이 있다. 이는 숏폼 플랫폼(인스타그램 릴스, 틱톡, 유튜브 숏츠)를 보다가 연결된 쇼핑몰에서 물건을 사거나, 90분짜리 영화나 16부작 드라마를 압축한 요약 영상을 보는 식이다.

> **스페드업(Sped Up)** 특정 노래의 속도를 원곡에 비해 130~150%가량 배속해 만든 2차 창작물로, 가수의 목소리가 달라지는 등 원곡과 다른 분위기를 내며 청자에게 새로운 느낌을 전달한다. 스페드업은 틱톡·유튜브 숏츠·인스타그램 릴스 등 1분 내외로 제작되는 숏폼 영상이 주된 콘텐츠 소비 방식으로 부상하면서 인기를 끌기 시작했다. 즉 1분 내외의 짧은 영상이라는 특성상 영상 배경에 깔리는 노래도 덩달아 짧아지게 된 것이다.
>
> **시성비** 시간 대비 성능을 추구하는 소비 형태로, 가격 대비 성능을 중시한다는 뜻의 「가성비」에서 파생된 말이다. 시성비 트렌드는 숏폼 영상이 주된 콘텐츠 소비 방식으로 부상하는 데에서 알 수 있다. 또 시간을 절약하기 위해 10초 건너뛰거나 2배속으로 영상을 시청하거나 콘텐츠의 핵심만을 모아놓은 요약본도 새로운 시청 방식으로 인기를 끌고 있다.

시스맨스(Sismance) ▼

시스터(Sister)와 로맨스(Romance)를 합친 말로, 여자들의 진한 우정을 일컫는 용어다. 브로맨스(Bromance)가 남성 간의 우정을 강조한 용어라면 시스맨스는 여성 간의 우정을 뜻하는 말로, 특히 영화·드라마 등의 대중문화와 일상에서 여성 캐릭터나 사람 간의 우정을 설명할 때 사용된다. 특히 시스맨스는 올해 국내 대중문화계에서 많은 주목을 받으며 그 개념이 부상했는데, 대표적으로 드라마의 경우 tvN 〈정년이〉, SBS 〈굿 파트너〉, JTBC 〈정숙한 세일즈〉 등 여성 서사를 강조한 작품들이 많은 관심을 일으켰다. 이와 같은 시스맨스를 기반으로 한 작품 속 여성들은 서로를 가족처럼 아끼고 이해하는 친밀한 관계로, 로맨틱한 감정이 아닌 우정에 기반한 깊은 유대감을 가지고 있다는 특징이 있다.

LIV 골프 인비테이셔널 시리즈 (LIV Golf Invitational Series) ▼

"올시즌 한국프로골프(KPGA) 투어 대상, 상금왕, 최저타수상, 장타상을 휩쓴 최고선수 장유빈(22)이 최근 PGA투어 도전을 포기하고 사우디아라비아가 후원하는 LIV골프 이적 협상을 마무리한 것으로 전해졌다. 이에 장유빈은 2022년 출범한 LIV골프에서 뛰는 첫 한국 선수가 될 예정으로, 그동안 교포선수 케빈 나, 김시환(미국), 대니 리가 LIV골프에서 뛰었지만 한국 국적 선수는 없었다. 한편, 2025시즌 14개 대회를 확정한 LIV골프는 2025년 5월 인천 송도 잭니클라우스 GC에서 처음으로 한국대회(LIV골프 코리아)를 개최한다."

사우디아라비아 국부펀드(PIF·Public Investment Fund)가 오일머니를 바탕으로 막대한 자본을 투입해 2022년 6월 신설한 골프 투어로, 당초 「슈퍼골프리그(Super Golf League)」로 불렸다. 이는 미국프로골프(PGA) 투어가 장악하고 있는 세계 프로 골프대회에 도전하려는 취지로 추진됐다. 2022년 6월 영국 대회를 시작으로 미국, 태국, 사우디아라비아 등에서 10월까지 총 8개 대회가 열리면서 대회 첫해를 시작한 바 있다. 각 대회는 54명이 사흘간 컷 탈락 없이 치르는 54홀 스트로크 방식으로 열린다. 대회마다 우승상금 400만 달러(약 50억 원)와 총 상금 2500만 달러(약 3264억 원)가 걸려 있으며, 최하위도 12만 달러(약 1억 5000만 원)의 상금을 받을 수 있다. 다만 LIV는 출범 이후 당초 의도했던 만큼의 성공을 거두지 못하는 상태로, 이에 PIF는 출범을 두고 첨예한 갈등을 빚어오던 PGA투어와 전격 투자계약을 맺고 2023년부터 양리그 통합 등의 협상을 벌이고 있다.

xG(Expected Goals) ▼

"손흥민 선수가 12월 20일 토트넘과 맨유의 카라바오컵 8강전에서 토트넘이 3-2로 앞선 후반 43분 왼쪽 코너킥 상황에서 키커로 나서 골을 기록했다. 토트넘은 손흥민의 결승골로 맨유를 4-3으로 꺾고 카라바오컵 4강에 올랐는데, 이날 코너킥이 그대로 골로 연결된 손흥민의 득점 장면은 매우 희귀한 장면이었다. 실제로 지난 시즌 잉글랜드프리미어리그(EPL)에서 코너킥을 찼을 때 득점이 나온 확률은 약 3%에 불과했다."

축구에서 공을 받은 위치와 골대 각도 등을 환산해 슈팅의 기대 득점 확률을 수치화한 기록을 말한다. 이는 분석 주체에 따라 산출 공식에 차이가 있는데, 일반적으로 공을 받은 위치와 패스의 종류, 수비수 숫자, 골대 각도 등 특정 상황에서 슈팅을 했을 때 득점을 기록할 확률을 가리킨다. 만약 xG가 0.10이라면 그 상황에서 슛이 골로 연결될 것으로 기대되는 확률이 10%라는 뜻이다.

여성국극(女性國劇) ▼

창극의 한 갈래로, 1948년 남성 중심의 국악계에 반발해 여성 소리꾼 30여 명이 「여성국악동호회」를 조직한 것이 그 시작이다. 여성국악동호회는 박녹주, 김소희, 박귀희 등이 중심이 되어 조직됐으며, 이들은 1948년 〈옥중화〉를 공연했는데 이것이 여성국극의 효시로 꼽힌다. 이후 1949년 여성국악동호회에서 공연한 〈햇님달님〉이 큰 인기를 끌었고, 곧바로 지방공연도 이어지면서 여성국극이 창극계를 압도해 나가게 되었다. 여성국극은 레퍼토리의 다양성은 물론, 판소리를 토대로 하면서도 대중적인 음악과 화려한 의상, 무용 등의 요소로 관객들의 눈길을 사로잡았다. 특히 6·25전쟁 이후에는 주요 단원들이 별도로 햇님국극단을 조직한 데 이어 지방에서도 여성국악동지사·여성국극협회 등 많은 국극단이 생겨났고, 특히 임유앵·임춘앵 자매의 활약이 두드러졌다. 이처럼 여성국극은 한국전쟁 이후 성행하면서 1950년대를 풍미했으나, 1960년대부터는 영화의 흥행과 텔레비전의 보급으로 급격히 쇠퇴하기 시작했다. 다만 1970년대 후반부터 재기 움직임이 일어나기도 했으며 1980년대 말부터는 김진진, 김경수, 조금앵 등이 중심이 되어 전통국극의 부흥에 힘쓰면서 좋은 반응을 이끌어내기도 했다.

여성국극을 다룬 드라마 〈정년이〉가 최근 큰 인기를 끌면서 여성국극에 대한 관심이 높아졌다. 〈정년이〉는 천재 소리꾼이 당대 최고 인기 장르였던 여성국극 스타가 되는 과정을 그린 성장 서사물로, 2019년부터 3년간 138화로 연재된 원작 웹툰(글 서이레, 그림 나몬)을 영상화한 것이다.

외규장각 의궤(外奎章閣 儀軌) ▼

"국립중앙박물관이 상설전시실 2층 서화관 내에 외규장각 의궤를 위한 전용 전시실을 처음으로 조성해 11월 15일 공개했다. 외규장각 의궤실은 한 번에 8책씩, 1년에 4번 교체해 연간 32책을 공개한다. 첫 전시에는 병자호란 이후 종묘의 신주를 보수한 일을 기록한 유일본 《종묘수리도감의궤》와 제작 당시의 책 표지가 그대로 남아 있는 어람용 의궤 《장렬왕후존숭도감의궤》 등이 전시된다."

강화도 소재 외규장각에 보관돼 있던 조선왕실의 의궤로, 의궤는 혼례와 장례 등 조선 왕실의 의례 문화를 기록한 것이다. 외규장각 의궤는 정조가 창덕궁 내 규장각과 별도로 강화도에 설치한 외규장각에서 보관한 것이다. 의궤는 보통 필사했기에 4~10권씩 소량을 제작해 특별 제작한 1부는 어람용(御覽用)으로 왕에게 올리고 나머지는 관련 기관과 사고(史庫)에 나누어 보관했다. 외규장각 의궤 290여 책 대부분은 어람용인데, 이 중에는 전쟁 등으로 나머지 필사본이 모두 훼손된 유일본 의궤 29책이 포함돼 있다. 그러나 프랑스가 강화도를 침공한 1866년 병인양요(丙寅洋擾) 때 프랑스 군대에 의해 무단으로 반출돼 100여 년간 프랑스국립도서관에 방치됐다. 이후 이 도서관에 근무하던 박병선 박사(1923~2011)에 의해 1975년 존재가 알려졌으며, 이후 각계의 노력이 더해지며 반출 145년 만인 2011년 총 297책이 환수됐다. 다만 영구반환은 아니고 정부 간 협약에 따라 5년마다 갱신하는 대여 방식이다.

조선왕실의궤는 1999년 한국과 프랑스 정부 간의 반환 협상이 시작됐는데, 미테랑 당시 프랑스 대통령이 2001년까지 외규장각 고문서를 반환하겠다고 약속했으나 그 실행은 지지부진했다. 그러다 2010년 3월 우리 정부가 약탈도서에 대한 영구대여 방식을 프랑스 정부에 공식 요청하고, 그해 11월 당시 사르코지 프랑스 대통령이 5년 단위 갱신의 대여방식으로 반환에 합의했다. 이에 따라 2011년 4월부터 프랑스가 약탈해 간 294권의 조선왕실의궤를 포함한 전체 297권의 외규장각 도서가 4차례에 걸쳐 국내로 돌아오게 되었다.

용두용미(龍頭龍尾) ▼

「처음도 좋고 끝도 좋다」는 의미를 가진 말로, 시작은 용의 머리처럼 웅장하나 끝은 뱀의 꼬리처럼 빈약하다는 뜻의 한자성어 「용두사미(龍頭蛇尾)」를 변형한 것이다. 특히 「용두용미」는 각종 드라마, 영화, 웹툰 등 미디어 컨텐츠의 시작과 결말이 모두 좋았을 때를 가리키는 말로 자주 사용되고 있다. 이 용두용미에서 더 나아가 「용두띠용미」라는 신조어도 있는데, 여기서 「띠용」은 당황하거나 어리둥절할 때를 나타내는 말이다. 이는 어떤 드라마가 처음과 끝은 훌륭했으나 중반에서는 대본이나 연출의 부실로 전개가 매끄럽지 못하거나 개연성이 부족한 경우를 가리킨다.

원주 법천사 지광국사탑 (原州 法泉寺 址智光國師塔) ▼

"국립문화유산연구원과 강원 원주시가 본래 탑이 있던 원주 부론면 법천사 터 유적전시관 내부 공간에 지광국사탑을 복원하는 작업을 최근 마무리했다고 11월 5일 밝혔다. 이에 연구원과 원주시는 11월 12일 유적전시관 앞 광장에서 복원 기념식과 지역 주민이 참여하는 딸림 행사를 개최했다."

고려시대 국사(國師)·왕사(王師) 칭호를 받은 지광국사 해린(海麟, 984년~1067년)의 사리탑으로 1962년 국보로 지정됐다. 탑에는 보살상과 연꽃 등 정교하고 화려한 이국풍 조각이 새겨져 있고, 당시 석탑이 대부분 8각탑인 것에 반해 아래 평면이 4각형인 새로운 양식으로 만들어져 고려 사리탑 중에서도 수작으로 꼽힌다. 지광국사탑은 본래 강원특별자치도 원주시 법천사 터에 있었지만, 1911년 한 일본인에 의해 원주에서 무단 반출돼 1912년 일본 오사카로 반출됐다. 이후 데라우치 당시 총독이 반환 명령을 내리면서 국내로 돌아와 1915년 경복궁으로 옮겨졌고, 이후로도 경복궁 내 여러 곳을 전전했다. 또 한국전쟁으로 인해 옥개석 등 상부 부재가 1만 2000조각으로 파손돼 1957년 시멘트 등으로 복원했으나, 조사 결과 다수의 균열과 복원 부위 탈락 등이 발견됐다. 이에 국가유산청 국립문화유산연구소는 2015년 9월 탑의 전면 보수를 결정하고 2016년 3월부터 대전의 국립문화유산연구소 산하 센터에서 과학적 보존처리를 통한 본격 해체·보수에 나선 바 있다. 한편, 보수 완료 후 지광국사탑이 어디에 놓일지에 대해서는 이견이 이어졌는데, 2019년 2월 본래 위치인 원주로 이동키로 결정됐다. 이에 2023년 9월 지광국사탑은 분리된 부재 상태로 원주로 옮겨졌고, 그해 12월 복원할 자리가 법천사 터 유적전시관으로 정해진 뒤 지난 8월부터 탑의 배치를 위한 작업들이 진행됐다.

작품명 〈코미디언(Comedian)〉 ▼

"11월 20일 미국 뉴욕에서 열린 경매에서 카텔란의 작품 〈코미디언〉이 낙찰가 620만 달러(약 86억 7000만 원)에 판매되며 화제를 모았다. 작품은 굵은 강력 접착테이프를 이용해 벽에 붙여놓은 바나나 한 개가 전부인데, 낙찰자는 바나나와 접착테이프를 각각 한 개와 바나나가 썩을 때마다 이를 교체하는 방법을 알려주는 설치 안내서. 진품 인증서를 받게 된다. 해당 작품의 경매 전 추정가격은 100만~150만 달러로 제시됐지만, 약 6분간 이어진 치열한 입찰 끝에 최저 예상가의 6배가 넘는 가격으로 판매됐다."

벽에 테이프로 바나나 한 개를 고정한 이탈리아 설치미술 작가 마우리치오 카텔란의 작품으로, 2019년 미국 마이애미 아트페어에서 처음 선보인 뒤 미술계에 큰 반향을 일으켰다. 이는 미술 시장 현실을 조롱하는 의도를 담고 있다고 분석되는데, 평범한 바나나를 예술작품이라고 선보인 해당 작품을 두고 열띤 논쟁이 지속돼 왔다. 이 작품이 처음 전시된 2019년 마이애미 아트페어에서는 한 행위예술가가 관람객 수백 명이 보는 앞에서 바나나를 떼 먹어버려 화제가 되기도 했는데, 당시 이 예술가는 자신의 행동이 별도의 예술 행위이며 기물 파손이 아니라고 주장했다. 또 해당 작품에 관람객이 너무 몰리자 주최 측이 작품을 철거하는 일이 벌어지기도 했다. 이후 2023년에는 국내 리움미술관에서도 〈코미디언〉이 전시된

적이 있는데, 당시 한 서울대생이 이 작품을 떼 먹는 일이 벌어져 논란이 일었다. 미술관과 카텔란 모두 이 학생의 행동을 크게 문제 삼지는 않았으나, 온라인상 일부에서는 해당 학생이 단순히 관심을 받기 위해 작품을 훼손했다는 비판이 일기도 했다.

체육발전유공 ▼

"문화체육관광부가 11월 12일 「2024년 체육발전유공 포상 및 제62회 대한민국체육상 전수식」을 열고 체육훈장 30명, 체육포장 6명, 대한민국체육상 8명 등 44명을 포상했다."

1973년부터 체육발전에 공을 세워 우리나라 체육의 위상을 높이고 국가 체육 발전에 공헌한 선수와 지도자 등 체육인에게 수여하는 체육 분야 최고의 영예 서훈이다. 훈격은 정부포상 신청을 토대로 수공 기간, 추천 제한사항, 대회별 평가 기준에 따른 합산점수, 훈격별 적용 국제대회 기준의 충족 여부 등을 확인해 5등급으로 정해진다. 5등급은 ▷1등급 청룡장 ▷2등급 맹호장 ▷3등급 거상장 ▷4등급 백마장 ▷5등급 기린장 등으로 나뉜다.

탱킹(Tanking) ▼

운동 경기에서 정규리그 하위권 팀이 다음 시즌 신인 드래프트에서 상위 지명권을 얻는 것을 노려 경기에서 고의로 지는 경우를 뜻한다. 이는 주로 플레이오프 진출에 실패할 것으로 예상되는 팀이 경기에서 에이스를 빼고 유망주들을 대신 투입해 고의로 낮은 순위를 기록하는 방식으로 이뤄진다. 탱킹을 통해 유망주는 경기 경험을 쌓을 수 있고, 팀은 다음 시즌 드래프트에서 유망한 신인을 영입할 수 있어 팀의 전력을 보강하고 향후 순위 상승의 기회로 삼을 수 있다. 그러나 경기의 질이 떨어져 리그 전체 흥행에 타격을 미칠 수 있기 때문에 지나친 탱킹 경쟁에 대해서는 비판이 있다.

퓨처 라이브러리(Future Library) ▼

100년간 매년 한 명씩 작가를 선정, 이 100명의 작품을 노르웨이 오슬로 외곽 숲에 100년간 심어둔 나무 1000그루를 사용해 2114년에 출판하는 공공예술 프로젝트다. 즉, 2014년부터 해마다 「올해의 작가」를 선정하고 그들의 미발표 원고를 한 권씩 모아 100개의 작품이 모이는 2114년에 발간하는 것이다. 작가의 원고는 2114년 발간되기까지 오슬로 도서관에 보관되게 된다. 특히 우리나라의 소설가 한강이 2019년 퓨처 라이브러리 「올해의 작가」로 선정, 퓨처 라이브러리에 작품을 보관할 역대 다섯 번째 작가로 선정된 바 있다. 앞서 2014년 캐나다 작가 마거릿 애트우드를 시작으로 튀르키예 작가 엘리프 샤팍, 노르웨이 작가 칼 오베 크나우스고르 등이 선정됐었다. 이에 한강은 2019년 5월 퓨처 라이브러리에 2114년에 공개될 소설 《사랑하는 아들에게(Dear Son, My Beloved)》를 전달했는데, 이 책은 분량이나 소재, 내용 모두 알려지지 않은 채 현재 오슬로 도서관에 보관돼 있다.

핀업 걸(Pin-up girl) ▼

핀업(Pin-up)은 벽이나 사물함 등에 핀으로 꽂아 고정해 놓는 사진으로, 이 사진 속 인물이 여성일 경우 「핀업 걸(Pin-up girl)」이라고 한다. 이는 1940년대와 1950년대에 유행했던 흐름으로, 핀업 걸은 가슴과 엉덩이 등의 신체 부위를 노출하거나 이를 강조한 옷차림 및 자세를 담고 있는 것이 특징이다. 「핀업 걸」이라는 명칭은 제2차 세계대전 당시 미군들이 여배우들의 사진이나 그림을 막사의 벽이나 사물함 등에 핀으로 박아두고 핀업 걸이라고 부른 것이 그 시작으로 알려져 있다. 전쟁이 끝난 뒤 핀업은 하나의 콘셉트로 대중문화(패션, 예술, 팝컬처)와 기업의 마케팅 전략 등 사회 전반에 큰 영향을 미치기도 했다.

⑤ 일반과학·첨단과학

과불화화합물(PFC·Poly-and Perfluorinated Compounds) ▼

"광촉매를 사용해 과불화화합물을 재활용 가능한 부산물로 분해하는 데 성공한 2건의 연구 결과가 11월 21일 국제학술지 《네이처》에 공개됐다. 과불화화합물은 활용도가 높은 물질이지만 탄소와 불소가 강하게 결합된 구조 탓에 분해하기 어렵다는 문제가 있으며 건강에 유해한 물질로도 꼽힌다. 이 과불화화합물로 인한 피해를 줄이려면 계속 체내에 축적되지 않도록 분해하는 방법이 필요하다."

탄소와 불소의 강한 결합으로 이뤄져 있어 잘 분해되지 않고 열과 오염에 강한 물질로, 탄화수소의 기본 골격 중 수소가 불소로 치환된 형태의 물질이다. 이는 탄소가 6개 이상인 과불화술폰산류와 탄소가 7개 이상인 과불화지방산류 및 그 염류 등 여러 가지 화합물이 있다. 과불화화합물은 강력한 C(탄소)-F(불소) 화학결합으로 인해 열에 강하고, 물이나 기름 등이 쉽게 스며들거나 오염되는 것을 방지하는 특성이 있다. 이에 1950년대부터 생산이 시작돼 현재까지 산업계 전반에 걸쳐 다양하게 활용되고 있는데, 특히 표면에 보호막을 형성하는 성질이 있어 로션과 크림 등 기초 화장품에도 사용된다. 그러나 과불화화합물은 안정적인 화학구조로 환경 및 생체 내에서 쉽게 분해되지 않고 오랫동안 축적될 수 있는 난분해성으로, 환경을 오염시키는 물질이기도 하다. 또 인체에서는 지속 축적될 경우 암과 면역계질환 유발 가능성을 높이고, 태반을 통해 태아에게 영향을 미칠 수 있다. 동물실험에 따르면 과불화화합물이 간독성 및 암 유발 등을, 인체역학 연구에서는 갑상선 질병 발생과의 관련성이 보고돼 있다.

단통법(단말기 유통구조 개선법) ▼

"단통법 폐지안이 12월 26일 국회를 통과하면서 해당 법이 시행 10여 년 만에 폐지됐다. 단통법 폐지안은 공시지원금·추가지원금의 상한을 없애고 선택약정할인 제도는 전기통신사업법에 이관해 유지하는 것을 핵심으로 한다. 이는 지원금

상한을 없애 통신사 간의 자유로운 경쟁을 유도하고 이를 통해 소비자들의 휴대폰 구매부담을 완화시키겠다는 취지다."

이동통신사와 대리점이 휴대전화별로 보조금을 공개해야 한다는 내용의 법률로, 정식 명칭은 「이동통신단말장치 유통구조 개선에 관한 법률」이다. 이는 휴대전화를 구입하는 지역·경로·시점 등에 따라 보조금이 차등적으로 지급돼 고객을 차별 대우하는 것을 막고, 이를 통해 휴대전화 유통시장의 질서를 정립하고자 하는 취지로 2014년 10월 1일부터 시행됐다.

이 단통법에 따라 보조금 상한선은 30만 원으로 제한됐으며, 인터넷이나 대리점에서 이 금액의 15% 내에서 지원금을 추가 제공할 수 있어 최대 34만 5000원의 보조금을 지급할 수 있도록 했다. 이동통신사들은 휴대전화별로 보조금의 규모를 인터넷이나 판매점에 공개해야 하기 때문에 전국의 휴대폰 가격에 큰 차이가 발생하지 않는다. 그러나 단통법 시행 이전보다 보조금이 대폭 줄어들면서, 차별대우를 막으려다 되레 휴대전화 구매 부담이 늘었다는 지적이 계속돼 왔다.

도메인(Domain)　　▼

"한국인터넷진흥원(KISA)이 12월 3일부터 ai.kr(인공지능), io.kr(입력·출력), it.kr(정보기술), me.kr(나) 등 4개의 신규 국가 도메인 등록 신청을 받는다고 밝혔다. 이는 2003년 군 전용으로 사용이 제한된 mil.kr 도입 이후 21년 만으로, 해당 도메인 등록이 완료되면 우리나라 국가 도메인의 수는 29개에서 33개로 늘어나게 된다. KISA는 12월 3일부터 2025년 1월 17일까지 권리 보호를 위해 기존 상표권자들에게 도메인 우선 등록 기간을 부여하며, 2025년 2월 말 도메인 사용 등록이 최종 완료될 예정이다. 그리고 같은 해 3월부터는 상표권 보유 여부와 상관없는 일반 등록 신청도 받을 계획이다."

호스트 컴퓨터(Host Computer)의 위치를 확인할 수 있도록 도와주는 인터넷 주소로, 인터넷 상의 각 컴퓨터(호스트)들은 다른 컴퓨터와 구별될 수 있도록 적어도 한 개 이상의 고유한 주소를 갖고 있다. 이 인터넷 주소를 나타내는 방법은 숫자로 표현된 주소와 문자열로 표현된 주소로 나뉜다. 이때 숫자로 표현되는 주소를 「IP(Internet Protocol) Address」라고 하며, 문자열(알파벳, 숫자, -)로 나열된 주소를 「도메인」이라 한다. 도메인의 경우 영문자(A~Z), 숫자(0~9) 또는 하이픈(-)의 조합으로만 가능하며 이때 영문자는 대·소문자 구별이 없다. 도메인의 길이는 최소 2자(개인 도메인은 3자부터)에서 최대 63자까지 가능한데, 콤마(,)나 언더바(_) 등의 기호와 특수문자(&, %)는 사용할 수 없다.

도심항공교통(UAM · Urban Mobility)　▼

"서울시가 11월 1일 육군·고려대와 공동 개최한 「UAM·드론·AI 신기술 협력 콘퍼런스」에서 2025년 상반기(1~6월)부터 여의도와 한강을 중심으로 UAM 시범 운행에 돌입하는 내용 등을 담은 S-UAM 미래 비전을 발표했다. 이 시범 운행을 거쳐 「서울형 도심항공교통(S-UAM)」 체계가 완성되면 대중교통이나 승용차로 약 1시간이 걸리는 판교~광화문역 25km 구간을 약 15분 만에 주파할 수 있게 될 전망이다."

전동수직이착륙기(eVTOL)를 활용해 지상에서 450m 정도의 저고도 공중에서 이동하는 도심 교통 시스템으로 기체, 운항, 서비스 등을 총칭하는 개념이다. 도심의 교통체증이 한계에 다다르면서 이를 극복하기 위해 추진되고 있는데, 활주로 없이 수직 이착륙을 할 수 있는 데다 배터리와 모터를 활용해 친환경적이라는 점에서 탄소중립시대의 새로운 교통 방식으로 주목받고 있다. 다만 UAM은 일종의 정류장인 수직 이착륙 비행장(Vertiport)에서만 탑승이 가능한데, 이 버티포트는 5300~5500m² 정도의 면적이 필요하기 때문에 버스 정류장처럼 도심 곳곳에 건설하기가 어렵다는 단점이 있다. 이에 각국은 도시의 특성을 고려해 대형 건물의 옥상, 넓은 공원 등을 건설 후보지로 검토하고 있다.

한국형 도심항공교통(K-UAM) 정부가 UAM의 2025년 상용 서비스 개시를 목표로, 2020년 6월 4일 발표한 방안이다. 정부는 2021~2026년 그랜드챌린지 실증 사업에 약 795억 원, 연구개발에 약 1340억 원 등 UAM 상용화에 2135억 원 이상의 예산을 투입한 뒤 1단계 실증을 올해 말까지 완료할 계획이었다. 그러나 11월까지 전혀 실적이 없으면서 해당 계획에 차질이 빚어졌다는 평가다.

디아이싱(Deicing) ▼

"11월 27~28일 수도권을 중심으로 기록적인 폭설이 쏟아진 가운데, 세계 최고 수준으로 손꼽히는 인천국제공항에서 비행기가 대거 결항·지연되는 항공대란이 벌어졌다. 항공업계에서는 이번 대란의 주요 원인 중 하나로 「디아이싱(De-Icing)」을 꼽고 있는데, 이번 폭설로 항공기 디아이싱 수요가 급격히 증가한 반면 디아이싱 작업을 처리할 공간과 장비가 충분하지 않아 대란이 벌어졌다는 것이다."

비행기의 안전한 운행을 위해 기체에 쌓인 눈과 얼음을 제거하는 작업을 말한다. 대표적인 디아이싱 방법으로는 기체에 유색의 제빙액을 고루 도포해 눈과 얼음을 녹인 후 방빙제를 뿌려 비행 중 얼음이 다시 얼지 않게 하는 것이 있다. 이때 사용되는 제빙액은 환경오염을 유발하므로 사용에 주의가 필요한데, 보통 지정된 디아이싱 패드(Deicing Pad)에서 작업이 이뤄진다. 이 밖에 비행기 자체에 내장돼 있는 디아이싱 시스템은 비행 중에 사용되는데, 이는 기체 날개에 부착돼 있는 디아이싱 고무부츠를 부풀려 쌓인 눈·얼음을 털어내는 방법과 열을 이용해 눈을 녹이는 방법 등이 있다.

라이보2 ▼

"한국과학기술원(KAIST·카이스트)이 개발한 사족보행 로봇 라이보2가 11월 17일 경부 상주에서 열린 마라톤대회에 출전해 4시간 19분 52초의 기록으로 풀코스를 완주. 세계 최초로 사족보행 로봇의 마라톤 풀코스 완주 기록을 썼다. 라이보2는 지난 9월에도 마라톤에 도전했으나, 당시에는 37km 지섬에서 배터리 방전으로 실패한 바 있다."

한국과학기술원(KAIST·카이스트) 기계공학과 황보제민 교수 연구팀이 개발한 사족보행 로봇이다. 이는 한 번 충전으로 최대 43km까지 연속으로 주행할 수 있으며 초당 약 6m의 속도로 이동하는데, 이는 기존 라이보의 최장 주행거리(20km)의 2배를 넘는 것이다. 4족 보행로봇은 모래·얼음·산악 등 다양한 지형에서 보행할 수 있지만, 바퀴 주행로봇 대비 주행 거리와 운용 시간은 짧다는 한계가 있다. 이에 연구팀은 2023년 다양한 시뮬레이션을 적용한 환경에서 학습시켜 사전 정보 없이도 지반 종류에 따라 스스로 적응

해 적은 힘 손실로도 효율적으로 보행할 수 있는 보행로봇 「라이보」를 개발했다. 이후 연구진은 경사, 계단, 빙판길 같은 다양한 환경에서 보행 패턴을 학습할 수 있는 「라이심(Raisim)」 시뮬레이션을 이용해 보행 성능을 최적화했다. 또 관절 매커니즘을 개선해 내리막길에서 에너지를 높은 효율로 충전하고, 급격한 언덕을 오를 때 사용하는 에너지를 일부 흡수함으로써 보행 성능을 안정적으로 유지할 수 있도록 했다.

리그노샛(LignoSat) ▼

"일본이 개발한 목재 위성 리그노샛이 11월 5일 미국 플로리다에 있는 미국 항공우주국(NASA) 케네디 우주센터에서 스페이스X 로켓에 실려 발사됐다. 리그노샛은 국제우주정거장(ISS)에 도착한 뒤 우주로 방출, 지구 상공 약 400km 궤도에 진입하게 된다. 이후 6개월간 우주의 극한 환경을 버틸 수 있는지와 변형 여부 등에 대한 데이터를 전송하게 된다."

일본이 세계 최초로 개발한 목재 패널 위성으로, 목련나무로 제작된 위성이다. 일본 교토대 연구진이 스미모토 임업과 함께 개발한 것으로, 나사나 접착제를 사용하지 않고 목련나무 한 종으로 만들어진 것이 특징이다. 가로·세로·높이 약 10cm, 무게 900g 정도의 초소형 위성으로, 「리그노샛」이라는 명칭은 나무를 의미하는 라틴어 「리그넘(Lignum)」과 인공위성을 뜻하는 「Stellite」를 합친 것이다. 1950년대부터 인류가 발사해온 인공위성의 재질이 모두 금속인 데 빈해, 리그노샛은 목재 위성이라는 점에서 주목을 받고 있다. 동체를 금속이 아닌 목재로 만든 것은 알루미늄 합금 등의 금속이 지구 환경에 미칠 영향을 고려한 것으로, 금속 재질 위성은 운용을 마치고 대기권에 진입하는 과정에서 미립자를 발생시켜 지구 기후와 통신에 악영향을 미치거나 우주쓰레기 문제를 발생시킨다. 그러나 나무 위성의 경우 그 용도를 다하고 추후 지상으로 추락할 때 지구 대기권에서 완전히 연소된다. 이에 기존 인공위성들이 가진 우주쓰레기 문제를 해결할 방안으로 이목을 집중시키고 있다.

마이크로바이옴(Microbiome) ▼

인간의 몸속에서 함께 공존하고 있는 미생물의 유전정보 전체로, 「장내 미생물」이라고 한다. 체내에는 약 100조 개 이상의 미생물이 있으며, 이 중 80% 이상은 위, 소장, 대장 등 장 소화기관에 집중적으로 서식하고 있다. 인체 내의 각종 미생물은 ▷생체대사 조절 ▷소화능력이나 각종 질병 ▷환경변화에 따른 유전자 변형 및 다음 세대로 전달되는 과정 등 인체의 모든 기능에 영향을 미치는 것으로 알려져 있다. 특히 알레르기나 비염, 아토피, 비만과 관련된 각종 대사·면역질환, 장염, 심장병 등이 이러한 마이크로바이옴과 관련된 것으로 보고되고 있다. 따라서 이러한 미생물 군집을 조절하게 되면 장 질환뿐만 아니라 암, 대사질환, 신경계 질환 등의 다양한 질환을 치료할 가능성이 높아질 것으로 전망된다.

멀티모달 AI(Multimodal AI) ▼

텍스트, 이미지, 음성, 동영상 등 다양한 형태의 데이터를 동시에 처리하거나 이해할 수 있는 인공지능(AI) 기술을 말한다. 기존 AI가 텍스트 데이터를 학습한 단일 형태인 데 반해 멀티모달 AI는 텍스트를 입력하면 음성이 출력되거나, 이미지를 입력하면 음성이 출력되는 등 다양한 방식으로 상호작용할 수 있다. 이처럼 멀티모달 AI는 서로 다른 유형의 데이터 간의 관계를 학습해 더 심도 있는 이해를 가능하게 하며, 이에 콘텐츠 생성을 비롯해 의료·자율주행 등 다양한 분야에서 활용되고 있다.

무궁화위성 6A호 ▼

"국내 유일의 위성통신 사업자인 KT SAT이 11월 11일 미국 플로리다주 케이프 케너베럴 공군기지에서 무궁화위성 6A호를 성공적으로 발사했다고 밝혔다. 6A호는 KT SAT이 지난 2017년 무궁화위성 5A와 7호를 발사한 지 약 7년 만에 발사한 신규 위성이다."

2010년 발사돼 2025년에 수명을 다하는 무궁화위성 6호를 대체하게 될 방송통신용 위성으로, 11월 11일 발사됐다. 6A호가 서비스 궤도까지 진입하는 데에는 약 1개월이 걸리므로, KT SAT은 자체 개발한 위성 관제시스템 「코스모스(KOSMOS)」를 통해 2024년 말까지 6A호의 궤도 내 테스트를 마친 뒤 2025년 1분기 정식 서비스를 시작한다는 계획이다. 특히 무궁화 6A는 정부의 한국형 항공위성서비스(KASS·Korea Augmentation Satellite System)를 위한 두 번째 위성으로, 위성 위치확인시스템(GPS)의 위치 오차를 실시간으로 보정해 전국에 정확한 위치정보를 제공하는 역할을 한다. 이에 무궁화 6A가 본격적으로 가동되면 보다 정확한 GPS 서비스가 가능해질 것으로 전망된다.

브레트의 규칙(Bredt's Rule) ▼

"브레트의 법칙을 위협하는 연구 결과가 10월 31일 국제 학술지 《사이언스》에 게재돼 화제를 모았다. 미국 로스앤젤레스 캘리포니아대(UCLA) 화학·생화학과 닐 가그 석좌교수팀은 브레트의 법칙에 어긋나는 물질인 「항브레트 올레핀(Anti Bredt olefin)」을 활용해 새로운 화합물을 합성할 수 있는 우회로를 제안했다. 올레핀은 탄소 사이에 이중결합을 가지고 있는 화합물인데, 항브레트 올레핀은 브레트의 법칙을 거스르는 물질이다."

독일 화학자 율리우스 브레트(Julius Bredt, 1855~1937)가 정립한 이론으로, 탄소(C) 원자 사이에 이중결합이 존재할 경우 이에 연결된 원자는 모두 같은 평면에 있어야 안정적으로 존재할 수 있다는 내용이다. 즉 브릿지헤드 원자(두 개의 고리 모두에 속하는 원자)에는 이중결합이 위치할 수 없다는 것으로, 이중결합이 브릿지헤드 원자에 존재할 경우 화합물의 구조가 불안정해지고 반응성이 높아질 수 있다는 것이다. 브레트는 이 이론을 1902년 처음 내놓았으며, 이는 1924년 규칙으로 정립됐다.

소라(Sora) ▼

챗GPT 개발사인 미국 오픈AI가 지난 2월 15일 공개한 뒤 11개월 만인 12월 9일 정식 출시한 인공지능(AI) 서비스로, 간단한 명령어만 입력하면 고화질의 동영상을 제작하는 시스템이다. 소라는 챗GPT 플러스나 챗GPT 프로 등 기존의 챗GPT 유료 구독자들의 경우 소라의 자체 도메인 「소라닷컴」에서 이용할 수 있다. 소라는 프롬프트(명령어)를 입력하면 최대 20초의 영상을 제작해 주는데, 텍스트만으로 동영상을 생성할 수 있고 기존의 이미지를 동영상으로 생성할 수도 있다. 주요 기능으로는 생성된 영상을 자르는 「리컷(Recut)」, 여러 영상을 섞어 하나로 통합하는 「블렌드(Blend)」, 특정 구간을 반복 재생하는 「루프(Loop)」 등이 있다. 사용자는 소라를 통해 최대 1080픽셀(p) 해상도, 최대 20초 길이의 영상을 와이드스크린이나 세로, 정사각형 등 다양한 비율로 생성할 수 있다.

소파 움직이기 문제 ▼

"백진언 연세대 수학과 연구원(29)이 미국 고등학교 수학 교과서에 등장할 정도로 잘 알려진 60년 난제인 「소파 움직이기 문제」를 해결한 결과를 11월 29일 논문 사전 공개 사이트 〈아카이브〉에 공개해 수학계의 큰 주목을 받고 있다. 이 문제는 수학자가 아니더라도 누구나 쉽게 이해할 수 있어 수학적 사고력을 키우기 위해 미국 고등학교 교과서에 단골로 등장하는 문제다."

폭이 1이고 직각으로 꺾인 복도를 지나갈 수 있는 가장 면적이 넓은 평면도형은 무엇인지 묻는 문제로, 단 소파를 세워서 이동하거나 분해하거나 기울일 수 없다는 조건이 있다. 이는 1966년 캐나다의 수학자 레오 모저가 제시했는데, 문제가 등장한 이후 약 60년 동안 여러 개의 답이 제시됐지만 확실하게 증명된 적이 없다.

슈퍼컴퓨터(Super Computer) ▼

"한국과학기술정보연구원(KISTI)에 따르면 11월 19일 미국 애틀랜타에서 열린 「국제 슈퍼컴퓨팅 컨퍼런스(SC24)」에서 전 세계 슈퍼컴 순위 톱5000이 발표됐다. 톱500 순위는 슈퍼컴이 1초에 몇 번 연산하는지를 기준으로 선정한다. 톱500 중 성능 면에서 미국·일본·이탈리아가 전체 슈퍼컴 순위의 70% 이상을 차지한 가운데, 한국은 국가별 보유 대수 순위에서는 총 13대로 전년과 같은 7위, 성능 기준으로는 총합 212.1페타플롭스(PFlops·1초당 1000조번 연산)를 기록하며 10위에 올랐다. 국내에서 가장 높은 성능 순위를 기록한 슈퍼컴은 40위를 차지한 네이버의 「세종」이었고, 카카오엔터프라이즈의 「카카오클라우드」는 41위를 차지했다."

현재 사용되는 PC보다 계산 속도가 수백~수천 배 빠르고 많은 자료를 오랜 시간 동안 꾸준히 처리할 수 있는 컴퓨터로, 엄청난 속도와 성능을 가진 컴퓨터를 말한다. 보통 PC의 성능을 CPU(중앙처리장치)의 클럭(CPU 동작신호 발생장치) 속도로 비교하듯이, 슈퍼컴퓨터의 성능은 플롭스(FLOPS, 1초에 가능한 부동소수점 연산 횟수를 나타내는 컴퓨터 연산속도 단위)로 따져볼 수 있다. 초고속·초대형 컴퓨터인 슈퍼컴퓨터는 국방, 우주 개척, 재난 예방, 에너지 분야 등 국가안보와 관련된 분야에서 큰 공헌을 해왔다. 특히 최근에는 바이오, 자동차, 항공, 전자, 신소재, 항공·우주개발 등 주요 산업분야에서 슈퍼컴퓨터를 활용한 신제품의 설계 및 개발의 중요성이 강화되면서 슈퍼컴퓨터 보유 능력은 그 나라의 과학기술 수준을 가늠하는 척도로 작용하고 있다. 최초의 슈퍼컴퓨터는 1976년 제작돼 1초에 2억 4000회의 연산속도를 나타낸 미국의 「크레이-1」이다.

이번 결과에서는 미국 로렌스 리버모어 국립연구소(LLNL)의 「엘 캐피탄(El Capitan)」이 새로운 세계 1위 슈퍼컴이 됐다. 엘 캐피탄의 실측 성능은 1.742엑사플롭스(EFlops/s)로, 이는 1초에 174.2경 번 연산이 가능하다는 의미이다. 또한 엘 캐피탄은 초당 100경 번의 연산을 수행하는 컴퓨터를 뜻하는 「엑사스케일 컴퓨팅」에 도달한 세 번째 시스템으로 공식 등재됐다.

스타링크(Starlink) ▼

"과학기술정보통신부 국립전파연구원이 10월 15일 스타링크가 주파수 혼신 없이 안정적인 서비스를 제공할 수 있도록 하는 내용의 행정예고를 공고했다. 이에 관련 행정절차를 거쳐 2025년 1~2월이면 스페이스X가 국내 서비스를 개시할 수 있는 요건이 갖춰지게 된다."

2020년대 중반까지 지구 저궤도에 소형 위성 1만 2000개, 장기적으로는 4만여 개를 쏘아 올려 전 지구적 초고속 인터넷망을 구축하는 프로젝트이다. 민간우주업체인 스페이스X의 일론 머스크가 추진 중인 것으로, 이를 위해 저궤도(300km) 통신위성 7500기와 1100~1300km 광대역 통신위성 4425기가 발사될 계획이다. 저궤도 위성은 고도 1000km 이하에서 지구를 돌기 때문에 정지궤도 위성보다 지구와의 거리가 가깝고 지연 속도도 짧다는 장점이 있다. 반면에 저궤도 위성이 지구를 한 바퀴 도는 데는 90분밖에 걸리지 않아 한 지역의 사용자가 위성과 접촉하는 시간이 짧은데, 이 때문에 수천 대의 위성을 띄워 연속적으로 서비스하는 방식을 취한다. 때문에 이 프로젝트가 성공하면 인터넷망이 열악한 남극, 사막 등 세계 어디서나 1Gbps 속도의 인터넷 서비스를 저렴한 가격으로 이용할 수 있게 된다.

저궤도와 정지궤도 위성 비교

구분	저궤도	정지궤도
고도	300~1500km	3만 6000km
지연시간	최소 10ms	240ms
위성 무게	150kg	1000kg 이상
주요 서비스	지구관측, 감시, 저비용 위성 인터넷	정지위성 TV, 통신, 날씨 관측
장점	저가, 단기간 개발·제작·발사 가능	고정 운용으로 안정적 통신 지원, 긴 수명
단점	짧은 수명, 좁은 영역 지원	고가, 개발·제작·발사에 장기간 소요

스타베이스(Starbase) ▼

"미국 텍사스주에 우주로켓 발사 회사인 스페이스X 등을 설립해 운영하고 있는 일론 머스크가 텍사스 최남단에 자신만의 기업도시를 만들려 하고 있다고 뉴욕타임스(NYT)가 12월 24일 보도했다. 스페이스X 사무실 및 로켓 발사장 주변에 거주하는 직원들은 새로운 지자체 설립 청원서를 캐머런 카운티에 제출했다."

일론 머스크 테슬라 최고경영자(CEO)가 미국 텍사스주 남쪽 끝단 바닷가에 있는 보카치카(Boca Chica)에 설립 예정인 마을이다. 이곳은 머스크의 우주기업 스페이스X 본사와 전용 발사대가 있는 곳으로, 500명 안팎의 주민 대부분이 이 회사의 직원으로 알려졌다. 스타베이스라는 명칭은 이 지역에 있는 스페이스X 전용 우주기지의 이름에서 따온 것으로, 마을의 크기는 약 1.5제곱마일(약 3.9km²)이다. 미 텍사스주 법에 따르면 일정 요건을 충족하면 주민들이 새로운 마을을 건설할 수 있는데, 주민 201명 이상이 청원서를 카운티(지역) 판사에게 제출하면 판사가 이를 주민투표에 부칠 수 있다. 그리고 해당 지역 주민의 절반 이상이 찬성하면 마을을 만들 수 있는데, 마을이 설립되면 마을 의회를 구성하고 마을 조례를 제정하는 것은 물론 대표자도 선거를 통해 선출할 수 있다.

스타십(Starship) ▼

"스페이스X가 11월 19일 발사한 스타십이 6번째 시험 발사에 성공했다. 이번 발사에서는 1단부 추진체 '슈퍼헤비'와 2단부 우주선 스타십이 모두 성공적으로 목표 지점에 착수했다. 특히 2단부의 경우 발사 후 38분쯤 스타십 엔진을 우주 공간에서 1초 정도 껐다 켜는 모습을 보여주며 재점화 가능성을 증명했는데, 재점화 성공은 화성 시대에 한 발자국 다가갔다는 의미로 해석할 수 있다."

일론 머스크가 이끄는 우주기입 스페이스X가 달·화성 탐사를 위해 개발한 대형 우주선이다. 전체 길이 총 120m, 추력 7590t인 스타십은 인류 역사상 가장 크고 강력한 로켓으로 평가받는다. 스타십의 최종 목표는 「화성 개척」으로, 스페이스X는 21세기 내에 화성에 100만 명 이상이 거주하는 도시를 건설한다는 목표로 2019년 본격적으로 개발이 시작됐다. 스타십은 「슈퍼 헤비(Super Heavy)」로 불리는 1단 로켓 추진체와 2단부 로켓인 스타십 우주선으로 구성돼 있다. 특히 스타십은 발사 후 착륙 지점으로 되돌아올 수 있는 능력을 지녔으며, 우주선 내부에 150t까지 화물을 적재할 수 있다. 또 기존 우주선이 4~6명이 탑승할 수 있었다면 스타십에는 80~120명이 탑승하고 식량과 화물 등도 실을 수 있다.

신한울 3·4호기 ▼

경북 울진에 건설되는 전기 출력 1400MW(메가와트) 용량의 가압경수로형 원전(APR1400)이다. 이는 현재 운영 중인 새울 1·2호기, 신한울 1·2호기와 기본 설계가 동일한 원전이다. 신한울 3·4호기 사업은 문재인 정부에서 추진된 「에너지 전환 로드맵」에 따라 2017년 10월 백지화됐다가 윤석열 정부 들어 재추진돼 2022년 건설사업 재개가 결정된 바 있다. 그리고 9월 12일 원자력안전위원회(원안위)가 「신한울 원자력발전소 3·4호기 건설 허가안」을 의결하면서 2016년 6월 새울 3·4호기(당시 신고리 5·6호기) 건설 허가 이후 8년 3개월 만에 새 원전 건립이 이뤄지게 된 바 있다. 이는 2032~2033년 약 11조 7000억 원의 공사비가 투입돼 건설되는데, 신한울 3호기는 2032년, 신한울 4호기는 2033년 준공 완료 예정이다. 현재 국내에서 운영 중인 원전은 총 26기인데, 건설 중인 새울 3·4호기와 신한울 3·4호기가 가동을 시작하면 총 30기의 원전이 전력을 생산하게 된다.

신한울 원자력발전소 3·4호기 개요

위치	경북 울진군 북면 덕천리·고목리
발전 용량 및 원자로 모델	각각 1400MW급 신형 가압경수로 (APR1400)
설계 수명	60년
참여 기관	한국전력기술(종합 설계), 두산에너빌리티(주 기기 공급), 현대건설·두산에너빌리티·포스코이앤씨(시공) 등
준공 예정	2032년(3호기), 2033년(4호기)
사업비	11조 6804억 원

아르테미스 프로젝트(Artemis project) ▼

"미 항공우주국(NASA)이 12월 기자회견을 열고 유인 탐사선으로 달 궤도를 도는 아르테미스 2호 임무를 2025년 9월에서 2026년 4월로 연기한다고 밝혔다. 이에 따라 실제로 우주비행사들이 달에 착륙하는 아르테미스 3호 임무도 2026년 9월에서 2027년 중으로 미뤄지게 됐다."

미국 항공우주국(NASA)이 추진 중인 달 유인 탐사 프로젝트로, 비행체의 성능을 시험하는 1단계 무인 계획과 통신과 운항 시스템을 시험하는 2단계 유인 계획을 거쳐 인류 역사상 최초의 여성 우주인을 포함한 4명의 인류를 달에 보내는 것을 최종 목표로 한다. 아르테미스라는 명칭은 아폴로 계획의 후속임을 드러내는 것은 물론 여성 우주인이 처음으로 달 표면에 발을 딛는 것을 강조한 것이다. 아르테미스 프로젝트는 총 3단계로 진행되는데, 1단계인 아르테미스 1호 발사는 우주발사시스템(SLS) 로켓과 오리온 캡슐의 안전성과 기능을 검증하는 것을 주요 목표로 한다. 이 1단계가 성공하게 되면 2단계인 아르테미스 2호에서는 우주비행사 4명을 태운 오리온 캡슐이 달 궤도를 돌아 지구로 귀환하는 유인비행이 이뤄지게 된다. 이후 3단계인 아르테미스 3호 발사가 이뤄지게 되는데, 이는 우주비행사 4명 중 유색인종과 여성 등 2명이 달의 남극에 착륙해 일주일간 탐사활동을 벌인 뒤 이륙해 귀환하는 것이다. 아르테미스 프로젝트는 미국 NASA뿐 아니라 캐나다·호주·아랍에미리트(UAE) 등 전 세계 21개국의 우주기구와 우주 관련 민간 기업들까지 연계된 대규모 국제 프로젝트로, 한국도 2021년 5월 아르테미스 약정에 서명함으로써 참여를 선언한 바 있다.

양자컴퓨터(Quantum Computer) ▼

"연세대가 11월 20일 인천 송도 국제캠퍼스 퀀텀컴퓨팅센터에 설치된 양자컴퓨터 「IBM 퀀텀 시스템 원」을 공개했다. 퀀텀 시스템 원은 IBM이 2019년 세계 최초로 선보인 범용 양자 컴퓨터로, 국내에서 퀀텀 시스템 원을 도입한 곳은 연세대가 처음이다. 연세대가 IBM에 라이선스료를 지불하고 독점 사용권을 갖는 형식으로, 이로써 한국은 미국·캐나다·독일·일본에 이어 해당 제품을 들여온 5번째 국가가 됐다."

미시세계의 물리 법칙인 양자역학의 원리를 활용해 정보를 처리하는 미래형 컴퓨터로, 0이나 1 둘 중 하나로 데이터를 연산하는 기존 디지털 컴퓨터와는 달리 양자역학의 중첩 상태를 활용해 0과 1 두 상태를 동시에 처리할 수 있다. 즉 양자컴퓨터는 0 또는 1의 값만 갖는 비트(Bit) 대신 0과 1이 양자물리학적으로 중첩된 상태인 「큐비트(Quantum bit)」를 기본 단위로 한다. 이 같은 특성 때문에 양자컴퓨터는 기존 컴퓨터보다 월등한 계산 속도와 연산 처리 능력을 갖는데, 이는 기존 컴퓨터 중 가장 뛰어난 성능을 보이는 슈퍼컴퓨터보다 1000배 이상 빠른 연산이 가능해 인공지능(AI), 의료·제약, 암호통신 등 다양한 분야에 활용될 수 있다. 양자역학에 따르면 원자보다 작은 물질은 파동과 입자의 두 가지 성질을 가질 수 있고 동시에 여러 곳에 존재할 수 있는데, 이를 「중첩(Superposition)」이라 한다. 이 같은 특성 때문에 큐비트에는 여러 상태가 존재하는데, 예컨대 2개의 큐비트라면 4개의 상태(00, 01, 10, 11)가 가능하고, 더 여러 개가 얽히면 병렬처리 가능한 정보량은 2의 제곱수로 늘어나게 되는 것이다. 따라서 수백·수천 큐비트의 양자컴퓨터가 만들어지면 디지털컴퓨터로는 도저히 불가능한 계산이 순식간에 가능해진다.

업계에서는 AI에 초점이 맞춰져 있던 빅테크 간 경쟁이 양자컴퓨터로 옮겨갈 것이라는 분석이 나온다. 포천비즈니스인사이트에 따르면 2023년 8억 8540만 달러(약 1조 2600억 원)였던 글로벌 양자컴퓨터 시장 규모는 올해 11억 6010만 달러(약 1조 6600억 원), 2032년에는 126억 2000만 달러(약 18조 원)로 확대될 전망이다.

AI 국가안보각서
(NSM·National Security Memorandum) ▼

"조 바이든 미국 대통령이 10월 24일 미국이 인공지능(AI) 분야에서 선두 지위를 지키고 AI를 국가안보를 위해 책임 있게 사용하는 데 필요한 지침과 정부 기관별 이행 사항을 담은 AI 국가안보각서에 서명했다."

미국이 사상 처음으로 서명한, 인공지능(AI)에 관한 국가안보각서(NSM)를 말한다. NSM은 미 대통령이 긴급한 국가 안보사항과 관련해 구체적인 지침을 정부 부처와 기관에 전달하는 공식 문건으로, 과거 핵 전략 사용 및 확산 방지 등과 관련해 다수 작성된 바 있다. 총 38페이지의 공개 문건과 비공개 부록으로 구성된 각서는 「AI의 기술적 우위를 잃어버리는 것은 미국의 국가안보에 큰 피해를 줄 뿐 아니라, 외교정책 목표까지 훼손한다.」고 적시했다. 각서는 미국의 AI 우위를 유지하기 위해 가장 먼저 해야 할 일로 인재 유치를 꼽았으며, 이를 위해 해외 인재들이 신속하게 입국할 수 있도록 비자 업무를 간소화할 것을 명령했다. 또 자국 AI 기술에 대한 외부의 접근을 원천 차단하는 방안도 추진하기로 했는데, 이에 따르면 90일 내에 국가안보위원회 주도로 미국의 AI 자산을 탈취할 수 있는 외국 위협을 확인해 권고안을 마련하고, 180일 내 상무부·법무부 등 부처가 협력해 AI 공급망이 훼손될 때를 대비한 시나리오를 마련하라는 내용이 적시됐다.

AI 기본법 ▼

"과학기술계의 최대 관심사였던 「인공지능 발전과 신뢰 기반 조성 등에 관한 기본법(AI 기본법)」이 12월 26일 국회를 통과했다. 이처럼 AI 산업과 관련된 포괄적인 법안을 마련한 것은 유럽연합(EU)에 이어 전 세계 두 번째로, 제정안은 공포 후 1년 뒤부터 시행된다."

정부가 AI 산업의 건전한 발전을 지원할 근거를 마련하고, 이 산업의 신뢰 기반 조성에 관한 기본 사항을 규정하는 내용을 핵심으로 하는 법률이다. 이에 따르면 과학기술정보통신부가 3년마다 대통령 직속 국가인공지능위원회의 의결을 거쳐 AI 정책 방향과 전문인력 양성 등을 담은 「인공지능 기본계획」을 수립한다. 또 정부가 AI 윤리 원칙의 실천 방안을 만들고 공개·홍보해야 한다는 내용도 담겼는데, 특히 인간의 생명·신체의 안전 및 기본권에 위험을 미칠 수 있는 AI 시스템은 「고영향 AI」로 규정했다. 고영향 AI의 경우 사업자가 위험성을 사전에 고지하도록 했고, 정부가 사업자에게 고영향 AI에 대해 안정성과 신뢰성 검증을 요구할 수 있는 장치를 뒀다. 그리고 최근 딥페이크 논란을 고려해 AI 기반 영상물에는 워터마크 등을 넣어 AI를 사용해 만든 것임을 명확히 알리도록 하는 내용 등이 포함됐다. 이와 같은 의무 사항은 해외 사업자에게도 적용되며, 사업자가 의무 사항을 위반하면 과기부 장관은 사실조사 및 시정명령을 내릴 수 있다.

AI 안전연구소 ▼

판교 글로벌 R&D센터에서 11월 27일 출범한 연구소로, 인류가 인공지능(AI) 기술을 안전하게 이용할 수 있도록 연구하는 기관이자 영국·미국 등에 이은 6번째 국가연구소다. 지난 5월 AI서울정상회의에서 10개국 정상은 안전이 책임있는 AI 혁신을 위한 핵심요소임을 확인하고, AI안전연구소 설립과 안전한 AI에 대한 글로벌 협력을 강조한 바 있다. AI안전연구소는 AI의 기술적 한계, 인간의 AI 기술 오용, AI 제어 불능 등으로 발생하는 AI 리스크를 체계적으로 대응하기 위해 만들어진 AI 안전연구 전담조직으로, AI의 위험을 미연에 파악해 최소화하는 데 중점을 두면서 AI 기술의 신뢰성을 제고하는 것에 목적을 두고 있다.

AI 에이전트(AI Agent) ▼

"구글이 12월 11일 새로운 인공지능(AI) 모델부터 사람처럼 컴퓨터를 조작하는 AI 에이전트까지, 강력한 AI 서비스와 기술을 대거 공개했다. 순다르 피차이 구글 최고경영자(CEO)는 이날 새로운 에이전트 시대를 위한 차세대 AI 모델인 「제미나이 2.0」을 출시한다고 밝혔다."

사용자의 요구에 맞게 다양한 작업을 자동으로 수행하고 지원하는 인공지능(AI) 시스템으로, ▷개인의 일정 관리 ▷정보 검색과 제공 ▷통신 기능 ▷스마트홈 관리 ▷언어 번역과 대화 등의 기능을 수행한다. AI 스스로 마우스 커서를 움직여 텍스트를 입력하고, 이메일을 보내거나 쇼핑하는 등 사람을 대신해 복잡한 컴퓨터 작업을 수행한다. 이는 특정 목표를 달성하기 위해 스스로 계획을 수립하고 실행하는 추론과 행동이

가능하다는 점에서 단순한 AI 챗봇 수준을 넘어선 것이다. 사용자가 명령을 내리면 AI 에이전트는 자연어 처리 능력을 기반으로 맥락을 이해하고 정확하고 검증된 결과를 제공하는데, 대표적으로 스마트홈 시스템 관리와 자율주행 차량, 가상비서 등이 있다. 최근 글로벌 빅테크들에서 잇따라 AI 에이전트를 출시하고 있는데, 구글의 경우 컴퓨터에서 데이터 수집, 제품 구매, 항공편 예약 등을 할 수 있는 AI 에이전트 서비스(프로젝트 자비스)를 이르면 연내 공개할 방침이다. 또 오픈AI의 대항마로 꼽히는 AI 스타트업 앤스로픽은 10월 22일 AI 에이전트 「컴퓨터 유스(Computer Use)」 테스트 버전을 출시했는데, 이는 구체적인 지시를 내리지 않아도 AI 스스로 필요한 정보를 취득하기 위한 컴퓨터 동작을 수행한다. 국내의 경우는 SK텔레콤 에이닷, LG유플러스 익시오 등 통화 기능에 특화된 AI 에이전트 서비스가 상용화됐다.

오픈AI의 AI 발전 5단계

① 챗봇	챗GPT처럼 대화형 언어를 가진 AI
② 추론자	추론·분석 가능한 인간 수준의 문제해결능력을 갖춘 AI
③ 에이전트	내린 결론에 따라 실질적인 행동을 취할 수 있는 AI
④ 혁신자	발명이나 새로운 아이디어 창출에 도움이 되는 AI. 연구와 기술개발에 활용
⑤ 조직	조직의 모든 업무를 대신할 수 있는 능력을 갖춘 모델

엣지AI(Edge AI) ▼

데이터 처리와 분석을 클라우드나 중앙 데이터센터가 아닌 네트워크의 말단 기기, 즉 엣지 디바이스(스마트폰, IoT 센서 등)에서 직접 수행하는 인공지능(AI) 기술을 말한다. 이는 기기 자체에서 데이터의 실시간 처리가 가능하다는 점에서 데이터 전송 지연이 줄어들고 보안이 강화된다는 장점을 갖고 있다. 또 클라우드 AI처럼 대규모 서버 인프라를 구축할 필요가 없는 데다,

저전력으로 구동도 가능해 효율성 측면에서도 강점을 지니고 있다. 엣지 AI는 주로 자율주행차나 스마트홈 기기 등 빠른 응답이 필요한 분야에서 많이 사용된다.

오펜하이머 모먼트(Oppenheimer Moment) ▼

제2차 세계대전 당시 미국의 원자폭탄 개발을 위한 「맨해튼 프로젝트」를 주도했던 물리학자 로버트 오펜하이머(1904~1967)가 자신이 개발한 원자폭탄이 막상 실전에 투입되자 이를 자책하며 회의를 느낀 전환점을 이르는 말이다. 오펜하이머 모먼트는 새로운 기술로 의도치 않은 결과가 초래될 경우 이를 개발한 과학자에게도 책임이 따른다는 의미로 사용되기도 한다. 당시 미국은 독일이 원자폭탄을 먼저 개발할 경우 인류에 재앙적 결과가 올 수 있다는 두려움에 맨해튼 프로젝트에 착수했으며, 1945년 7월 16일 최초로 핵폭발 시험(암호명 트리니티)에 성공했다. 이렇게 개발된 원자폭탄은 그해 8월 6일과 9일, 각각 일본 히로시마와 나가사키에 투하되며 일본의 항복과 2차 세계대전 종전으로 이어지게 됐다. 그러나 원자폭탄을 개발한 뒤 그 가공할 파괴력을 확인한 오펜하이머는 힌두교의 경전 〈바가다드기타〉에 나오는 「나는 이제 죽음이요, 세상의 파괴자가 됐다(Now I am become Death, the destroyer of worlds)」는 말을 떠올리며 핵무기에 대한 회의감을 갖게 됐다. 이후 오펜하이머는 더 강력한 살상무기인 수소폭탄 개발 등에 극렬히 반대하다가 모든 공직에서 쫓겨났으며, 소련의 간첩이라는 오명까지 쓰게 됐다. 그는 1967년 63세를 일기로 세상을 떠났는데, 그에게 쓰여진 스파이 혐의는 2022년 12월에야 취소되면서 68년 만에 명예 회복이 이뤄진 바 있다.

인공지능(AI)이 결합돼 목표물 공격을 스스로 결정하는 무기체계가 등장하면서 일각에서는 AI의 오펜하이머 모먼트가 도래했다는 경고를 내놓고 있다. 실제로 이러한 AI 무기는 러시아·우크라이나 전쟁과 이스라엘·팔레스타인 전쟁을 통해 가속화되고 있는데, 특히 AI 도입으로 우크라이나 살상용 드론의 정확도는 2023년 50%에서 올해 80%까지 올라간 것으로 알려져 있다.

오픈소스 인공지능(Open Source AI) ▼

누구나 접근하고 사용할 수 있도록 공개된 인공지능 소프트웨어나 모델을 말한다. 오픈소스 AI의 소스 코드는 일반적으로 개발자들이 자유롭게 수정·배포·확장할 수 있도록 허용된다. AI 개발 초기에는 오픈AI의 GPT나 구글의 제미나이처럼 폐쇄형 모델이 많았으나, AI 후발 주자들은 점차 오픈소스를 채택하는 추세다. 오픈소스 AI는 원본 코드를 공개해 접근성이 좋으며, 집단 지성을 극대화할 수 있어 AI 성능 개선이 빨라질 수 있다는 장점이 있다. 다만 보안에 취약하고, 딥페이크처럼 윤리적 문제가 발생할 가능성이 있다는 것은 단점으로 꼽힌다. 이 오픈소스의 반대 개념은 폐쇄형(클로즈드) 소스로, 이는 원본 코드를 외부에 공개하지 않고 내부에서 관리하는 것을 뜻한다.

AI 얼라이언스(AI Alliance) 인공지능(AI) 분야의 개방성을 높이고 업계 간 협력을 촉진하기 위해 2023년 12월 출범한 국제 단체이다. 누구나 AI 기술의 혜택을 누릴 수 있는 개방형 AI 생태계를 구축하고, 보안성을 강화함으로써 신뢰할 수 있는 AI 기술을 만드는 것을 목표로 한다. IBM, 메타, 인텔을 비롯한 산업계부터 코넬대, 도쿄대, 예일대 등의 학계 및 연구기관, 미 항공우주국(NASA), 미 국립과학재단(NSF)과 같은 정부기관 등 약 100여 개의 기업 및 기관으로 구성되어 있다. 국내에서는 카카오가 2024년 4월 국내 기업으로는 처음으로 여기에 가입한 바 있다.

온톨로지(Ontology) ▼

「실재」를 뜻하는 그리스어 Onto와 「강연」이나 「논문」을 뜻하는 Logia의 합성어로, 컴퓨터가 특정 지식이나 정보를 처리할 수 있도록 각 정보 및 지식의 개념과 구조·관계 등을 정의하는 것을 말한다. 온톨로지는 본래 형이상학의 하위 분야인 「존재론」에서 유래된 개념으로, 현실 세계에 존재하는 사물이나 사건 등의 본질과 유형 등을 탐구·이해하려는 학문적 노력을 가리키는 개념이었다. 그러다 1980년대 들어 IT 분야에서 현재와 같은 의미로 사용되기 시작했다. 컴퓨터가 보다 정확한 정보를 제공하고 보다 빠르게 의사결정을 도출하려면 사용자가 원하는 분야의 정보·지식을 체계적으로 분류하고 연결·관리할 수 있어야 한다. 온톨로지는 이를 가능케 하는 수단으로, 온톨로지를 잘 구성하면 복잡한 데이터나 방대한 양의 제품 정보를 체계적으로 정리할 수 있다. 또한 상이한 데이터 간 의미적 연계성을 찾아 자동처리를 이룰 수 있고, 프로그램이나 비즈니스에서 용어에 대한 해석이 서로 달라 발생할 수 있는 문제도 예방할 수 있다.

윌로(Willow) ▼

"구글이 12월 9일 자체 개발한 양자 칩 윌로를 장착한 양자컴퓨터가 기존 슈퍼컴퓨터로 10셉틸리언(10의 24제곱·Septillion)년이 걸리던 문제를 단 5분 만에 풀었다는 연구 결과를 국제 학술지 《네이처》에 발표했다. 연구 결과에 따르면 윌로는 「랜덤 회로 샘플링」 벤치마크(기준 지표)에서 현존하는 슈퍼컴퓨터 중 가장 우수한 제품으로 꼽히는 프론티어에 주문했을 때 10자 년이 걸리는 복잡한 계산 문제를 5분 이내에 풀어냈다."

구글이 12월 9일 개발을 발표한 양자 칩으로, 구글에 따르면 윌로는 「랜덤 회로 샘플링」 벤치마크(기준 지표)에서 현존하는 슈퍼컴퓨터 중 가장 우수한 제품으로 꼽히는 「프런티어」에 주문했을 때 10자 년(10의 24제곱)이 걸리는 복잡한 계산 문제를 5분 이내에 풀어냈다. 다만 이 성능 실험은 테스트를 위해 만들어진 알고리즘이 이용됐으며, 아직 실제 적용된 사례는 없다. 구글에 따르면 윌로는 총 105개의 큐비트(Quantum bit)로 구성돼 있는데, 큐비트의 수가 늘어날수록 오류율이 줄어드는 특징을 갖고 있다. 양자컴퓨터는 0이나 1 둘 중 하나로 데이터를 연산하는 기존 디지털컴퓨터와는 달리 양자역학의 중첩 상태를 활용해 0과 1 두 상태를 동시에 처리할 수 있어 기존 컴퓨터보다 월등한 계산 속도와 연산 처리 능력을 갖고 있다. 다만 양자컴퓨터는 대부분 전기 저항이 없는 초전도 큐비트를 사용해 정보를 처리하는데, 외부의 저항이나 아주 작은 변화에도 쉽게 오류가 발생한다는 단점이 있다. 그러나 구글은 윌로가 큐비트 수를 늘리면서 오류를 줄일 수 있는 임계값 이하(Below Threshold)를 달성한 첫 양자시스템이자, 실시간으로 오류를 수정할 수 있는 기술도 개발했다고 설명했다.

이어도호(離於島號) ▼

"33년간 국내 연근해 조사와 국제 연구를 수행해 온 조사선 이어도호가 11월 26일 경남 거제 남해연구소에서 퇴역식을 가진 뒤 퇴역했다. 이어도호가 퇴역함에 따라 그간 이어도호가 수행해온 임무는 2025년 상반기 취항을 목표로 건조 중인 「이어도2호」가 대체할 예정이다. 이어도2호는 732t에 최대 속도 13.5노트(시속 약 25km)로, 연구선이 자유롭게 방향을 전환할 수 있는 「전방위 추진기」를 추진 방식으로 활용하며 총 34종의 첨단장비가 탑재될 것으로 알려졌다."

1992년 3월 취항해 33년간 6894일·68만km 거리를 운항한 한국해양과학기술원(KIOST)의 연구선이다. 357t급 이어도호는 유인잠수정 해양250의 모선이자 연근해용 연구선으로 건조돼 사이드스캔소나·다중 음향측심기 등의 관측장비를 보유했다. 취항 이후 우리나라 연안을 누비며 ▷해양 수화기수 탐사 ▷해류 특성 조사 ▷해양 방위 작전해역 환경 조사 등 다양한 해양조사 연구에 투입됐는데, 특히 해군과 기획한 해양 특성 조사사업과 한국해역 종합해양환경도 작성연구 등에도 투입됐다. 또 해외로도 연구 영역을 확장해 1992년 필리핀 해역에서 우리나라 최초의 국외 진출 해양기술 용역사업 수행을 지원한 것은

물론, 1998년 남북 분단 이후 최초로 우리 해양 과학자들이 북한의 금호지구 앞바다에서 해양 조사를 수행하는 데 활용되기도 했다. 이 밖에 2007년 발생한 허베이스피리트호 유류 유출 사고, 2010년 천안함 사고, 2014년 세월호 사고 등 국가적 해양 사고 발생 때에도 현장에 투입돼 과학적 데이터를 제공했다.

정보통신설비 유지보수 제도 ▼

공동주택을 제외한 연면적 5000m² 이상 건축물에 정보통신유지보수 전문 인력을 의무적으로 배치하도록 하는 정보통신공사업법 규정으로, 10월 29일 국무회의에서 공포됐다. 이에 따르면 5000m² 이상 건축물은 설비관리자를 의무적으로 지정해야 하는데, 다만 아파트 등 공동주택의 경우 다양한 이해관계자의 의견 수렴을 거치도록 첫 번째 제도 시행 대상에는 포함하지 않았다. 설비관리자는 기술계 정보통신기술자 자격을 갖추고 20시간 이상 인정교육을 이수한 자로 규정했다. 아울러 제도 시행에 대비한 건축물 관리주체들의 준비를 지원하기 위해 건축물의 규모에 따라 시행 유예기간을 차등 부여했다. 이에 따르면 ▷연면적 3만m² 이상은 2025년 7월 ▷연면적 1만m²~3만m² 규모 건물은 2026년 7월 ▷연면적 5000m²~1만m² 건물은 2027년 7월부터 각각 제도가 적용된다.

챗GPT 서치(ChatGPT Search) ▼

챗GPT 개발사 오픈AI가 10월 31일 챗GPT 유료 구독자를 대상으로 출시한 자사 검색 엔진을 말한다. 이는 지난 7월 「서치GPT」라는 이름의 시제품을 공개한 지 3달 만으로, 챗GPT 서치는 기존 챗GPT에 통합된 형태다. 이는 챗GPT 검색창 밑에 있는 작은 지구본 모양의 아이콘을 클릭하면 검색이 가능한데, 기존 검색 엔진과 가장 차별화되는 점은 대화형이라는 점이다.

챗GPT 서치는 자연어로 질문을 던지면 인공지능(AI)이 실시간으로 인터넷에서 적합한 정보를 찾아주며, 특히 출처 링크와 이미지 등도 함께 표시한다. 또 일반 검색 엔진과 달리 원하는 내용을 긴 줄글 형태로 질문해도 원하는 답변을 받을 수 있으며, 꼬리 질문도 가능하다. 여기에 하나의 답변에 여러 출처의 링크가 뜨는데, 이는 기존 챗GPT와 가장 큰 차이점이다. 이를 위해 오픈AI는 AP통신, 로이터통신, 파이낸셜타임스, 뉴스코퍼레이션, 르몽드, 타임, 복스미디어 등과 파트너십을 체결한 것으로 알려졌다.

초(超)인공지능 (ASI·Artificial Super Intelligence) ▼

인간의 지능을 훨씬 능가하는 수준의 인공지능(AI)으로, 임무 수행 분야가 제한적인 ANI(Artificial Narrow Intelligence, 약한 인공지능)와 범용 인공지능으로 부르는 AGI(Artificial General Intelligence, 강한 인공지능)를 초월하는 AI를 가리킨다. 즉 ASI는 창의력, 문제해결능력, 사회적 상호작용 등 인간의 모든 지적 활동을 훨씬 뛰어넘는 수준의 AI로, 현재 개발된 AI 기술의 최종 단계로 여겨진다. 학계와 관련 업계에서는 AI를 고도화 정도에 따라 ANI·AGI·ASI로 나누는데, ANI·AGI를 넘어선 ASI는 스스로를 개선하며 학습하는 능력이 탁월하기 때문에 급속도로 지능을 발전시킬 수 있으며, 인간이 가진 제한을 넘어 새로운 영역을 창조하고 문제를 해결할 수 있는 능력을 갖고 있다. 또한 인간의 개입 없이도 독창적인 아이디어를 제안하는 것은 물론 자율적인 행동까지 가능하다. 따라서 ASI는 그 활용에 따라 인류에게 큰 혜택을 줄 수 있지만, 통제 불가능한 상황이 발생할 경우에는 예측하기 어려운 위험을 초래할 수 있다는 우려도 있다.

원은 원격으로 정보를 수신하고 모니터링할 계획이다.

코로나그래프 주요 내용

총중량	• 220kg(코로나그래프 및 태양추적장치 포함) • 코로나그래프 자체 중량: 40kg
관측시간	90분 주기 궤도당 최대 55분 관측
탑재 위치	국제우주정거장 외부탑재체 플랫폼(ELC3-3)

코로나그래프(CODEX· COronal Diagnostic EXperiment) ▼

"한국 우주항공청과 미 항공우주국(NASA)이 공동 개발한 코로나그래프가 11월 5일 오전 11시 29분(한국시간) 미국 플로리다주 케네디우주센터에서 스페이스X의 팰컨9에 실려 발사됐으며, 이날 오후 11시 52분 국제우주정거장(ISS)에 성공적으로 도킹했다. 코로나그래프는 도킹 이후 로봇팔을 통해 ISS의 외부탑재체 플랫폼(ELC3-3)에 설치되며, 설치 이후 약 1개월의 시험 운영(Commissioning) 기간을 거치게 된다. 그리고 6개월에서 최대 2년간 ISS의 90분 궤도 주기 동안 최대 55분씩 태양 관측 임무를 수행하게 된다."

▲ 출처: 우주항공청

우리나라의 우주항공청과 미국 항공우주국(NASA)이 공동 개발한 태양 관측 망원경으로, 밝기가 태양 표면의 100만분의 1 이하이자 태양 대기의 가장 바깥 영역인 「코로나(Corona)」를 관측할 수 있는 망원경이다. 태양의 표면인 광구는 매우 밝아 개기일식을 제외하면 지상에서 코로나를 관측하기 어려우며, 이에 인공적으로 태양 면을 가려야만 코로나를 관측할 수 있다. 그러나 코로나그래프는 코로나의 형상뿐만 아니라 기존에는 제한적으로 관측할 수 있었던 온도와 속도도 동시에 측정해 2차원(2D) 영상으로 구현한다. 이를 통해 태양 연구의 난제로 꼽히는 코로나 가열과 태양풍 가속 비밀을 푸는 연구를 수행하게 된다. 이러한 코로나그래프의 임무 운영과 관제는 NASA 고다드 우주비행센터에서 수행하며, 한국천문연구

큐싱(Qshing) ▼

"12월 3일 보안 솔루션 기업 SK쉴더스에 따르면 2023년 국내에서 탐지된 온라인 보안 공격의 17%는 큐싱으로, 전년 대비 60%가량 증가했다. 큐싱 피해가 심각하게 여겨지는 것은 범행 차단과 범인 특정이 쉽지 않다는 점 때문이다."

QR코드(Quick Response Code)와 「낚는다(Fishing)」의 합성어로, QR코드를 찍으면 악성 링크로 접속되거나 직접 악성코드가 심어지는 신종 금융범죄 기법이다. 스마트폰의 문자메시지를 이용한 휴대폰 해킹을 뜻하는 「스미싱」에서 진화된 것으로, 정상 QR코드를 다른 QR코드로 바꾸거나 기존 QR코드 위에 다른 코드를 덮는 방식으로 이뤄진다. 이렇게 생성된 불법 QR코드는 사용자에게 악성 앱을 내려받도록 한 후 보안카드 등의 개인정보를 빼내 자금이체나 소액결제 등의 범죄가 이뤄진다.

파커 솔라 프로브 (PSP·Parker Solar Probe) ▼

"미국 항공우주국(NASA)이 12월 24일 파커 솔라 프로브가 태양 표면 기준 약 610만km까지 접근했다고 밝혔다. 610만km는 태양과 수성 사이 거리(약 5800만km)의 10분의 1에 해당하는데, NASA에 따르면 파커 솔라 프로브는 이날 오전 6시 53분(한국시간 오후 8시 53분) 태양 대기 상층부인 코로나에 진입했다."

미국 항공우주국(NASA)의 태양 탐사선으로, 총 24번의 태양 근접 비행을 수행할 목적으로 2018년 8월 발사됐다. 미션명도 「터치 더 선(Touch the sun)」(태양을 만져라)으로, 코로나 온도가 태양 표면보다 높은 이유 등 베일에 싸

인 태양의 비밀을 푸는 것을 임무로 한다. 태양은 「태양 플라스마」라 불리는 태양풍을 내뿜는데, 이는 지구를 포함한 태양계 천체에 영향을 미친다. 대표적으로 태양풍이 간혹 내뿜는 엄청난 에너지는 GPS 등 통신시설을 마비시키기도 한다. 탐사선은 태양풍 입자를 수집하는 센서와 광시야 카메라 등을 갖췄으며, 강력한 열로부터 탐사선을 보호하는 두꺼운 장갑이 겉을 둘러싸고 있다. 다만 오랜 시간 복사열을 견디지는 못하기 때문에 긴 타원궤도를 돌며 금성과 태양 주변을 오가고 있다. PSP의 23번째 비행은 2025년 3월 22일, 마지막으로 예정된 24번째는 2025년 6월 19일에 이뤄진다.

한국형 위성항법시스템
(KPS·Korea Positioning System) ▼

"11월 29일 우주항공청에 따르면 최근 우주청과 한국항공우주연구원 KPS개발사업본부 등 관계자는 KPS 기본설계검토회의에서 「한국형 위성항법시스템(KPS)」 위성의 설계 결함을 발견하고 보완·점검을 위해 1호기의 발사 일정을 재검토하기로 했다. 이에 14년간(2022~2035년) 총 4조 원을 투입하는 대형 사업이 기술력 부족으로 차질을 빚을 수 있다는 우려가 제기됐다."

미국 GPS와 별개로 한반도 지형의 위치정보 처리에 특화한 독자적 GPS를 구축하는 사업이다. 미국은 GPS를 민간에 개방하기는 했으나, 미국 정부의 결정에 따라 GPS 접속은 언제든 차단될 수 있다. 이 때문에 전 세계 주요 국가들은 독자 GPS 개발에 나섰는데, 우리 정부도 한반도 인근 지역에 초정밀 PNT(위치·항법·시각) 정보를 제공해 교통, 통신 인프라 운영의 안정성을 높이고 신산업을 육성하겠다는 목표로 2022년 KPS 사업에 착수한 바 있다. 이는 2035년까지 총 8기(항법신호 방송용 경사궤도위성 5기와 정지궤도위성 3기)의 전용 위성을 쏘아올려 한반도 인근 지역에 교통, 통신, 금융, 국방, 농업, 재난 대응 등 초정밀 위치, 항법, 시각 정보를 제공한다는 방침이다.

휴머노이드 로봇(Humanoid Robot) ▼

인간과 닮은 모습을 한 로봇을 가리키는 용어로, 인간형 로봇이라는 뜻에서 「안드로이드(Android)」로도 불린다. 머리·팔·손·다리 등 인간의 신체와 비슷한 골격 구조나 인간과 비슷한 지능을 갖춰, 인간을 대신하거나 인간과 협력할 수 있다. 기존의 휴머노이드 로봇은 단순히 인간 신체 부위의 일부를 본뜨거나 단순 작업을 수행하는 데 그쳤으나, 최근 인공지능(AI)의 발달로 거대언어모델(LLM) 등을 휴머노이드 로봇에 탑재하기 시작하면서 인간과 소통하거나 로봇 스스로 상황을 판단해 작업을 수행하는 것이 가능해졌다. 이에 향후 휴머노이드 로봇은 제조업이나 가사 노동 외에도 재난 구조, 노인 돌봄 서비스 등 다양한 분야에서 활용될 수 있을 것으로 전망된다.

정보통신기술(ICT) 업계에 따르면 생성형 AI 등장 이후 많은 기업이 가정용 휴머노이드 로봇 개발에 진출하고 있다. 이는 AI로 사람과의 상호작용이 가능해지면서 로봇의 쓰임새가 크게 확장된 데 따른 것이다. 특히 빅테크 기업들도 가정용 로봇 경쟁에 가세하고 있는데, 메타의 경우 10월 31일 AI용 촉각 센서인 「디지트 360」을 상용화하겠다는 계획을 밝혔다. 국내에서는 현대차그룹이 최근 일본 도요타와 AI 기반 휴머노이드 로봇을 공동 개발한다고 밝힌 바 있다.

🗓 2025년은 을사년, 푸른 뱀의 해

2025년은 을사년(乙巳年), 푸른 뱀의 해이다. 육십간지의 42번째인 을사년이 「푸른 뱀의 해」로 불리는 것은 을(乙)이 청색을 의미하기 때문으로, 이에 「청사(靑蛇)의 해」라고도 한다. 역사적으로 을사년은 조선 명종 때의 을사사화(1545년)와 구한말 을사늑약(1905년)이 일어난 해이기도 한다. 을사사화는 1545년(명종 즉위) 윤원형 일파 소윤(小尹)이 윤임 일파 대윤(大尹)을 숙청하면서 사림이 크게 화를 입은 사건으로, 표면적으로는 윤씨 외척 간의 싸움이었으나 실제로는 사림파에 대한 훈구파의 공격이었다. 그리고 을사늑약은 1905년 러일전쟁에서 승리한 일본이 대한제국의 외교권을 박탈하기 위해 강제로 체결한 것으로, 외교권 박탈과 통감부 설치 등이 주요 내용이었다. 을사늑약의 결과 일본은 서울에 통감부를 두고 보호정치를 실시하게 되었고, 이에 우리나라는 명목상으로는 일본의 보호국이나 사실상 일제의 식민지가 되었다.

십이지 중 여섯 번째 동물인 뱀은 전통적으로 지혜와 신중함, 직관을 상징하는 동물로 알려져 있다. 특히 뱀은 허물을 벗는다는 점에서 고대부터 재생과 변신, 영원한 생명을 상징한다고 믿었고 한 번에 여러 개의 알을 낳아 생명력과 풍요로움, 다산을 나타내는 동물로도 여겨졌다. 동양 문화에서는 뱀의 신중한 성격과 기민한 감각을 두고 재물과 관련된 상서로운 동물로 여기기도 했으며, 신화나 전설 속에서의 뱀은 신비로운 존재로 여겨져 지혜의 상징으로 자주 등장해 왔다. 다만 일상에서의 뱀은 그 특유의 생김새와 치명적인 독으로 많은 사람들에게 두려움을 일으키기도 한다.

이처럼 뱀은 무섭고 두려우면서도 지혜·재물·신성함 등의 의미를 지니고 있는 등 다양한 시선이 존재하는 동물이다.

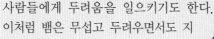

🗓 2025년은 「유엔 지정 ○○해」

국제 양자과학 및 기술의 해(International Year of Quantum Science and Technology) 유엔은 6월 7일 양자과학과 기술의 중요성을 기념하고 널리 알리기 위해 2025년을 「국제 양자과학 및 기술의 해」로 지정했다. 이는 양자역학의 탄생 100주년을 기념하며, 양자과학이 산업과 에너지, 환경, 의료기술 등에 미친 혁신을 대중과 공유하고자 하는 목표를 갖고 있다. 양자과학(Quantum Science)은 양자역학을 기반으로 하는 학문 분야로, 물질과 에너지가 매우 작은 규모(주로 원자와 아원자 수준)에서 어떻게 작동하는지를 연구한다. 양자역학에 따르면 원자보다 작은 물질은 파동과 입자의 두 가지 성질을 가질 수 있고 동시에 여러 곳에 존재할 수 있는데, 이를 「중첩(Superposition)」이라고 한다. 양자과학은 현재 양자컴퓨팅·양자통신·양자암호학 등의 응용 분야에서도 큰 진전을 이루고 있는데, 특히 양자컴퓨팅의 경우 양자역학의 중첩 상태를 활용해 기존 컴퓨터보다 월등한 계산 속도와 연산 처리 능력을 갖고 있다.

국제 협동조합의 해(International Year of Cooperatives) 유엔 총회는 6월 19일, 2025년을 「국제 협동조합의 해」로 선포하는 결의안을 채택했다. 해당 결의안은 모든 회원국, 유엔 및 관련 이해 관계자들이 협동조합의 해를 활용해 협동조합의 사회 및 경제 발전에 대한 기여를 증진하고 강화할 것을 권장하고 이를 장려하는 방법 등의 내용을 담고 있다. 협동조합은 소비자·소상공인·소규모 생산자 등이 출자해 조합을 만들어 공동으로 운영하는 조직으로, 국제협동조합연맹은 협동조합을 「공동으로 소유하고 민주적으로 운영되는 사업체를 통해 공통의 경제·사회·문화적 필요와 욕구를 충족시키고자 하는 사람들이 자발적으로 결성한 자율적인 인적 결합체」라고 정의하고 있다.

국제 빙하 보존의 해(International Year of Glaciers' Preservation) 2025년은 전 세계적으로 빙하 보존을 촉구하는 해로, 이는 지난 2022년 12월 14일 열린 제77차 유엔 총회에서 에모말리 라흐몬 타지키스탄 대통령이 발의하면서 채택된 것이다. 라흐몬 대통령은 2021년 3월 빙하 감소 등 여러 환경 문제에 대한 국제사회의 인식을 제고하기 위해 2025년을 「국제 빙하 보존의 해」로 선포하고, 3월 21일을 「국제 빙하 보존의 날」로 지정하는 이니셔티브를 발의한 바 있다. 빙하(氷河)는 극지방이나 고산 지대의 만년설 등이 오랜 시간 쌓여 압축되고 그 무게·중력 등에 의해 낮은 쪽으로 흐르는 얼음으로, 지구온난화로 인해 급격히 감소하고 있다. 특히 일부 전문가들은 기후변화로 인해 2050년에는 전 세계 빙하의 3분의 1이 사라질 것이라는 경고를 내놓고 있다.

국제 평화와 신뢰의 해(International Year of Peace and Trust) 유엔 총회는 지난 3월 21일, 2025년을 「국제 평화와 신뢰의 해」로 지정해 평화와 신뢰를 증진하는 해로 기념할 것을 밝힌 바 있다. 투르크메니스탄의 주도로 추진된 해당 결의안은 ▷국제사회가 포용적인 대화와 협상을 통해 분쟁을 해결하고 ▷지속가능한 발전, 평화·안전·인권을 촉진하는 가치관으로 국제관계에서의 평화와 신뢰를 보장 및 강화하는 것을 촉구하고 있다.

시사인물

1946. 미국 뉴욕 출생
2004. NBC 리얼리티 프로그램 〈어프 랜티스〉 진행
2015. 공화당 대선 후보 출마 선언
2016. 제45대 미국 대통령 당선
2017. 제45대 미국 대통령 취임
2020. 조 바이든에 패해 재선 도전 실패
2021. 대통령직 퇴임
2022. 대선 재출마
2024. 공화당 대선 후보로 공식 지명, 제47대 미국 대통령 당선

"나는 관세를 크게 신봉한다. 나는 관세가 세상에서 가장 아름다운 말이라고 생각한다."

▲ 12월 8일 방영된 NBC 인터뷰 중에서

◎ 도널드 트럼프(Donald Trump)

제45대 미국 대통령이자 47대 대통령 당선자(78). 도널드 트럼프 전 대통령이 11월 5일 카멀라 해리스 부통령과 맞붙은 미 대선에서 승리하며 대통령에 당선됐다.

1946년 6월 14일 미국 뉴욕에서 태어났으며, 1971년 가업을 물려받은 뒤 회사 이름을 「트럼프 그룹」으로 바꾸고 대규모 부동산 사업을 진행하며 큰 부를 축적했다. 2004년 자신이 지분을 보유한 NBC의 리얼리티 TV쇼 〈어프랜티스〉에 출연하면서 대중적으로 유명해졌고, 2015년 6월 공화당 대선 후보 출마를 선언한 데 이어 2016년 후보로 결정되면서 큰 화제를 일으켰다. 그리고 2016년 11월 8일 치러진 대선에서 힐러리 클린턴이 우세할 것이라는 대부분의 예측과는 달리 승리를 거두면서, 2017년 1월 20일 45대 미국 대통령에 취임했다. 그는 취임 첫해인 2017년 지구온난화를 막기 위한 파리기후협약 탈퇴를 선언했고, 2018년에는 이란핵협정에서 일방적으로 탈퇴했다. 또 멕시코와의 국경에 장벽을 건설하는 등 불법 이민에 대한 엄격한 단속을 펼쳤으며, 2018년부터는 중국과 무역전쟁을 시작하며 미중 갈등이 최고조에 이르렀다. 트럼프는 2019년 12월 「우크라이나 스캔들」로 하원에서 탄핵소추안(권력남용·의회방해 혐의)이 가결되며 위기를 맞기도 했으나, 상원에서 부결되면서 임기를 계속 이어갔다. 이후 코로나19 팬데믹 대응에 실패했고, 2020년 11월 3일 조 바이든과 맞붙어 치른 대선에서 패배하며 재선에 실패했다. 그러나 정권 이양 순간까지도 선거 결과에 승복하지 않았고 특히 이 과정에서 그의 지지자들이 워싱턴 의회 의사당을 점거하는 초유의 폭동 사태가 빚어지기도 했다. 트럼프는 퇴임 이후 성추문 및 개인 사업 관련 소송에 휘말리면서 지난 5월 전직 대통령 최초로 유죄 평결을 받는 오명을 안기도 했다. 그러나 2024년 대선에 다시 도전해 공화당 대선 후보로 선출됐고, 11·5 대선에서 승리하며 4년 만에 재집권을 앞두게 됐다.

J. D. 밴스(J.D. Vance)

미국 부통령 당선자(40). 도널드 트럼프 공화당 대선 후보의 러닝메이트였던 J D 밴스가 11월 5일 치러진 대선에서의 승리에 따라 만 40세의 나이로 역대 최연소 부통령 당선인이 됐다.

1984년 8월 미국의 대표적인 러스트벨트(제조업 쇠퇴 지역)로 꼽히는 오하이오주에서 태어났으며, 고등학교 졸업 후 학비 마련을 위해 해병대에 자원 입대해 5년간 복무했다. 이후 오하이오주립대에 입학해 정치학과 철학을 전공했으며, 2013년 예일대 로스쿨을 졸업해 변호사와 실리콘밸리 벤처캐피털리스트로 활동했다. 그러다 2016년 자신의 불우한 어린 시절을 회고한 책 〈힐빌리의 노래(Hillbilly Elegy)〉가 큰 인기를 끌면서 전국적인 인지도를 얻었다. 이 책은 오하이오의 시골 마을에서 마약 중독자 싱글맘의 아들이 성장해가는 이야기를 다뤘는데, 동명의 넷플릭스 영화로도 제작되며 전 세계적으로도 알려졌다. 그는 2022년 오하이오주 상원의원 선거에서 당선되며 정계에 진출했는데, 정계 입문 전에는 「네버 트럼프(트럼프만은 절대 안 돼)」를 주장하는 공화당원이었다. 또 2016년 대선 때도 트럼프의 이민·사회 정책을 강하게 비판했으나 2020년 대선을 앞두고는 지지를 표명하고, 2021년 오하이오주 연방 상원의원 경선 출마 선언 뒤에는 트럼프를 찾아가 과거 자신의 발언을 사과하고 열렬 지지자가 됐다. 이에 일각에서는 밴스에 대해 「기회주의자」라는 비판을 내놓기도 하며, 《폴리티코》는 「매우 극적이고 의심스러운 정치적 변화」라는 평가를 내리기도 했다. 그는 이번 대선 기간 중 지난 2021년 폭스뉴스에서 아이를 낳지 않는 여성들을 「자녀 없는 캣 레이디(Childless Cat Lady)」라고 비하한 사실이 다시금 회자되며 구설에 오르기도 했다. 하지만 대선을 앞둔 10월 팀 월즈 민주당 부통령 후보와의 TV토론에서는 안정된 모습을 보이며 긍정적 평가를 받았다.

> **힐빌리(Hillbilly)** 시골에 거주하는 저학력의 가난한 백인 육체노동자를 뜻하는 멸칭으로, 대부분 미국 중북부 러스트벨트에 거주한다. 러스트벨트(Rust Belt)는 한때 미국 제조업의 호황을 구가한 대표적 공업지대였으나, 제조업이 사양화되며 불황을 맞은 지역이다. 힐빌리와 비슷한 멸칭으로 「레드넥(Redneck)」이 있는데, 이는 미국 남부의 농부들이나 육체노동자들이 햇볕으로 인해 목둘레가 빨갛게 탄 것을 놀리는 데서 시작된 표현으로, 저학력·저소득의 백인 노동자 계층을 비하하는 말로 사용된다.

앤디 김(Andy Kim)

미국 민주당 뉴저지주 하원의원으로, 한국계 첫 상원의원 당선자(42). 한국계 미국인인 앤디 김 뉴저지주 하원의원이 11월 5일 미국 대통령 선거와 함께 치러진 연방 상하원의원 선거에서 당선되면서 첫 한국계 상원의원 당선자가 됐다. 미 상원의원은 총 100명으로, 국가적 차원에서 입법과 정책을 관장하는 중책을 맡는다.

1982년 미국 매사추세츠주 보스턴의 한인 이민자 1세대 부모 밑에서 태어났으며, 시카고대에서 정치학을 전공했다. 이후 로즈 장학생으로 선발돼 영국 옥스퍼드대에서 국제관계학으로 석박사 학위를 받았다. 졸업 후인 2009년 이라크 전문가로 미국 국무부에서 일하기 시작했고, 2011년에는 아프가니스탄 카불에서 현지 주둔 미군 사령관의 전략 참모로 일했다. 이후 국무부 상원 외교위원회를 거쳐 버락 오바마 행정부에서 국방부와 백악관 국가안보회의(NSC) 이라크 담당 보좌관을 지냈다. 그리고 2018년 뉴저지 3지구에 민주당 후보로 출마해 첫 아시아계 연방 하원의원으로 선출된 그는 2022년까지 두 차례 선거에서 연달아 승리하며 3선에 성공했다. 그는 외교·안보 분야의 경험을 바탕으로 하원 외교위원회와 군사위원회 등에서 활동했다. 그러다 2021년 1·6 의사당 난입 사태 당시 의사당에 혼자 새벽까지 남아 묵묵히 쓰레기를 치우는 모습이 언론에 포착되며 전국적인 지지도를 얻기도 했다. 그는 2023년 뉴저지주 연방 상원의원이었던 밥 메넨데스(민주당)가 뇌물 수수 혐의로 기소되면서 해당 직이 공석이 되자, 지난 6월 뉴저지 민주당 예비선거에 출마해 81%의 득표율로 후보가 된 바 있다.

◯ 리처드 그리넬(Richard Grenell)

전 주독일 미국대사이자 트럼프 2기 행정부에서 북한 등을 담당할 특별임무대사 지명자(58). 도널드 트럼프 미국 대통령 당선인이 12월 14일 리처드 그리넬 전 주독일 미국대사를 북한 과 베네수엘라 등을 담당하는 특별임무대사로 지명했다.

1966년 미시간주에서 태어났으며, 하버드대 케네디행정대학원에서 석사 학위를 받은 뒤 밋 롬니 전 공화당 대선 후보 등의 참모로 일했다. 2001~2008년 조지 W 부시 행정부에서 존 볼턴 당시 주유엔 미국대사의 대변인으로 활동했으며, 트럼프 1기 행정부에서는 국가정보국(DNI) 국장대행, 코소보·세르비아 협상 특사 등으로 활동하며 트럼프 최측근 인사가 됐다. 그는 미국 우선주의 외교 기조는 물론, 과거 트럼프 당선자와 김정은 북한 국무위원장 간 정상회담을 적극 지지한 것으로 알려졌다. 특히 주독일 대사로 재직하던 2020년 6월에는 트럼프 행정부가 주한미군 철수를 검토했다고 밝혀 큰 파장을 일으키기도 했다. 트럼프 당선인의 그리넬 지명은 북한과의 직접 대화 의지를 보여준 것이라는 분석이 나오는데, 특히 그리넬이 동맹의 방위비 분담금을 늘려야 한다는 입장을 가진 만큼 한미 방위비 재협상에 관여할 가능성도 전망되고 있다.

◯ 케미 베이드녹(Kemi Badenoch)

영국 보수당 대표(44). 케미 베이드녹 전 기업 통상부 장관이 11월 2일 치러진 전국 보수당 당원 투표에서 보수당의 새 대표로 선출됐다.

이로써 베이드녹은 지난 7월 총선 참패를 책임 지고 물러난 리시 수낵 전 총리의 뒤를 이어 보수당을 이끌게 됐다. 특히 베이드녹 대표는 영국 주요 정당의 첫 흑인 당수이자 보수당의 마거릿 대처와 테리사 메이, 리즈 트러스에 이은 역대 네 번째 여성 대표다. 또 수낵 전 총리 이후 두 번째 유색인종 대표이기도 하다.

1980년 나이지리아 출신의 이민자 부모 밑에서 태어났으며, 서식스대학에서 컴퓨터공학을 전공한 뒤 은행과 잡지사에서 일했다. 이후 2015년 런던시 의회 하원의원으로 정치에 입문한 그는 환경·젠더·이민자 문제 등의 현안에 대해 보수층의 입장을 대변하는 직설적 발언으로 존재감을 높였다. 특히 2020년부터 여성·평등 담당 부장관으로 재직하면서 「안티 워크(Anti-woke)」 운동을 이끄는 등 보수당 내에서도 강경 우파 노선으로 평가돼 왔다.

한편, 보수당은 지난 7월 총선에서 650석 가운데 121석을 차지하는 데 그쳐 412석을 확보한 노동당에 정권을 내준 바 있다. 이는 보수당이 14년 만에 노동당에 정권을 내준 것이자 1832년 이래 보수당 역사상 최악의 참패로 기록됐다.

◯ 나임 카셈(Naim Qassem)

레바논의 친이란 무장정파 헤즈볼라의 새 수장(71). 헤즈볼라가 10월 29일 성명을 통해 나임 카셈을 헤즈볼라 지도자로 선출하기로 합의했다고 밝혔다. 헤즈볼라 수장이 선출된 것은 전 수장인 하산 나스랄라가 지난 9월 27일 이스라엘에 의해 살해된 지 한 달여 만이다. 나스랄라 사망 이후 그의 사촌인 하셈 사피에딘이 후계자로 거론됐으나 그 역시 10월 초 베이루트 남부 근교에서 이스라엘군 공습으로 사망한 바 있다.

1953년 레바논 베이루트에서 태어났으며, 1991년 헤즈볼라의 사무총장으로 임명된 뒤 30년 넘게 헤즈볼라 고위 인사로 활동했다. 그는 헤즈볼라의 주요 대변인 중 한 명으로 외국 언론과 인터뷰를 담당하기도 했으며, 1992년 헤즈볼라가 처음 레바논 선거에 도전한 이후 줄곧 헤즈볼라 선거 캠페인의 총책임자를 맡아 왔다. 카셈은 종종 나스랄라를 대신해 공개 연설을 하고 대변인 역할을 하는 등 대외적으로 헤즈볼라를 대표하는 인물로, 이는 헤즈볼라 고위급이 외부 노출을 꺼리는 것과 대조적이다. 그는 나스랄라가 지난 9월 사망한 뒤에는 행동대장을 맡아 사실상 조직을 이끌어 왔는데, 나스랄라 사후에는 3차례 TV 연설에 나서기도 했다.

⬤ 아부 모하메드 알줄라니(Abu Mohammad al-Julani)

시리아 반군의 주축인 이슬람 무장단체 하야트 타흐리르 알샴(HTS·Hayat Tahrir al-Sham)의 수장(42). HTS가 12월 8일 시리아 수도 다마스쿠스를 장악하며 내전 승리를 선언, 13년간 9개월간 이어졌던 시리아 내전이 종식됨과 동시에 알아사드 일가의 53년 철권통치도 막을 내렸다. 1982년 사우디아라비아 리야드의 시리아인 가정에서 태어났으며, 본명은 「아흐메드 후세인 알샤라」다. 그의 아버지는 시리아의 아랍민족주의 학생 운동가 출신으로, 알아사드 정권의 탄압을 피해 이라크로 건너가 대학을 졸업했고 이후 사우디로 망명한 것으로 알려져 있다. 그의 가족은 1989년 시리아로 이주했는데, 그는 다마스쿠스대학교에 다니던 2003년 이라크로 건너간 뒤 테러조직 알카에다에 입단했다. 이후 2006년 미군에 체포돼 5년간 투옥 생활을 한 그는 2011년 시리아 내전 발발 이후 시리아로 돌아와 알카에다 지부인 「알누스라 전선」을 수립했다. 알줄라니의 지도력하에 알누스라 전선은 가장 강력한 무장세력 중 하나로 부상했고, 이에 미국 정부는 2012년 12월 알누스라 전선을 공식 테러조직으로 지정한 뒤 알줄라니를 테러리스트 명단에 올려 1000만 달러(약 143억 원)의 현상금을 내걸었다.

알줄라니는 2016년에는 알카에다와 공식 결별하고 조직명을 「자바트 파테 알 샴(JFS, 시리아정복전선)」으로 변경했다. 그리고 2017년 2월 시리아 북서부 이들리브주를 거점으로 다른 무장단체들을 규합해 HTS를 결성했으며, 이후 IS와 친(親)알카에다 세력을 이들리브주에서 몰아낸 뒤 주민에게 치안과 복지를 제공하며 사실상 지방정부 기능을 수행했다. HTS는 비교적 온건 노선을 택해 시리아 북서부를 중심으로 세를 불렸고, 이에 알아사드 정권에 저항하는 시리아에서 가장 강력한 반군 단체가 됐다. 2020년 시리아 내전이 교착 상태에 빠진 이후 별다른 활동을 이어가지 않던 HTS는 러시아와 이란의 시리아 정부군 지원이 약화된 틈을 타 지난 11월부터 정부군을 향한 공습을 시작했다. 그리고 12월 8일 수도 다마스쿠스에 입성하면서 13년이 넘게 이어진 시리아 내전은 반군의 승리로 끝이 났다.

⬤ 올라프 숄츠(Olaf Scholz)

독일 총리(67). 숄츠 총리가 12월 16일 독일 연방의회에서 불신임되면서 2025년 9월로 예정됐던 총선이 2월 23일로 앞당겨 치러질 예정이다. 숄츠는 2021년 12월 총리로 취임했는데, 경제 정책을 두고 갈등을 빚어 온 자민당 소속 크리스티안 린드너 재무장관을 11월 해임하고 FDP가 연정을 탈퇴하며 위기에 처하자, 신임투표와 조기 총선을 치르겠다고 밝힌 바 있다. 1958년 6월 독일 오스나브뤼크에서 태어났으며, 고등학생 때인 1975년 사회민주당(사민당)에 가입해 산하 청년조직인 「유조스」에서 활동했다. 1978년 함부르크대 법학과에 입학했고 1985년부터 노동전문 변호사로 10년이 넘게 활동했다. 그러다 1998년 연방의회 의원이 되면서 정치에 입문했고, 앙겔라 메르켈 전 총리가 처음 집권했던 2007~2009년 사민당(SPD) 몫으로 배정된 노동사회부 장관을 맡았다. 이후 2009년 사민당이 연정에서 나오면서 해당 직에서 물러났고, 2011년부터 7년간은 함부르크 시장을 지냈다. 2009~2019년까지는 사민당 부대표를 맡았으며, 2018년 3월부터 2021년 총리 취임 직전까지는 메르켈 4기 내각에서 부총리 겸 재무장관을 맡아 코로나19 극복을 위한 재정투입 확대 등을 주도했다. 그리고 2021년 9월 치러진 독일 총선에서 사민당의 제1당 승리를 이끌었으며, 11월에는 녹색당·자유민주당과의 연정 합의를 이루면서 신호등 연정 구성에 성공했다. 「신호등 연정」은 각 정당의 상징색(SPD는 빨강, FDP는 노랑, 녹색당은 초록)에 따라 붙여진 명칭으로, 독일에서 3개 이상의 정당이 연정을 구성하는 것은 1953년 이후 68년 만에 처음 있는 일이었다. 숄츠는 2021년 12월 8일 열린 독일 연방 하원 표결에서 독일 제9대 총리로 선출되며 취임했으며, 이로써 빌리 브란트·헬무트 슈미트·게르하르트 슈뢰더 총리 이후 네 번째로 사민당 소속 총리가 됐다. 숄츠의 취임으로 메르켈 전 총리의 16년 집권이 종료됐으며, 16년 만에 기민·기사연합(CDU/CSU)의 중도우파에서 사민당의 중도좌파로 정권 교체가 이뤄진 바 있다.

◯ 셀레스트 카에이루(Celeste Caeiro)

1933~2024. 1974년 포르투갈에서 독재정권에 맞서 혁명을 일으킨 군인들에게 붉은 카네이션을 나눠줘 「카네이션 혁명」이라는 이름을 역사에 남게 한 인물로, 11월 15일 별세했다. 향년 91세.
1933년 포르투갈 리스본에서 태어났으며, 만 한 살이 되던 무렵 아버지를 여의고 보육원에서 자랐다. 성인이 된 후 홀로 딸을 키우며 싱글맘으로 살아가던 그는 1974년 4월 25일 포르투갈 독재정권에 반발하는 혁명이 일어날 당시 리스본 시내의 한 식당에서 일하고 있었다. 특히 이날은 고인이 일하던 식당의 개업 1주년이기도 했는데, 이에 사장은 직원들에게 선물할 카네이션을 대량으로 준비했다가 혁명 소식이 들리자 기

념일 행사를 취소했다. 당시 포르투갈에서는 독재 정권에 대한 불만이 넘치고 있었고, 이에 리스본 시민들은 정권 타도에 나선 군인들에게 열렬한 지지를 보냈다. 당시 출근했다가 카네이션을 들고 귀가하던 고인도 이러한 군중 행렬 속에 있었는데, 이때 한 군인이 그녀에게 다가와 담배를 청했다. 하지만 담배가 없던 그녀는 담배 대신 갖고 있던 카네이션 한 송이를 건넸고, 군인은 웃으며 꽃을 받아 소총 총구에 꽂았다. 그러자 주변에 있던 군인들도 고인에게 손을 내밀어 꽃을 받으면서 거리는 붉은 카네이션들로 가득해졌다. 당시 혁명 과정에서 정부 측 경찰 발포로 4명의 사망자가 발생했으나 혁명군에 의한 사상자는 한 명도 나오지 않았고, 당시 카네이션을 꽂은 혁명군의 모습이 주목을 받으면서 이날 혁명에는 「카네이션 혁명」이라는 이름이 붙게 됐다. 그리고 이날 혁명의 결과로 포르투갈에서는 살라자르부터 이어져 온 제2공화국 정부가 무너졌으며 포르투갈 역사상 최초의 자유선거로 선출된 민주 정권이 들어서게 됐다. 한편, 혁명 이후 누가 군인들의 총구에 카네이션을 꽂기 시작했는지에 대한 관심이 집중됐고, 여러 언론사들의 취재로 카에이루의 이야기가 세상에 알려지게 되었다. 이에 그녀는 「카네이션 여인」으로 불리며 평화 혁명의 상징으로 떠올랐고, 지난 5월에는 리스본 시의회의 명예훈장을 받기도 했다.

◯ 오희옥(吳姬玉)

1926~2024. 일제강점기 한국광복군 등에서 활동했던 애국지사로, 11월 17일 별세했다. 향년 98세.
1926년 5월 7일 중국 길림성에서 독립유공자인 부친 오광선(독립장), 모친 정현숙(애족장)의 딸로 태어났다. 고인의 집안은 조부 때부터 3대가 독립 운동에 헌신해 왔는데, 명포수로 알려진 조부 오인수는 의병장으로 활약했으며, 부친 오광선 장군은 1915년 만주로 건너가 대한독립

군단 중대장·신흥무관학교 교관 등으로 활동했다. 또 어머니 정현숙 여사는 만주 일대에서 독립군의 비밀 연락 임무를 맡았으며, 오 지사의 언니인 오희영 선생(건국훈장 애족장) 역시 광복군 출신이고, 형부 신송식은 한국광복군 총사령부 참령을 지냈다. 고인은 13세 때인 1939년 4월 중국 류저우(柳州)에서 한국광복진선 청년공작대에 입대해 일본군 정보수집과 공작원 모집 등의 활동을 전개했다. 당시 고인은 중국을 돌아다니며 일제의 만행을 알리는 것은 물론, 일본에 강제로 끌려간 한국인 청년들을 탈출시키는 임무 등을 맡았다. 그러다 1941년 1월 광복군 제5지대에 편입됐으며, 이후 한국독립당 당원으로 활동했다. 광복 이후인 1954년 경기 용인 원삼국민학교(현 초등학교)를 시작으로 교단에 선 고인은 1991년 퇴직할 때까지 자신의 독립운동 사실을 알리지 않았는데, 1990년 광복 이후 45년 만에 건국훈장 애족장을 받으면서 그 사실이 알려진 바 있다. 특히 오 지사는 2017년 8월 15일 열린 제72주년 광복절 경축식에서 〈애국가〉를 부르기도 했는데, 이 애국가는 일제강점기 시절 독립운동가들이 주로 부르던 스코틀랜드 민요 〈올드 랭 사인〉에 가사를 붙인 것이어서 많은 여운을 남긴 바 있다. 당시 고인은 〈올드 랭 사인〉 곡조에 맞춰 애국가 1절을 부른 뒤 군악대와 함께 현재의 애국가(안익태 작곡)를 4절까지 다시 불렀다.

한편, 오 지사는 2021년 독립운동가 민영주 지사가 작고한 뒤 유일한 생존 여성 애국지사였는데, 11월 17일 오 지사의 별세로 생존 애국지사는 국내 4명·국외 1명으로 총 5명(강태선, 김영관, 이석규, 오성규, 이하전)만 남게 됐다. 정부는 올해부터 생존 애국지사들의 조국 독립에 대한 공로를 기리고 국민적 추모를 담은 예우를 다하기 위해 생존 애국지사가 별세하면 「사회장(社會葬)」을 지원하고 있다. 이에 오 지사는 11월 20일 발인 후 국립서울현충원 현충관에서 사회장 영결식을 거행한 뒤 현충원 충혼당에 안장됐다.

◉ 최재욱(崔在旭)

1940~2024. 1983년 북한의 아웅산 폭탄테러 당시 구사일생으로 목숨을 건졌던 전 환경부 장관이자 국회의원으로, 11월 7일 별세했다. 향년 84세.

1940년 10월 1일 경북 고령에서 태어났으며, 경북고와 영남대 법학과를 졸업한 뒤 동아일보 기자로 일했다. 1980년 전두환(1931~2021) 대통령 때 대통령 공보비서관으로 임명된 그는 1983년 10월 전 대통령의 동남아 순방에 동행했는데, 이때 미얀마 아웅산 묘소 폭탄테러가 발생했다. 당시 이 테러로 한국 측 수행원 13명과 이중현 동아일보 사진기자 등 모두 17명이 사망했는데, 이기백(1931~2019) 당시 합참의장과 고인만이 생존했다. 고인은 지난 2019년 이기백 씨가 별세한 뒤 당시 테러 현장에 있던 공식 수행원 중 마지막 생존자였다. 1986~1987년 경향신문 사장을 지낸 고인은 1988년 제13대 총선에서 민주정의당 전국구 국회의원이 됐고, 1992년 제14대 총선에서는 민주자유당 후보로 대구 달서을에 출마해 당선됐다. 이후 1998~1999년에는 환경부 장관을, 2000년 1월에는 국무조정실장을 역임했다. 생전 한국신문상(1972), 세네갈 정부 녹십자훈장(1982), 홍조근정훈장(1985), 국민훈장 모란장(1987) 등을 받았다.

> **아웅산 테러사건** 북한이 1983년 10월 9일 당시 버마(현 미얀마)를 방문 중이던 전두환 대통령 및 수행원들을 대상으로 자행한 테러를 말한다. 당시 전 대통령의 서남아·대양주 6개국 공식순방 첫 방문국인 버마의 아웅산 묘소에서 일어난 강력한 폭발로 인해 대통령의 공식·비공식 수행원 17명이 사망하고, 14명이 중경상을 입었다. 사건 수사 결과 북한 김정일의 친필 지령을 받은 북한군 정찰국 특공대 소속 3명이 자행한 것으로 밝혀졌으며, 수사 결과 발표 직후 버마 정부는 북한과의 외교 관계를 단절하고 버마 주재 북한 대사관 요원들에 출국 명령을 내렸다. 그리고 그해 12월 9일 양곤지구 인민법원 제8특별재판부는 테러범들에 대해 사형 선고를 내렸다.

◉ 이의경(李儀景, 필명 이미륵)

1899~1950. 소설 《압록강은 흐른다》의 저자이자 독립유공자로, 국가보훈부가 11월 12일 독일에 안장된 이의경 지사의 유해가 16일 인천국제공항에 도착한다고 밝혔다. 이 지사 유해는 입국장에서 유해 봉환식을 거행한 후 순국선열의 날인 11월 17일 국립대전현충원에 안장됐다. 1899년 3월 8일 황해도 해주에서 태어났으며, 경성의전 3학년 재학 중 3·1운동에 참여했다. 그리고 그해 5월 독립외교 활동을 위해 대한민국청년외교단이 결성되자 편집부장으로 활동했다. 이후 8월 29일 만세 시위 때 사용된 「경술국치 경고문」 등 선전물 인쇄를 맡았다가 일제에 수배되자 중국 상하이로 망명해 임시정부 일을 도왔다. 그리고 1920년 일제의 감시를 피해 프랑스를 거쳐 독일로 망명했으며, 이후 하이델베르크대에서 의학, 뮌헨대에서 철학 및 동물학을 전공했다. 1927년 뮌헨대학 재학 중에는 벨기에에서 개최된 「세계피압박민족결의대회」에 한국대표단으로 참가해 〈한국의 문제〉라는 소책자의 초안을 작성하고 결의문을 독일어 등으로 번역하기도 했다. 1928년 뮌헨대에서 박사 학위를 받은 고인은 1946년 유년 시절부터 독일 유학에 이르는 체험을 담은 자전소설 《압록강은 흐른다》로 당시 「독일어로 발간된 서적 중 가장 훌륭한 책」이라는 찬사를 받기도 했다. 이 소설은 최우수 독문소설로 선정됐으며, 한때 독일 중고교 교과서에 실리기도 했다. 그는 뮌헨대 동양학부에서 한학 및 한국학을 가르치다가 1950년 3월 20일 타계, 뮌헨 인근 그래펠핑 묘지에 안장된 바 있다.

◉ 퀸시 존스(Quincy Jones)

1933~2024. 미국 대중음악계의 살아있는 전설로 불린 인물로, 11월 3일 별세했다. 향년 91세. 1933년 미국 시카고에서 태어난 그는 부모의 이혼 뒤 아버지와 함께 워싱턴주로 이사했다.

그리고 14세 때 시애틀의 클럽에서 전설적 음악가 레이 찰스의 밴드에 들어가 트럼펫을 연주하면서 음악가로서의 삶을 시작했다. 1950년대부터 클리포드 브라운, 듀크 엘링턴 등 유명 재즈 아티스트의 앨범을 작업하며 프로듀서로서의 명성을 쌓았으며, 1980년대부터는 자신의 독자적 레이블인 「퀘스트 레코드」를 설립해 뮤지컬·영화음악·TV 프로그램 제작 등 다방면에서 활약했다. 1985년에는 스티븐 스필버그와 영화 〈컬러 퍼플〉을 공동 제작해 성공을 거뒀고, 이를 기반으로 1990년 영화·TV 프로그램 제작사 「퀸시 존스 엔터테인먼트」를 설립했다. 또 미디어 회사인 「퀘스트 방송」을 세웠고, 1993년에는 미국 잡지 《타임》과 협력해 흑인음악 잡지인 《바이브》를 창간하기도 했다. 무엇보다도 그의 생애에서는 「팝의 황제」 마이클 잭슨을 빼놓을 수 없는데, 그는 잭슨의 명반으로 꼽히는 〈오프 더 월〉, 〈스릴러〉, 〈배드〉 등을 프로듀싱했다. 특히 「빌리 진」 등이 포함된 스릴러 앨범은 전 세계적으로 1억 1000만 장 이상의 판매량을 기록했다. 1985년에는 아프리카 기근 구제를 위한 노래 「위 아 더 월드」가 포함된 〈유에스에이 포 아프리카〉 녹음을 총괄하기도 했는데, 이는 전 세계적으로 1400만 장의 판매고를 기록하는 등 전 세계 음악차트를 휩쓸었다. 이에 고인은 비욘세와 제이 지에 이어 3번째로 많은 80번의 그래미상 후보에 올라 28번의 수상의 영예를 안는 등 20세기를 대표하는 다재다능한 음악 프로듀서이자 작곡가, TV 프로그램 제작자로 불렸다. 또 흑인 노예와 그 후예의 삶을 그린 〈뿌리〉로 에미상을 수상했으며, 두 차례나 아카데미 명예상을 받기도 했다.

◉ 김수미(金守美)

1949~2024. 드라마 〈전원일기〉의 「일용 엄니」 역 등으로 전 국민적인 사랑을 받은 배우로, 10월 25일 별세했다. 향년 75세.

1949년 10월 24일 전북 군산에서 태어났으며, 1971년 MBC 3기 공채 탤런트로 연예계에 데뷔했다. 그러다 1980년부터 방영된 MBC 농촌 드라마 〈전원일기〉에서 32세의 나이로 시골 할머니인 일용엄니 역할을 맡으며 큰 인기를 모았다. 그는 이 작품과 〈남자의 계절〉(1985)로 1986년 MBC 연기대상을 수상했다. 이어 〈젊은이의 양지〉(1995), 〈파랑새는 있다〉(1997), 〈발리에서 생긴 일〉(2004), 〈안녕, 프란체스카〉(2005), 〈황후의 품격〉(2019) 등 다수의 드라마에 출연했다. 또 〈마파도 1·2〉(2005), 〈맨발의 기봉이〉(2006), 〈위험한 상견례 1·2〉(2011, 2015) 등 다양한 영화에도 출연했는데, 특히 다수 작품에서 맛깔나는 욕설 연기의 대가로 주목받았다. 여기에 자신의 요리 노하우를 선보인 예능 프로그램 〈수미네 반찬〉으로 화제를 모으기도 했다. 고인은 지난 5월 피로 누적으로 입원해 활동을 중단한 바 있는데, 입원 직전까지도 뮤지컬 〈친정엄마〉를 비롯해 예능 프로그램인 〈회장님네 사람들〉, 〈사장님 귀는 당나귀 귀〉 등을 통해 시청자들을 만나왔다.

◎ 다니카와 슌타로(谷川俊太郎)

1931~2024. 생전 60여 권의 시집을 내며 일본의 인기 애니메이션 〈철완 아톰〉의 주제가 등을 작사하기도 한 일본의 국민 시인으로, 11월 13일 별세했다. 향년 92세.

1931년 일본 도쿄에서 태어났으며, 그의 아버지는 일본 호세이대 총장을 지낸 유명 철학자인 다니카와 테츠조이다. 1951년 시인 미요시 타츠지의 추천으로 시를 발표하며 등단한 그는 이듬해인 1952년 고등학교 때부터 쓴 작품을 모아 첫 시집 《20억 광년의 고독》을 출간했다. 이 시집에 수록된 시들은 전후 암울한 분위기와는 대비되는 서정적이고 희망적인 메시지를 전하며 큰 반향을 일으켰고, 이에 그는 전후 일본을 대표하는 시인으로 이름을 알리게 됐

다. 그는 등단 이후 60여 권의 시집을 내는 등 왕성한 작품 활동을 펼쳤는데, 1968년 발표한 〈아침 릴레이〉의 경우 일본 국어 교과서에 수록됐고, 다수의 시집이 한국어와 영어를 비롯한 20개 이상 언어로 번역됐다. 특히 그는 시뿐 아니라 일본의 전설적인 만화가 데즈카 오사무가 그린 〈철완 아톰〉(한국 제목은 우주소년 아톰)의 일본 TV 애니메이션 주제가를 작사한 것으로도 유명하며, 미야자키 하야오의 애니메이션 〈하울의 움직이는 성〉의 주제가도 작사했다. 여기에 라디오 드라마 시나리오나 희곡도 집필했으며 「스누피」 캐릭터로 유명한 미국 작가 찰스 슐츠의 만화 〈피너츠〉 등도 번역하는 등 시인·각본가·번역가·작사가 등으로 폭넓게 활동했다. 아울러 1962년에는 「월화수목금토일의 노래(月火水木金土日の歌)」로 일본 레코드 대상 작사상을 수상했으며, 1975년에는 영국 동요집을 일본어로 번역한 「마더 구스(엄마 거위)의 노래」로 일본 번역문화상을 받기도 했다. 한편, 고인은 시인 김지하가 1974년 민청학련 사건에 연루돼 사형 구형을 받았을 때 세계 유명 지식인들과 함께 구명운동에 나서는 등 한국과도 인연을 맺었다. 또 2015년에는 한국 대표 시인 신경림(1936~2024)과 함께 쓴 시집 《모두 별이 되어 내 몸에 들어왔다》를 한일 양국에서 출간하기도 했다.

◎ 나카야마 미호(Nakayama Miho)

1970~2024. 영화 〈러브레터〉 등에 출연한 일본의 가수이자 배우로, 12월 6일 도쿄 시부야구에 있는 자택 욕실에서 숨진 채 발견되면서 세상을 떠났다. 이후 경찰의 사인 조사가 진행됐는데, 고인의 소속 연예기획사 빅애플은 12월 8일 고인의 사인은 목욕 중에 일어난 불의의 사고 때문인 것으로 판명됐다고 밝혔다.

1970년 3월 1일에 태어났으며, 1985년 싱글 「C」를 발표하며 가수로 데뷔해 그해 일본 레코

드대상 최우수 신인상을 수상했다. 아이돌 가수로서 「미포린(ミポリン)」이라는 애칭으로 불린 그녀는 일본 최고 권위의 연말 가요축제인 NHK 홍백가합전에 7년 연속 출연하고 1980년대 말에는 일본 여자아이돌 4대 천왕으로 불릴 정도로 큰 인기를 누렸다. 그러다 1985년 드라마 〈매번 불러드립니다〉에 출연하며 배우로서도 큰 인기를 얻었는데, 특히 1995년 이와이 순지 감독의 〈러브레터〉에서 1인 2역 연기를 선보이며 주목받았다. 이 영화는 홋카이도 설원에서 주인공이 외치는 「오겡끼데스까, 와타시와 겡끼데스(お元気ですか?, 私は元気です·잘 지내나요? 전 잘 지내요)」라는 대사로 잘 알려져 있다. 이 영화는 국내 개봉 당시에도 140만 명을 동원하며 많은 인기를 얻었고, 이후에도 여러 차례 재개봉한 바 있다. 그녀는 2002년 뮤지션 겸 소설가인 츠지 히토나리와 결혼했으나, 2014년 이혼했다. 결혼 후에 프랑스 파리로 이주하며 연예 활동을 중단했던 그녀는 2010년 영화 〈사요나라 이츠카〉로 복귀한 바 있다.

◉ 마이크 타이슨(Mike Tyson)

미국 출신의 프로권투 선수(58). 20세에 역대 최연소 헤비급 챔피언에 오른 뒤 WBC·WBA·IBF 3개 기구의 통합 챔피언까지 차지했던 마이크 타이슨이 11월 15일 미국 텍사스주 알링턴 AT&T 스타디움에서 열린 제이크 폴(27)과의 프로복싱 헤비급 경기를 통해 은퇴 19년 만에 복귀했다. 이날 경기는 프로복싱 정식 경기로 인정받기는 했으나, 3분 12라운드로 치르는 일반 경기와 달리 고령인 타이슨을 배려해 2분 8라운드로 열렸으며, 경기 결과 타이슨이 0-3으로 판정패했다. 이로써 50승 6패였던 타이슨의 전적은 50승 7패가 됐다.
1966년 6월 30일 뉴욕 브루클린의 빈민가에서 태어났으며, 1985년 18세의 나이로 프로복싱에 데뷔했다. 그는 프로 데뷔 1년 만에 19연속 KO승이라는 놀라운 기록을 작성했고, 1986년

11월에는 세계복싱평의회(WBC) 헤비급 타이틀전에서 최연소 헤비급 세계챔피언(20살 4개월 22일)이 됐다. 그리고 다음 해인 1987년 3월 세계복싱협회(WBA) 타이틀까지 차지하면서 두 단체의 타이틀을 통합했으며, 1987년 8월에는 국제권투연맹(IBF) 왕좌까지 휩쓸면서 가장 권위 있는 3개 복싱단체의 타이틀 통합을 이룩했다. 그러나 1990년 2월 11일 제임스 더글러스에게 KO로 무너지며 통합 타이틀 7차 방어에 실패한 이후부터는 하락세로 접어들었다. 여기에 1991년 7월에는 강간 혐의로 기소돼 3년간 복역한 뒤 1995년 3월 가석방되는 등 사생활에서도 큰 논란을 일으켰다. 하지만 그는 가석방 이후인 1996년 3월 WBC 타이틀을 차지하면서 6년 만에 세계 왕좌에 복귀했고, 같은 해 9월에는 WBA 타이틀까지 따내면서 두 단체의 타이틀을 또다시 통합했다. 그러나 그해 11월 WBA 타이틀을 걸고 대결한 홀리필드에게 11회 TKO패를 당했다. 이후 1997년 6월 홀리필드에게 다시 도전했으나 경기 도중 상대선수의 귀를 물어뜯으면서 선수 자격 정지를 당했고, 2002년 6월에는 WBC 및 IBF 헤비급 통합 타이틀매치에서 레녹스 루이스(영국)에 8회 KO패로 패했다. 이후 2004년 대니 윌리엄스전과 2005년 케빈 맥브라이드전에서 패배하며 결국 프로복싱에서 은퇴했다.

◉ 후안 소토(Juan Soto)

미국 메이저리그(MLB)에서 활약하고 있는 외야수(26). MLB닷컴은 12월 9일 소토가 15년 7억 6500만 달러(약 1조 1000억 원)라는 기록적인 금액에 뉴욕 메츠와 입단 합의를 마쳤다고 전했다. 단일계약을 기준으로 1조 원이 넘는 규모의 초대형 계약이 성사된 것은 전 세계 프로 스포츠를 통틀어 처음 있는 일이다.
1998년 도미니카공화국 산토도밍고에서 태어났으며, 17세이던 2015년 워싱턴과 150만 달러에 마이너리그 계약을 맺었다. 2018년 19세

의 나이에 워싱턴 내셔널스에서 빅리그 데뷔를 이뤘고, 2022시즌 도중 샌디에이고로 트레이드된 데 이어 올 시즌을 앞둔 2023년 12월 뉴욕 양키스로 이적했다. 그는 올해 양키스에서 157경기에 출전해 타율 0.288, 41홈런, 109타점, OPS 0.988로 맹활약을 펼치며 팀의 월드시리즈 진출에 기여했다. 여기에 리그 최우수선수(MVP) 투표에서 톱10에 5차례나 이름을 올렸고, 포지션별 최고 타자가 받는 실버슬러거도 5차례 수상했다. 이에 올해 FA시장에서는 소토를 잡기 위한 치열한 영입전이 전개됐는데, 메츠와 양키스 외에도 LA다저스·보스턴·토론토 등이 그의 영입에 뛰어든 바 있다.

◻ 지미 카터(Jimmy Carter)

1924~2024. 미국의 제39대(1977~1981년 재임) 대통령이자 2002년 노벨평화상 수상자. 지난 2022년 10월 98번째 생일을 맞으면서 역대 미국 대통령 중 최장수 기록을 세웠던 카터 전 대통령이 12월 29일 호스피스 돌봄을 받던 중 별세했다. 향년 100세.
1924년 10월 1일 미국 조지아주에서 태어났으며, 1963년 민주당 소속으로 조지아주 상원의원에 선출됐다. 1970년에는 조지아 주지사가 된 뒤 1976년 11월 대선에 민주당 후보로 출마해 현직 대통령이던 제럴드 포드를 누르고 대통령에 당선됐다. 그는 재임 중인 1977년 파나마와의 조약을 통해 1999년까지 파나마 운하의 통제권을 행사하게 됐으며, 1979년 1월 1일에는 중국과의 국교를 정상화했다. 1978년에는 당시 이집트의 사다트 대통령과 이스라엘의 베긴 총리를 캠프데이비드 별장으로 회동시켜 「캠프 데이비드 협정」을 중재하는 성과를 이뤄냈다. 하지만 1979년 11월 이란의 미국 대사관 인질사건 당시 비밀리에 인질구출작전을 감행하다가 이 작전이 실패하면서 큰 비난을 받았다. 결국 그는 이 작전의 실패와 국내 경제 문제 등으로 인해 1980년 말 치러진 대선에서 공화당의 로널드 레이건에 패하며 재선에 실패했다. 하지만 그는 퇴임 후 세계 평화의 전도사로 국제사회의 평화와 안정회복에 크게 기여하며 가장 훌륭한 전직 대통령이라는 평가를 받았다. 그는 1982년 고향인 조지아주 애틀랜타로 돌아가 에모리대학 내에 카터센터를 설립, ▷분쟁종식 ▷민주주의 실천 ▷인권보호 ▷질병 및 기아 퇴치 등을 전개했다. 또한 한반도 핵 위기가 최고조에 달했던 1994년 6월에는 평양과 서울을 오가며 남북정상회담을 주선하기도 했다. 특히 2002년 5월에는 전·현직 미 대통령으로는 처음으로 쿠바를 방문했으며, 그해 국제분쟁 중재와 인권 신장에 기여한 공로가 인정되어 노벨평화상을 수상했다.

◻ 올리비아 허시(Olivia Hussey)

영화 〈로미오와 줄리엣〉으로 유명한 아르헨티나 출신의 영국 배우로, 12월 27일 타계했다. 향년 73세.
1951년 아르헨티나 부에노스아이레스에서 태어났으며 이후 영국으로 이주해 배우 활동을 시작했다. 1964년 영화 〈더 크런치〉로 데뷔했으며, 특히 1968년 프랑코 제피렐리 감독의 〈로미오와 줄리엣〉을 통해 전 세계적인 인기를 누렸다. 15세 때 이 작품에 출연한 허시는 이듬해인 1969년 골든글로브 신인상을 비롯해 이탈리아 다비드 디 도나텔로 황금접시상을 수상했다. 이후에도 공포영화의 고전으로 꼽히는 〈블랙 크리스마스〉를 비롯해 〈나일강의 죽음〉, 〈마더 테레사〉 등에 출연하며 꾸준히 배우 활동을 이어갔다. 고인은 71세 때인 2022년에는 〈로미오와 줄리엣〉의 상대역이었던 레너드 위팅과 함께 성학대·성희롱·사기 등의 혐의로 영화사 파라마운트픽처스를 고소했으나 이듬해 기각되기도 했다. 한편 고인은 세 자녀를 두고 있는데, 딸 인디아 아이슬리도 배우로 활동하고 있다.

TEST ZONE ···

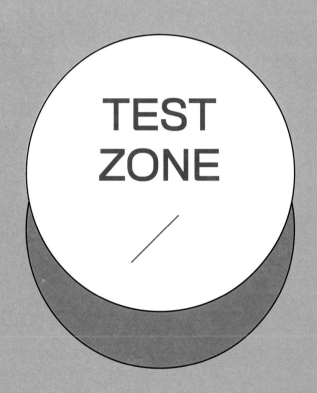

TEST
ZONE

최신 기출문제(대전 공공기관 통합채용 공무직)

실전테스트 100 / 한국사능력테스트 / 국어능력테스트

대전 공공기관 통합채용 공무직

2024. 11. 10

●○ 다음 물음에 알맞은 답을 고르시오. [1~17]

01 다음 중 합성어에 해당하지 않는 것은?

① 눈곱 　　　② 맨눈
③ 눈동자 　　④ 눈물

02 밑줄 친 부분의 맞춤법이 바르지 못한 것은?

① 함께든지 혼자서든지 완성했다면 된 거야.
② 이 길은 여기서 두 갈래 길로 나뉜다.
③ 겉잡아서 이틀은 걸릴 것으로 보인다.
④ 좀 느긋히 할 수는 없니?

03 「제 논에 물 대기」라는 속담과 통하는 한자성어는?

① 아전인수(我田引水)
② 결자해지(結者解之)
③ 교각살우(矯角殺牛)
④ 고장난명(孤掌難鳴)

04 다음 중 고구려 때의 수도가 아닌 곳은?

① 졸본 　　　② 국내성
③ 위례성 　　④ 평양성

05 통일신라 시기에 대한 설명으로 바르지 못한 것은?

① 중앙통치 조직은 집사부(시중)의 기능을 강화했다.
② 국학을 설치해 인재를 양성했다.
③ 지방은 9주 5소경 제도로 중앙집권 체제를 강화했다.
④ 군사조직으로는 중앙군인 10정이 있었다.

06 다음 (　) 안에 들어갈 인물은?

> 동학농민운동은 조선 고종 31년(1894) 에 동학교도 (　)이/가 중심이 되어 일으킨 반봉건·반외세 운동을 말한다. 이는 1894년 3월 봉건체제 개혁을 위해 1차로 봉기하고, 같은 해 9월 일제의 침략으로부터 국권을 수호하기 위해 2차로 봉기한 항일무장투쟁이다.

① 최제우
② 최익현
③ 전봉준
④ 김옥균

07 광무개혁과 관련된 사실로 맞는 것을 고르면?

① 음력을 폐지하고 양력을 사용하도록 했으며, 소학교령을 공포했다.
② 중앙 관제를 의정부와 궁내부로 나누고, 종래의 6조를 8아문으로 개편했다.
③ 홍범 14조를 반포하고, 의정부를 내각으로 개편했다.
④ 원수부를 설치하고 장교 양성을 위한 무관학교를 설립했다.

08 다음이 설명하는 독립운동가는?

> 1931년 대한민국 임시정부의 백범 김구가 이끄는 한인애국단에 가입한 뒤 1932년 4월 29일 상하이 홍커우공원에서 열린 일본군의 상하이 점령 전승 경축식에서 일본의 수뇌부를 향해 폭탄을 던진 독립운동가이다. 그는 이 거사로 일본 군법회의에서 사형을 선고받았고, 1932년 12월 19일 24세의 나이로 순국했다.

① 이봉창　　② 윤봉길
③ 김좌진　　④ 안창호

01　② 맨눈은 어근(실질형태소)인 「눈」에 접두사 「맨−」이 결합된 파생어이다.

02　④ 「느긋이」가 맞는 표기다.

03　① 자기에게만 이롭게 되도록 생각하거나 행동함을 이르는 말
　　② 자기가 저지른 일은 자기가 해결해야 함을 이르는 말
　　③ 잘못된 점을 고치려다가 그 방법이나 정도가 지나쳐 오히려 일을 그르침을 이르는 말
　　④ 외손뼉만으로는 소리가 울리지 아니한다는 뜻으로, 혼자의 힘만으로는 어떤 일을 이루기 어려움을 이르는 말

04　고구려의 수도는 「졸본 → 국내성 → 환도성 → 평양성 → 장안성」으로 변천했다.
　　③ 위례성은 백제의 도성으로, 한성이라고도 한다. 그리고 위례성을 도읍으로 하던 시절의 백제를 「한성백제(漢城百濟)」라고도 한다.

05　④ 중앙군은 9서당이다. 9서당은 민족융합 정책의 일환으로 고구려, 백제, 말갈인도 포함한 군대였다. 지방군은 10정이 있었으며 9주에 1정씩 설치하고 한 주는 지역이 다른 곳보다 넓어 2정을 설치했다.

06　① 조선 후기 시천주(侍天主)의 교리를 중심으로 한 동학을 창시한 인물이다.
　　② 조선 말기의 애국지사로 위정척사론의 사상적 지주이자 실천적 활동가이다.
　　④ 우리나라 개화운동의 대표적 인물로, 갑신정변(甲申政變)을 주도했다. 갑신정변은 1884년(고종 21) 급진개화파가 청나라의 내정 간섭으로부터 자유로운 정치외교권 확보와 조선의 개화를 목표로 일으킨 정변을 말한다.

07　① 을미개혁(1895) ② 1차 갑오개혁(1894년 7월) ③ 2차 갑오개혁(1894년 12월)

08　① 1932년 1월 8일 일왕에게 수류탄을 투척한 독립운동가
　　③ 북로군정서를 이끌고 청산리 대첩을 승리로 이끈 독립운동가
　　④ 신민회 조직, 대성학교 설립 등 민족교육운동을 펼친 독립운동가이자 교육가

1. ② 2. ④ 3. ① 4. ③ 5. ④ 6. ③ 7. ④ 8. ②

09 파종기·수확기 등 계절성이 있어 단기간·집중적으로 일손이 필요한 농·어업 분야에서 합법적으로 외국인을 고용할 수 있도록 한 「외국인 계절근로자」의 최대 체류 기한은?

① 6개월   ② 8개월
③ 9개월   ④ 10개월

10 인공지능(AI)이 빅데이터 분석을 바탕으로 일상 언어로 사람과 대화를 하며 해답을 주는 대화형 메신저를 무엇이라 하는가?

① 챗봇   ② 핀테크
③ 블록체인   ④ 딥러닝

11 식사 직전 위장에서 분비돼 허기를 느끼게 하는 호르몬으로, 「공복 호르몬」이라고도 하는 것은?

① 인슐린   ② 도파민
③ 그렐린   ④ 랩틴

12 다음 중 베토벤이 작곡한 교향곡이 아닌 것은?

① 영웅   ② 전원
③ 합창   ④ 주피터

13 영화 용어 「디졸브(Dissolve)」에 대한 바른 설명은?

① 영화의 한 프레임 내에서 배우와 세트 디자인의 고정된 배열을 묘사하는 것이다.
② 영화의 전개와는 무관하지만 관객들의 시선을 집중시켜 의문이나 혼란을 유발하는 장치를 말한다.
③ 한 화면이 사라짐과 동시에 다른 화면이 점차로 나타나는 장면 전환 기법을 말한다.
④ 영화나 드라마 등에서 진부한 장면이나 판에 박힌 대화, 상투적 줄거리, 전형적인 수법이나 표현을 말한다.

14 프로그램 개발 마지막 단계에서 프로그램의 오류를 발견하고 그 원인을 밝히는 작업 또는 그 프로그램을 무엇이라 하는가?

① 코딩
② 알고리즘
③ 프로그래밍
④ 디버깅

15 국제올림픽위원회(IOC)를 창설한 근대 올림픽의 창시자는?

① 줄 리메
② 로베르 게렝
③ 드미트리우스 비켈라스
④ 피에르 드 쿠베르탱

16 폐기물의 해양 투기 등을 막기 위한 해양 오염 방지협약은?

① 바젤협약
② 생물다양성협약
③ 런던협약
④ 람사르협약

17 현행 증여세 자녀 공제한도는 10년간 ( )만 원까지다. ( ) 안에 들어갈 숫자는?

① 3000
② 5000
③ 6000
④ 8000

※ 위 문제는 수험생들의 기억에 의해 재생된 것이므로, 실제 문제와 다소 다를 수 있습니다. 실제 시험에서는 총 20문항이 출제된 것으로 추정됩니다.

10 ② 금융과 IT의 융합을 통한 금융서비스 및 산업의 변화를 통칭하는 용어
③ 누구나 열람할 수 있는 장부에 거래 내역을 투명하게 기록하고, 여러 대의 컴퓨터에 이를 복제해 저장하는 분산형 데이터 저장기술
④ 컴퓨터가 스스로 외부 데이터를 조합, 분석하여 학습하는 기술

11 ① 이자에서 분비되어 우리 몸의 물질대사에 중요한 역할을 하는 단백질성 호르몬의 일종
② 혈압 조절, 중뇌에서의 정교한 운동 조절 등에 필요한 신경전달물질이자 호르몬
④ 위에 음식물이 차면서 그렐린의 분비가 줄어들게 되면 랩틴이라는 호르몬의 분비가 증가한다.

12 ④ 모차르트 교향곡 41번 다장조이다.
① 베토벤 교향곡 3번 ② 베토벤 교향곡 6번 ③ 베토벤 교향곡 9번

13 ① 미장센(Mise-en-scéne) ② 맥거핀(Macguffin) ④ 클리셰(Cliché)

14 ① 컴퓨터가 이해할 수 있는 언어인 코드를 입력해 기계들이 작동할 수 있게 하는 과정
② 어떠한 문제를 해결해 나가는 문제 해결 방법 혹은 계산 절차
③ 컴퓨터에 부여하는 명령을 만드는 작업

15 ① 국제축구연맹(FIFA) 3대 회장이자 월드컵의 창시자이다.
② FIFA 초대 회장
③ 국제올림픽위원회(IOC) 초대 위원장

16 ① 유해 폐기물의 국가 간 교역을 규제하는 국제협약
② 생물다양성의 보전, 생물자원의 지속가능한 이용, 생물자원을 이용하여 얻어지는 이익을 공정하고 공평하게 분배할 것을 목적으로 하는 국제협약
④ 습지의 보전과 현명한 이용을 촉구하는 국제협약

⚓ 9. ② 10. ① 11. ③ 12. ④ 13. ③ 14. ④ 15. ④ 16. ③ 17. ②

실전테스트 100

🔘 다음 물음에 알맞은 답을 고르시오. [1~70]

01 윤석열 대통령이 12월 3일 긴급담화를 통해 비상계엄을 선포했다가 국회의 해제 결의안 가결로 6시간 만에 사태가 종료되는 사상 초유의 일이 벌어졌다. 이와 관련, 계엄령에 대한 내용으로 바르지 못한 것은?

① 대통령이 계엄을 선포하거나 변경하고자 할 때에는 국무회의의 심의를 거쳐야 한다.

② 국회가 재적의원 과반수의 찬성으로 계엄 해제안을 가결한 경우 대통령은 지체 없이 계엄을 해제하고 이를 공고해야 한다.

③ 계엄령은 대통령의 고유 권한으로, 계엄 선포 시에는 헌법에 보장된 국민의 기본권을 제한할 수 있다.

④ 계엄사령관은 현역 장성급 장교 중에서 국방부 장관이 추천한 사람을 국무회의의 심의를 거쳐 대통령이 임명한다.

⑤ 국방부 장관 또는 법무부 장관은 비상계엄·경비계엄에 해당하는 사유가 발생한 경우 국무총리를 거쳐 대통령에게 계엄의 선포를 건의할 수 있다.

02 12·3 비상계엄 사태로 윤 대통령에 대한 내란죄 수사가 이어질 예정이다. 헌법 제84조에 따르면 대통령은 내란 또는 ( )의 죄를 범한 경우를 제외하고는 재직 중 형사상의 소추를 받지 않는데, ( )에 들어갈 용어는?

① 간첩 ② 외환
③ 소요 ④ 여적
⑤ 반란

03 국회가 12월 14일 윤석열 대통령 탄핵소추안을 가결시키면서 8년 만에 다시 탄핵 정국이 시작됐다. 이와 관련, 대통령 탄핵에 대한 설명으로 바르지 못한 것은?

① 대통령 탄핵소추안은 국회 재적의원 과반수의 발의로 이뤄진다.

② 탄핵소추안 보고 후 24~72시간 이내 표결이 이뤄져야 한다.

③ 대통령 탄핵안은 국회 재적의원 3분의 2 이상이 찬성해야 의결된다.

④ 탄핵소추안이 국회를 통과하면 탄핵 대상자의 직무는 정지된다.

⑤ 헌법재판소 재판관 9명 중 7명 이상이 찬성하면 탄핵이 인용된다.

04 ( ) 안에 들어갈 용어는?

> 도널드 트럼프 미국 대통령 당선인이 2기 행정부를 이끌 내각과 백악관 주요 인선을 마무리한 가운데, 특히 이번 인선에는 트럼프가 2016년 대선 당시 사용했던 구호인 ( )을/를 지지하는 4050세대의 젊은 정치인들이 대거 기용됐다. ( )은/는 「다시 미국을 위대하게」라는 뜻으로, 트럼프를 지지하는 강경파 공화당 의원이나 극렬 지지층을 일컫는 말로 사용되고 있다.

① 힐빌리
② 아메리카 퍼스트
③ 마가
④ 드릴 베이비 드릴
⑤ 트럼피즘

05 트럼프 당선인의 2025년 1월 취임을 앞두고 한반도에서는 북미정상회담 성사 여부가 초미의 관심사가 되고 있다. 현재 남북이 첨예한 갈등을 빚고 있다는 점에서 북한은 향후 미국과 직접 거래하며 남한은 배제시키는 「이 전략」을 취할 가능성이 높다는 전망인데, 무엇인가?

① 벼랑끝전술
② 통남봉북(通南封北)
③ 살라미전술
④ 통미봉남(通美封南)
⑤ 고난의 행군

01 ⑤ 국방부 장관 또는 행정안전부 장관(법무부 장관 X)은 비상계엄 및 경비계엄에 해당하는 사유가 발생한 경우 국무총리를 거쳐 대통령에게 계엄의 선포를 건의할 수 있다.

02 ② 헌법 84조에 따라 현직 대통령은 형사상 불소추특권이 있지만 내란·외환죄는 예외다.
④ 형법 제93조는 「적국과 합세해 대한민국에 항적한 행위」를 여적죄로 규정하고 있다. 이는 사형에 처해지는 무거운 죄목으로, 내란죄와 마찬가지로 실제 행위에 이르지 않은 예비나 음모·선동·선전행위까지 처벌한다.

03 ⑤ 탄핵 대상자의 최종 파면은 헌법재판소 재판관 9명 중 6명 이상이 찬성해야 이뤄진다.

04 ③ MAGA. 트럼프 당선인이 지난 2016년 대선에서 내걸었던 구호인 「다시 미국을 위대하게(Make America Great Again)」의 알파벳 앞 글자를 딴 용어다.
① 시골 지역에 거주하는 저학력 백인 육체노동자를 뜻하는 멸칭으로, 이들 대부분은 러스트벨트에 거주한다.
② 미국의 국익을 최우선으로 고려한다는 미국 우선주의를 말한다.
④ 트럼프는 이번 선거기간 내내 국내 석유와 셰일가스 시추 확대를 뜻하는 「드릴, 베이비, 드릴(Drill, baby, drill)」을 외쳐 왔으며, 이에 그의 취임 이후 친환경 정책의 대대적 후퇴가 전망되고 있다.

05 ① 북미 협상과정에서 북한이 취한 협상전술로, 협상을 막다른 상황으로 몰고 가 초강수를 두는 일종의 배수진을 말한다.
② 남한을 통하지 않고는 북한과 대화하지 않겠다는 미국의 전략을 말한다.
③ 하나의 과제를 여러 단계별로 세분화해 하나씩 해결해 나가는 협상전술의 한 방법으로, 얇게 썰어 먹는 이탈리아 소시지 「살라미(Salami)」에서 따온 말이다.
⑤ 북한이 1990년대 중후반 국제적 고립과 자연재해 등으로 극도의 경제적 어려움을 겪은 시기에 이를 극복하기 위해 제시한 구호이자, 이 시기 북한에서 수십 만명이 아사한 사건을 가리킨다.

1. ⑤ 2. ② 3. ⑤ 4. ③ 5. ④

06 조 바이든 미국 대통령이 11월 17일 우크라이나에 「에이태큼스(ATACMS)」를 이용한 러시아 본토 타격을 허가했다. 이와 관련, 에이태큼스에 대한 설명으로 바르지 못한 것은?

① 하이마스 등 다연장로켓 플랫폼을 활용하는 장거리 지대지탄도미사일이다.
② 노스롭 그루먼에 의해 제조됐다.
③ 1991년 걸프전 때 처음 실전에 사용됐다.
④ 고체 연료가 사용되며, 최대 사정거리는 300km이다.
⑤ 위성항법장치(GPS) 유도로 목표물을 정밀 타격할 수 있다.

08 ( ) 안에 들어갈 용어로 바른 것은?

조 바이든 미국 대통령이 12월 1일 불법 총기 소지 및 탈세 혐의로 재판을 받고 있던 차남 헌터 바이든을 사면해 논란이 되고 있다. 이에 도널드 트럼프 대통령 당선인은 사법권 남용이라고 비판했으나, 트럼프 역시 최근 2기 행정부 내각을 구성하면서 사돈을 잇따라 고위직에 내정하며 논란을 일으키고 있다. 이에 현지에서는 전현직 미국 대통령의 ( )(이)라는 지적이 나오고 있는데, ( )은/는 자신의 친척에게 관직을 주거나 측근으로 두는 친족 중용주의 혹은 족벌주의를 일컫는다.

① 요다이즘(Yodaism)
② 에코이즘(Echoism)
③ 카파이즘(Capaism)
④ 아나키즘(Anarchism)
⑤ 네포티즘(Nepotism)

07 우크라이나군이 11월 21일 영국에서 지원받은 공대지순항미사일 「스톰섀도(Storm Shadow)」를 이 지역에 발사했다. 이 지역은 지난 8월 우크라이나가 기습 공격으로 점령한 러시아 영토로, 러시아에 파병된 북한군이 주둔하고 있는 것으로 알려져 있다. 어디인가?

① 헤르손
② 하르키우
③ 돈바스
④ 쿠르스크
⑤ 자포리자

09 프랑스 하원이 12월 4일 미셸 바르니에 정부에 대한 불신임안을 가결하면서 바르니에 정부의 총사퇴가 이뤄졌다. 프랑스 정부가 하원의 불신임안으로 해산된 것은 1962년 ( ) 정부 이후 62년 만인데, ( ) 안에 들어갈 인물은?

① 자크 시라크
② 조르주 퐁피두
③ 프랑수아 미테랑
④ 리오넬 조스팽
⑤ 미셸 드브레

10 11월 3일 친유럽과 친러시아 진영의 대결로 치러진 「이 나라」의 대선 결선에서 친유럽 성향의 마이아 산두 현 대통령이 승리했다. 이 나라는 앞서 10월 치러진 조지아 총선과 마찬가지로 러시아의 선거 개입설을 둘러싼 논란이 분분했는데, 어디인가?

① 북마케도니아
② 코소보
③ 몰도바
④ 벨로루시
⑤ 리투아니아

11 시리아 내전이 반군의 승리로 종식되면서 이란이 구축해온 「이 벨트」가 무너지게 됐다는 평가가 나오고 있다. ( ) 벨트는 이란부터 이라크·시리아·레바논까지 이어지는 중동 내 이슬람 시아파 국가의 동맹 전선을 뜻하는데, ( ) 안에 들어갈 용어로 바른 것은?

① 블루라인
② 피라미드
③ 태양
④ 초승달
⑤ 이맘

06 ② 에이태큠스의 제조사는 록히드마틴이다.

07 ④ 국가정보원이 지난 10월 북한군 특수부대의 러시아 파병을 공식 확인한 가운데, 해당 병력이 쿠르스크 지역으로 이동했다는 보도가 나오면서 이목을 집중시킨 바 있다. 쿠르스크는 러시아 남서부 우크라이나 국경 지대에 위치한 러시아 쿠르스크주의 주도(州都)로, 우크라이나가 지난 8월 기습 공격으로 점령한 바 있다. 제2차 세계대전 이후 러시아 영토에 다른 나라 군대가 침범한 것은 처음으로, 이후 러시아가 쿠르스크를 되찾기 위한 공세에 나서면서 양국 간 격전이 이어져 왔다.

08 ① 현실의 불확실성을 극복하기 위해 강한 존재에 의존하는 현상
② 자기애적으로 보일 것을 두려워하는 것으로, 자기애가 강한 「나르시시즘」의 반대 개념이다.
③ 생명의 위험을 무릅쓰는 기자 정신
④ 개인을 지배하는 국가권력 및 모든 사회적 권력을 부정하는 무정부주의

09 ② 1962년 총리에 취임해 1968년까지 연속 4차례 총리를 지냈으며, 1969년에는 샤를 드골의 뒤를 이어 대통령이 된 인물이다.

10 ③ 몰도바는 동유럽의 소국이지만, 이번 대선이 친유럽과 친러시아 간의 진영 대결로 전개되며 국제사회의 관심을 모았다. 산두 대통령은 대선 기간 유럽연합(EU) 가입을 추진하면서 러시아의 간섭과 부정부패를 몰도바가 해결해야 할 주요 과제로 내세운 바 있다.

11 초승달 벨트는 시아파 벨트라고도 하며, 시아파의 맹주인 이란은 이 초승달 벨트를 구축해 사우디를 위시한 수니파 진영에 맞서고 있다.

12 시리아 반군이 12월 8일 수도 다마스쿠스를 점령하고 승리를 선언함에 따라 시리아 내전이 13년 9개월 만에 종식됐다. 이와 관련, ㉠~㉤에 들어갈 용어로 바르지 못한 것을 고르면?

> 시리아 내전은 2010년 말 튀니지에서 시작된 (㉠)을 계기로 시리아에도 불기 시작한 민주화 시위에서 시작됐다. 시민들은 2011년 3월 15일 철권통치를 이어온 (㉡) 정권의 퇴진을 요구했으나, 시리아 정부가 이를 강경 진압하면서 내전으로 확산됐다. 특히 시리아 내전은 이슬람 수니파와 시아파 간의 종파 갈등으로 더욱 복잡한 양상으로 전개됐는데, 이는 시리아 대다수의 인구가 수니파임에도 시아파계 분파인 (㉢)가 군과 정부 요직을 모두 장악하고 있는 데 따른 것이다. 이에 시아파 맹주국인 (㉣)과 레바논 헤즈볼라가 정부군을 지원하고, 사우디아라비아와 카타르 등 인근 수니파 국가들이 반군에 무기를 지원하면서 내전은 장기전으로 접어들었다. 여기에 혼란상을 틈타 세력을 키운 급진 수니파 무장단체 (㉤)이 시리아 북부를 점령하고, 미국과 러시아까지 내전에 개입하며 미-러의 대리전 양상으로까지 확대됐다.

① ㉠: 아랍의 봄
② ㉡: 바샤르 알아사드
③ ㉢: 알라위파
④ ㉣: 이란
⑤ ㉤: 하야트 타흐리르 알샴(HTS)

13 북한이 10월 31일 발사했다고 주장한 신형 대륙간탄도미사일(ICBM) 「화성-19형」에 대한 설명으로 바르지 못한 것은?

① 화성-19형은 사전 공개 없이 바로 시험발사가 이뤄졌다.
② 북한 측이 공개한 사진에 따르면 11축(22륜) 이동식 발사대에서 발사됐다.
③ 화성-18형에 비해 탄두부 모양이 둥글고 뭉툭해졌다.
④ 정점고도가 7000km 이상으로, 역대 최대 고도를 기록했다.
⑤ 연료는 액체 연료가 사용된 것으로 추정된다.

14 국방부가 11월 29일 개발 완료를 발표한 「장거리 지대공유도무기(L-SAM)」에 대한 설명으로 바른 것을 〈보기〉에서 모두 고르면?

> 보기
> ㉠ 적 미사일을 직접 타격하는 직격 요격 방식이다.
> ㉡ 주한미군의 사드(고도 40~150km)와 함께 종말단계 상층 방어를 담당한다.
> ㉢ 국산 천궁-Ⅱ(M-SAM-Ⅱ)보다 더 낮은 고도에서 미사일을 요격한다.
> ㉣ 한국의 3축체계 중 「킬체인」의 핵심 전력으로 꼽힌다.
> ㉤ L-SAM의 유도탄은 대(對) 항공기용과 탄도탄용의 2단으로 구성돼 있다.

① ㉠, ㉢
② ㉠, ㉡, ㉤
③ ㉡, ㉢, ㉣
④ ㉡, ㉣, ㉤
⑤ ㉠, ㉡, ㉢, ㉣

15 국민의힘이 12월 2일 더불어민주당에서 요구한 「채 상병 순직사건」의 국정조사를 수용한다고 밝혔다. 이와 관련, (   ) 안에 들어갈 내용으로 바른 것은?

> 국정조사는 국회 차원에서 중요한 현안에 대해 진상규명과 조사를 할 수 있는 제도로, 국회는 재적의원 (   ) 이상의 요구가 있는 때에는 특별위원회 또는 상임위원회로 하여금 국정의 특정사안에 관하여 국정조사를 하게 한다.

① 2분의 1
② 3분의 1
③ 3분의 2
④ 4분의 1
⑤ 5분의 1

16 중국 외교부가 11월 8일부터 우리나라를 비롯해 슬로바키아·노르웨이 등 9개국 여권 소지자를 대상으로 일방적인 무비자 정책을 시행한다고 발표했다. 해당 정책은 2025년 12월 31일까지 적용되는데, 한국이 중국의 무비자 대상국에 포함된 것은 한중 수교 이후 처음이다. 이와 관련, 한중 수교가 이뤄진 시기는?

① 노태우 정부
② 김영삼 정부
③ 김대중 정부
④ 노무현 정부
⑤ 이명박 정부

12 ⓜ에 들어갈 용어는 이슬람국가(IS)이다. IS는 2014년 6월부터 이라크와 시리아를 중심으로 세력을 확장하며 위세를 떨쳤으나, 2017년 7월과 10월에 걸쳐 각각 이라크 모술과 수도인 시리아 락까를 잃으면서 와해됐다. 이후 2019년 3월 마지막 근거지였던 바구즈까지 상실하며 거의 전멸했다. 한편, 하야트 타흐리르 알샴(HTS)은 12월 8일 시리아 수도 다마스쿠스를 장악하며 시리아 내전 승리를 선언한 반군의 주축 세력이다.

13 ⑤ 화성-19형은 고체 연료를 사용하는 ICBM이다. 고체 연료의 경우 액체 연료보다 발사준비 시간이 짧아 탐지와 대응이 상당히 어려워 보다 위협적이라는 평가를 받고 있다.

14 ⓒ 현재 배치된 미국산 패트리엇(PAC-3, 고도 15~40km)과 국산 천궁-Ⅱ(M-SAM-Ⅱ, 15~20km)는 종말단계 하층에서 탄도 미사일을 방어한다. 주한미군 사드(고도 40~150km)와 L-SAM(고도 50~60km)은 종말단계 상층을 막는 체계이다.
ⓔ 북한의 핵·미사일 대응을 위한 3축체계 중 「한국형 미사일방어체계(KAMD)」를 구성할 핵심 전력으로 꼽힌다.

16 한중 수교는 노태우 정부 때인 1992년 8월 24일 이뤄진 것으로, 우리나라는 당시 중국과의 수교로 한국전쟁 당시 중국의 참전으로 단절된 양국 간 관계를 개선했다. 이처럼 한국은 중국과는 새로운 관계를 형성했으나 이전까지 우방국이었던 대만과는 국교를 단절했다.

🎯 12. ⑤ 13. ⑤ 14. ② 15. ④ 16. ①

17 미국 상무부가 12월 2일 대중 반도체 수출통제 품목에 추가한 것으로, D램 여러 개를 수직으로 쌓아올린 고성능 메모리이다. 우리나라의 SK하이닉스가 이 기술 부문 선두를 달리고 있는데, AI 학습과 구동에 필수적인 이 반도체는?

① CXL
② FPGA
③ ASIC
④ HBM
⑤ PIM

18 미 재무부가 11월 14일 발표한 「2024년 하반기 환율보고서」에서 우리나라를 또다시 환율관찰 대상국으로 지정했다. 환율관찰 대상국은 다음 요건 중 2개에 해당할 경우 지정되는데, ㉠, ㉡에 들어갈 숫자를 바르게 배열한 것은?

> (1) GDP의 (㉠)%를 초과하는 외환을 12개월 중 8개월 이상 순매수
> (2) 지난 1년 동안 150억 달러를 초과하는 대미 무역 흑자
> (3) 국내총생산(GDP) 대비 (㉡)%를 초과하는 경상흑자

	㉠	㉡
①	1	2
②	2	3
③	3	2
④	1	3
⑤	2	1

19 11월 8일부터 「이 기업」이 전통적인 반도체 강자인 인텔을 밀어내고 미국 다우평균지수에 편입됐다. 현재 AI 가속기 시장의 98%와 핵심 부품인 그래픽처리장치(GPU) 시장의 약 80%를 점유하고 있으며, 지난 5월에는 「1조 달러 클럽」에 가입한 이 기업은?

① 오픈AI
② 엔비디아
③ IBM
④ 메타
⑤ 브로드컴

20 다음 ( )에 들어갈 항공사는?

> 유럽연합(EU) 경쟁 당국이 대한항공과 아시아나항공의 기업결합을 11월 28일 최종 승인했다. EU는 지난 2월 양사의 합병 조건으로 아시아나항공 화물부문 분리 매각과 여객부문에서 유럽 내 중복 4개 노선에 신규 항공사 진입을 조건부로 내건 바 있다. 이에 대한항공은 티웨이항공에 유럽 4개 노선을 이관해 여객부문 합병 조건을 충족했으며, 화물부문에서는 ( )이 아시아나항공 화물사업부 인수자로 낙점돼 매각 기본합의서를 체결한 바 있다.

① 에어부산
② 제주항공
③ 이스타항공
④ 에어인천
⑤ 에어서울

21 도널드 트럼프 미국 대통령 당선인이 11월 30일 브릭스(BRICS)가 미 달러화를 약화시키려 할 경우 100% 관세를 부과할 것이라고 경고했다. 브릭스는 올해 1월부터 5개국이 새로 가입하면서 총 10개 회원국으로 확대됐는데, 다음 중 브릭스 회원국이 아닌 나라는?

① 이란
② 아랍에미리트
③ 사우디아라비아
④ 에티오피아
⑤ 멕시코

22 국회가 12월 10일 통과시킨 「2025년도 예산안」에서 대통령실·검찰·감사원·경찰의 이 예산을 전액 삭감했다. 이는 정보 및 사건수사, 이에 준하는 국정 수행활동을 하는 데 있어 직접적으로 소요되는 경비를 말하는데, 무엇인가?

① 예비비
② 판공비
③ 경상경비
④ 특수활동비
⑤ 교제비

17 ④ HBM(High Bandwidth Memory)은 TSV(실리콘관통전극)로 D램 칩을 수직으로 쌓아 데이터 처리 속도를 높인 고대역폭메모리로, 주로 AI 연산을 위한 GPU 등에 탑재된다.
① Compute Express Link. 고성능 연산이 필요한 애플리케이션에서 서로 다른 기종의 제품을 효율적으로 통신·연결할 수 있는 차세대 인터페이스다.
② Field Programmable Gate Array. 회로 변경이 불가능한 일반 반도체와 달리 용도에 맞게 내부 회로를 바꿀 수 있는 반맞춤형 반도체이다.
③ Application Specific Integrated Circuit. 특정 AI 알고리즘에 특화된 반도체로 범용성은 낮으나 저전력 등이 장점이다.
⑤ Processing In Memory. 데이터 저장 역할만 하는 기존 D램과 달리 비메모리 반도체인 CPU나 GPU처럼 연산도 할 수 있도록 한 차세대 기술이다.

18 미 재무부는 ▷지난 1년 동안 150억 달러를 초과하는 대미 무역 흑자 ▷국내총생산(GDP) 대비 3%를 초과하는 경상흑자 ▷지속적이고 일방적인 외환시장 개입(GDP의 2%를 초과하는 외환을 12개월 중 8개월 이상 순매수) 등 3가지 요건에 모두 해당하면 환율조작국(심층조사)으로 지정하고, 2개에 해당하면 관찰대상국으로 분류한다.

19 미국 인공지능(AI) 반도체 기업 엔비디아가 11월 8일부터 전통적인 반도체 강자인 인텔을 밀어내고 미국 주식시장의 대표 지수인 다우평균지수에 편입됐다. 이에 따라 1999년 반도체 기업 중 최초로 다우평균에 포함됐고 반도체 제조의 절대 강자로 군림해오던 인텔은 엔비디아에 밀리며 25년 만에 퇴출됐다.

20 ④ 에어인천은 2013년 3월 2일 운항을 개시한 우리나라의 유일한 화물항공사이다. 대한항공은 EU의 요구를 받아들여 유럽 4개 중복 노선은 티웨이항공에 넘겼고, 아시아나항공 화물사업 부문은 에어인천에 매각한 바 있다.

21 본래 브릭스(BRICS)는 1990년 말부터 경제성장 속도가 빠르고 경제성장 가능성이 커 주목받은 브라질·러시아·인도·중국의 신흥경제 4국의 앞 글자를 딴 것으로, 2011년 2월 남아프리카공화국이 정식 회원국으로 인정됐다. 그러다 2023년 8월 사우디아라비아·이란·아랍에미리트(UAE)·이집트·에티오피아 등 5개국의 가입이 승인되고 올해 1월부터 발효되면서 총 10개 회원국으로 확대됐다.

22 국회가 12월 10일 열린 본회의에서 총지출 673조 3000억 원 규모의 2025년도 예산안을 의결했다. 해당 예산안은 정부안과 비교하면 4조 8000억 원으로 편성된 예비가 절반 수준인 2조 4000억 원으로 감액됐으며, ▷검찰 특활비(80억 900만 원)·특경비(506억 9100만 원) ▷경찰 특활비(31억 6700만 원) 등은 전액 삭감됐다.

🎯 17. ④ 18. ② 19. ② 20. ④ 21. ⑤ 22. ④

23 다음 ㉠, ㉡에 들어갈 용어로 바른 것은?

> 정부가 11월 5일 서울 서초구, 경기도 고양·의왕·의정부시 일대 그린벨트(개발제한구역)를 풀어 수도권에 향후 5만 가구 규모의 주택을 공급하겠다고 밝혔다. 개발제한구역은 도시의 무질서한 확산을 방지하고 환경을 보전하기 위해서 설정된 녹지대로, (㉠) 장관은 도시의 무질서한 확산 방지 등을 위해 도시의 개발을 제한할 필요가 있거나, (㉡) 장관의 요청으로 보안상 도시의 개발을 제한할 필요가 있다고 인정되면 개발제한구역의 지정 및 해제를 도시·군관리계획으로 결정할 수 있다.

         ㉠   ㉡

① 국토교통부　　　　국방부

② 행정안전부　　　　외교부

③ 국토교통부　　　　환경부

④ 환경부　　　　　　국방부

⑤ 행정안전부　　　　국토교통부

24 경찰청 국가수사본부가 지난 2019년 11월 가상자산거래소 업비트에 보관돼 있던 「이 가상자산」 34만 2000개가 탈취된 사건과 관련, 북한 해커집단 라자루스와 안다리엘 등 2개 조직이 범행에 가담한 사실을 파악했다고 11월 21일 밝혔다. 이 가상자산은?

① 이더리움

② 비트코인

③ 도지코인

④ XRP(리플)

⑤ 알고랜드

25 국회가 12월 10일 금융투자소득세(금투세)를 폐지하는 내용의 소득세법 개정안을 처리했다. 당초 2025년 1월 도입 예정이었던 금투세는 국내 주식 투자로 얻은 이익이 연 ( )만 원을 초과할 경우 초과액에 대해 과세하는 것인데, ( )에 들어갈 숫자로 바른 것은?

① 3000　　　　② 5000

③ 6000　　　　④ 7000

⑤ 9000

26 다음 ( ) 안에 들어갈 용어는?

> 미국 뉴욕남부연방법원이 11월 20일 아케고스 사태로 월가를 뒤흔들었던 한국계 미국인 투자가 빌 황(한국명 황성국)에게 징역 18년형을 선고했다. 황 씨와 아케고스는 지난 2020년 투자은행(IB)들과 파생상품인 ( )와/과 차액거래(CFD) 계약을 통해 보유자산의 5배가 넘는 500억 달러(약 70조 원) 상당을 주식에 투자했다. 황 씨의 차입금은 당시 1600억 달러(약 223조 원)까지 폭증했지만 투자 종목의 주가가 하락하자 증거금을 추가로 내야 하는 마진콜 상황이 발생했고 결국 회사가 파산했다. ( )은/는 투자자를 대신해 증권사 등이 기초자산을 매입하고 자산 가격이 변동하면서 발생하는 이익·손실이 투자자에게 귀속되는 파생금융상품을 말한다.

① MMF

② TRS

③ CD

④ RP

⑤ MMDA

27 ( ) 안에 들어갈 용어는?

> 한국은행이 12월 2일 발표한 「청년층 쉬었음 인구 증가 배경과 평가」 보고서에 따르면 그냥 쉰 청년은 1년새 25.4%나 증가했다. 특히 보고서는 청년층의 쉬었음 상태가 장기화될 경우 이들이 노동시장에서 영구 이탈하며 ( )이 될 가능성에 유의해야 한다고 지적했는데, ( )은 일하지도 않고 일을 하고자 하는 의지도 없는 젊은이들을 가리킨다.

① 프리터족   ② 좀비족
③ 파이어족   ④ 니트족
⑤ 다운시프트족

28 국토교통부와 1기 신도시 지자체 5곳이 11월 27일 1기 신도시 재건축을 가장 먼저 추진하는 선도지구 단지들을 선정해 발표했다. 이와 관련, 1기 신도시에 해당하지 않는 곳은?

① 분당
② 평촌
③ 중동
④ 산본
⑤ 동탄

23 국토교통부 장관은 도시의 무질서한 확산을 방지하고 도시 주변의 자연환경을 보전하여 도시민의 건전한 생활환경을 확보하기 위하여 도시의 개발을 제한할 필요가 있거나, 국방부 장관의 요청으로 보안상 도시의 개발을 제한할 필요가 있다고 인정되면 개발제한구역의 지정 및 해제를 도시·군관리계획으로 결정할 수 있다.

24 ① 비탈리크 부테린이 2014년 개발한 가상자산으로, 2016년 하드포크를 거치면서 현재의 이더리움이 탄생했고 이전 베타 버전은 「이더리움 클래식」이라고 부른다.

25 금투세는 대주주 여부에 상관없이 주식·채권·펀드·파생상품 등 금융투자로 얻은 일정 금액(주식 5000만 원·기타 250만 원)이 넘는 소득에 대해 전면 과세하도록 한 제도다.

26 ② 총수익스와프(Total Return Swap). 증권사 등 총수익 매도자가 투자자(총수익 매수자) 대신 주식 등의 기초자산을 매입하고, 자산 가격이 변동하면서 발생하는 이익과 손실은 투자자에게 귀속하며 투자자는 이를 대가로 증권사에 수수료를 지급하는 일종의 파생금융상품이다.
① 단기금융펀드(Money Market Fund). 투자신탁회사가 고객의 돈을 모아 단기금융상품에 투자해 수익을 얻는 초단기금융상품
② 양도성예금증서(Certificate of Deposit). 은행이 발행하고 금융시장에서 자유로운 매매가 가능한 무기명의 정기예금증서
③ 환매조건부채권(Repurchase). 금융기관이 고객에게 일정기간 후에 금리를 더해 다시 사는 것을 조건으로 파는 채권
④ 시장금리부 수시입출금식 예금(Money Market Deposit Account). 은행의 단기 금융상품으로, 가입 시 적용되는 금리가 시장금리의 변동에 따라 결정됨

27 ④ not in education employment or training의 약칭으로, 일하지도 않고 일을 하고자 하는 의지도 없는 젊은이들을 가리킨다.
① 특정한 직업 없이 갖가지 아르바이트로 생활하는 젊은층을 일컫는 말
② 대기업이나 거대한 조직 내에서 무사안일에 빠져 주체성 없는 로봇처럼 행동하는 사람을 가리키는 말
③ 조기 은퇴를 목표로 회사 생활을 하는 20대부터 소비를 극단적으로 줄이며 은퇴 자금을 마련하는 이들을 가리키는 말
⑤ 삶의 속도를 줄이고 경쟁에서 벗어나 여유롭게 여가를 즐기면서 삶의 질을 높여, 만족을 느낄 수 있는 생활방식을 찾으려는 사람들을 이르는 말

28 ⑤ 동탄은 2기 신도시에 해당한다.

29 용어에 대한 설명이 바르지 못한 것은?

① 그린스완: 기후변화가 경제에 전방위적인 영향을 미치고 결국은 금융위기까지 초래할 수 있다는 것

② 록인효과: 새롭거나 보다 뛰어난 제품이 출시되어도 사용자가 기존의 제품이나 서비스에 계속 머무르는 현상

③ CDMO: 고객사의 주문을 받아 의약품의 개발과 분석 지원, 생산을 담당하는 것으로, 「위탁개발생산」이라고도 함

④ 예금자보호제도: 금융회사가 파산 등으로 인해 고객의 금융자산을 지급하지 못할 경우 전국은행연합회가 예금자보호법에 의해 예금의 일부 또는 전액을 대신 돌려주는 제도

⑤ 유상증자: 회사가 사업을 영위하는 도중 자금이 필요해 신주를 발행하여 주주로부터 자금을 납입받아 자본을 늘리는 것

30 국토교통부가 11월 7일 도시개발심의위원회 심의를 거쳐 부산·대구·광주·대전·울산 등 5개 광역시를 이 특구로 지정했다. 지방 대도시 도심에 산업·주거·문화 등 복합혁신공간을 조성하고 기업지원 사업을 집중시키는 이 특구의 명칭은?

① 기회발전특구
② 도심융합특구
③ 교육자유특구
④ 기업친화특구
⑤ 문화특구

31 대법원 전원합의체가 12월 19일 조건부 정기 상여금도 통상임금에 해당한다는 판결을 내리면서, 기존 통상임금의 요건이던 이것을 폐기했다. 이 요건은?

① 정기성　　　② 일률성
③ 규칙성　　　④ 고정성
⑤ 신축성

32 행정안전부가 10월 24일 발표한 「2023년 지방자치단체 외국인 주민 현황」에 따르면 국내 외국인 인구가 경제협력개발기구(OECD)가 규정한 「다문화·다인종 사회」 기준인 (　　)%에 근접했다. (　　) 안에 들어갈 숫자는?

① 3　　　　　② 5
③ 6　　　　　④ 7
⑤ 8

33 플라스틱 오염 종식을 위한 국제협약을 성안하기 위해 11월 25일부터 부산에서 열린 제5차 정부간협상위원회(INC-5)가 최종 합의를 이루지 못하고 12월 2일 종료됐다. 이번 회의에서는 「이것」의 생산 규제 여부가 가장 쟁점이 됐는데, 화석연료에서 추출한 플라스틱 원료인 이것은?

① 폴리에틸렌
② 파이로 플라스틱
③ 미세 플라스틱
④ 1차 플라스틱 폴리머
⑤ 플라스틱크러스트

34 국민건강보험공단 건강보험연구원이 11월 11일 한국인의 비만기준을 체질량지수(BMI) (   )(으)로 높여야 한다는 의견을 내놨는데, (   ) 안에 들어갈 숫자는?

① 24　　② 25
③ 26　　④ 27
⑤ 28

35 연령별 주요 노인보건복지제도의 내용으로 잘못된 것은?

① 55세: 고령자 고용촉진법의 고령자
② 60세: 노인복지주택 입주 자격
③ 65세: 건강보험 피부양자 자격
④ 66세: 의료급여 대상자 생애전환기 검진
⑤ 70세: 고령자운전자 의무교육

36 다음의 밑줄 친 「이 나라」는?

> 최근 배우 정우성 씨와 모델 문가비 씨의 비혼 출산을 계기로 이에 관련된 사회적 논의가 확산됐다. 비혼 출생은 법률상 부부 사이가 아닌 이들 사이에서 이뤄진 출생으로, 특히 <u>이 나라</u>는 1999년 「PACS(팍스)」라고 불리는 「시민연대계약」 제도를 도입해 결혼하지 않은 동거 커플에게도 결혼과 유사한 법적 권리와 의무를 부여하고 있다. 이에 <u>이 나라</u>의 비혼 출생 비율은 팍스 도입 전인 1998년 41.7%였다가 2020년 62.2%로 빠르게 상승한 바 있다.

① 영국　　② 미국
③ 프랑스　　④ 독일
⑤ 스페인

29 ④ 예금자보호제도는 금융회사가 파산 등으로 인해 고객의 금융자산을 지급하지 못할 경우 예금보험공사(전국은행연합회 ×)가 예금자보호법에 의해 예금의 일부 또는 전액을 대신 돌려주는 제도를 말한다.

30 ② 도심융합특구는 기회발전특구·교육자유특구·문화특구와 함께 지역 균형발전을 위한 지방시대 4대 특구 중 하나로, 해당 특구에서는 도시·건축 규제가 완화돼 고밀 복합개발을 할 수 있다.

31 대법원 전원합의체가 12월 19일 재직 중이거나 특정 일수 이상 근무한 경우에만 지급하는 조건부 정기 상여금도 통상임금에 해당한다는 판결을 내렸다. 지금까지는 상여 등의 지급 여부나 지급액이 미리 정해져 있는 경우(일명 고정성)에만 통상임금으로 판단했는데, 이 기준을 11년 만에 폐기한 것이다.

32 행정안전부가 10월 24일 발표한 「2023년 지방자치단체 외국인 주민 현황」에 따르면 국내 외국인 인구는 총인구수(5177만 4521명) 대비 4.8%로, 경제협력개발기구(OECD)가 규정한 「다문화·다인종 사회」 기준인 5%에 근접했다.

33 ① 에틸렌의 중합으로 생기는 사슬 모양의 고분자 화합물
② 바다에 버려진 플라스틱 폐기물로, 오랫동안 풍화작용을 겪으며 검은색·회색 등 돌과 비슷한 색으로 변한 플라스틱 조각을 말한다.
③ 5mm 미만의 작은 플라스틱으로, 처음부터 미세 플라스틱으로 제조되거나 플라스틱 제품이 부서지면서 생성된다.
⑤ 치약이나 껌처럼 플라스틱이 바위에 들러붙어 있는 형태의 플라스틱 오염을 일컫는다.

35 ⑤ 고령자운전자 의무교육 연령은 만 75세다.

29. ④　30. ②　31. ④　32. ②　33. ④　34. ④　35. ⑤　36. ③

37 ( ) 안에 들어갈 용어는?

국가중요어업유산은 오랜 시간에 걸쳐 형성된 고유의 유·무형 어업자산을 보전하기 위해 해양수산부가 2015년부터 지정·관리하고 있는 어업유산으로, ( )이 가장 처음으로 지정됐다. 국가중요어업유산 제1호 ( )은 2023년 하동광양 섬진강 재첩잡이 손틀어업과 함께 유엔식량농업기구(FAO)의 세계중요농업유산(GIAHS)으로 등재되기도 했다.

① 남해 죽방렴
② 제주 해녀어업
③ 신안 갯벌 천일염업
④ 완도 지주식 김 양식어업
⑤ 보성 뻘배어업

38 다음이 설명하는 용어에 공통으로 들어가는 단어는?

• 2023년 「인구감소지역 지원 특별법」이 시행되면서 도입된 개념으로, 기존 주민등록인구에 근무·통학·관광·휴양 등의 목적으로 특정 지역을 방문해 체류하는 인구와 출입국관리법상 등록 외국인 등을 포함한 인구를 말한다.
• 근로자와 그 가족들에게 최소한의 인간다운 삶을 보장하기 위해 주거비, 교육비, 물가상승률 등을 종합적으로 고려해 최저임금보다 높은 수준의 소득을 보장하는 임금 체계를 말한다.

① 탄력   ② 적정
③ 연앙   ④ 생활
⑤ 중위

39 한국의 이 유산이 12월 3일 유네스코 인류무형문화유산에 등재되며 한국의 23번째 인류무형문화유산이 됐다. 조선 왕실의 「장고(醬庫)」와 2018년 국가무형유산 지정과 관련이 있는 이 유산은?

① 대목장
② 김장문화
③ 강릉단오제
④ 장 담그기 문화
⑤ 연등회

40 한국인 최초의 노벨문학상 수상자 한강이 12월 10일 칼 구스타프 16세 스웨덴 국왕이 수여하는 노벨상 증서와 메달을 수상했다. 다음 중 한강의 장편소설 《소년이 온다》와 같은 사건을 다루고 있는 영화를 고르면?

① 택시운전사
② 남산의 부장들
③ 태극기 휘날리며
④ 1987
⑤ 서울의 봄

41 《교수신문》이 선정한 올해의 사자성어로, 「제멋대로 권력을 부리며 함부로 날뛴다」는 뜻을 갖고 있다. 무엇인가?

① 후안무치(厚顔無恥)
② 석서위려(碩鼠危旅)
③ 도량발호(跳梁跋扈)
④ 본립도생(本立道生)
⑤ 견리망의(見利忘義)

42 걸그룹 블랙핑크의 로제가 팝스타 브루노 마스와 함께한 〈아파트〉로 10월 29일 발표된 미국 빌보드 핫 100에서 8위를 기록, K팝 여성가수 최고 순위를 기록했다. 이와 관련, 빌보드 핫 100에 진입했던 K팝 걸그룹에 해당하지 않는 팀은?

① 원더걸스
② 트와이스
③ 뉴진스
④ 피프티피프티
⑤ 투애니원

43 다음의 밑줄 친 「이 기록물」은?

> 국립중앙박물관이 상설전시실 2층 서화관 내에 이 기록물을 위한 전용 전시실을 처음으로 조성해 11월 15일 공개했다. 이는 강화도 소재 외규장각에 보관돼 있던 기록물로, 프랑스에서 2011년 반환된 것이다. 특히 2007년 국내에 소장돼 있던 이 기록물 3430책이 유네스코 기록유산으로 등재된 바 있다.

① 조선왕조의궤
② 조선왕조실록
③ 직지심체요절
④ 훈민정음
⑤ 직지심체요절

---

38 생활인구, 생활임금제에 대한 설명이다.

39 유네스코 무형유산보호협약 정부 간 위원회(무형유산위원회)가 12월 3일 파라과이 아순시온에서 열린 회의에서 콩을 발효해 된장과 간장 등을 만드는 한국의 「장 담그기 문화」를 유네스코 인류무형문화유산에 등재한다고 결정했다.
① 2010년 유네스코 인류무형문화유산 지정 ② 2013년 지정 ③ 2005년 지정 ⑤ 2020년 지정

40 《소년이 온다》는 5·18 광주민주화운동을 배경으로 계엄군에 맞서다 죽음을 맞게 된 중학생 동호와 주변 인물들의 참혹한 운명을 그린 소설이다. 영화 〈택시운전사〉는 5·18 광주민주화운동 당시 현장취재를 통해 광주의 참상을 해외에 알린 외신기자인 위르겐 힌츠페터와 그를 도운 택시운전사 김사복, 그리고 광주시민의 이야기를 다룬 작품이다.

41 ① 낯짝이 두꺼워 부끄러움이 없다는 뜻
② 머리가 크고 유식한 척하는 쥐 한 마리가 국가를 어지럽힌다는 뜻
④ 본이 서야 길이 생긴다는 뜻
⑤ 이로움을 보자 의로움을 잊는다는 뜻

42 ⑤ 2016년 10월 그룹 투애니원의 멤버 씨엘(CL)이 〈LIFTED〉로 94위로 진입한 바 있으나, 그룹 자체로는 진입 기록이 없다.
① 빌보드 핫 100 차트에 한국인이 진출한 것은 2009년 원더걸스의 〈Nobody〉가 최초로, 당시 핫 100 76위에 오른 바 있다.

43 조선왕조의궤는 혼례와 장례 등 조선 왕실의 의례 문화를 기록한 것이다. 외규장각 의궤는 정조가 창덕궁 내 규장각과 별도로 강화도에 설치한 외규장각에서 보관한 것이다.

---

37. ② 38. ④ 39. ④ 40. ① 41. ③ 42. ⑤ 43. ①

44 국립경주박물관이 12월 9일 이곳의 유물을 재조사하면서 발견한 조선시대 백자 조각 8000여 점 가운데 「용왕(龍王)」 등의 글씨가 적힌 조각 130여 점을 확인했다고 밝혔다. 이곳은 통일신라시대 별궁터이자 임해전 등 여러 부속 건물과 정원이 있던 장소인데, 어디인가?

① 경주 계림
② 경주 동궁과 월지
③ 경주 황룡사지
④ 경주 명활성
⑤ 경주 포석정지

45 10월 28일 막을 내린 「2024 한국시리즈」에서 우승한 팀으로, 정규시즌에 이어 한국시리즈까지 제패하며 통합 우승을 달성했다. 또 통산 12번째 한국시리즈 정상을 기록한 이 팀은?

① KIA   ② 두산
③ SSG   ④ LG
⑤ 삼성

46 다음 설명과 관련된 프로축구 팀은?

- 올시즌 프로축구 K리그2 우승 → 창단 11년 만에 1부 리그 승격 확정
- 2024년 개봉 다큐멘터리 영화 〈수카바티: 극락축구단〉

① 성남   ② 부산
③ 안양   ④ 충남아산
⑤ 김포

47 다음이 설명하는 소설가는?

1920~30년대에 활동한 소설가로, 고소설·신소설 등에서 흔히 발견되는 영웅전기적 인물을 거부하고 소설 속 리얼리티를 추구했다. 주요 작품으로 〈배따라기〉, 〈감자〉, 〈광염 소나타〉, 〈발가락이 닮았다〉, 〈광화사〉 등이 있다. 1955년 사상계사는 그의 문학을 기념하기 위해 문학상을 제정했으며, 이 문학상은 1년간 국내 주요 잡지에 발표된 중·단편소설 작품 중 한 편에 한해 시상한다. 올해는 소설가 김기태(39)가 소설집 《두 사람의 인터내셔널》로 수상자로 선정됐다.

① 이상   ② 황순원
③ 김동인   ④ 박경리
⑤ 현진건

48 라파엘 나달이 11월 20일 열린 2024 데이비스컵 테니스 대회 파이널스 8강을 끝으로 현역 생활을 마무리했다. 이와 관련, 나달에 대한 설명으로 바르지 못한 것은?

① 나달의 현역 은퇴에 따라 조코비치를 제외한 「빅3」 중 2명이 은퇴하게 됐다.
② 2005년 프랑스오픈에서 처음 메이저 대회 단식 정상에 올랐다.
③ 프랑스오픈에서만 14번 우승해 「클레이코트의 황제」로 불린다.
④ 메이저대회 단식에서 총 22차례 우승하며 이 부문 최다 우승 기록을 갖고 있다.
⑤ 2008년 베이징올림픽 단식 금메달을 획득하며 「커리어 골든슬램」을 달성했다.

49 미국 메이저리그 LA다저스에서 활약하고 있는 오타니 쇼헤이가 올 시즌 작성한 기록으로 바르지 못한 것은?

① 메이저리그 최초로 50홈런-50도루 작성
② 전업 지명타자 최초의 메이저리그 MVP 수상
③ 실버슬러거 3번째 수상
④ 양대 리그 MVP를 받은 역대 두 번째 선수
⑤ 사이영상 첫 수상

50 11월 25일 폐막한 미국 여자프로골프(LPGA) 투어 시즌 최종전 CME그룹 투어 챔피언십에서 우승하며, 역대 LPGA 투어 한 시즌 최다 상금 기록까지 작성한 이 선수는?

① 로레나 오초아
② 넬리 코르다
③ 지노 티띠꾼
④ 리디아 고
⑤ 시소 유카

---

44 ② 경주 동궁과 월지는 신라 문무왕 때에 조성된 인공연못인 안압지가 있어 본래 임해전지 혹은 안압지라고 불렸으나, 2011년 7월부터 경주 동궁과 월지로 명칭이 변경됐다.

45 KIA 타이거즈가 10월 28일 광주 기아 챔피언스필드에서 열린 2024 KBO 포스트시즌 한국시리즈(KS) 5차전 삼성 라이온즈와의 경기에서 7-5로 승리하면서 시리즈 전적 4승 1패로 통산 12번째 KS 정상을 차지했다.

46 프로축구 K리그2(2부 리그) 팀 FC안양이 10월 2일 부천과의 2부 리그 방문 경기에서 0-0으로 비기며, 승점 62점(18승 8무 9패)으로 남은 정규 라운드 한 경기 결과와 관계없이 창단 후 첫 우승을 차지했다.

48 ④ 나달은 2022년 프랑스오픈까지 메이저대회 단식에서 총 22차례 우승했는데, 이는 노바크 조코비치(세르비아)의 24회에 이어 메이저 남자단식 최다 우승 2위에 해당하는 기록이다.

49 ⑤ 오타니는 아직 사이영상은 수상하지 못했다. 사이영상은 그해 최우수 투수에게 수여하는 상으로, 올해는 크리스 세일(35·애틀랜타 브레이브스)과 태릭 스쿠벌(28·디트로이트 타이거스)이 각각 내셔널리그(NL)와 아메리칸리그(AL) 사이영상 수상자로 선정됐다.

50 지노 티띠꾼(21·태국)이 11월 25일 폐막한 미국 여자프로골프(LPGA) 투어 시즌 최종전 CME그룹 투어 챔피언십에서 우승하며, 시즌 두 번째이자 투어 통산 네 번째 우승을 차지함과 동시에 여자골프 사상 최다 우승상금 400만 달러(약 56억 원)의 주인공이 됐다. 이로써 올 시즌 공식대회 상금 605만 9309달러(약 85억 원)를 기록한 티띠꾼은 역대 LPGA 투어 한 시즌 최다 상금 기록도 작성했는데, 종전 기록은 2007년 로레나 오초아(43·멕시코)의 436만 4994달러였다.

---

44. ② 45. ① 46. ③ 47. ③ 48. ④ 49. ⑤ 50. ③

51 일본이 세계 최초로 개발한 (　) 패널 위성 리그노샛이 11월 5일 발사됐다. 리그노샛은 기존의 알루미늄 합금 등 금속 재질이 아닌 이 재질을 사용한 세계 최초의 위성이라는 점에서 주목 받고 있는데, 그 재질은?

① 세라믹　　② 플라스틱
③ 유리　　④ 골판지
⑤ 목재

52 한국 우주항공청과 미 항공우주국(NASA)이 공동 개발한 태양 관측 망원경인 코로나그래프가 11월 5일 성공적으로 발사됐다. 코로나그래프는 밝기가 태양 표면의 100만분의 1 이하이자 태양 대기의 가장 바깥 영역인 「이곳」을 관측할 수 있는 망원경인데, 무엇인가?

① 홍염
② 코로나
③ 채층
④ 백반
⑤ 흑점

53 11월 28일 부모의 동의와 관계없이 모든 미성년자의 SNS 이용을 전면 금지한 법안을 세계 최초로 통과시킨 나라는?

① 일본
② 프랑스
③ 멕시코
④ 호주
⑤ 뉴질랜드

54 다음이 설명하는 용어의 영어 약자로 바른 것은?

> 인간의 지능을 훨씬 능가하는 수준의 인공지능(AI)으로, 현재 개발된 AI 기술의 최종 단계로 여겨진다. 스스로를 개선하며 학습하는 능력이 탁월하기 때문에 급속도로 지능을 발전시킬 수 있으며, 인간이 가진 제한을 넘어 새로운 영역을 창조하고 문제를 해결할 수 있는 능력을 갖고 있다. 이는 그 활용에 따라 인류에게 큰 혜택을 줄 수 있지만, 통제 불가능한 상황이 발생할 경우에는 예측하기 어려운 위험을 초래할 수 있다는 우려도 있다.

① AEI
② ANI
③ AGI
④ ASI
⑤ AOI

55 (　) 안에 들어갈 용어로 바른 것은?

> 국내 유일의 위성통신 사업자인 KT SAT이 11월 11일 미국 플로리다주 케이프 케너베럴 공군기지에서 (　)위성 6A호를 성공적으로 발사했다고 밝혔다. (　) 6A는 정부의 한국형 항공위성서비스(KASS)를 위한 두 번째 위성으로, 위성 위치확인시스템(GPS)의 위치 오차를 실시간으로 보정해 전국에 정확한 위치정보를 제공하는 역할을 한다.

① 우리별　　② 무궁화
③ 아리랑　　④ 천리안
⑤ 태극기

56 스페이스X가 11월 19일 발사한 스타십이 6번째 시험 발사에 성공했다. 스타십은 일론 머스크가 이끄는 우주기업 스페이스X가 개발한 대형 우주선으로, 이 행성의 개척을 최종 목표로 하고 있다. 이 행성은?

① 화성
② 목성
③ 금성
④ 토성
⑤ 수성

57 체코 당국이 10월 31일 자국 정부와 한수원 간 원자력발전소 신규 건설사업 계약을 일시 보류해 달라는 미국 이 기업의 진정을 기각했다. 이 기업은 한수원이 자사가 특허권을 가진 원자로 설계기술을 활용했으며 자사 허락 없이 제삼자가 이 기술을 사용할 수 없다고 주장하고 있는데, 이 기업은?

① 제너럴일렉트릭
② 콘스텔레이션 에너지
③ 오클로
④ 카이로스파워
⑤ 웨스팅하우스

51 일본 교토대 연구진이 스미토모 임업과 함께 개발한 리그노샛은 나사나 접착제를 사용하지 않고 목련나무 한 종으로 만들어진 것이 특징이다. 무엇보다 1950년대부터 인류가 발사해온 인공위성의 재질이 모두 금속인 데 반해, 리그노샛은 목재 위성이라는 점에서 주목을 받고 있다.

52 태양의 표면인 광구는 매우 밝아 개기일식을 제외하면 지상에서 코로나를 관측하기 어려우며, 이에 인공적으로 태양 면을 가려야만 코로나를 관측할 수 있다. 그러나 코로나그래프는 코로나의 형상뿐만 아니라 기존에는 제한적으로 관측할 수 있었던 온도와 속도도 동시에 측정해 2차원(2D) 영상으로 구현한다.
① 태양의 가장자리에 보이는 불꽃 모양의 가스
③ 태양의 대기 중 최하층으로, 광구 바로 바깥쪽에 있는 불그스름한 부분
④ 태양의 둘레 가까이에 있는 밝은 백색광 반점
⑤ 태양면에 나타나는 검은 반점

53 호주 상원이 16세 미만 청소년의 SNS 사용을 전면 금지하는 법안을 11월 28일 통과시켰다. 앞서 프랑스와 미국 일부 주에서 미성년자가 부모의 동의 없이 SNS를 이용하지 못하도록 하는 법을 통과시킨 바 있지만, 부모의 동의와 관계없이 모든 미성년자의 SNS 이용을 전면 금지한 것은 이번이 처음이다.

54 초(超)인공지능(ASI·Artificial Super Intelligence)에 대한 설명이다. 이는 인간의 지능을 훨씬 능가하는 수준의 인공지능(AI)으로, 임무 수행 분야가 제한적인 ANI(Artificial Narrow Intelligence, 약한 인공지능)와 범용 인공지능으로 부르는 AGI(Artificial General Intelligence, 강한 인공지능)를 초월하는 AI를 가리킨다.

55 무궁화 위성은 위성통신과 위성방송사업을 위한 통신위성으로, KT가 외국에서 제작한 첫 상업위성이다. 1995년 8월 발사된 무궁화 1호는 9개의 보조 로켓 중 1개가 제대로 분리되지 않아 애초 예정된 위치까지 올라가지 못했지만 위성방송, 케이블TV 중계 등 첨단 위성통신과 방송 서비스를 제공하면서 통신방송 위성시대를 연 바 있다.

56 스타십의 최종 목표는 「화성 개척」으로, 스페이스X는 21세기 내에 화성에 100만 명 이상이 거주하는 도시를 건설한다는 목표로 2019년 본격적으로 개발이 시작됐다.

57 웨스팅하우스는 한수원의 원자로 기술인 「APR100」과 「APR1400」이 자사의 원천 기술인 「시스템80+」를 활용한 것이므로, 해당 기술로 원전을 짓기 위해서는 자사의 허가를 받아야 한다고 주장하고 있다.

51. ⑤ 52. ② 53. ④ 54. ④ 55. ② 56. ① 57. ⑤

58 ( ) 안에 들어갈 용어는?

> 과학 전문지 《네이처》가 12월 9일 당해 과학 분야의 주요 발전을 이끈 「2024년 과학계 10대 인물」을 선정했다. 이 가운데 중국 국가항천국(CNSA) 소속의 지질학자 리 춘라이 박사는 중국의 무인 달 탐사선 ( )이/가 달 뒷면에서 가져온 토양 시료를 세계 최초로 분석한 성과를 인정받았다.

① 톈원1호 　　② 루나9호
③ 톈궁1호 　　④ 창어6호
⑤ 선저우5호

59 2025년은 육십간지의 42번째 해이자 푸른 뱀의 해로 불리는 ( )이다. ( )에 들어갈 용어는?

① 을사년 　　③ 기사년
⑤ 신사년 　　② 계사년
④ 정사년

60 1974년 탄생해 올해 50주년을 맞이한 일본 산리오프로덕션의 대표 캐릭터로, 일본 경제신문의 12월 9일 기사에 따르면 이 캐릭터의 지식재산(IP) 누적 매출이 미키마우스를 넘어서는 것으로 나타났다. 고양이를 형상화한 이 캐릭터는?

① 헬로키티
② 호빵맨
③ 포켓몬스터
④ 도라에몽
⑤ 슈퍼마리오

61 다음 설명이 가리키는 지역에 대한 설명으로 바른 것은?

> 북위 66.53도 이북지역 또는 영구동토층의 한계선을 지칭한다.

① 우리나라는 이곳을 연구하기 위해 2002년 4월 세종기지를 건설했다.
② 대부분 얼음이 얼어 있는 바다로 구성돼 있다.
③ 1959년 이곳의 평화적인 이용을 규정한 조약이 체결됐다.
④ 펭귄이 서식하고 있는 곳이다.
⑤ 최초로 도달한 사람은 아문센(Roald Amundsen)이다.

62 ㉠, ㉡에 들어갈 용어가 바르게 배열된 것은?

> • (㉠): 총인구를 나이순으로 줄 세웠을 때 가장 중간에 있는 사람의 나이
> • (㉡): 유소년인구 100명당 고령 인구수

	㉠	㉡
①	중위연령	노령화지수
②	평균연령	노령화지수
③	중위연령	총부양비
④	평균연령	총부양비
⑤	중위연령	유소년부양비

63 다음 국악기 중 연주법 분류상 다른 하나는?

① 나각 　　② 퉁소
③ 생황 　　④ 아쟁
⑤ 단소

64 2021년 세계 최초로 비트코인을 법정 통화로 채택한 뒤 국가 예산을 동원해 비트코인을 매입하고 있는 나라는?

① 과테말라
② 엘살바도르
③ 베네수엘라
④ 파나마
⑤ 온두라스

65 설날에 관련된 전설이나 설화로 전해지는 귀괴(鬼怪)의 일종으로, 순우리말로는 「앙괭이」라고도 불린다. 주로 설날 밤중에 민가를 몰래 찾아와 사람들의 신발을 신어본 뒤 자기 발에 맞는 신발을 신고 도망간다고 알려진 이 귀신은?

① 어둑시니
② 야광귀
③ 삼목구
④ 동자삼
⑤ 장산범

58 ① 2020년 7월 발사된 중국의 화성 탐사선
② 1966년 1월 최초로 달 표면에 착륙한 구소련의 달 탐사선
③ 2011년 9월 발사된 중국의 실험용 우주정거장으로, 2016년 3월 통제 불능 상태가 됐으며 2018년 4월 남태평양 중부 지역에 낙하했다.
⑤ 2003년 10월 미국·러시아에 이어 중국이 세계 3번째로 발사에 성공한 유인 우주선

59 ① 2025년 을사년이 「푸른 뱀의 해」로 불리는 것은 을(乙)이 청색을 의미하고, 사(巳)가 뱀을 상징하는 데 따른 것이다.

60 고양이를 형상화한 헬로키티는 1974년 탄생해 올해 50주년을 맞이한 일본 산리오프로덕션의 대표 캐릭터로, 작은 동전지갑에서 시작돼 현재에 이르고 있다. 헬로키티는 1983년 미국 유니세프 어린이 대사로 임명됐고 1994년에는 일본 유니세프협회 어린이 친선대사로 임명되는 활약을 펼친 것 외에도 다양한 브랜드와 협업하며 글로벌 캐릭터로 자리 잡았다.

61 제시문은 북극에 대한 설명이다.
② 북극은 대륙으로 둘러싸인 빙하이며, 남극은 바다로 둘러싸인 대륙이다.
① 우리나라가 북극에 건설한 것은 다산기지다. 세종기지는 남극이다.
③ 남극조약에 대한 설명이다.
⑤ 아문센은 남극점에 최초로 도달한 사람이다.

62 • 총부양비: 생산연령인구 100명당 부양해야 할 유소년·노령인구
• 유소년부양비: 유소년인구(0~14세) / 생산가능인구(15~64세) × 100
• 경제활동인구: 만15세 이상인 사람들 가운데 일할 능력이 있어 취업한 자와 취업할 의사가 있으면서 취업이 가능한 인구

63 ①, ②, ③, ⑤는 관악기고 ④는 현악기다.

64 2021년 9월 나이브 부켈레 엘살바도르 대통령은 비트코인을 법정통화로 결정하고 국가 예산을 동원해 매일 하나씩 비트코인을 매입한다는 결정을 내린 바 있다.

65 ② 야광귀가 가져간 신발의 주인은 그해에 안 좋은 일이 많이 일어난다고 한다. 다만 야광귀는 숫자 세는 것을 좋아해서 촘촘한 체나 키를 문밖에 걸어두고 신발을 감추면 밤새도록 체의 구멍을 세다가 날이 밝아 달아난다고 한다.

♂ 58. ④ 59. ① 60. ① 61. ② 62. ① 63. ④ 64. ② 65. ②

66 대통령의 권한 중 「행정부 수반으로서의 권한」이 아닌 것은?

① 국정조정권
② 공무원 임면권
③ 행정부 지휘·감독권
④ 대통령령 발포권
⑤ 법률안 거부권

67 특정물질에 대해 몸이 과민반응을 일으키는 것으로, 해당 물질에 아주 극소량만 접촉해도 전신에 걸쳐 알레르기 반응이 나타난다. 곤충에게 물리거나 꽃가루나 음식 등으로 인해 발현되는 이 증상은?

① 코르티솔
② 집단 면역
③ 아나플락시스
④ 루푸스
⑤ 사이토카인 폭풍

68 다음이 공통으로 가리키는 용어는?

> • 물과 기름이 섞이지 않는 성질을 활용한 기법으로 유화 물감, 유성 페인트를 물 위에 떨어뜨려 살짝 저은 뒤 종이를 물 표면에 대고 찍어내는 미술 기법이다.
> • 고기의 근육 조직을 관통하는 작은 지방 조각 또는 지방의 얇은 층으로 고기의 풍미나 부드러움, 육즙 등을 더욱 풍부하게 한다.

① 콜라주　　　② 스푸마토
③ 프로타주　　　④ 마블링
⑤ 데칼코마니

69 다음 행성 중 공전주기가 가장 짧은 것은?

① 지구　　　② 수성
③ 천왕성　　　④ 토성
⑤ 목성

70 경제적 불평등이 클수록 세대 간 계층 이동성이 낮다는 것을 보여주는 곡선은?

① 로렌츠 곡선
② 위대한 개츠비 곡선
③ 래퍼 곡선
④ 필립스 곡선
⑤ 무차별 곡선

● 다음 물음에 알맞은 답을 쓰시오. [71~100]

71 2025년 1월 출범하는 트럼프 2기 행정부에서 신설되는 부서로, 정부 예산을 효율적으로 운영하고 불필요한 지출을 줄이기 위해 고안된 부서. 11월 12일 일론 머스크 테슬라 최고경영자(CEO)와 인도계 사업가 비벡 라마스와미가 이 부서의 수장으로 지명됐는데, 이 부서는?

72 소말리아 북서부 옛 영국령 지역에 위치한 국가로, 1991년 소말리아와 내전을 통해 분리 독립했으나 국제사회의 승인은 얻지 못한 미승인 국가이다. 그러나 자체 화폐와 여권·군대를 보유하고 있는 등 사실상 자치적으로 운영되고 있는 이 국가는?

73 러시아가 11월 21일 우크라이나 드니프로로 미사일을 발사한 가운데, 푸틴 러시아 대통령은 이 미사일이 최신 중거리미사일 시스템 중 하나라고 밝혔다. 러시아어로 「개암나무」라는 뜻으로, 「다탄두 각개목표설정 재돌입 비행체(MIRV)」로 평가되는 이 미사일의 명칭은?

_____

74 1938년 11월 9일 나치 대원들이 독일 전역의 수만 개에 이르는 유대인 가게를 약탈하고 250여 개 시나고그(유대교 사원)에 방화했던 날로, 당시 파괴된 유리 파편들이 반짝거리며 온 거리를 가득 메운 데서 붙은 명칭이다. 무엇인가?

_____

66 대통령의 권한은 크게 「국가원수로서의 권한」과 「행정부 수반으로서의 권한」으로 나뉜다. 행정부 수반으로서의 권한으로는 행정부 지휘·감독권, 공무원 임면권, 대통령령 발포권, 법률안 거부권 등이 있다.
① 국정조정권은 국가원수로서의 권한으로, ▷국회 임시회 집회 요구권 ▷헌법 개정안 제안권 ▷국민투표 부의권 ▷사면권 등이 있다.

67 ① 부신피질에서 생성되는 스테로이드 호르몬의 일종
② 집단 내 구성원 상당수가 전염병에 대한 면역을 갖게 되면 그 집단 전체가 면역을 가진 것처럼 보이는 현상
④ 면역체계의 이상으로 민생염증이 일어나고 면역력이 떨어지는 난치성 접십질환
⑤ 인체에 바이러스가 침투했을 때 면역 물질인 사이토카인이 과다하게 분비돼 정상 세포를 공격하는 현상

68 ① 「붙인다」는 뜻을 갖는 근대 미술의 특수 기법 중 하나로 벽지, 서책의 삽화, 사진, 무늬가 있는 천 등을 모아 붙여서 화면을 구성한다.
② 윤곽선을 마치 안개에 싸인 것처럼 표현해 명확히 구분하지 못하도록 하는 명암법이다.
③ 돌, 나무, 등 여러 가지 재료 위에 종이를 대고 연필, 크레용 등으로 문질러 이미지를 만들어 내는 기법이다.
⑤ 어떠한 무늬를 특수 종이에 찍어 얇은 막을 이루게 한 뒤 다른 표면에 옮기는 회화기법을 말한다.

69 행성이 태양에 가까울수록 공전주기가 짧다. 수성의 공전주기는 약 88일이다.
① 약 365일 ③ 약 84년 ④ 약 29년 ⑤ 약 12년

70 ② 위대한 개츠비 곡선은 소득불평등 정도가 높은 국가에서 세대 간 소득탄력성, 즉 부모의 소득과 자녀가 성인이 된 후의 소득이 비슷한 정도가 높게 나타났다는 것을 보여준다.
① 소득 분포의 불평등도를 나타내는 곡선
③ 세수와 세율 간의 관계를 나타내는 곡선
④ 실업률과 임금상승률의 반비례 관계를 나타내는 곡선
⑤ 소비자에게 동일한 효용을 주는 상품들을 나타내는 곡선

66. ① 67. ③ 68. ④ 69. ② 70. ② 71. **정부효율부**(DOGE · Department of Government Efficiency) 72. **소말릴란드**(Republic of Somaliland) 73. **오레시니크**(Oreshnik) 74. **수정의 밤**(Kristallnacht)

75 「부패하고 무능한 최악의 인물이 통치하는 체제」를 일컫는 용어로, 1644년 당시 영국 국왕이었던 찰스 1세가 막대한 세금을 부과하려다 의회파 등의 반란에 직면한 데서 유래된 말이다. 이 용어는?

_____

76 중국 후룬연구소가 10월 29일 발표한 「2024 중국 부자 리스트」에 따르면 이 기업의 창업자 장이밍 회장이 순자산 3500억 위안을 기록하며 중국 최고 부호에 올랐다. 중국의 인공지능(AI)·콘텐츠 스타트업 기업으로, 틱톡의 모회사인 이 기업은?

_____

77 고객이 상품을 주문하면 15분~1시간 만에 배송지로 상품을 배송하는 즉시배송 서비스로, 당일배송이나 새벽배송보다 훨씬 빠르다는 특징이 있다. 무엇인가?

_____

78 금융시장 위기가 우려되는 상황으로 판단될 경우 일시적 어려움에 부딪힌 금융사에 선제적으로 유동성 공급 또는 자본확충을 지원하는 제도를 무엇이라 하는가?

_____

79 기업경기실사지수(BSI) 가운데 주요지수 (제조업 5개·비제조업 4개)를 바탕으로 산출한 심리지표로, BSI를 보완하는 지표로 활용하기 위해 개발된 것이다. 무엇인가?

_____

80 민법상 「부부 중 한쪽이 혼인 전부터 가진 고유재산과 혼인 중 자기 명의로 취득한 재산」으로, 결혼 전 부모로부터 증여받은 주식이나 부동산 등이 이에 해당한다. 무엇인가?

_____

81 브라질, 아르헨티나, 우루과이, 파라과이 등 남미 4개국이 1995년 1월 1일부터 무역장벽을 전면 철폐함에 따라 출범한 남미 공동시장을 무엇이라 하는가?

_____

82 국내외 시장에서 차지하는 기술적·경제적 가치가 높거나 관련 산업의 성장잠재력이 높아 해외로 유출될 경우에 국가의 안전보장 및 국민경제의 발전에 중대한 악영향을 줄 우려가 있는 산업기술로, 산업기술보호법에 따라 지정된다. 무엇인가?

_____

83 한 지역의 생태계를 특징적으로 나타내는 동·식물로, 생태·지리·사회·문화적 특성을 반영해 지역을 대표하고 보호할 가치가 있는 상징적 생물종을 말한다. 무엇인가?

✐ _____

84 명문대 진학과 대기업 입사에만 몰두하는 한국 사회의 현상을 이르는 말로, 2022년 경제협력개발기구(OECD)의 〈한국경제보고서〉에 처음 등장한 용어다. 무엇인가?

✐ _____

85 일본 지자체들이 나날이 심각해져가는 빈집 문제를 해결하기 위해 운영 중인 기구로, 빈집 정보를 웹사이트 등에 소개해 매수와 매도를 지원하는 서비스 등을 제공한다. 무엇인가?

✐ _____

86 음식물을 정상적으로 섭취·소화·흡수·대사할 수 있는 능력이 제한되거나 질병·수술 등으로 인해 일반인과 특별히 다른 영양요구량을 가진 사람에게 제공하는 식품을 무엇이라 하는가?

✐ _____

87 프랑스 센강 시테섬에 위치한 고딕 양식의 성당으로, 2019년 4월 15일 보수공사 도중 원인 모를 화재가 발생해 일부가 훼손된 바 있다. 이후 복원 작업에 들어가 12월 7일 재개관 기념식을 가진 이 성당은?

✐ _____

88 바티칸이 10월 29일 올해 크리스마스 이브부터 1년간 이어지는 가톨릭 희년(禧年)을 상징하는 공식 캐릭터를 발표했다. 라틴어와 이탈리아어로 「빛」을 뜻하는 이 캐릭터의 명칭은?

✐ _____

89 옥스포드 사전을 편찬하는 영국 옥스퍼드대가 12월 2일 선정한 올해의 단어로, 온라인상의 많은 정보를 과잉 소비하면서 인간의 정신적·지적 상태가 퇴보한다는 뜻을 담고 있는 말이다. 무엇인가?

✎ _____

90 벽에 테이프로 바나나 한 개를 고정한 이탈리아 설치미술 작가 마우리치오 카텔란의 작품으로, 2019년 미국 마이애미 아트페어에서 처음 선보인 뒤 미술계에 큰 반향을 일으켰다. 11월 20일 미국 뉴욕에서 열린 경매에서 낙찰가 620만 달러에 판매되며 화제를 모은 이 작품은?

✎ _____

91 미국여자프로골프(LPGA)에서 최저 평균타수를 기록한 선수에게 수여하는 상으로, 한 시즌 70라운드 이상 출전한 선수 중 평균 최저 타수를 기록한 골퍼에게 시상한다. 이 상은?

✎ _____

92 운동 경기에서 정규리그 하위권 팀이 다음 시즌 신인 드래프트에서 상위 지명권을 얻는 것을 노려 경기에서 고의로 지는 경우를 이르는 용어는?

✎ _____

93 우리나라의 T1이 11월 2일 열린 세계 최대 e스포츠 대회인 「리그오브레전드(LoL) 월드 챔피언십(롤드컵)」에서 정상을 차지했다. 이와 관련, 롤드컵 우승팀에 수여되는 우승컵의 명칭은?

✎ _____

94 미국 메이저리그(MLB)에서 활약하고 있는 외야수로, 12월 9일 뉴욕 메츠와 15년 7억 6500만 달러에 입단계약을 맺었다. 이는 전 세계 프로스포츠를 통틀어 단일 계약 기준 1조 원이 넘는 최초의 초대형 계약인데, 이 선수는?

✎ _____

95 호스트 컴퓨터의 위치를 확인할 수 있도록 도와주는 인터넷 주소로, 문자열로 표현된 주소를 가리킨다. 영문자(A~Z), 숫자(0~9) 또는 하이픈(–)의 조합으로 이뤄진 이 인터넷 주소는?

✎ _____

96 양자컴퓨터는 0 또는 1의 값만 갖는 비트(Bit) 대신 0과 1이 양자물리학적으로 중첩된 상태인 이것을 기본 단위로 한다. 무엇인가?

✎ _____

97 1992년 3월 취항해 33년간 6894일·68만km 거리를 운항한 한국해양과학기술원(KIOST)의 연구선으로, 11월 26일 퇴역했다. 이 연구선은?

🖉 _____

98 개인의 일정 관리와 통신 기능 등 사용자의 요구에 맞게 다양한 작업을 자동으로 수행하고 지원하는 인공지능(AI) 시스템을 이르는 용어는?

🖉 _____

99 탄소와 불소의 강한 결합으로 이뤄져 있어 잘 분해되지 않고 열과 오염에 강한 물질로, 탄화수소의 기본 골격 중 수소가 불소로 치환된 형태의 물질은?

🖉 _____

100 QR코드를 찍으면 악성링크로 접속되거나 직접 악성코드가 심어지는 신종 금융범죄 기법으로, 정상 QR코드를 다른 QR코드로 바꾸거나 기존 QR코드 위에 다른 코드를 덮는 방식으로 이뤄진다. 무엇인가?

🖉 _____

🎯 89. 뇌 썩음(Brain rot) 90. 코미디언(Comedian) 91. 베어 트로피(Vare trophy) 92. 탱킹(Tanking) 93. 소환사의 컵(Summoner's Cup) 94. 후안 소토(Juan Soto) 95. 도메인(Domain) 96. 큐비트(Quantum bit) 97. 이어도호 98. AI 에이전트(AI Agent) 99. 과불화화합물(PFC·Poly-and Perfluorinated Compounds) 100. 큐싱(Qshing)

한국사능력테스트

01 다음 유적지에 거주하던 사람들에 대한 설명으로 바른 것은?

> - 황해도 봉산 지탑리
> - 강원도 양양 지경리
> - 평안남도 온천 궁산리
> - 경기도 하남 미사리

① 목책(木柵), 토성(土城), 환호(環濠) 등의 시설을 설치하였다.
② 곡식의 이삭을 자르는 데 반달돌칼을 이용하였다.
③ 마제석검(간돌검)을 의기 또는 무기로 사용하였다.
④ 조가비 또는 짐승의 뼈로 치레걸이를 제작하였다.
⑤ 덧띠토기와 검은간토기를 제작하여 사용했다.

💡 제시된 유적지들은 신석기 시대의 유적지이다.
　④ 치레걸이는 신체나 의복에 붙여 장식을 하거나 신분의 상징성을 나타내기 위해 만들어진 도구의 총칭으로, 우리나라에서는 신석기 시대 이래로 나타난다.
　① 목책, 토성, 환호 등의 방어 시설은 청동기 때 정복전쟁이 시작되면서 등장하였다.
　② 청동기 시대 ③ 청동기 시대 ⑤ 철기시대

02 (가)가 세운 왕조 때의 상황으로 옳은 것을 〈보기〉에서 모두 고르면?

> _____(가)_____ 이/가 망명하여 호복(胡服)을 하고 동쪽의 패수를 건너 준왕에게 투항하였다. … 준왕은 그를 믿고 총애하여 … 백 리의 땅을 봉해 서쪽 변경을 지키도록 하였다.

보기
　㉠ 상, 대부, 장군 등의 관직이 처음 설치되었다.
　㉡ 연의 장수 진개의 침략으로 서쪽 땅을 상실하였다.
　㉢ 북방의 흉노와 연결되어 한(漢)나라에 위협이 되었다.
　㉣ 진(辰)과 한(漢) 사이의 중계무역으로 이익을 얻었다.

① ㉠, ㉡　　　　② ㉠, ㉢　　　　③ ㉡, ㉢　　　　④ ㉡, ㉣　　　　⑤ ㉢, ㉣

💡 (가)에 들어갈 인물은 위만이므로, 위만조선에 대한 문제이다.
　㉠과 ㉡은 위만 집권 이전, 즉 단군조선에 대한 설명이다.
　㉢, ㉣ 위만조선은 철의 산지인 요동을 군사적으로 위협하고 중계무역을 독점하였기 때문에, 한(漢)의 경제적 손실이 컸다. 또한 위만조선이 북방의 흉노와 연결되어 한을 위협하게 되자 결국 한무제가 침입하게 되었다.

03 다음 자료에서 밑줄 친 왕에 대한 설명으로 가장 옳은 것은?

> 밑줄 친 왕은 6품 이상은 자주빛 옷을 입고 은꽃으로 관을 장식하고, … 16품 이상은 푸른 옷을 입게 하라는 명령을 내렸다.

① 불교를 공인하고 유교 교육 기관인 태학을 설립하였다.

② 삼국 중 최초로 율령을 반포하였고, 6좌평 제도를 정비하였다.

③ 중국 남조의 양에 사신을 파견하여 다시 강국이 되었다고 천명하였다.

④ 최초의 중앙 부서로 병부를 설치하였고, 화백회의 의장인 상대등도 설치하였다.

⑤ 왕위 부자 상속을 확립하고, 부족적 5부를 행정적 5부로 전환하였다.

💡 관등이 16품까지라는 점, 관복의 순서가 「자색 → (비색) → 청색」이라는 점 등을 통해 백제임을 알 수 있다. 관등과 관복은 율령에 포함되는 내용이므로, 백제의 율령을 반포한 3세기 고이왕에 대한 문제이다.
① 4세기 고구려 소수림왕 ③ 6세기 백제 무령왕 ④ 6세기 신라 법흥왕 ⑤ 2세기 고구려 고국천왕

04 다음 자료를 저술한 승려에 대한 설명으로 가장 적절한 것은?

> 열면 헬 수 없고 가없는 뜻이 대종(大宗)이 되고, 합하면 이문(二門) 일심(一心)의 법이 그 요체가 되어 있다. 그 이문 속에 만 가지 뜻이 다 포용되어 조금도 혼란됨이 없으며 가없는 뜻이 일심과 하나가 되어 혼융된다. 이런 까닭에 전개, 통합이 자재하고, 수립, 타파가 걸림이 없다. 펼친다고 번거로운 것이 아니고 합친다고 좁아지는 것도 아니다. 그리하여 수립하되 얻음이 없고 타파하되 잃음이 없다.

① 선덕여왕에게 황룡사 9층 목탑의 조성을 건의하였다.

② 당의 현장에게서 유식 불교를 배우고 서명학파를 성립시켰다.

③ 문무왕이 경주에 도성을 쌓으려고 할 때 민심을 강조하면서 만류하였다.

④ 귀족 중심의 불교에서 소외된 계층을 구제하고자 불교 대중화 운동을 벌였다.

⑤ 인도와 중앙아시아 여러 나라를 순례하고 돌아와 《왕오천축국전》을 남겼다.

💡 자료는 원효의 저서 《대승기신론소》의 일부 내용으로, 「일심(一心)」을 통해 원효임을 알 수 있다. 원효는 어려운 경전을 이해하지 못해도 「나무아미타불」의 염불만 하면 극락으로 왕생할 수 있다는 아미타 신앙을 내세웠다. 이 때문에 무지하고 가난한 민중들에게 환영 받아 불교 대중화에 크게 기여하였다.
① 자장 ② 원측 ③ 의상 ⑤ 혜초에 대한 설명이다.

05 밑줄 친 「이 책」의 저자가 활동했던 시기와 가장 가까운 사실은?

> 이 책은 프랑스 학자 펠리오가 간쑤성 둔황에서 발견한 것으로, 중천축국·남천축국·북천축국 등과 대식국(아라비아)을 거쳐 중앙아시아 주위를 지나 파미르 고원을 넘어 중국 영토인 쿠차에 도착하기까지의 여정을 담고 있다. 대체로 방문한 나라 단위로 서술하고 있으며, "파사국(페르시아)의 의상은 예부터 헐렁한 모직 상의를 입었고 수염과 머리를 깎으며 빵과 고기를 먹는다."와 같이 여행 과정에서 보고 들은 여러 나라의 풍습을 사실적으로 묘사하고 있어 인도와 중앙아시아의 역사를 연구하는 데 중요한 자료가 되고 있다.

① 경·율·론의 삼장으로 구성된 대장경이 편찬되었다.
② 굴식돌방무덤의 둘레돌에 12지신상을 조각하는 독특한 양식이 등장하였다.
③ 부드러운 자태와 온화한 미소를 띠고 있는 서산마애삼존불이 제작되었다.
④ 정통과 대의명분을 강조하는 성리학적 유교 사관의 사서(史書)가 간행되었다.
⑤ 주심포 양식과 팔작지붕 양식의 부석사 무량수전이 건립되었다.

💡 밑줄 친 「이 책」은 혜초의 《왕오천축국전》으로, 혜초는 신라 중대에 활동했던 승려이다. 이에 해당하는 것은 ② 통일신라다.
① 고려시대 ③ 삼국시대 백제 ④ 고려 말 이후 ⑤ 고려 후기에 해당한다.

06 가야와 삼국의 항쟁 과정을 순서대로 올바르게 배열한 것은?

> ㉠ 백제와 연합하여 관산성 전투에 참여하였다.
> ㉡ 금관가야가 신라에 점령당하였다.
> ㉢ 진흥왕은 대가야를 정벌하고 창녕비를 세웠다.
> ㉣ 고구려군의 남하로 전기 가야 연맹이 해체되었다.

① ㉠ - ㉡ - ㉢ - ㉣
② ㉡ - ㉣ - ㉠ - ㉢
③ ㉢ - ㉠ - ㉣ - ㉡
④ ㉣ - ㉢ - ㉡ - ㉠
⑤ ㉣ - ㉡ - ㉠ - ㉢

💡 ㉣ 5세기 초 고구려 광개토대왕의 왜구 격퇴 과정에서 전기 가야 연맹이 해체되었다. → ㉡ 6세기 법흥왕에 의해 금관가야가 멸망하였다. → ㉠ 6세기 신라 진흥왕과 백제 성왕과의 관산성 전투에서 대가야는 백제와 연합하여 신라에 맞서 싸웠다. → ㉢ 관산성 전투에서 승리한 신라 진흥왕은 백제와 연합했던 대가야를 멸망시켰다.

07 밑줄 친 「왕」의 재위기에 있었던 일로 가장 옳은 것은?

> 왕이 어느 날 홀로 한참 통곡하였다. 이자겸의 십팔자(十八子)가 왕이 된다는 비기(祕記)가 원인이 되어 왕위를 찬탈하려고 독약을 떡에 넣어 왕에게 드렸던 바, 왕비가 은밀히 왕에게 알리고 떡을 까마귀에게 던져 주었더니 까마귀가 그 자리에서 죽었다.

① 주전도감을 설치하고 은병 등의 화폐를 주조하였다.
② 윤관이 별무반을 이끌고 여진을 정벌, 함흥평야 일대에 9성을 설치하였다.
③ 김부식이 고대사를 내용으로 하는 편년체 사서인 《삼국사기》를 편찬하였다.
④ 국자감의 경사 6학을 정비하고, 향교를 중심으로 하여 지방 교육을 강화하였다.
⑤ 기철 등 친원 세력을 숙청하고, 원이 차지하고 있던 철령 이북을 무력으로 탈환하였다.

💡 자료의 이자겸을 통해 밑줄 친 「왕」이 인종임을 알 수 있다.
　④ 인종은 관학 진흥책으로 국자감의 경사 6학을 정비하면서 향교를 보급하여 지방 교육을 강화하였다.
　① 숙종 ② 예종 ⑤ 공민왕에 대한 설명이다.
　③ 인종 때 김부식이 《삼국사기》를 편찬한 것은 맞지만, 《삼국사기》는 편년체가 아니라 기전체 사서이므로 틀린 보기이다.

08 밑줄 친 「이 시기」에 해당하는 문화적 사실을 〈보기〉에서 모두 고르면?

> 이 시기에는 지배층인 문벌 귀족의 특성이 반영된 귀족적이고 보수적인 성격의 문화가 발달하였다.

보기
㉠ 법상종, 화엄종 등 교종 종파가 번성하였다.
㉡ 문헌공도를 비롯한 사학 12도가 융성하였다.
㉢ 독창적 기법인 상감법을 개발하여 자기를 만들었다.
㉣ 충남 논산에 관촉사 석조 미륵보살 입상이 건립되었다.
㉤ 고대의 설화나 전래 기록을 수록한 《삼국유사》가 편찬되었다.

① ㉠, ㉡, ㉢
② ㉠, ㉡, ㉣
④ ㉢, ㉣, ㉤
③ ㉡, ㉢, ㉣
⑤ ㉠, ㉡, ㉢, ㉣, ㉤

💡 「이 시기」는 고려 중기에 해당하며, ㉣은 고려 초기, ㉤은 고려 말기에 대한 설명이다.
　㉠ 고려 중기는 문벌귀족 시기이므로 교종이 번성하였다.
　㉡ 고려 중기에 사학이 융성하고 관학이 쇠퇴하여 관학 진흥책이 실시되었다.
　㉢ 상감청자는 12세기 중반부터 13세기 중반까지 제작되었다. 상감청자가 만들어지기 시작한 12세기 중반은 무신정변(1170년, 12세기 후반)이 발생하기 직전에 해당하므로 문벌귀족 시기, 즉 고려 중기가 맞다.

🎯 5. ② 6. ⑤ 7. ④ 8. ①

09 다음 자료에서 밑줄 친 「오랑캐」에 대해 옳게 설명한 것을 〈보기〉에서 고르면?

> "신이 오랑캐에게 패한 것은 그들은 기병인데 우리는 보병이라 대적할 수 없었기 때문이었습니다." 이에 왕에게 건의하여 새로운 군대를 편성하였다. 문무 산관, 이서, 상인, 농민들 가운데 말을 가진 자를 신기군으로 삼았고, 과거에 합격하지 못한 20살 이상 남자들 중 말이 없는 자를 모두 신보군에 속하게 하였다. 또 승려를 뽑아서 항마군으로 삼아 다시 군사를 일으키려 하였다.
>
> – 「고려사절요」

보기
> ㉠ 926년 발해를 멸망시켰다.
> ㉡ 박서가 귀주성에서 이들을 격퇴하였다.
> ㉢ 묘청은 이들을 정벌할 것을 주장하였다.
> ㉣ 남북국시대에는 이들을 말갈이라 불렀다.

① ㉠, ㉡   ② ㉠, ㉢   ③ ㉡, ㉢   ④ ㉡, ㉣   ⑤ ㉢, ㉣

💡 자료의 신기군, 신보군, 항마군에서 윤관의 별무반에 대한 설명임을 알 수 있으므로, 밑줄 친 오랑캐는 여진족을 의미한다.
ㄱ 거란족 ㄴ 몽골의 1차 침략에 관한 설명이다.

10 다음 글이 수록된 역사서에 대한 설명으로 옳은 것은?

> 중국은 반고로부터 금(金)까지이고, 우리나라는 단군으로부터 본조(本朝)까지이온데, … 흥망성쇠의 같고 다름을 비교하여 매우 중요한 점을 간추려 운(韻)을 넣어 옳고 거기에 비평의 글을 덧붙였나이다.
> 요동에 따로 한 천지가 있으니 / 뚜렷이 중국과 구분되어 나누어져 있도다.
>   … (중략) …
> 처음 누가 나라를 열고 풍운을 일으켰던가. / 하느님[釋帝]의 손자 그 이름하여 단군이라.

① 정도전이 고려의 역사를 재상 중심으로 정리하였다.
② 서거정 등 훈구파가 골격을 세우고 이후 사림파가 사론을 썼다.
③ 불교사를 중심으로 고대의 민간 설화 등이 수록되었다.
④ 이제현이 성리학적 유교 사관에 의해 저술하였다.
⑤ 고조선부터 충렬왕 때까지의 역사를 서사시로 정리하였다.

💡 자료의 「요동에 따라 한 천지가 있으니 / 뚜렷이 중국과 구분되어 나누어져 있도다.」에서 이승휴의 《제왕운기》임을 알 수 있다. 고려 말 충렬왕 때 편찬된 《제왕운기》는 단군부터 고려 충렬왕 때까지의 역사를 한시(漢詩)로 쓴 것이다.
① 조선 초 태조 때 편찬된 정도전의 《고려국사》에 대한 설명이다.
② 조선 성종 때 편찬된 《동국통감》에 대한 설명이다.
③ 고려 말 충렬왕 때 편찬된 일연의 《삼국유사》에 대한 설명이다.
④ 고려 말 공민왕 때 편찬된 이제현의 《사략》에 대한 설명이다.

11 (가)와 (나) 사이의 시기에 해당하는 사실을 고르면?

> (가) 중국의 제도는 준수하지 않을 수 없습니다. 그러나 사방의 습속은 지역에 따라 다릅니다. 그중 예악·시서의 가르침과 군신·부자의 도리는 중국을 본받아 비루함을 고치도록 하고, 그 밖의 수레와 의복 제도는 우리의 풍속을 따르게 하여 사치와 검약을 알맞게 하면 됩니다.
>
> (나) 신 등이 서경 임원역의 땅을 보니 이는 음양가가 말하는 대화세(大華勢)입니다. 그곳에 궁궐을 세워 옮겨 가시면 천하를 아우를 수 있을 것이니, 금나라도 예물을 가지고 스스로 항복해 오며 주변 36국 모두가 우리의 신하가 될 것입니다.

① 부여성에서 비사성에 이르는 천리장성이 축조되었다.
② 관품(官品)과 인품(人品)을 반영한 전시과를 지급하기 시작했다.
③ 운문의 김사미와 초전의 효심이 유민을 규합하여 난을 일으켰다.
④ 후주에서 귀화한 쌍기의 건의로 과거제도를 처음 시행하였다.
⑤ 국자감에 서적포라는 출판소를 두어 서적 간행을 활성화하였다.

💡 (가) 성종 때 최승로의 시무28조, (나) 인종 때 묘청의 서경천도 운동에 관한 내용이므로 성종~인종 사이의 사실을 고르는 문제이다.
　① 부여성~비사성은 고구려의 천리장성이다. 고려 현종 때 축조되기 시작한 천리장성은 「압록강~도련포」라고 해야 맞다.
　② 관품과 인품을 반영한 전시과는 시정전시과이고, 시정전시과는 경종 때 지급하기 시작했으므로 (가) 이전에 해당한다.
　③ 무신정권 시기의 난이므로 (나) 이후이다. ④ 광종 때에 대한 설명이므로 (가) 이전이다.
　⑤ 숙종의 관학진흥책에 대한 설명이므로 (가)와 (나) 사이에 해당한다.

12 다음은 시기별 국경선을 표시한 지도이다. (가)에서 (나)로 변화되어 가는 과정에서 만들어졌던 국가유산으로 가장 적절한 것을 고르면?

① 서양 문물의 수용, 곤여만국전도
② 중국 중심 세계관의 극복, 지전설
③ 한양 기준 역법서의 편찬, 칠정산
④ 외적을 물리치기 위해 제작, 팔만대장경
⑤ 세계 최초의 금속활자본, 상정고금예문

💡 (가) 고려 공민왕 때 확장된 국경선, (나) 조선 세종 때 4군 6진 개척을 통해 확장된 국경선이다.
　③ 「칠정산」은 조선 세종 때 제작된 역법이다.
　① 마테오리치의 「곤여만국전도」는 조선 후기에 전래되었으므로 (나) 이후에 해당한다.
　② 지전설을 주장한 김석문, 홍대용 등은 조선 후기이므로 (나) 이후에 해당한다.
　④, ⑤ 「팔만대장경」과 「상정고금예문」은 고려 고종 때(최우 집권기) 제작되었으므로 (가) 이전에 해당한다.

9. ⑤　10. ⑤　11. ⑤　12. ③

13 다음은 임진왜란 시기에 벌어진 사건들이다. (가), (나) 사이의 시기에 있었던 사실로 가장 옳은 것은?

> (가) 왜적들은 세 개로 부대를 나누어 번갈아가며 쳐들어왔으나 모두 패하고 달아났다. 때마침 날이 저물자 왜적들은 서울로 돌아갔다. 권율은 군사들로 하여금 왜적의 시체를 나뭇가지에 걸어놓아 그 맺혔던 한을 풀었다.
>
> (나) 벽파정 뒤에 명량이 있는데 숫자가 적은 수군으로서는 명량을 등지고 진을 칠 수 없었다. 이에 여러 장수들을 불러 모아 말하기를, "반드시 죽고자 하면 살고 살려고 하면 죽는다."고 하였다.

① 임시 기구였던 비변사가 상설 기구화되었다.
② 신립이 충주 탄금대 전투에서 크게 패하였다.
③ 일본은 도쿠가와 이에야스(德川家康)가 에도막부를 수립하였다.
④ 휴전 협정이 결렬되자 일본군의 재침으로 정유재란이 일어났다.
⑤ 선조가 사망하고 광해군이 국왕으로 즉위하였다.

💡 (가) 권율의 행주대첩, (나) 이순신의 명량대첩에 관한 내용이다.
　① 비변사는 을묘왜변을 계기로 상설 기구화되었으므로 (가) 이전에 해당한다.
　② 충주 탄금대 전투는 행주 대첩 이전이므로 (가) 이전에 해당한다.
　③ 전쟁 이후의 사실이므로 (나) 이후에 해당한다.
　⑤ 선조는 임진왜란(1592~1598)이 끝난 뒤인 1608년에 사망하였으므로 (나) 이후에 해당한다.

14 다음 글이 쓰여진 시기의 국가유산을 고르면?

> 우리나라의 글은 송·원의 글도 아니고, 또한 한·당의 글도 아니며, 바로 우리나라의 글인 것입니다. 마땅히 중국 역대의 글과 나란히 천지 사이에 행하게 하여야 할 것입니다. 어찌 사라져 전함이 없게 하겠습니까? … 저희들은 높으신 위촉을 받자와 삼국시대로부터 지금에 이르기까지의 사·부·시·문 등 여러 가지 문체를 수집하여 이 가운데 문장과 이치가 아주 바르고, 교화에 도움이 될 만한 것을 취하여 분류하고 정리하였습니다.

① 경천사 10층 석탑
② 부석사 소조 아미타여래 좌상
③ 김홍도의 풍속화
④ 분청사기
⑤ 법주사 팔상전

💡 제시된 자료는 15세기 성종 때 간행된 《동문선》의 서문이므로, 조선 전기 15세기의 국가유산을 고르면 된다.
　① 고려 후기 ② 고려 중기 ③ 조선 후기(18세기) ④ 조선 전기(15세기) ⑤ 조선 후기(17세기)

15 밑줄 친 「왕」이 추진한 정책으로 옳은 것을 〈보기〉에서 고르면?

> 왕은 무신년에 일어난 이인좌의 난을 진압한 후 붕당 간의 다툼을 금하고자, 「신의가 있고 아첨하지 않는 것은 군자의 마음이요, 아첨하고 신의가 없는 것은 소인의 사사로운 마음이다」라는 내용의 친필 비석을 성균관에 세웠다.

> **보기**
> ㉠ 《여지도서》, 《속병장도설》 등의 서적을 간행하였다.
> ㉡ 재야의 산림을 중용하여 탕평파를 조직하였다.
> ㉢ 이조전랑의 자기 후임자 추천권과 3사 관리 선발권을 폐지하였다.
> ㉣ 수령이 향약을 주관하게 하여 수령의 권한을 강화시켰다.

① ㉠, ㉡ 　　　② ㉠, ㉢ 　　　③ ㉡, ㉢ 　　　④ ㉡, ㉣ 　　　⑤ ㉢, ㉣

💡 제시된 자료는 영조가 성균관에 세운 탕평비의 내용이다.
　㉡ 영조가 당파색이 적은 인물을 중심으로 탕평파를 조직한 것은 맞지만, 「산림을 중용하여」는 틀린 부분이다. 영조는 붕당의 정신적 지주였던 산림을 중용한 것이 아니라 부정하였다.
　㉣ 정조에 대한 설명이다.

16 다음 주장을 펼친 인물이 쓴 저서에 대해 옳게 설명한 것은?

> 사람 중에 간사하고 함부로 하는 자가 없다면 천하가 왜 다스려지지 않겠는가? 간사하고 함부로 하는 것은 재물이 모자라는 데에서 생기고 재물이 모자라는 것은 농사에 힘쓰지 않는 데에서 생긴다. 농사에 힘쓰지 않는 자 중에 그 좀이 여섯 종류가 있는데, 장사꾼은 그 중에 들어 있지 않다. 첫째가 노비(奴婢)요, 둘째가 과업(科業)이요, 셋째가 벌열(閥閱)이요, 넷째가 기교(技巧)요, 다섯째가 승니(僧尼)요, 여섯째가 게으름뱅이이다.

① 중국의 고사를 예로 들어 백성이 나라의 근본임을 밝히려 하였다.
② 천문·지리·관제 및 마테오 리치의 《천주실의》 등을 소개하였다.
③ 실옹과 허자의 문답 형식을 빌려 고정관념을 비판하고 지전설을 피력하였다.
④ 야사(野史) 400여 종을 참고하여 조선의 정치와 문화를 객관적으로 서술하였다.
⑤ 천지·만물·인사·경사·시문 등 5개 부분으로 나누어 우리나라와 중국의 문화를 백과사전식으로 소개하였다.

💡 성호 이익에 대한 문제이다. 이익은 《성호사설》과 《곽우록》을 저술하였는데, 《성호사설》에서는 천지·만물·인사·경사·시문 등 5개 부분으로 나누어 우리나라 및 중국의 문화를 백과사전식으로 소개하였고, 《곽우록》에서는 국가 제도 전반에 대한 문제점과 해결책을 제시하였다.
　① 정약용의 《탕론》 ② 이수광의 《지봉유설》 ③ 홍대용의 《의산문답》 ④ 이긍익의 《연려실기술》에 대한 설명이다.

🎯 13. ④ 14. ④ 15. ② 16. ⑤

17 다음 노래와 관련된 역사적 사실을 조사할 때 탐구 주제로 가장 적절한 것은?

> 사면 풍우 해진 집에 남의 빚은 한 길이 넘소 / 만일 이 빚 못 갚아서 집터조차 빼앗기면
> 의지 잃은 우리 동포 길거리에 방황하여
>
> …
>
> 담배 석 달 먹지 말고 나라 빚을 갚아 보자 / 동맹 발기하던 날에 전국 동포 호응하여
> 불 당기듯 일어나니 천의 민심 아니런가

① 국외 동포들의 이주 배경
② 시전상인들의 상권 수호 운동
③ 조선물산장려회의 활동 내용
④ 일본으로부터 거액의 차관을 도입하게 된 배경
⑤ 일본의 이권 침탈을 막기 위한 보안회의 활동

💡 제시된 자료에는 담배를 끊어 나라 빚을 갚자는 내용이 나타나 있다. 국채보상운동은 일제의 차관 제공에 따른 국채를 갚기 위해 국민들이 전개한 경제자립운동이었다.

18 (가)~(마)에 들어갈 내용으로 적절하지 않은 것은?

탐구 학습 과제

• 주제: 인물을 통한 한국사의 이해
• 목표: 역사 속의 인물들이 그 시대의 핵심적인 문제에 대해 어떤 입장을 취하였는지 알아본다.
• 탐구 대상과 선정 이유

학생	탐구 대상	선정 이유
갑	진흥왕과 성왕	(가)
을	최영과 이성계	(나)
병	송시열과 윤휴	(다)
정	김홍집과 유인석	(라)
무	이승만과 김구	(마)

① (가): 한강 유역을 차지하기 위해 대립했기 때문에
② (나): 요동 정벌에 대해 서로 다른 입장을 취했기 때문에
③ (다): 주자의 학설에 대한 이해 방식이 달랐기 때문에
④ (라): 을미개혁에 대한 입장이 달랐기 때문에
⑤ (마): 신탁 통치에 대해 찬반으로 나뉘어 대립했기 때문에

💡 ⑤ 이승만과 김구는 당시 신탁통치 결정에 대해 모두 반대하는 입장이었다.

19 밑줄 친 「이 단체」에 대한 설명으로 옳은 것은?

> 이 단체는 경상도 일대에서 박상진, 채기중 등을 중심으로 조직되어 전국적으로 확대되었으며, 만주에도 지부를 두었다. 이들은 일제와의 군사 대결을 통하여 나라를 되찾는다는 계획 아래 군자금을 모집하고 무기를 구입하여 독립군을 양성하려 하였다. 이에 일제의 재산을 빼앗고, 부호들에게 의연금을 걷었으며, 협조하지 않는 친일 부호를 처단하는 등 민족적 각성을 불러일으키기도 하였다.

① 고종의 비밀 지령으로 의병들을 모아 조직하였다.
② 국권 반환 요구서를 조선총독부에 제출하였다.
③ 봉오동 전투에서 일본군을 크게 격파하였다.
④ 공화 정체의 국가 건설을 지향하였다.
⑤ 3·1운동의 농촌 지역 확산에 기여하였다.

💡 밑줄 친 「이 단체」는 박상진, 채기중, 김좌진 등이 1915년에 조직한 비밀결사인 대한광복회이다.
　①, ② 독립의군부 ③ 홍범도의 대한독립군에 대한 설명이다.
　⑤ 대한광복회는 1918년에 일제에게 발각되어 박상진·채기중 등이 처형되고 김좌진은 만주로 망명하면서 해산되었다. 1919년에 발생한 3·1운동은 대한광복회 해산 이후이므로 맞지 않다.

20 다음 자료에서 언급된 친일파 청산에 대한 설명으로 옳지 않은 것은?

> 국회에서는 치안 혼란을 선동하고 있다. 즉 경찰을 체포하여 경찰의 동요를 일으킴은 치안의 혼란을 조장하는 것이다. 우리가 공산당과 싸우는 것은 그들이 조국을 남의 나라에 예속시키려는 반역 행위를 하기 때문에 싸우는 것이다. 과거에 친일한 자를 한꺼번에 숙청하였으면 좋을 것인데, 기나긴 군정 3년 동안에 못한 것을 지금에 와서 단행하면 앞으로 우리나라가 해나갈 일에 여러 가지 지장이 많을 것이다. 반민특위(반민족행위 특별 조사위원회)에서 반역자의 징치를 목적으로 한다면 해당자를 비밀리에 조사하여 사법부로 넘겨야 한다. — 「이승만 대통령 담화」(1949)

① 친일파 척결을 주도하던 국회의원들이 간첩 혐의로 체포되었다.
② 이승만 정부는 경찰을 동원하여 반민특위를 습격하고 직원들도 연행하였다.
③ 반민족 행위자에 대한 조사 활동은 처벌보다는 진상 규명을 목적으로 하였다.
④ 미군정은 조선총독부 출신 관료와 경찰들을 활용하면서 친일파 처단을 외면하였다.
⑤ 일부 우익 세력은 체포된 반민족 행위자들이 공산당과 싸운 애국자라며 이들의 석방을 요구하였다.

💡 제시된 자료는 친일파 청산을 위한 반민특위 활동에 불만을 표시한 이승만의 담화 내용이다.
　③ 반민족 행위 처벌법에 의한 반민특위의 활동은 진상 규명에만 그치지 않고 친일 반민족 행위자에 대한 형사처벌, 재산 몰수, 공민권 제한 등을 목적으로 하였다.

🎯 17. ④　18. ⑤　19. ④　20. ③

국어능력테스트

어휘·어법·어문규정

01 밑줄 친 단어 중 〈보기〉의 '확장된 의미'로 쓰이지 않은 것은?

> 보기
>
> '긁다'는 본래 '머리를 긁다'에서처럼 구체적인 행동을 가리키지만, 때로는 그 의미가 확장되어 '자존심을 긁다'에서처럼 추상적인 행동이나 상태를 나타낸다. 이와 같이 다의어는 기본적 의미와 확장된 의미를 지닌 단어이다.

① 책만 파던 사람이 세상 물정을 알겠니?
② 대학을 졸업한 아들이 취직을 해서 한시름 덜었다.
③ 그가 이를 얼마나 심하게 갈던지 잠을 잘 수가 없었다.
④ 한번 먹은 마음이 변하지 않도록 하자.
⑤ 윤기는 이번에 꼭 합격해야 한다는 생각이 굳어졌다.

💡 다의어에서 구체적 행동을 나타내는 의미가 기본적 의미이고 추상적 행동을 나타내는 것이 확장된 의미이다. ③에서 '갈던지'는 '이빨을 마주 대고 문지르다'는 구체적 의미를 지니기 때문에 기본적 의미에 해당한다.

02 다음 중 두 가지 이상의 의미로 풀이되지 않는 문장은?

① 건우와 용성이는 함께 축구를 했다.
② 경찰은 소리를 지르면서 도망치는 범인을 뒤쫓았다.
③ 경은이는 나보다 영화를 더 좋아한다.
④ 생일파티에 친구들이 다 오지 않았다.
⑤ 형이 공을 던지는 것이 이상하다.

💡 ① '함께'가 있어 축구를 한 주체가 누구인지 명확히 알 수 있다.
　② 소리를 지르는 주체가 '경찰'인지 '범인'인지 모호하다.
　③ '나보다'가 '나를 좋아하기보다'의 의미인지, '내가 영화를 좋아하는 것보다'의 의미인지 모호하다.
　④ '아무도 오지 않았다'는 뜻인지, '일부는 오고 일부는 오지 않았다'는 뜻인지 모호하다.
　⑤ '공을 던지는 모습이 이상하다'는 것인지 '(공을 던질 수 없는데) 공을 던지는 사실 자체가 이상하다'는 것인지 모호하다.

03 밑줄 친 부분이 어법에 어긋난 것은?

① 그는 그동안 다양한 전자 음악을 <u>만들어 왔다</u>.
② 그는 수지로 하여금 오늘 저녁 먹을 것을 <u>요리하게 하였다</u>.
③ 그 선생님의 수업은 항상 쪽지 시험을 보는 것에서부터 <u>시작된다</u>.
④ 폭우로 인해 깊게 <u>패인</u> 땅을 특히 조심하시기 바랍니다.
⑤ 이것은 환경 보호를 위한 조치를 <u>강화시킨</u> 대표적인 예이다.

💡 ④ '패인'은 이중 피동 표현으로, '파다'의 피동 표현이 '파이다'이므로 '파인' 또는 '팬'으로 고쳐 써야 한다.

04 다음 밑줄 친 부분이 맞춤법에 어긋난 것은?

① 앞으로는 그런 행동을 <u>삼갑시다</u>.
② 선영 씨, <u>고마워요</u>.
③ <u>머릿말</u>의 요지는 무엇입니까?
④ 화제의 <u>초점</u>이 되고 있다.
⑤ 그것은 <u>예부터</u> 지금까지 되풀이되고 있는 관행이다.

💡 ③ 머릿말 → 머리말/ '머리말, 머리글자, 인사말, 농사일' 등은 앞 단어의 구조가 폐쇄구조가 아닌 까닭에 'ㄴ 첨가'나 '된소리되기'가 일어나지 않으므로, 사이시옷을 붙이지 않는다. 또 '피자집, 핑크빛'과 같은 외래어 다음에도 사이시옷을 붙이지 않는다.

05 밑줄 친 관용구의 뜻풀이가 바르지 않은 것은?

① 남편으로서 지금껏 한 것이 뭐냐는 아내의 닦달에 그는 완전히 <u>비위가 상해</u> 버렸다. → 몹시 아니꼽고 속이 상하다.
② 그는 맥주 한 잔만 마셔도 얼굴이 빨개지면서 <u>맥을 못 출</u> 정도로 술에 약하다. → 기운이나 힘을 전혀 못 쓰다.
③ 부동산 투기업자들이 정부의 강력한 규제로 <u>된서리를 맞게</u> 되었다. → 몹시 심한 타격을 받다.
④ 입시 설명회장이 학부모와 학생들로 <u>입추의 여지가 없었다</u>. → 몹시 긴장되어 신경이 예민해져 있다.
⑤ 몇 번이나 약속을 해 놓고 이제 와서 <u>딴죽을 걸다니</u> 정말 너무하다. → 합의된 일을 딴전을 부리며 어기다.

💡 ④ '입추의 여지가 없다'는 '송곳 하나 세울 자리가 없을 만큼 매우 비좁다'는 뜻으로, 문맥상 입시 설명회장이 학부모와 학생들로 가득 찼음을 뜻한다.

06 **다음 밑줄 친 한자어의 쓰임이 적절하지 않은 것은?**

① 독립선언서는 조선인의 항일 의식을 고취(鼓吹)하기 위해 작성되었다.

② 정부는 이번 사건의 진상을 규명(糾明)하여 의혹의 여지가 없도록 해야 한다.

③ 자연의 소중함을 잊고 사는 요즘의 현실에 대해 개탄(慨歎)하지 않을 수 없다.

④ 이 소설은 19세기 사실주의의 특징을 전형적(典型的)으로 보여주는 작품이다.

⑤ 그 행위를 저지른 주체가 누구인지가 점차 중요한 사안으로 야기(惹起)되었다.

💡 '야기(惹起)'는 '(무슨 일이나 사건 따위를) 일으킴'의 의미이므로 ⑤의 문맥에 적합하지 않다. 여기에는 '어떤 현상이 나타남'을 의미하는 '대두(擡頭)'가 쓰여야 한다.

07 **〈보기〉의 빈칸에 들어갈 한자성어로 가장 적절한 것은?**

> 보기
>
> 필수 지방산인 리놀렌산과 알파 리놀렌산은 인체에서 합성되지 않으므로 꼭 섭취해 줘야 한다. 이게 모자라면 아토피 피부염이나 성장 장애 등의 부작용이 온다. 또 알파 리놀렌산(오메가3 지방산)이 부족하면 두뇌와 망막에 필요한 DHA가 부족해 학습 능력과 시각 기능이 떨어지게 된다. "DHA가 머리에 좋다."는 말은 여기에 근거한다. 그러나 (   )이란 말처럼 전체 지방량이 신체의 25%를 넘으면 문제가 된다. 인체의 혈액이나 조직에 지방 함량이 높아지면 고혈압, 당뇨, 비만, 심장병, 뇌졸중 등의 성인병이 생기며, 덩달아 유방암, 대장암, 전립선암도 증가하게 된다.

① 다다익선(多多益善)

② 과유불급(過猶不及)

③ 전화위복(轉禍爲福)

④ 새옹지마(塞翁之馬)

⑤ 오비삼척(吾鼻三尺)

💡 ② 필수 지방산은 꼭 섭취해야 하지만 전체 지방량이 신체의 25%를 넘으면 문제가 된다고 했으므로, '정도가 지나치면 좋지 않다'는 의미의 '과유불급(過猶不及)'이 적절하다.

08 다음은 하나의 문단을 구성하는 문장들을 순서 없이 늘어놓은 것이다. 이 문장들의 순서를 논리적으로 바로잡은 것은?

> ㉠ 산을 오르는 데는 노정(路程)이 있다.
> ㉡ 글쓰기는 주제의 설정, 재료의 수집, 구상, 서술, 퇴고의 과정을 거쳐 이루어진다.
> ㉢ 무슨 일이든 시작에서 완성까지는 어떤 절차를 거치게 된다.
> ㉣ 글쓰기도 그 조직적, 계획적인 특성 때문에 반드시 일정한 절차를 거쳐야 한다.
> ㉤ 집을 짓는 데에도 기공(起工)에서 준공(竣工)까지의 과정이 있다.

① ㉠ - ㉡ - ㉢ - ㉣ - ㉤
② ㉠ - ㉤ - ㉢ - ㉣ - ㉡
③ ㉢ - ㉠ - ㉣ - ㉤ - ㉡
④ ㉢ - ㉠ - ㉤ - ㉣ - ㉡
⑤ ㉢ - ㉠ - ㉡ - ㉣ - ㉤

💡 ㉤은 '짓는 데에도'의 '-도' 때문에 ㉠ 다음에 와야 하고, ㉢은 ㉠과 ㉤을 근거로 귀납추론한 결론이므로 ㉤ 다음에 와야 한다. 그리고 ㉢을 전제로 하여 ㉣을 이끌어 내고 있으므로 ㉢ 다음에 ㉣이 와야 하고, ㉡은 ㉣을 구체화하고 있으므로 ㉣ 다음에 와야 한다.

09 ㉠~㉤ 중 글의 통일성을 해치는 내용은?

> ㉠ 노장(老莊)은 인위적인 것을 규탄한다. 그것은 다름 아니라 인간이 자연을 도구로 삼는 태도, 자연과 지적 관계를 세우는 태도를 규탄한다는 의미가 된다. ㉡ 우리는 이른바 기술 과학과 문화가 주는 안락한 생활을 영위하며 바쁜 도시의 일상생활 속에서도 욕망을 충족할 도구를 찾아야 한다. ㉢ 그래서 노자는 '지부지상 부지지병(知不知上 不知知病)', 즉 "알면서도 알지 못하는 태도를 갖는 것이 제일이고, 알지 못하면서도 이를 체한다는 것은 병(病)이다."라고 하였으며, ㉣ 장자는 "자연과 합하면 언어의 유희를 초월한다. 즉 지언(至言)은 말을 버린다. 보통 지(知)로 연구하는 바는 천박한 것에 불과하다."라고 말한다. ㉤ 왜냐하면 자연, 있는 그대로의 사물 현상은 인간의 지성으로 따질 수도 알 수도 없으며, 언어로도 표현될 수 없는 언어 이전의 존재이기 때문이다.

① ㉠   ② ㉡
③ ㉢   ④ ㉣
⑤ ㉤

💡 ㉠, ㉢, ㉣, ㉤은 있는 그대로의 사물을 인정하고 '인위적인 것을 경계'할 것을 주장하고 있는 반면, ㉡은 '욕망을 충족할 도구를 찾아야 한다.'는 데서 알 수 있듯이 '인위적인 것을 추구'하고 있으므로 이 글의 전체적인 논지에서 벗어나 있다.

10 '소외 계층 지원 개선 방안'을 주제로 글을 쓰기 위해 생각해 본 내용을 정리한 것이다. 논지 전개 과정으로 보아 (가)에 들어갈 내용으로 적절하지 않은 것은?

논지 전개 과정	무엇이 문제인가?
주요 내용	불경기로 기부금이 줄어 소외 계층을 지원하는 사회 복지 단체의 어려움이 가중되고 있다.

⬇

문제의 원인은?	정부의 지원과 일부 대기업의 기부에 주로 의존하여 재원을 마련해 왔다.

⬇

문제 해결을 위한 방향은?	•재원 마련 방법을 다양화한다. •시민들의 자발적인 기부 참여를 유도한다. •기부 문화에 대한 의식의 전환이 필요하다.

⬇

구체적인 방안은?	(가)

① 사회 복지 단체가 자체 수익 사업을 할 수 있도록 장려한다.
② 언론 매체들이 새로운 기부 문화 창출에 나서도록 해야 한다.
③ 나눔의 의미를 깨닫고 실천할 수 있도록 의식 교육을 강화해야 한다.
④ 기부금이 투명하게 운용되는지 시민들이 감독할 수 있도록 해야 한다.
⑤ 기부가 일상적으로 이루어질 수 있도록 제도적인 뒷받침이 있어야 한다.

💡 문제가 되고 있는 사항은 기부금 감소로 인하여 소외 계층 지원이 어렵다는 것이다. 따라서 (가)에서는 기부금 감소 문제를 해결할 수 있는 방안이 제시되어야 한다. 그런데 ④는 기부금 확충 방안이 아니라 기부금의 투명한 운용이라는 2차적인 사안에 해당하므로 (가)에 적합한 내용이 아니다.

11 다음의 문제 상황에 대한 공익 광고 문안을 주어진 〈조건〉을 반영하여 만들려고 한다. 작성된 문안으로 가장 적절한 것은?

문제 상황	오늘날 우리나라 사람들은 속마음은 따뜻하지만 얼굴 표정은 무뚝뚝하다고들 한다.

조건

• 문제 상황을 충분히 반영한다.
• 비유를 통해 표현의 효과를 살린다.

① 조상의 아름다운 미소를 잊고 살아가는 우리
　이제 가볍게 미소 지어 보세요.
　마음을 담은 미소
　닫힌 마음의 문을 여는 열쇠입니다.
② 미소를 잃어가는 우리 사회
　거짓된 미소는 사절
　마음을 담은 미소는 환영
　마음을 담은 미소로 우리 사회를 바꿔야 합니다.
③ 미소가 미소를 부릅니다.
　당신이 미소 지으면 당신의 주위도 밝아집니다.
　따스하게 퍼져 가는 햇살 같은
　당신의 미소가 필요합니다.
④ 바쁜 일상 속에서 미소를 잃고 사는 우리들
　언제까지 미소를 잃고 살아가야 합니까?
　이제는 잃었던 미소를 되찾아야 할 때입니다.
⑤ 어린아이의 환한 미소가 부모의 근심을 씻어 주듯이
　따뜻한 미소는 힘든 하루의 일상을 견디게 합니다.
　가까운 사람들에게 당신의 미소를 보여 주세요.

💡 ② '미소를 잃어가는 우리 사회'라는 표현에서 문제 상황이 어느 정도는 반영돼 있으나 비유적 표현은 쓰이지 않았다.
③ '미소'를 '퍼져 가는 햇살'에 비유하고 있으나 문제 상황이 반영되지 않았다.
④ '바쁜 일상 속에서 미소를 잃고 사는 우리들'이라는 표현에 문제 상황이 어느 정도 반영돼 있으나 비유적 표현은 쓰이지 않았다.
⑤ 비유적 표현은 쓰였으나 문제 상황이 제대로 반영되지 않았다.

12 〈보기〉의 빈칸에 들어갈 속담으로 가장 적절한 것은?

> 보기
>
> 　하나의 단순한 유추로 문제를 설정해 보도록 하자. 산길을 굽이굽이 돌아가면서 기분 좋게 내려가는 버스가 있다고 하자. 어떤 한 승객이 버스가 너무 빨리 달리는 것이 못마땅하여 위험성을 지적한다. 아직까지 아무도 다친 사람이 없었지만 그런 일은 발생할 수 있다. 버스는 길가의 바윗돌을 들이받아 차체가 망가지면서 부상자나 사망자가 발생할 수 있다. 아니면 버스가 도로 옆 벼랑으로 추락하여 거기에 탔던 사람 모두가 죽을 수도 있다. 그러나 다른 승객들은 아무런 불평도 하지 않는다. 그들은 오히려 버스가 빨리 다녀 주니 신이 난다. 그만큼 목적지에 빨리 당도할 것이기 때문이다. 운전기사는 누구의 말을 들어야 하는지 알 수 없어 고민하다 그대로 속도를 낸다. 그런데 진짜 버스가 미끄러져 사고가 나게 된다. 걱정하는 사람의 말이 옳다고 한들 이제 속도를 늦추어 봤자 이미 때는 늦었다. "(　　　　　　　　)"라는 말이 있듯이 버스가 이미 벼랑으로 떨어진 다음에야 브레이크를 밟아 본들 소용없는 노릇이다.

① 철나자 망령 난다.

② 가다 말면 안 가느니만 못하다.

③ 고양이 쥐 사정 보듯 한다.

④ 첫모 방정에 새 까먹는다.

⑤ 울며 겨자 먹기

💡 '철나자 망령 난다'는 철이 들 만하자 망령이 들었다는 뜻으로, 지각없이 굴던 사람이 정신을 차려 일을 잘할 만하니까 이번에는 망령이 들어 일을 그르치게 되는 경우를 비난조로 이르거나, 무슨 일이든 때를 놓치지 말고 제때에 힘쓰라는 뜻을 지닌 속담이다.
　③ 속으로는 해칠 마음을 품고 있으면서 겉으로는 생각해 주는 척함을 이르는 말
　④ 윷놀이에서 맨 처음에 모를 치면 그 판에는 실속이 없다는 뜻으로, 상대편의 첫모쯤은 문제도 아니라고 비꼬는 말

● 다음 글을 읽고 물음에 답하시오. [13~14]

현대와 같은 정보화 사회에서도 역사는 여전히 그 효용 가치를 지니는가? 역사는 왠지 정보화 사회에 맞지 않는다거나, 컴퓨터에 넣기에는 너무나 구닥다리라는 사람들이 있다. 그러나 과연 이 생각이 옳은 것인지는 한번 생각해 볼 일이다. 왜냐하면 역사란 단순한 과거의 기록이 아닌 우리가 살아야 할 미래를 위해 꼭 필요한 삶의 지침서이기 때문이다. 가령 자동차를 타고 낯선 곳을 여행하는 두 사람이 있다고 해 보자. 한 사람은 지명만 알고 찾아가는 사람이고, 다른 사람은 지도와 나침반이 있다고 할 때, 누가 더 목표 지점에 정확하게 도착할 수 있겠는가? 대답은 명확하다. 즉 역사는 과거를 통해 우리의 위치와 목표를 확인하게 하고 미래를 향한 가장 올바른 길을 제시하는 것이다.

인간의 삶은 정해지지 않은 미래를 향해 나아가는 항해이다. 인생이라는 항해에서 가장 중요한 것은 목표를 정하는 것과 그 목표를 찾아가는 방법을 선택하는 것이다. 올바른 목표가 없으면 의미 없는 삶이 되고 방법이 올바르지 않다면 성취가 불가능하기 때문이다. 삶의 과정에서 역사는 올바른 길이 무엇인가를 판단하는 안목을 길러주고 실천 의지를 강화시켜 준다. IMF를 전혀 모르는 사람과 단지 부끄러운 하나의 역사적 사건으로만 인식하는 사람, 그리고 위기와 극복의 과정을 통해 IMF가 지닌 역사적 의미를 깨달은 사람의 삶은 분명 다를 것이다. 지나간 과거의 역사는 오늘날 우리가 가진 가장 확실한 참고서이다. 그러므로 의미 있는 삶을 원한다면 옛날로 돌아가 그들의 일기를 읽어볼 일이다.

13 윗글의 중심 내용을 이끌어 내기에 가장 적절한 것은?

① 역사를 공부하는 까닭은 무엇인가?　② 역사 서술은 어떻게 이뤄지는가?

③ 올바른 역사가의 자세는 무엇인가?　④ 역사는 무엇을 매개로 하여 인식되는가?

⑤ 인류의 역사는 언제부터 시작됐는가?

💡 윗글은 역사를 배우는 이유에 대해 언급하고 있다. 역사는 우리의 위치와 목표를 확인하게 하고, 미래를 향한 올바른 길을 제시하기 때문에 배워야 한다고 서술하고 있다.

14 윗글 글쓴이의 궁극적인 견해에 가장 가까운 것은?

① 역사는 현대사회에서 꼭 필요한 것은 아니다.

② 역사는 객관적이 아닌 주관적인 서술로 이뤄져야 한다.

③ 역사는 의미있고 가치있는 삶을 위해 반드시 필요한 것이다.

④ 역사는 지배층 중심으로 서술된 지배층의 역사다.

⑤ 역사는 과거에 있어서의 인간의 행위를 대상으로 하는 학문이다.

💡 윗글에서는 역사는 과거를 통해 우리의 위치와 목표를 확인하게 하고 미래를 향한 가장 올바른 길을 제시하는 것이라고 말하고 있다. 이를 통해 '역사는 우리의 삶을 위해 반드시 필요한 것'이라는 것을 유추할 수 있다.

글의 구조적 특징들은 이야기를 이해하고 기억하는 데에도 영향을 주게 된다. 이야기의 구조는 상위구조와 하위구조들로 이루어지는데, 상위구조에 속한 요소들, 즉 주제, 배경, 인물 등의 중요한 골자는 더 잘 기억되고, 더 오래 기억된다. 우리가 옛날에 읽었거나 들은 심청전을 기억해 보면 심청이 효녀라는 점, 뺑덕어멈의 품성이 좋지 못하다는 점을, 이를 뒷받침해 주는 구체적인 하나하나의 행동보다 더 잘 기억하고 있음을 알게 된다.

한 편의 글은 여러 단락으로 구성되므로, 글의 구조를 파악하려면 각 단락의 내용을 먼저 파악하여야 한다. 각 단락의 요점을 요약한 다음 그들을 다시 공통되는 내용끼리 묶으면 한 편의 글의 구성을 알 수 있게 되는데, 이에 의하여 전체의 내용 구조가 파악된다. 이 경우 '그러나, 그러면, 왜냐하면' 등의 연결어들에도 유의하며 읽는 것이 글의 구조를 파악하는 데 도움이 된다. 주어진 글에 이러한 연결어가 나타나 있지 않을 경우 ㉠ 글을 읽는 사람이 이러한 연결어를 보충해 가며 읽는 것이 그 글의 이해에 도움이 될 수 있을 것이다. 다시 말해서 글의 구조를 파악해 가며 읽어야 그 글을 바르게 이해할 수 있다.

앞에서도 말한 바와 같이 글의 구조에서 상위 구조에 속한 요소들이 하위 구조에 속한 요소들보다 더 잘 기억되어 머릿속에 오래 남는다. 그런데 글을 읽는 과정에서 상위 구조의 내용을 암시적으로 상기시켰을 때, 그 글의 이해가 증진되기도 한다. 글을 읽기 전에 제목만을 보고 그 내용 체계를 스스로 구상해 보고 읽으면, 내용의 이해뿐만 아니라 내용의 기억에도 도움이 된다.

15 윗글의 내용으로 보아 바람직한 독서의 과정은?

① 분석 – 종합 – 요약 – 이해 ② 분석 – 요약 – 종합 – 이해
③ 종합 – 분석 – 이해 – 요약 ④ 종합 – 요약 – 분석 – 이해
⑤ 이해 – 분석 – 요약 – 종합

💡 두 번째 단락인 '한 편의 글은~전체의 내용 구조가 파악된다.'는 부분을 통해 글의 구조 파악 과정을 정리해 볼 수 있다.
분석: 단락의 내용 파악/ 요약: 단락의 요점 정리 / 종합: 공통 내용에 따라 관련 단락 연결 / 이해: 전체의 내용 구조 파악

16 ㉠과 같은 사람의 성격을 가장 바르게 표현한 것은?

① 주관적 ② 규범적
③ 능동적 ④ 독창적
⑤ 긍정적

💡 연결어를 보충해가면서 글을 읽는 것은 적극적으로 글의 구조를 파악하며 읽는 능동적 독자의 태도다.

17 다음 글에 대해 논리적으로 제기할 수 있는 질문으로 타당한 것은?

> 흔히 우리 사회에서는 개인주의에 대해 부정적인 의식을 지니고 있는 것이 사실이다. 물론 그것은 집단이나 사회를 개인보다 우선시했던 유교적 전통이 아직도 우리 사회를 강하게 지배하고 있기 때문일 것이다. 그러나 이것은 결코 올바른 인식이라고 할 수 없다. 현대를 살아가는 우리에게 진정으로 필요한 가치관의 하나가 바로 개인주의라고 생각한다.
>
> 현대사회는 점차로 대중화되어 가고 있다. 정보 전달매체는 물론이고 문화에 있어서도 대중화는 피할 수 없는 상황이다. 그 결과 모든 사람들이 획일화 혹은 기계화되어 가는 결과를 초래하기도 한다. 개인이 존재하지 않고 대중이나 집단 혹은 사회만이 존재하게 되는 셈이다. 이러한 현실에서 자신에 대한 주체의식이나 자신의 삶을 존중하는 마음이 없다면 그것은 타율적인 흐름에 휩쓸려 가는 기계적인 삶에 불과할 것이다. 한편 개인주의야말로 타인과 나, 조직과 개인의 관계를 올바르게 정립할 수 있게 해 주는 요소이다. 왜냐하면 진정한 개인주의란 나 못지않게 다른 사람도 하나의 인격적 주체로서 존중해 줄 수 있는 의식을 의미하기 때문이다. 따라서 자칫 분업화, 전문화 등으로 인하여 파편화되기 쉬운 현대사회에서 개인주의는 올바른 개인 간의 관계를 형성하는 큰 도움을 주기 때문이다. 진정한 개인주의는 이기주의와는 다르다. 이기주의가 자신만을 위하여 타인을 도외시하는 태도임에 반하여 개인주의는 개인을 소중히 여기는 태도이기 때문이다.

① 과연 개인주의에는 그러한 긍정적인 측면만이 존재합니까?
② 우리 사회가 개인주의에 대해 부정적인 이유는 무엇입니까?
③ 현대사회의 대중화 현상은 도대체 어디에서 연유하는 것입니까?
④ 분업화하는 현대사회에서 개인주의가 지니는 가치는 무엇입니까?
⑤ 자신만을 위하는 개인주의가 어떻게 긍정적인 사고방식이 될 수 있습니까?

💡 ②,④는 이미 글 속에서 충분히 해명된 것이며 ③은 이 글의 내용과 무관하다.
⑤ 마지막 분상에서 개인주의가 자신만을 위하는 것이 아니라고 말하고 있으므로 잘못된 질문이다.

18 〈보기〉는 어떤 작가가 쓴 작품의 현대어 역의 일부이다. 이 작가는?

> 보기
>
> 늙고 병든 몸을 수군으로 보내실 때
> 을사년 여름에 진동영 내려오니
> 국경의 요새지에서 병이 깊다 앉아만 있겠는가?　　　　　　　　　－『선상탄』
>
> 　어리석고 세상 물정에 어둡기로는 나보다 더한 사람이 없다. 길흉화복을 하늘에 맡겨두고 누추한 깊은 곳에 초가를 지어 놓고 고르지 못한 날씨에 썩은 짚이 땔감이 되어 세 홉 밥 다섯 홉 죽을 만드는 데 연기가 많기도 많구나.　　　　　　　　　－『누항사』

① 송순
② 월명사
③ 이황
④ 박인로
⑤ 정철

💡 〈선상탄〉과 〈누항사〉의 작가는 '박인로'이다. 박인로는 조선 중기 때의 문인으로 주요 작품으로 〈조홍시가〉, 〈선상탄〉, 〈사제곡〉, 〈누항사〉, 〈영남가〉, 〈노계가〉 등 가사 9편과 시조 68수 등이 있다.

19 다음 시를 쓴 작가의 경향은?

> 밤이로다. / 봄이다.
> 밤만도 애달픈데 / 봄만도 생각인데
> 날은 빠르다. / 봄은 간다.
> 깊은 생각은 아득이는데
> 저 바람에 새가 슬피 운다.
> 검은 내 떠돈다. / 종소리 빗긴다.
> 말도 없는 밤의 설움 / 소리 없는 봄의 가슴
> 꽃은 떨어진다. / 님은 탄식한다.

① 고전주의
② 유미주의
③ 상징주의
④ 초현실주의
⑤ 사실주의

💡 제시된 시는 우리나라에 상징주의 시를 도입한 김억의 〈봄은 간다〉이다. 이 작품은 봄밤의 애상감을 노래하고 있는데, 암시·몽롱·음울·절망 등 상징주의의 특성을 보여주고 있다.

20 ㉠~㉢에 들어갈 알맞은 말은?

> 우리나라 최초의 월간 종합지는 1908년에 나온 (㉠)이고, 최초의 순문예지는 1919년에 나온 (㉡)이며, 안서 김억은 최초의 창작 시집인 (㉢)와/과 최초의 번역 시집인 (㉣)을/를 펴낸 바 있다.

	㉠	㉡	㉢	㉣
①	소년	창조	해파리의 노래	오뇌의 무도
②	창조	소년	장미촌	해파리의 노래
③	소년	태서문예신보	백팔번뇌	백조
④	태서문예신보	폐허	국경의 밤	백팔번뇌
⑤	창조	폐허	문장	국경의 밤

💡 **폐허**(1920): 퇴폐적 동인지/ **장미촌**(1921): 최초의 시 전문 동인지/ **백조**(1922): 낭만주의적 동인지/ **백팔번뇌**(1926): 최초의 시조집(최남선)/ **국경의 밤**(1925): 최초의 서사시(김동환)

Answer	
어휘·어법·어문규정	▶ 1.③ 2.① 3.④ 4.③ 5.④ 6.⑤ 7.②
쓰기	▶ 8.② 9.② 10.④
창안	▶ 11.① 12.①
읽기	▶ 13.① 14.③ 15.② 16.③ 17.①
국어문화	▶ 18.④ 19.③ 20.①

상식 요모조모 ···

최신시사상식 231집

상식
요모조모

뉴스 속 와글와글 / Books & Movies

상식 파파라치

바티칸 마스코트가 등장했다?
순례길 걷는 루체!

바티칸이 10월 29일 올해 크리스마스 이브부터 1년간 이어지는 가톨릭 희년(禧年)을 상징하는 공식 캐릭터인 「루체(Luce)」를 공식 발표했다. 바티칸이 희년을 상징하는 엠블럼 외에 공식 캐릭터를 따로 만든 것은 처음으로, 「루체」라는 이름은 라틴어와 이탈리아어로 「빛」을 뜻한다. 루체는 바티칸시국의 국기 색인 노란색 우비를 입고 진흙이 묻은 장화를 신은 소녀의 모습을 형상화했는데, 기존 바티칸의 보수적인 이미지와는 달리 애니메이션 스타일로 디자인돼 눈길을 끌고 있다. 이는 이탈리아의 캐릭터 브랜드 토키도키(tokidoki)의 공동 창립자인 시모네 레뇨가 디자인한 것으로 전해졌다.

한편, 희년은 가톨릭 교회에서 보통 25년마다 한 번씩 돌아오는 성년(聖年)으로, 교황 보니파시오 8세 시절인 1300년 처음 시작됐다. 이 시기에는 평소보다 더 많은 자비를 베풀 것과 성지 순례가 권장되는데, 25년 만에 열리는 이번 희년은 12월 24일 바티칸 성베드로 대성전의 성문 개방으로 시작된다.

● 루체

러시아, 구글에 2간 루블 벌금 부과!
0만 36개인 천문학적 벌금?

러시아가 미국 빅테크 구글에 부과한 벌금이 전 세계 국내총생산(GDP)을 초과하는 천문학적 수준에 달했다고 10월 30일 영국 일간 텔레그래프 등이 보도했다. 외신 보도에 따르면 구글이 러시아에 납부해야 하는 누적 벌금은 2간(1간은 10억의 36제곱) 루블에 달하는데, 이는 달러로 환산하면 200구(1구는 10의 32제곱) 달러다. 즉 0이 루블로는 36개, 달러로는 34개가 붙는다. 러시아의 이번 방침은 구글이 러시아 친정부 성향 매체들의 유튜브 채널을 차단하며 시작된 것으로, 러시아 언론 RBC에 따르면 총 17개 러시아 매체가 구글에 소송을 제기했다. 러시아 법원은 4년간의 재판 끝에 구글이 계정을 복구할 때까지 매일 10만 루블(약 142만 원)의 벌금을 징수하라고 명했고, 일주일간 이를 거부할 경우 금액을 2배씩 늘린다고 판결했다. 여기에 벌금 총액에 상한은 없다는 조항까지 추가되며 구글의 벌금이 천문학적 수준으로 불어나게 된 것이다. 다만 실제로 벌금을 거둬들이기는 쉽지 않을 전망인데, 구글은 2022년 3월 러시아 법원이 자사 주거래 계좌를 동결하자 러시아 현지법인 파산을 신청하고 사업을 중단한 바 있다.

보통 우리 일상에서는 「조」 단위까지 사용되고, 이를 넘어서면 경(京), 해(垓), 자(秭), 양(穰), 구(溝), 간(澗), 정(正), 재(載), 극(極)으로 나아간다. 이는 《수술기유(數術記遺)》와 《오경산술(五經算術)》 등 중국 고대 산학서에서 썼던 수의 단위로, 한자 문화권에서 주로 사용된다.

트럼프 당선에 신난 엘살바도르!
그 이유는 비트코인 폭등?

「가상자산 대통령」을 공언하고 있는 도널드 트럼프 전 미국 대통령의 4년 만의 백악관 복귀가 확정되면서 비트코인을 법정통화로 채택한 엘살바도르가 큰 이득을 보게 됐다. 이는 비트코인이 연일 기록적인 랠리를 이어 나가고 있기 때문으로, 2021년 9월 나이브 부켈레 엘살바도르 대통령은 비트코인을 법정통화로 결정하고 국가 예산을 동원해 매일 하나씩 비트코인을 매입한다는 결정을 내린 바 있다. 당시 급격하게 시세가 변하는 고위험 자산인 비트코인을 사들인다는 결정에 많은 비판이 일었는데, 특히 2022년 비트코인 가격이 급락하자 국제통화기금(IMF)을 비롯한 국제사회는 엘살바도르의 국가 부도 가능성까지 언급하며 비트코인 매입 중단을 권고하기도 했다. 하지만 부켈레 대통령은 비트코인 친화 정책을 멈추지 않았는데, 2023년 12월 비트코인의 가격이 4만 달러(약 5200만 원)를 돌파하며 흑자로 돌아서면서 상황이 달라진 바 있다. 여기에 올해 초 비트코인 반감기를 앞두고 비트코인 가격은 상승을 거듭했는데, 특히 11월 5일 치러진 미국 대선에서 친(親) 가상자산 정책을 내건 트럼프가 당선되면서 비트코인 가격은 연일 기록적인 랠리를 이어가고 있다.

타이태닉호 침몰 때 태어난 세계 최장수 남성 112세로 별세하다!

「세계 최장수 남성」으로 기록된 영국인 존 앨프리드 티니스우드가 11월 25일 향년 112세로 별세했다. 그는 영국의 호화 유람선 타이태닉호가 침몰한 1912년 8월 26일에 태어나 2020년 「영국 최고령 남성」이 됐다. 그러다 올해 4월에는 기존 최고령 남성이던 베네수엘라인이 114세로 별세하면서 기네스에서 「현존 세계 최고령 남성」으로 인정받았다. 그는 유소년 시절 제1차 세계대전을 겪었고 20대였던 제2차 세계대전 중에는 육군 행정직원 등으로 일했다. 이후 우정국, 셸, 브리티시페트롤리엄(BP) 등에서 회계사로 일하다가 1972년 은퇴한 것으로 전해졌다. 고인은 생전 자신의 장수 비결로 「절제하는 삶」을 꼽기도 했는데, 그가 세상을 떠나면서 현존 세계 최고령 남성은 1912년 10월에 태어난 브라질인 주앙 마리뉴 네토가 됐다.

헬로키티 지식재산(IP) 미키마우스를 넘어서다!

일본경제신문(닛케이)이 12월 9일 헬로키티의 50주년 효과를 조명한 기사에서 미국 금융회사 타이틀맥스가 추계한 캐릭터별 IP 매출을 인용, 헬로키티의 지식재산(IP) 누적 매출이 800억 달러(약 114조 원)를 웃돈다고 보도했다. 이는 월트 디즈니의 미키마우스(700억 달러)나 일본 호빵맨(600억 달러)을 넘어서는 기록이다. 랭킹 1위는 일본의 포켓몬스터(921억 달러)였지만, 비디오게임과 트레이딩카드 매출을 제외한 순위로는 헬로키티가 선두를 차지했다. 고양이를 형상화한 헬로키티는 1974년 탄생해 올해 50주년을 맞이한 일본 산리오프로덕션의 대표 캐릭터로, 작은 동전지갑에서 시작돼 현재에 이르고 있다. 헬로키티는 1983년 미국 유니세프 어린이 대사로 임명됐고 1994년에는 일본 유니세프협회 어린이 친선대사로 임명되는 활약을 펼쳤으며, 이 외에도 다양한 브랜드와 협업하며 글로벌 캐릭터로 자리 잡았다.

책 BOOKS

흰 한강 著

한국인 최초의 노벨문학상 수상자인 작가 한강의 2016년 출간작으로, 《채식주의자》에 이어 2018년 부커상(당시 명칭 맨부커상) 인터내셔널 부문 최종 후보작으로 선정됐던 작품이다. 지난 10월 10일 스웨덴 한림원이 한강을 노벨문학상 수상자로 발표한 이후 한강의 작품들이 베스트셀러 상위권을 모두 석권한 것은 물론, 발표 6일 만에 그의 책 판매량이 누적 100만 부를 돌파하는 전무후무한 기록이 쓰여진 바 있다.

《흰》은 한강 작가의 어머니가 낳은 첫 아기, 태어난 지 두 시간 만에 숨을 거두었다는 언니를 애도하며 쓴 자전적 소설이다. 소설이라기보다 시처럼 읽히는 조각글의 묶음으로, 강보·배내옷·각설탕·입김·달·쌀·파도·백지·백발·수의 등 세상의 흰 것들에 대해 쓴 65편의 짧은 글

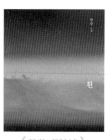

로 구성되어 있다. 이는 각 단어가 그대로 한 편의 글이 되게끔 그와 얽힌 경험이나 단상 등을 지어 붙인 것이다.

「나」에게는 죽은 어머니가 23살에 낳았다 태어난 지 두 시간 만에 죽었다는 언니의 사연이 있다. 나는 지구 반대편의 오래된 한 도시로 옮겨온 뒤에도 자꾸만 떠오르는 오래된 기억들에 사로잡힌다. 나에게서 비롯된 이야기는 「그녀」에게로 시선을 옮겨간다. 나는 그녀가 나 대신 이곳으로 왔다고 생각하고, 그런 그녀를 통해 세상의 흰 것들을 다시금 만나기에 이른다.

나의 인생만사 답사기 유홍준 著

문화유산 전도사, 전 문화재청장(현 국가유산청장) 등으로 대중에게 알려진 작가 유홍준이 30여 년 만에 발간한 산문집이다. 그는 《나의 문화유산 답사기》로 500만 부 판매의 신화를 쓴 작가로, 이 책은 「유홍준 잡문집」이라는 부제목으로 가족사나 대학 시절 이야기에서부터 백자·누각·정자·조선왕조실록과 같은 전통문화 유산에 관한 이야기, 답사 경험담까지 분야를 넘나드는 다양한 글이 실렸다. 또 수십 년간 베스트셀러 작가의 자리를 내려놓은 적이 없는 작가의 글쓰기 비법과 문장수업의 이력도 담겼으며, 신문 등 다양한 지면을 통해 발표해 온 저자의 산문 중 일부도 포함됐다.

작가 스스로 「잡문」이라고 말하는 이 글들은 유홍준의 인간미 넘치는 매력과 특유의 입말을 살린 문체로 더욱 흥미를 일으킨다. 대표적으로 금연 결심을 공개적으로 선언해 세간의 화제를 불러일으킨 「고별연」에서는 복잡한 세상사 속에서도 빛을 발하는 유머감각과 인문 정신을 담아냈다. 또 대학 시절 절친해진 《빠리의 택시운전사》를 쓴 홍세화나 〈아침이슬〉을 작사·작곡한 김민기 등 지인들에 대한 기억도 담겨 있는데, 이를 통해 세월을 뛰어넘은 작가의 우정도 엿볼 수 있다. 아울러 자신의 주례 선생인 리영희 선생에 대한 회고에서는 질곡 많은 현대사 속에서도 인연을 소중하게 생각했던 작가의 성품과 함께 그가 지식인들과 나눴던 교류들이 감명 깊게 펼쳐진다.

영화 MOVIES

아노라(Anora)

감독 _ 션 베이커
출연 _ 미키 매디슨, 마르크 예이델시테인

제77회 칸영화제에서 황금종려상을 수상한 영화로, 감독인 션 베이커는 〈플로리다 프로젝트〉(2018)와 〈탠저린〉(2018) 등에서 미국 사회의 소외된 인물을 영화의 주인공으로 설정해 사회의 모순을 예리하게 포착해온 감독이다.

뉴욕의 스트리퍼 클럽에서 일하는 우즈베키스탄계 여성 아노라는 돈을 벌기 위해 아무리 애를 써도 가난을 벗어나기 어렵다. 그러던 어느날 클럽을 찾은 러시아 재벌가의 아들 이반을 만나게 되고, 사랑에 빠진 둘은 라스베이거스에서 즉흥적으로 결혼식을 올리게 된다. 이후 뉴욕으로 돌아와 행복한 신혼 생활을 즐기며 아노라는 신분 상승을 꿈꾸게 되지만, 이반의 부모가 아들의 결혼 소식을 알게 되면서 상황은 급격히 바뀌게 된다. 이반의 부모는 아노라와 이반의 결혼을 무효화하기 위해 3명의 하수인을 급파하고, 하수인들은 둘의 집으로 막무가내로 쳐들어온다. 그러자 이반은 겁에 질린 채 혼자 도망치고, 아노라는 이들 3인방에게 결혼 무효를 강요당하게 된다. 이후 이반을 찾아 결혼 생활을 유지하고 싶은 아노라와 어떻게든 이반을 찾아 혼인무효소송을 시켜야만 하

는 3인방의 소동이 시작된다. 이 과정에서 궁지에 몰린 아노라는 법에 호소하려고 하지만, 러시아 갑부의 변호사는 합법적으로 결혼을 무효로 만들 길을 고안해 낸다. 그럼에도 아무것도 할 수 없는 아노라의 모습은 약자를 계속해서 약자로 살아가게 만드는 사회의 부조리를 날카롭게 드러낸다.

영화 속 톡!톡!톡! 🎞

> 난 '아노라'란 이름이 더 좋아.

하얼빈

감독 _ 우민호
출연 _ 현빈, 박정민, 조우진

구한말 안중근 의사의 하얼빈 의거를 다룬 우민호 감독의 여섯 번째 장편영화로, 제49회 토론토 국제영화제 갈라 프레젠테이션 부문 공식 초청작이기도 하다. 영화는 1909년을 배경으로 하나의 목적을 위해 하얼빈으로 향하는 이들과 이들을 쫓는 자들의 이야기를 담았는데, 안중근 의사가 이토 히로부미 암살에 나서기까지의 여정을 그려냈다. 그들이 쫓는 하나의 목표는 바로 「늙은 늑대를 처단하라!」

1908년 함경북도 신아산에서 안중근이 이끄는 독립군들은 일본군과의 전투에서 큰 승리를 거둔다. 대한의군 참모중장 안중근은 만국공법에 따라 전쟁 포로인 일본인들을 풀어주게 되고, 이 사건으로 인해 독립군 사이에서는 안중근에 대한 의심과

함께 균열이 일기 시작한다. 그리고 1년 후 블라디보스토크에는 안중근을 비롯해 우덕순, 김상현, 공부인, 최재형, 이창섭 등 빼앗긴 나라를 되찾기 위해 마음을 함께하는 이들이 모이게 된다. 이토 히로부미가 러시아와 협상을 위해 하얼빈으로 향한다는 소식을 접한 안중근과 독립군들은 하얼빈으로 향하게 되는데, 내부에서 새어 나간 이들의 작전 내용을 입수한 일본군들의 추격이 시작되며 긴장이 고조된다. 특히 영화는 기존 역사서나 매체에서 다뤄졌던 의사나 투사로서의 안중근보다 「장군」 안중근의 면모에 더욱 중심을 두면서 그의 진심을 담아내고, 안중근과 함께했던 독립군의 이야기들도 조명한다.

영화 속 톡!톡!톡! 🎞

> 조선이라는 나라는 어리석은 왕과 부패한 유생들이 지배해온 나라지만, 국난이 있을 때마다 이상한 힘을 발휘한단 말이지.

상식 파파라치

👍 한국 요괴, 이렇게 많았다고? 무섭지만 재미있는 우리네 요괴 이야기!

우리나라는 오랜 역사와 함께 다양한 민담과 설화, 전설 속 요괴들도 전해지고 있다. 가장 흔히 들어봤을 「도깨비」를 비롯해 한때 어린아이들의 두려움을 자극했던 「망태기 할아버지」, 설날에 출현해 사람들의 신발을 가져간다는 「야광귀」, 그리고 어둠에 대한 사람들의 본능적 공포를 반영한 「어둑서니」 등 우리나라의 다양한 요괴들에 대해 알아본다.

절대 올려다봐서는 안돼! 「어둑서니」 어둑서니는 어둡다를 뜻하는 「어둑」에 귀신을 뜻하는 「서니」가 합쳐진 말이다. 어둠 속에서 등장하는 어둑서니는 사람이 지켜보고 있으면 몸집이 점점 커지다가 결국 마지막에는 사람이 깔려버리게 된다. 반대로 어둑서니를 억지로라도 내려다보거나 시선을 돌리고 무시하면 점점 작아지다가 사라진다고 한다.

산에서 누군가의 목소리가 들린다면? 「장산범」 부산 해운대구에 있는 장산(萇山) 일대에서 출몰한다는 목격담과 전설이 전해지는 요괴다. 장산범은 우리나라의 다른 요괴와 마찬가지로 구체적인 형태는 분명하지 않으나, 머리부터 발끝까지 하얀 털로 덮여 있고 홍색 피부 등 호랑이와 비슷한 외형을 지니고 있는 것으로 전해진다. 특히 뒷다리가 길고 앞다리는 짧아 엎드린 자세로 매우 빠르게 이동하는 것으로 알려져 있다. 장산범은 사람의 목소리를 비롯해 시냇물 소리, 칠판이나 쇠를 긁는 소리, 고양이 울음소리 등을 정확하게 흉내내 사람들을 유인한다.

데려간 아이는 어떻게 됐을까? 「망태기 할아버지」 그물로 엮은 바구니를 뜻하는 망태기를 짊어지고 다니는 노인이다. 부모의 말을 잘 듣지 않는 어린아이를 망태기에 집어넣어 데려간다는 점에서, 아이를 훈육할 때 「말 안 들으면 망태기 할아버지가 잡아간다!」라는 말로도 익히 사용돼 왔다.

끝없이 먹어도 배고프다! 「걸귀」 먹을 것이 없어 굶어 죽은 사람이 귀신으로 변한 것으로, 걸귀를 높여 부른 것이 흔히 알려진 「걸신」이다. 무명옷을 입은 채 맨발로 돌아다니는 걸귀는 주로 입맛이 없거나 마른 사람에게 붙어 식욕이 돋게 하고 계속해서 허기를 느끼게 만든다. 그러나 사람에게 직접적인 해를 가하지는 않으며, 한이 풀릴 때까지 먹고 나면 떠난다고 한다.

어젯밤 가위 눌렸던 게 혹시? 「두억시니」 머리(頭, 두)를 억누른다(抑, 억)는 두억시니는 큰 덩치에 충혈된 눈과 날카로운 손톱을 지닌 요괴다. 성질이 몹시 포악하여 몽둥이나 주먹으로 사람을 공격하는데, 특히 머리를 짓눌러 죽이는 것으로 알려져 있다. 이 같은 특성으로 가위에 눌린 것을 두고 두억시니가 괴롭혔다고 표현하기도 한다. 그러나 잘 모시면 아이를 잉태하거나 재물을 얻게 해 주는 것으로도 알려져 있다.

개의 탈을 쓴 저승의 신, 「삼목구」 삼목구는 누런 털에 검은 줄무늬, 파랗게 빛나는 세 개의 눈을 가진 개다. 이는 저승의 신 삼목대왕이 죄를 지어 이승으로 귀양살이를 와 둔갑한 존재로 전해지는데, 3년간 인간에게 은혜를 입고 인간을 잘 보살피면 다시 저승으로 돌아갈 수 있다고 한다. 그 때문에 개의 모습을 한 상태에서는 사람에게 충성을 다하고, 훗날 자신의 주인이 저승으로 오면 그를 알아보고 사례를 했다고 한다. 또 다리가 세 개인 「삼족구」도 있는데, 이는 구미호를 쫓는 영물로 알려져 있다.

숫자 승부욕은 최고, 「야광귀」 설날에 관련된 전설이나 설화로 전해지는 귀괴(鬼怪)의 일종으로, 순우리말로는 「앙괭이」라고도 불린다. 야광귀는 주로 설날 밤중 민가를 몰래 찾아오는데, 사람들의 신발을 신어본 뒤 자기 발에 맞는 신발을 신고 도망가 버린다고 한다. 그런데 그 가져간 신발의 주인은 그해에 안 좋은 일이 많이 일어난다고 한다. 다만 야광귀는 숫자 세는 것을 좋아하기 때문에 촘촘한 체나 키를 문밖에 걸어두고 신발을 감추면 밤새도록 체의 구멍을 세다가 날이 밝아 달아난다고 한다.

독수리·사자·수탉… 각국을 상징하는 동물이라고?

전 세계 많은 국가들이 동물을 국가 마스코트로 삼고 있다. 대표적으로 미국의 독수리, 영국의 사자, 프랑스의 수탉, 우리나라의 호랑이 등을 들 수 있을 것이나. 그렇다면 이와 같은 각국의 동물 상징이 생겨난 유래와 그 동물이 가진 의미는 무엇일까?

독수리를 상징으로 삼은 미국 미국의 공식 국조인 「흰머리수리(Bald Eagle)」는 오늘날 미국 대통령의 인장(印章)과 연방정부기관의 문장(紋章)에 들어가 있다. 흰머리수리는 그간 정부나 의회에서 공식적으로 국조로 정한 적이 없었으나, 조 바이든 미국 대통령이 12월 24일 흰머리수리를 국조로 지정하는 법안에 서명하면서 국조가 됐다. 「흰머리수리」가 미국의 상징이 된 것은 1776년 7월 4일 영국과 치른 독립전쟁에서 승리한 뒤부터다. 많은 동물 가운데 독수리가 선택된 것에 대해서는 여러 설이 전해지는데, 가장 유력한 것은 고대부터 독수리가 힘과

▲ 미국의 상징인 「흰머리수리」

자유의 상징으로 여겨졌기 때문이라는 것이다. 독수리는 많은 유럽 국가들에서도 국가 상징으로 사용되고 있는데, 고대 그리스 문명에서도 독수리는 하늘과 땅을 연결해주는 신성한 새로 여겨졌다. 독일도 독수리 문장을 정부의 상징으로 공식 채택하고 있는데, 이는 신성로마제국의 상징에서 출발한 것이다. 한편, 20세기 들어 개체수가 크게 감소했던 흰머리수리는 미 의회에서 흰머리수리 보호법을 통과시키는 등 보호 움직임을 강화하면서 2007년 멸종 위기종에서 벗어난 바 있다.

영국의 사자-프랑스의 수탉 영국 왕실을 상징하는 문장(紋章)에는 잉글랜드를 상징하는 사자와 스코틀랜드를 상징하는 유니콘이 들어가 있다. 특히 영국 왕실 문장에 사자가 들어간 것은 「사자왕」으로 불린 리처드 1세 때부터인 것으로 전해진다. 프랑스의 경우 「수탉」을 민족·역사·토지·문화를 상징하는 동물로 삼고 있는데, 이는 프랑스 부르봉 왕조의 시조인 앙리 4세에서 유래된 것이다. 앙리 4세는 당시 신교도와 구교도 사이에 벌어진 종교내전인 「위그노 전쟁」을 마무리 지은 뒤 「신이 허락한다면 왕국의 모든 국민이 일요일마다 닭고기를 먹게 하겠다」고 선언했다. 이후 절대왕정을 무너뜨린 프랑스혁명 때는 수탉이 평범한 사람들의 용기를 상징하는 것으로 여겨져 혁명 정부의 문서나 물건에 새겨지기도 했다.

한편, 이와 같은 각국의 상징 동물은 각국 축구 대표팀을 상징하는 별명과도 이어져 또다른 재미를 선사한다. 대표적으로 아프리카의 강호 카메룬은 「불멸의 사자」, 유럽의 슬로베니아는 「즈마이체키(용)」, 호주는 캥거루와 축구를 합친 「사커루」, 상아가 많이 나는 아프리카의 코트디부아르는 「코끼리 군단」으로 불리고 있다.

당신의 문해력은
몇 점입니까
- 고급편 -

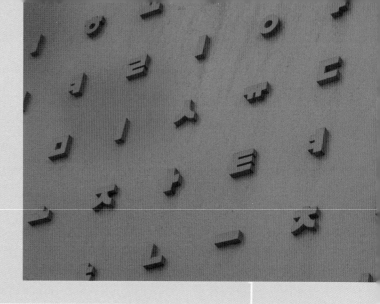

※ '문해력 기초·중급편'은 230집 특집 참조

◆ 한 번 더 알고가기! "문해력 기초·중급 요약편"

무리/물의	「무리(無理)」는 도리나 이치에 맞지 않거나 정도에서 지나치게 벗어남을 뜻한다. 「물의(物議)」는 대개 부정적인 뜻으로 쓰이는데, 어떤 사람 또는 단체의 처사에 대하여 많은 사람이 이러쿵저러쿵 논평하는 상태를 가리킨다. 따라서 공인이 사회적 물의를 일으켜 사과문을 작성할 때는 무리가 아닌 「물의를 일으켜 죄송합니다」라고 해야 한다.
치사율/취사율	치사율(致死率)은 어떤 병에 걸린 환자에 대한 그 병으로 죽는 환자의 비율을 뜻하는 의학 분야 용어. 이와 헷갈려 표기되는 취사(炊事)는 「끼니로 먹을 음식 따위를 만드는 일」이라는 뜻으로, 군대 내 「취사병」이나 전기밥솥에서 흘러나오는 「취사가 완료되었습니다」를 생각하면 된다.
글피/그글피	「글피」는 모레의 다음 날이자 오늘로부터 3일 후를 말하며, 「그글피」는 글피의 다음 날이자 오늘로부터 4일 뒤의 날을 가리킨다. 또 3일째 되는 날은 사흘, 4일째 되는 날은 나흘이라고 한다.
껍질/껍데기	껍질은 「물체의 겉을 싸고 있는 단단하지 않은 물질」로, 흔히 먹지는 않지만 얼마든 씹는 것은 가능하다. 반면 껍데기는 「달걀이나 조개 따위의 겉을 싸고 있는 단단한 물질」을 뜻한다.
갑절/곱절	「갑절」은 어떤 수나 양을 두 번 합한 만큼이라는 뜻으로 2배의 의미로만 사용된다. 이에 비해 「곱절」은 어떤 수나 양을 두 번 합한 만큼, 또는 흔히 고유어 수 뒤에 쓰여 일정한 수나 양이 그 수만큼 거듭됨을 이른다. 따라서 곱절 앞에는 수를 써도 되지만, 갑절 앞에는 수를 쓰지 않는다.
사단/사달	「사단(事端)」은 사건의 단서 또는 일의 실마리를 뜻하는 말이며, 「사달」은 사고나 탈을 줄인 말이다.
걷잡다/겉잡다	「걷잡다」는 한 방향으로 치우쳐 흘러가는 형세 따위를 붙들어 잡다는 뜻이며, 「겉잡다」는 겉으로 보고 대강 짐작하여 헤아리다는 뜻을 갖고 있다. 걷잡다의 경우 주로 「없다」와 함께 쓰이며, 겉잡다는 「어림잡다」, 「짐작하다」와 뜻이 비슷하다.
일체(一切)/일절(一切)	「일체」는 명사와 부사로 쓰이는 말로, 「모든 것을 다」라는 뜻으로 사용된다. 반면 부사로만 쓰이는 「일절」은 아주·전혀·절대로의 뜻으로, 흔히 행위를 그치게 하거나 어떤 일을 하지 않을 때에 사용된다.
너비/넓이	「너비」는 평면이나 넓은 물체의 가로로 건너지른 거리를, 「넓이」는 일정한 평면에 걸쳐 있는 공간이나 범위의 크기를 뜻한다. 즉, 너비는 가로를. 넓이는 면적을 가리킨다.
늑장/늦장	늑장과 늦장 모두 「느릿느릿 꾸물거리는 태도」를 이르는 말로, 동의어로 인정되고 있다. 따라서 「오늘 시간이 없으니 늑장을/늦장을 부리지 마라」처럼 모두 사용된다. (※ 표준어 규정 제3장5절26항에 따르면 한 가지 의미를 나타내는 형태 몇 가지가 널리 쓰이며 표준어 규정에 맞으면, 그 모두를 표준어로 삼는다. 이처럼 같은 뜻을 가진 여러 말을 모두 표준어로 인정하는 것을 「복수 표준어」라고 한다.)

◆ 모든 문장이 쏙쏙쏙! "문해력 고급편"

치중하다/취중하다 「치중(置重)하다」는 어떠한 것에 특히 중점을 두다는 뜻으로, 종종 발음이 비슷하고 익숙한 「취중(醉中)」으로 잘못 적는 경우가 있다. 하지만 「취중(醉中)」은 술에 취한 동안이라는 뜻으로, 술을 마시고 정신이 혼미하거나 술기운이 오른 상태를 가리킨다. 「치중하다」는 「이번 프로젝트의 성공 가능성에 치중하여 논의가 이뤄졌습니다」 등으로 사용될 수 있다.

예문으로 알아보기

• 이번 시험에서 영어 공부에만 너무 치중했더니 다른 과목 성적들은 별로 좋지 않았다.
• 전반전에 수비에만 치중하던 그 팀은 후반전에 들어서 공격으로 전환하였다.
• 내가 어제 취중에 괜한 소리라도 하지 않았을지 무척 걱정이 되었다.

눈에 띄다/눈에 띠다 「띄다」는 「눈에 보이다」, 「남보다 훨씬 두드러지다」의 의미로 쓰이는 「뜨이다」의 준말이다. 그리고 「띠다」는 「띠나 끈 따위를 두르다」, 「용무나 직책, 사명 따위를 지니다」, 「빛깔이나 색채 따위를 가지다」, 「감정이나 기운 따위를 나타내다」의 의미를 갖고 있다. 따라서 「눈에 띄다」가 올바른 표현이다.

⎯ ◎ⓧ로 알아보기 ⎯

• 파란색 지붕이 몹시 눈에 띠는 집이었다. ( )
• 재민이가 만든 영상이 그 회사 사장의 눈에 띄면서 입사 기회를 갖게 되었다. ( )
• 이 전쟁은 장기전의 양상을 띠고 있습니다. ( )

→ X, O, O

심란하다/심난하다 「심란(心亂)하다」는 마음이 어수선하다는 뜻이며, 「심난(甚難)하다」는 매우 어려운 상황을 표현할 때 사용되는 말이다. 따라서 어지러운 심경을 나타낼 때는 「심란」을 쓰면 된다.

예문으로 알아보기

• 돈 들어올 데가 없어 마음이 심란해졌다.
• 새로 산 아파트에 들어서자 심난했던 지난날이 생각나 눈물이 절로 흘렀다.
• 무슨 일이 있는지 그는 아까부터 심란한 표정으로 생각에 잠겨 있었다.

한참/한창 「한참」은 시간이 상당히 지나거나 어떠한 사건이 오래 일어나거나 지속될 때 사용되며, 「한창」은 어떤 일이 가장 활기 있고 왕성하게 일어나는 모양이나 어떤 상태가 가장 무르익은 모양을 나타낸다.

⎯ ◎ⓧ로 알아보기 ⎯

• 오늘 한창 물오른 싱싱한 생선이 나왔다. ( )
• 택시를 합승했더니 한참이나 돌아갔다. ( )
• 외판원이 한창 그에게 책 구매를 권했다. ( )

→ O, O, X

중반/중순 「중반(中盤)」은 어떤 일이나 일정한 기간의 중간 단계를 뜻하며, 「중순(中旬)」은 한 달 가운데 11일에서 20일까지의 동안을 가리킨다. 따라서 중반은 다양한 기간과 어울려 쓸 수 있는 반면, 중순은 월 단위로 쓰는 말이기 때문에 「달」과 함께 사용된다.

예문으로 알아보기

- 경기가 중반으로 접어들면서 관중들의 응원도 점점 더 열기를 띠어 갔다.
- 벌써 인생의 중반을 넘기고 있었다.
- 3월 중순이면 많은 꽃들이 꽃망울을 맺는다.
- 이번에 새로 개발된 자동차가 이달 중순 시중에 판매될 예정이다.

가관/장관 가관(可觀)은 「경치 따위가 꽤 볼만함」이나 「꼴이 볼만하다는 뜻으로, 남의 언행이나 어떤 상태를 비웃는 뜻으로 이르는 말」로 사용된다. 장관(壯觀)은 「훌륭하고 장대한 광경」이나 「크게 구경거리가 될 만하다거나 매우 꼴 보기 좋다는 뜻으로, 남의 행동이나 어떤 상태를 비웃는 말」로 사용된다. 이처럼 두 단어 모두 긍정과 부정의 의미를 함께 갖고 있으므로, 맥락에 따라 그 의미를 잘 파악해야 한다.

예문으로 알아보기

- 내장산의 단풍은 참으로 가관이지.
- 산 정상에서 보는 일몰은 그야말로 장관이었다.
- 잘난 체하는 꼴이 정말 가관이다.
- 술 취한 모습이 가관이다 못해 장관이다.

참고/참조 「참고(參考)」는 살펴서 생각한다는 뜻이며, 「참조(參照)」는 참고로 비교하고 대조하여 본다는 뜻을 갖고 있다. 이 두 단어는 비슷한 맥락에서 혼용되고 있으나, 참고는 고려의 의미를 담고 있으며 참조는 이러한 참고에 비교와 대조의 의미가 들어간 것이다.

예문으로 알아보기

- 이 문제는 선생님께 문의하여 참고를 하였습니다.
- 그들의 시행착오는 우리가 일을 진행하는 데에 좋은 참고가 될 것이다.
- 이 점이 참조가 된다면 결론은 달라질 수도 있다.
- 자세한 내용은 전기의 사항을 참조하세요.

피난/피란 「피난(避難)」은 재난을 피하여 멀리 옮겨 간다는 뜻이며, 「피란(避亂)」은 난리를 피하여 옮겨 간다는 뜻이다. 핵심은 재난과 난리의 차이로, 「재난」은 뜻밖에 일어난 재앙과 고난을, 「난리」는 전쟁이나 병란을 가리킨다. 따라서 자연재해를 피해 옮기는 것은 「피난」이 되고, 전쟁을 피하는 것은 「피란」이 된다.

예문으로 알아보기

- 지진이 나자 마을 사람들은 피난을 떠났다.
- 이스라엘과 하마스 간의 가자전쟁으로 많은 피란민이 발생했다.
- 우리 가족은 지난번 물난리 때 인근 초등학교에서 잠시 피난 생활을 했었다.

난도/난이도 「난도(難度)」는 어려움의 정도를, 「난이도(難易度)」는 어려움과 쉬움의 정도를 뜻한다. 만일 어떠한 문항이 매우 어려운 수준일 경우 「난도가 높다/낮다」라거나 「고난이도」라는 표현은 가능하지만, 「난이도가 높다/낮다」나 「고난이도」라는 표현은 사용할 수 없다. 난도의 경우 그 수준이 높거나 낮다고 표현할 수 있으나, 난이도는 양쪽을 다 가리키기 때문이다.

◯⊗로 알아보기

- 이 수술은 성공 사례가 매우 희박할 정도로 고난이도의 수술이다. (   )
- 이번 시험은 지난해 시험과 동일한 유형 및 난이도로 출제되었다. (   )
- 시험 문제를 출제할 때에는 난도가 높은 문제와 낮은 문제들을 적절히 배치하는 일이 중요하다. (   )

→ X, O, O

신변/신병 「신변(身邊)」은 몸과 몸의 주위라는 뜻이며, 신병(身柄)은 「보호나 구금의 대상이 되는 사람의 몸」을 가리킨다.

예문으로 알아보기

- 그 전화를 받고 신변의 위험을 느낀 그는 재빨리 도주하였다.
- 경찰은 이미 범인의 신병을 확보하였다.

염두해 두고/염두에 두고 「염두에 두다」가 올바른 표현으로, 여기서 「염두(念頭)」는 생각의 시초나 마음의 속을 뜻한다. 따라서 「염두에 두다」는 어떤 것을 생각의 시초에 두거나 또는 마음의 속에 두다는 의미로 사용된다.

예문으로 알아보기

- 우리는 여름 휴가를 염두에 두고 여행지를 알아보고 있다.
- 그는 미래의 은퇴를 염두에 두고 저축을 열심히 하고 있다.

결재/결제 결재와 결제는 기업들에서 혼용되고 있는데, 그 뜻이 분명히 다르므로 구별이 필요하다. 「결재(決裁)」는 「결정할 권한이 있는 상관이 부하가 제출한 안건을 검토하여 허가하거나 승인함」이라는 뜻이며, 「결제(決濟)」는 증권 또는 대금을 주고받아 매매 당사자 사이의 거래 관계를 끝맺는 일을 이르는 경제 용어이다.

예문으로 알아보기

- 이번 사안에 대해서는 충분한 논의가 있었고 이제 결재만 남았다.
- 복잡한 결재 절차를 단순화하여 일의 효율을 높였다.
- 만기가 돌아온 어음을 결제하지 못해 부도가 났다.

들락날락/들랑날랑 「자꾸 들어왔다 나갔다 하는 모양」, 「정신 따위가 있다가 없다가 하는 모양」이라는 뜻으로 두 단어 모두 맞는 표현이다. 예컨대 「자꾸 들락날락/들랑날랑 좀 하지 마」 처럼 사용된다.

연임/중임/재임 연임(連任)은 「원래 정해진 임기를 다 마친 뒤에 다시 계속하여 그 직위에 머무름」이라는 뜻이며, 중임(重任)은 「임기가 끝나거나 임기 중에 개편이 있을 때 거듭 그 자리에 임용함」이라는 뜻이다. 여기서 연임은 「특정한 기간 특정한 자리에 연속해서 머무르는 일」이지만, 중임은 「불특정 기간 동안에 특정한 자리에 거듭 임명되거나 중대한 임무」라는 차이가 있다. 그리고 재임(再任)은 「같은 관직에 다시 임명됨」이라는 뜻으로, 일반적으로 再가 둘의 의미를 지니므로 총 두 번 같은 자리에 임명되는 것을 가리킨다. 이에 반해 연임은 횟수의 제한이 없다는 점에서 재임과 차이가 있다.

예문으로 알아보기

- 지금 그 나라는 대통령의 <u>연임</u>을 반대하는 국민들의 목소리가 매우 높은 상황이다.
- 우리 아버지는 이번에 <u>중임</u>하여 정년까지 교장직을 수행하게 되셨다.
- 그는 두 차례에 걸쳐 회장직에 <u>재임</u>하였다.

감청/도청 감청(監聽)은 「기밀을 보호하거나 수사 따위에 필요한 참고 자료를 얻기 위하여 통신 내용을 엿듣는 일」을 도청(盜聽)은 「남의 이야기, 회의의 내용, 전화 통화 따위를 몰래 엿듣거나 녹음하는 일」을 가리킨다. 보통 감청은 합법, 도청은 불법이라는 차이를 말하기도 하지만 감청 역시 적법한 감청을 위해서는 준수해야 하는 절차와 조건이 있다.

예문으로 알아보기

- 경찰에서는 그 집에서 일어난 범죄의 증거 수집을 위해서는 <u>감청</u>이 불가피하다고 밝혔다.
- 그동안 날 <u>도청</u>해 왔다는 사실을 듣고는 충격에서 헤어나올 수 없었다.

고발/고소 고발(告發)은 피해자나 고소권자가 아닌 제삼자가 수사 기관에 범죄 사실을 신고하여 수사 및 범인의 기소를 요구하는 일을 말한다. 그리고 고소(告訴)는 법률 범죄의 피해자나 다른 고소권자가 범죄 사실을 수사 기관에 신고하여 그 수사와 범인의 기소를 요구하는 일을 말한다. 즉 피해자를 입은 당사자가 신고하면 「고소」, 제삼자가 신고하면 「고발」이 되는 것이다.

예문으로 알아보기

- 그 유튜버는 유명 연예인에 대한 허위사실을 유포한 혐의로 <u>고소</u>를 당했다.
- 동네 주민이 집앞 복도에 쌓아놓은 짐들을 보고 경찰서에 <u>고발</u>한 사실을 듣게 되었다.

남용/오용 남용(濫用)은 일정한 기준이나 한도를 넘어서 함부로 쓰거나, 권리나 권한 따위를 본래의 목적이나 범위를 벗어나 함부로 행사함을 이르는 말이다. 오용(誤用)은 잘못 사용한다는 뜻으로, 이 둘을 아울러 「오남용」이라는 표현이 사용되기도 한다.

예문으로 알아보기

- 강장제가 치료제로 <u>오용</u>되는 사례가 늘고 있다고 하니 주의하기 바랍니다.
- 권력의 <u>남용</u>과 부정을 막을 수 있는 제도적 장치가 절실히 요구되고 있다.

능률/효율 「능률(能率)」은 일정한 시간에 할 수 있는 일의 비율을 말하며, 「효율(效率)」은 들인 노력과 얻은 결과의 비율을 말한다. 따라서 능률은 시간의 개념이, 효율은 노력의 개념이 포함돼 있다고 할 수 있다.

> **예문으로 알아보기**
>
> • 요새 걱정이 너무 많아 스트레스가 최고조로 달하다보니 좀처럼 일의 능률이 오르지 않는다.
> • 복잡한 절차를 단순화하는 데 성공하면서 업무 과정에서의 효율을 높였습니다.

이왕이면/기왕이면 이왕(已往)이면은 「어차피 그렇게 할 바에는」이라는 뜻으로, 현시점부터 미래의 상황을 나타낼 때 사용한다. 기왕(旣往)이면은 「어차피 그렇게 된 바에는」라는 뜻으로, 이미 지난 시점부터 미래의 상황을 나타낼 때 사용한다.

> **예문으로 알아보기**
>
> • 어차피 우리가 해야 할 일이라면 이왕이면 즐거운 마음으로 합시다.
> • 이번 휴가는 돈을 아끼지 않기로 했으니, 기왕이면 해외로 나가는 것이 좋지 않을까?
> • 이왕이면 내 얼굴이 더 잘 나오도록 찍어 주세요.

피곤/피로 「피곤(疲困)」은 몸이나 마음이 지치어 고달픔이라는 뜻이며, 「피로(疲勞)」는 과로로 정신이나 몸이 지쳐 힘듦 또는 그런 상태를 가리킨다.

> **예문으로 알아보기**
>
> • 며칠간 무리를 했더니 피곤이 몰려와 좀처럼 앉아 있을 수가 없었다.
> • 피로를 풀려면 무조건 쉴 것이 아니라 가벼운 운동을 하는 것이 오히려 도움이 된다고 한다.

짜깁기/짜깁기 「짜깁기」는 직물의 찢어진 곳을 그 감의 올을 살려 본디대로 흠집 없이 짜서 깁는 일이나 기존의 글이나 영화 따위를 편집하여 하나의 완성품으로 만드는 일을 뜻한다. 반면 「짜집기」는 「짜깁기」를 잘못 쓴 말이지만, 짜깁기보다 훨씬 많이 사용되고 있어 올바른 사용이 요구된다.

> **예문으로 알아보기**
>
> • 그의 논문은 다른 여러 논문을 짜깁기해 작성된 것으로 표절 논란에서 자유로울 수 없다.
> • 세탁소에서 찢어진 옷을 짜깁기하여 새 옷처럼 만들어냈다.
> • 이번 녹취록은 편집이나 짜깁기한 흔적이 전혀 없는 것이어서 신뢰성이 높습니다.

아귀찜과 주꾸미 이 두 단어의 표기가 낯설게 느껴졌다면 그동안 틀린 표기를 바르게 알고 있었다는 사실! 아구찜이 아닌 아귀찜이 맞고, 쭈꾸미가 아닌 주꾸미가 맞기 때문이다. 아귀는 물고기의 한 종류로, 아귀찜은 이 아귀를 활용한 찜요리를 말한다. 흔히 아구찜이라고 하는 경우가 많은데, 바른 표기는 아귀찜이다. 또 문어과의 연체동물인 주꾸미는 흔히 쭈꾸미로 발음돼 표기가 잘못되는 경우가 많아 주의가 필요하다.

희안하다/희한하다 희한(稀罕)하다는 매우 드물거나 신기하다는 뜻으로, 발음으로 인해「희안하다」로 표기하는 경우가 적지 않다. 하지만「희안하다」는 틀린 표기다. 희한하다의 어근「희한」은 드물고 드물다는 뜻으로, 여기에 형용사를 만드는 접미사「-하다」가 붙은 것이다.

예문으로 알아보기

- 옷을 그렇게 입으니 사람들이 널 <u>희한</u>하게 쳐다보는 거 아니냐?
- 그쪽에서 이토록 반응이 없는 것이 <u>희한</u>하게 느껴졌다.

더 알아보기 ① _ 다양한 관용어들

관용어	의미	예시
가마를 태우다	그럴듯하게 추어올려 얼렁뚱땅 넘어가거나 속여 넘기다.	가마를 태워서 대충 넘어갈 생각은 하지 마.
개가를 올리다	큰 성과를 거두다.	대원들이 탐사 1년 만에 개가를 올리고 돌아왔다.
곁눈(을) 주다	남이 모르도록 곁눈질로 상대편에게 어떤 뜻을 알리다.	그는 내게 자꾸 곁눈을 주었으나 나는 도통 알 수가 없었다.
난장을 치다	① 함부로 마구 때리다. ② 몹시 못마땅하여 저주하는 말	어떻게 사람에게 그렇게 난장을 칠 수 있는가?
낯을 깎다	체면을 잃게 만들다.	부모님 낯을 깎는 일을 해서는 안 되지 않겠니?
뒷다리(를) 긁다	다 끝난 말을 다시 하여 되통스럽게 굴다.	말할 때는 뭘 하고 이제야 뒷다리를 긁니?
딴죽을 치다	동의하였던 일을 딴전을 부려 어기다.	약속해 놓고서는 이렇게 딴죽을 치니 몹시 당황스럽다.
마각을 드러내다	숨기고 있던 일이나 정체를 드러내다.	그는 아침이 되어서야 마각을 드러냈다.
말곁(을) 달다	남이 말하는 옆에서 덩달아 말하다.	너는 꼭 내가 말할 때마다 말곁을 다는구나.
먹물(을) 먹다	책을 읽어 글공부를 하다.	먹물 들고 의식 있는 사람이라면 누구나 지금 상황을 걱정하겠지.
반죽이 좋다	노여움이나 부끄러움을 타지 아니하다.	그는 반죽이 좋아 웬만한 일에는 성을 내지 않는다.
베짱(이) 맞다	무슨 일을 도모하는 데 뜻과 마음이 맞다.	베짱이 맞는 친구들이라면 오래 갈 거야.
생나무 꺾듯	아무 고려도 없이 어떤 말이나 의견을 잘라 버리다.	사장은 다른 사람의 의견을 생나무 꺾듯 하더니 결국 실패하고 말았다.
속(을) 뽑다	일부러 남의 마음을 떠보고 그 속내를 드러나게 하다.	술 몇 잔으로 그의 속을 뽑으려 했다니.
이골이 나다	이익을 좇거나 어떤 방면에 길이 들어서 익숙해지다.	그 일이라면 이제 이골이 나서 눈감고도 할 수 있다.
자라목이 되다	사물이나 기세 따위가 움츠러들다.	그가 호통을 치자 그곳에 있던 사람들은 금방 자라목이 되고 말았다.
키(를) 잡다	일이나 가야 할 곳의 방향을 잡다.	그들 중에서는 키를 잡고 해결하려는 사람이 아무도 없었다.
퇴박(을) 놓다	마음에 들지 아니하여 물리치거나 거절하다.	그는 어떠한 조건도 퇴박을 놓기로 유명하다.
허방을 치다	바라던 일이 실패로 돌아가다.	그렇게 노력했는데, 허방을 치고 끝이 났다.

더 알아보기 ② _ 비표준어로 착각하기 쉬운 표준어들

단어	의미	예시
말쑥하다	① 지저분함이 없이 훤하고 깨끗하다. ② 세련되고 아담하다.	낙서로 뒤덮여 있던 담벼락을 말쑥하게 새로 페인트를 칠했다.
쌈박하다	① 물건이나 어떤 대상이 시원스럽도록 마음에 들다. ② 일의 진행이나 처리 따위가 시원하고 말끔하게 이루어지다.	어려워 보였던 일이었는데 그렇게 쌈박하게 처리하다니, 속이 다 시원하구나!
쌉싸래하다	조금 쓴 맛이 있는 듯하다.	이 음식은 쌉싸래한 맛이 난다.
얻다	「어디에다」가 줄어든 말	나는 그가 얻다 돈을 감췄는지 알고 있다.
엔간하다	대중으로 보아 정도가 표준에 꽤 가까운	엔간하면 나도 함께하고 싶었는데 지금 상황이 너무 좋지 않아.
대거리하다	① 상대편에게 맞서서 대들다. ② 서로 상대의 행동이나 말에 응하여 행동이나 말을 주고받다.	누가 시비를 붙이든 말든 대거리하지 말고 그냥 가도록 해.
재까닥	어떤 일을 시원스럽게 빨리 해치우는 모양	숙제를 미루지 말고 재까닥 하는 것이 좋겠어.
후딱	① 매우 날쌔게 행동하는 모양 ② 시간이 매우 빠르게 지나가는 모양	벌써 2024년 한해도 후딱 지나가 버렸구나.
껄떡거리다	① 목구멍으로 물 따위를 힘겹게 삼키는 소리가 자꾸 나다. ② 엷고 뻣뻣한 물체의 바닥이 뒤집히거나 뒤틀리는 소리가 자꾸 나다. ③ 매우 먹고 싶거나 갖고 싶어 연방 입맛을 다시거나 안달하다.	• 너는 떡볶이만 보면 껄떡거리는구나. • 오랜만에 산에 올랐더니 숨이 껄떡거린다.
항시	① 임시가 아닌 관례대로의 보통 때 ② 똑같은 상태로 언제나	그 직원은 항시 출근이 늦어 주의를 줄 필요가 있다.
무지	보통보다 훨씬 정도에 지나치게	나는 야구를 무지 좋아하는데 너는 어때?
뻐기다	얄미울 정도로 매우 우쭐거리며 자랑하다.	그 사람은 청약에 당첨됐다며 여기저기 뻐기고 다녔다.
딸랑	딸린 것이 적거나 단 하나만 있는 모양	그 방에는 나 혼자만 딸랑 남게 되었다.

2024년
국내·국제 10대 뉴스

2024년 국내 10대 뉴스

1 45년 만의 '비상계엄'으로 촉발된 '탄핵정국'

12월 3일 오후 10시 27분께 윤석열 대통령이 갑작스런 긴급담화를 통해 비상계엄을 선포하면서 1987년 민주화 이후 사상 초유의 사태가 대한민국을 흔들었다. 하지만 국회가 계엄 선포 2시간 48분 만에 해제 결의안을 통과시키고, 이에 윤 대통령이 비상계엄을 해제하면서 전 국민을 충격에 빠뜨린 비상계엄 사태는 선포 6시간 만에 종료됐다. 이와 같은 사상 초유의 사태에 민주당 등 야6당은 12월 4일 윤 대통령의 비상계엄 선포를 「중

대하고 명백한 법 위반이자 자유민주적 기본질서 위협 행위」로 규정하고 탄핵소추안을 발의했다. 이에 2016년 박근혜 전 대통령 탄핵 이후 8년 만에 탄핵정국이 다시금 도래된 가운데, 12월 7일 국회에서 이뤄진 첫 번째 탄핵안 표결은 국민의힘 의원 대다수의 불참으로 투표가 불성립하며 민심의 거센 분노를 일으켰다. 이에 야당은 다시 탄핵안을 발의했고, 12월 14일 이뤄진 2차 탄핵안 표결에서는 찬성 204표로 탄핵안이 통과되며 윤 대통령의 직무가 즉시 정지됐다. 이로써 윤 대통령에 대한 헌법재판소의 탄핵심판 절차가 시작되며 윤 대통령의 운명은 헌재로 넘어가게 됐는데, 여기에 윤 대통령은 내란 수괴 혐의 등으로 수사도 받게 될 예정이어서 탄핵과 수사가 함께 이뤄지게 된다.

"과거가 현재를 도왔고, 죽은 자가 산자를 구했습니다. 대한민국은, 대한민국의 민주주의는, 광주에 큰 빚을 졌습니다."

▲ 12월 14일 박찬대 민주당 원내대표, 윤석열 대통령 탄핵소추안 국회 제안설명 중에서

2 | 소설가 한강, '한국 최초 노벨문학상' 수상

《채식주의자》, 《소년이 온다》 등을 쓴 소설가 한강(54)이 2024년 노벨문학상 수상자로 결정되면서 우리나라 최초의 노벨문학상 수상자가 됐다. 스웨덴 한림원은 10월 10일 한강을 노벨문학상 수상자로 발표하면서 「역사적 트라우마에 맞서고 인간 생의 연약함을 드러낸 강렬한 시적 산문」이라며 선정 이유를 밝혔다. 한 국인의 노벨상 수상은 지난 2000년 평화상을 수상한 고(故) 김대중 전 대통령에 이어 두 번째이며, 노벨문학상 수상은 한국인 최초다. 또 아시아 작가의 수상은 2012년 중국 작가 모옌 이후 12년 만이며, 아시아 여성 작가로는 최초의 수상 기록이다. 무엇보다 한강의 수상은 그간 서구권 남성 작가의 작품이 주목받아 온 세계 문학에 큰 반향을 일으키는 계기가 됐다는 평가다. 한편, 노벨상 시상식은 12월 10일 스웨덴 스톡홀름에서 열렸으며, 한강은 이날 칼 구스타프 16세 스웨덴 국왕으로부터 노벨상 메달과 증서를 받았다.

"문학을 읽고 쓰는 일은 생명을 파괴하는 행위들의 반대편에 서 있습니다. 폭력의 반대편인 이 자리에 함께 서 있는 여러분과 함께, 문학을 위한 이 상의 의미를 나누고 싶습니다."

↖ 한강의 노벨문학상 수상 소감 중에서

3 | 네 번째 '김건희 특검법'과 '명태균 게이트'

검찰이 10월 2일 윤석열 대통령 배우자인 김건희 여사의 「명품가방 수수 의혹」과 관련해 혐의 없음으로 불기소 처분을 내린 데 이어 17일에는 김 여사의 「도이치모터스 주가조작사건 연루 의혹」에 대해서도 불기소 처분을 내리면서 봐주기 및 부실수사 의혹을 일으켰다. 이러한 가운데 국회에서는 12월 12일 「김건희 특검법」이 4번째로 통과됐는데, 이는 앞서 3번의 특검법이 윤 대통령의 거부권 행사와 국회 재의결 끝에 부결되며 폐기된 데 따른 것이다. 특히 3번째로 발의된 특검법에는 명태균 씨의 여론조사 조작 의혹과 이를 통한 김 여사의 대선 경선 여론조작 의혹 등이 새롭게 추가됐다. 명태균 게이트는 정치 브로커인 명 씨가 윤 대통령 부부를 비롯해 국민의힘 유력 정치인들과의 친분을 과시하며 여론조사를 조작하고 공천에 개입했다는 의혹을 말한다.

명태균 게이트 윤 대통령과 김 여사가 지난 2022년 6월 보궐선거와 22대 총선 당시 정치브로커 명태균 씨를 통해 국민의힘 공천에 개입했다는 의혹이 9월에 제기되면서 시작된 논란이다. 특히 2022년 5월 9일 당선인 신분이었던 윤 대통령이 같은 해 6월 재보선을 앞두고 김영선 전 의원의 공천과 관련해 명 씨와 통화한 음성녹음 파일을 민주당이 공개하면서 해당 사건은 정국의 주요 쟁점으로 부상했다. 또 명 씨는 2021년 서울시장 보궐선거와 국민의힘 당대표 선거에 개입해 각각 오세훈 서울시장과 이준석 당시 당대표를 도왔다고 주장하는 등 국민의힘 주요 정치인들과의 의혹이 잇따라 제기됐다. 한편, 명 씨는 정치자금법 위반·증거은닉 교사 혐의로, 김영선 전 의원은 정치자금법 위반 혐의로 12월 3일 각각 구속 기소됐다.

정부가 2025년도 대학 입시부터 전국 의과대학 입학 정원을 현재보다 2000명 늘린 5058명으로 정한 의대 증원안을 2월 6일 의결하면서 의정 갈등이 시작됐다. 정부의 해당 방안 발표 이후 대형병원 전공의들이 파업을 결의하면서 의료 파행이 시작된 가운데, 대교협이 5월 25일 의대 증원 방안을 확정하면서 1998년 제주대 의대가 신설된 지 27년 만에 의대 증원이 현실화됐다. 이에 대한의사협회(의협)는 6월 18일 전국 개원의까지 참여하는 집단휴진(총파업)을 강행했고, 정부는 이를 「불법 집단행동」으로 규정하며 업무개시명령을 내리는 등 강대강 대치가 이어졌다. 그러나 상당수 전공의들은 병원 복귀를 거부했고, 앞서 2월 집단으로 휴학계를 낸 의대생들의 수업 거부도 계속되면서 집단 유급 사태 우려까지 높아졌다. 이러한 상황에서 교육부는 10월 7일 의과대학 교육과정을 6년에서 5년으로 단축하는 방안을 검토하겠다고 밝히면서 또다른 논란을 일으켰는데, 무엇보다 계속되는 의정 갈등은 응급실 뺑뺑이 등의 대란으로 이어지면서 제때 치료를 받지 못하는 환자들이 급증하며 문제의 심각성을 높였다.

5 　정권 심판 민심의 표출, '4·10 총선'

제22대 국회의원을 선출하는 총선이 4월 10일 실시돼 더불어민주당의 압도적 과반 승리와 국민의힘의 참패로 막을 내렸다. 선거 결과 민주당이 175석을 차지하며 원내 제1당이 됐으며, 여당인 국민의힘은 108석에 그치면서 지난 21대 총선에 이어 또다시 여소야대 구도가 이어지게 됐다. 이로써 윤석열 정부는 건국 이래 대통령 임기 중 여대야소 정국을 이끌지 못하는 첫 번째 정부가 됐다. 특히 민주당과 조국혁신당(12석) 등을 포함한 범야권 의석이 190석에 육박하면서 범야권은 패스트트랙 지정 요건인 「의석수의 5분의 3(180석) 이상」을 차지한 반면, 국민의힘은 대통령 탄핵·개헌 저지선(200명)만 가까스로 지켜냈다. 이로써 정국 주도권은 야권으로 넘어가게 됐는데, 무엇보다 1987년 대통령 직선제가 도입된 이후 집권 여당이 이처럼 큰 격차로 야당에 패한 것은 처음 있는 일이었다.

6 　북한의 잇따른 '오물풍선' 살포

북한이 5월 28일을 시작으로 남쪽을 향해 지속적으로 오물풍선을 발사, 전국 곳곳에서 오물풍선 잔해가 발견되며 남북 갈등이 고조됐다. 오물풍선은 흰색의 대형풍선에 비닐봉투가 매달린 형태로, 봉투 안에는 거름·분뇨·폐건전지·담배꽁초 등의 오물 등이 담겨 있다. 북한의 계속되는 오물풍선 살포에 우리 정부는 6월 9일 대북 확성기 방송을 6년 만에 재개하며 이에 대한 맞대응을 전개했다. 대북 확성기 방송은 고출력 확성기 등을 통해 인권 탄압 등 북한 내부 실상을 다룬 뉴스, 대한

민국 발전상 홍보, 인기 K팝 등을 방송하는 것으로 북한이 가장 꺼려하는 대북 심리전으로 꼽는다. 특히 7월 24일과 10월 24일에는 용산 대통령실 청사 내에까지 북한 오물풍선이 떨어지는 일이 발생하기도 했다. 용산 일대에 떨어진 풍선에는 윤석열 대통령과 부인 김건희 여사에 대한 원색적인 비난을 담은 여러 종류의 전단이 들어 있었던 것으로 확인됐는데, 북한이 대통령 부부를 직접 비난하는 내용의 전단이 담긴 오물풍선을 살포한 것은 처음인 것으로 알려졌다.

> ⬤ **대북 확성기 방송의 역사**
>
> 대북 확성기 방송은 1963년 박정희 정부 때 시작된 이후 남북의 갈등 상황에 따라 등장과 재개를 반복했는데, 노무현 정부 때인 2004년 남북 군사합의를 통해 중단됐다. 그러다 이명박 정부와 박근혜 정부 때 천안함 피격(2010년)과 목함지뢰 도발(2015년), 북한의 4차 핵실험(2016년) 등 북한의 도발에 대한 대응 조치로 일시적으로 재개됐다가 2018년 4·27 판문점선언에서 「군사분계선 일대에서 확성기 방송과 전단 살포를 비롯한 모든 적대 행위들을 중지하고 그 수단을 철폐한다」고 합의하면서 중단된 바 있다.

7 대규모 판매대금 미정산, '티메프 사태'

7월 7일 위메프의 대금 미정산 발생에 이어 21일 티몬이 대금 정산 지연을 공지하면서 대규모 소비자 환불 불가 사태가 발생했다. 이 사태는 티몬과 위메프의 모기업인 큐텐이 무리하게 나스닥 상장을 추진한 데다 티몬과 위메프의 긴 정산 주기 등이 원인으로 분석됐다. 이후 법원은 8월 2일 티몬·위메프의 자율구조조정 지원(ARS) 프로그램을 승인했는데, 이는 회생절차 개시 결정에 앞서 채무자와 채권자가 함께 자율적으로 변제 방안을 협의하는 제도다. 여기에 금융위원회 등에서는 8월 7일부터 티메프 정산 지연 피해 판매자를 위한 금융지원을 시행한다고 밝혔다.

그리고 서울회생법원 회생2부는 9월 10일 대규모 정산 지연사태를 일으킨 티몬과 위메프에 대한 회생절차를 개시하기로 결정했다고 밝혔다. 이에 따라 법원이 선임한 제3자 관리인(조인철 전 SC제일은행 상무)이 기존 경영진을 대신해 두 회사를 경영하게 되고, 12월까지 회생계획안을 마련해 채권자(피해자) 동의와 법원의 인가를 받으면 회생이 확정되게 된다.

8 지분을 내놓아라? '라인야후 사태'

일본 총무성의 행정지도로 촉발된 라인야후 사태가 정부·정치권·노조까지 개입하면서 양국 간의 문제로 확산되는 일이 벌어졌다. 라인야후는 네이버가 개발한 일본 국민 메신저 「라인」과 소프트뱅크의 포털사이트 「야후」를 운영하는 회사로, 양사가 절반씩 지분을 갖고 있다. 그러나 일본 정부가 2023년 개인정보 약 51만 건이 유출된 라인야후에 재발 방지를 촉구하는 행정지도를 내리며 「위탁처(네이버)로부터 자본적 지배를 상당 수준 받는 관계의 재검토」를 지시하면서 논란이 됐다. 무엇보다 정보 유출사고에 정부가 해당 기업의 지분 변경까지 요구하는 것은 전례 없는 일이라는 점에서, 일본이 해당 사고를 빌미로 라인의 경영권을 네이버와 지분을 절반씩 나눠 가진 일본 기업 소프트

뱅크에 넘기려는 것이 아니냐는 의혹이 제기됐다. 이처럼 일본 정부가 개인정보 유출 사태를 빌미로 라인야후를 완전한 일본 기업으로 만들려고 한다는 해석이 나오면서 한일 양국 외교문제로까지 비화될 조짐을 보이기도 했다. 한편, 일본이 민간기업의 경영권에 직접 개입한 이번 사태를 두고 빅데이터를 자국이 직접 관리하겠다는 「데이터 주권(Data Sovereignty) 확보」가 그 본질적 이유라는 분석이 제기됐다.

9 '딥페이크 성범죄물' 확산 논란

소셜미디어 등에서 내려받은 타인의 얼굴 사진에 음란물의 나체 사진을 합성한 뒤 성범죄물로 만들어 유포하는 「딥페이크 성범죄」가 우리 사회에 큰 논란을 일으켰다. 딥페이크 성범죄물은 중고등학교는 물론 대학·군대에서도 텔레그램 단체방(일명 겹지인방) 등을 통해 이를 공유한 범죄가 드러나면서 충격을 안겼다. 이처럼 딥페이크 성범죄에 대한 불안감이 높아지면서 온라인에는 제보를 바탕으로 제작된 「딥페이크 피해학교」 명단과 지도가 등장하기도 했다. 이에 서울경찰청은 22만 명가량이 참여 중인 한 텔레그램 채널에서 딥페이크 성범죄물이 확산한 혐의에 대한 수사에 돌입했고, 8월 29일부터 7개월간 딥페이크 성범죄 관련 특별 집중단속을 실시한다고 밝혔다. 그리고 국회는 9월 26일 딥페이크 성착취물을 소지하거나 시청한 사람에 대해 징역형 처벌이 가능하도록 한 「성폭력범죄처벌특례법」 개정안을 의결했으며, 11월 28일에는 딥페이크 영상물이나 불법 촬영물 배포 등으로 얻은 범죄수익을 몰수하는 내용 등이 담긴 「성폭력 처벌법」 개정안을 통과시켰다.

> **딥페이크(Deep Fake)**
>
> 인공지능(AI) 기술을 활용해 인물의 얼굴을 다른 사진이나 영상에 실제처럼 조합하는 것을 말한다. 그리고 딥페이크 성범죄는 이처럼 사진을 합성해 성착취물을 제작·유포하는 범죄를 가리킨다.

10 시청역 참사, '고령 운전자 면허 반납' 논란

7월 1일 서울 중구 시청역 인근 교차로에서 역주행 차량이 인도로 돌진하며 9명이 사망하는 참사가 발생했다. 사건 직후 현장에서 경찰에 검거된 60대의 운전자는 차량 급발진을 주장했으나, 운전 미숙과 부주의 등 운전자 과실 의견이 제기되면서 여러 논란이 일었다. 무엇보다 해당 사고의 가해 운전자가 68세인 사실이 알려지면서 고령 운전자 논란이 다시금 부상했는데, 해당 참사 이틀 만에 서울 국립중앙의료원에서 80대 운전자에 의한 차량 돌진사고가 일어나면서 고령 운전자 면허 반납 목소리는 더욱 거세졌다. 현재 각 지자체는 운전면허를 반납하는 65세 이상 고령자들에게 10만~30만 원 상당의 현금성 인센티브를 지원하며 운전면허증의 자진 반납을 유도하고 있으나, 그 반납률은 매년 2% 안팎에 그치고 있는 것으로 알려졌다. 하지만 초고령사회(만 65세 인구가 전체 인구의 20% 이상)로 진입한 대한민국의 현실을 감안할 때 고령 운전자들의 면허를 반납하도록 강제하는 것은 지나치다는 목소리도 있다. 실제 경찰청 추계에 따르면 2022년 438만 명인 65세 이상 고령 운전자는 2025년에는 498만 명으로 늘어난다.

2024년 국제 10대 뉴스

1 '트럼프'가 다시 돌아온다! 2024 미국 대선

카멀라 해리스(민주당) 부통령과 도널드 트럼프(공화당) 전 대통령이 맞붙은 2024년 대선에서 트럼프 전 대통령이 제47대 미국 대통령으로 당선되며 4년 만의 재집권을 앞두게 됐다. 트럼프는 이번 대선에서 최대 승부처로 지목되던 7대 경합주에서 초접전을 펼칠 것이라는 대선 전 여론조사와는 달리 모두 승리하며 312명의 선거인단을 확보, 해리스 부통령(226명)에 크게 앞서는 승리를 거뒀다.

트럼프의 복귀, 향후 변화는? 「다시 미국을 위대하게(Make America Great Again)」를 내건 트럼프 당선인의 재집권이 다가오면서 향후 국제 정세에도 큰 변화가 예고되고 있다. 무엇보다 공화당이 대선과 같은 날 치러진 상·하원 선거에서도 모두 다수당을 차지하는 「트리플 크라운(Triple Crown)」을 달성하면서 트럼프의 행보는 4년 전보다 더욱 거세질 것으로 전망되고 있다. 우선 트럼프 2기 행정부는 선거 기간 강조해 왔던 중국산 제품에 대한 60% 관세 부과, 국경 통제 강화, 반도체지원법을 비롯한 바이든 정부 정책에 대한 재검토 및 조정 등을 거침없이 추진할 것으로 예상된다. 또 트럼프의 당선에 따라 트럼프와 김정은 북한 국무위원장과의 정상외교 재개, 주한미군 방위비 재협상 요구 가능성이 높아지는 등 한반도 정세에도 격변이 불가피할 것으로 전망되고 있다.

2 전 세계는 선거로 바빴다, '폴리코노미'

올해는 1월 대만 총통 선거를 시작으로 ▷러시아 대선(3월) ▷한국 총선(4월) ▷인도 총선(5월) ▷유럽의회 선거(6월) ▷영국 총선(7월) ▷일본 중의원 선거(10월) ▷미국 대선(11월) 등 전 세계 50여 개국에서 많은 선거가 치러졌다. 이처럼 세계 주요 국가들의 선거가 한 해에 몰려 있는 것은 유례가 없는 일로, 이에 정치가 경제를 휘두르는 현상을 뜻하는 「폴리코노미(Policonomy)」라는 말이 자주 언급됐다.

각국의 선거 결과는? 2024년 1월 13일 치러지며 폴리코노미의 해를 연 대만 총통 선거에서는 친미 독립 성향 집권당인 민진당의 라이칭더(賴淸德) 주석이 당선되면서 향후 양안관계(중국과 대만 관계)에 이목을 집중시켰다. 4월 치러진 우리나라 총선에서는 더불어민주당의 압도적 과반 승리와 국민의힘의 참패로 지난 21대 총선에 이어 또다시 여소야대 구도가 이어지게 됐다. 6월 치러진 유럽의회 선거에서는 유럽의회 내 제1당 격인 중도우파 유럽국민당(EPP)이 1당 지위를 유지한 가운데, 중도 세력의 비중은 감소한 반면 극우 세력은 증가하는 정치지형 변화가 이뤄졌다. 7월 영국 총선에서는 집권 보수당이 190년 만에 최악의 성적표를 받아들며 노동당에 정권을 내줬고, 10월 열린 일본 중의원 선거에서는 집권 자민당이 12년 만에 단독 과반에 실패했다. 그리고 11월 5일 치러진 미국 대선에서는 트럼프 전 대통령이 4년 만의 재집권에 성공하면서 향후 트럼프의 재등장이 일으킬 전세계의 변화에 이목이 집중되고 있다.

3 이스라엘의 전선 확대, '5차 중동전쟁' 우려 고조

2023년 10월 팔레스타인 무장단체 하마스의 기습공격으로 시작된 이스라엘과 하마스의 「가자전쟁」이 1년 넘게 이어지는 가운데, 이스라엘이 레바논 헤즈볼라까지 공격하면서 전선이 중동 전역으로 확대됐다. 가자전쟁 발발 이후 미국을 비롯한 국제사회는 이스라엘과 하마스의 휴전협상 타결을 위해 지속적인 노력을 전개했으나, 협상은 교착 상태에 머물면서 휴전은 요원해진 상태다. 이러한 가운데 이스라엘은 레바논 헤즈볼라와 예멘 후티 등 친이란 「저항의 축」에 대한 전방위적인 공격에 나서며 전선을 확대했고, 특히 10월 1일에는 헤즈볼라를 상대로 레바논 지상전을 전개하면서 중동 위기가 고조됐다. 이에 그동안 「저항의 축」 세력들을 간접지원해 왔던 이란이 10월 2일 이스라엘에 200여 발의 탄도미사일을 발사하면서 전쟁 전면에 나서고, 이스라엘이 이에 대한 보복을 예고하면서 5차 중동전쟁 우려는 최고조로 치달았다. 이처럼 이스라엘이 전 세계의 만류에도 불구하고 전

선을 지속적으로 확대해 나가는 것은 11월 5일 치러질 미국 대선 전에 중동의 구도를 자국에 유리하게 재편하려는 베냐민 네타냐후 이스라엘 총리의 의중이 담겨 있다는 분석이 제기된 바 있다.

한편, 이스라엘과 헤즈볼라는 11월 26일 일시 휴전안을 타결했는데, 이는 이스라엘군이 지난 9월 헤즈볼라를 겨눈 「북쪽의 화살」 작전 개시를 선포하고 레바논 남부에서 18년 만의 지상전에 돌입한 지 약 2개월 만이다.

4 13년 9개월간 이어진 '시리아 내전' 종식

이슬람 무장세력 하야트 타흐리르 알샴(HTS)을 주축으로 한 시리아 반군이 12월 8일 수도 다마스쿠스를 점령하고 승리를 선언했다. 그동안 시리아를 철권통치해온 바샤르 알아사드 시리아 대통령은 반군의 수도 진격에 러시아로 도피했고, 이로써 2011년 「아랍의 봄」을 계기로 촉발된 시리아 내전이 발발 13년 9개월 만에 막을 내림과 동시에 53년간 이어졌던 알아사드 일가의 철권통치도 종식됐다.

시리아 내전의 시작부터 종식까지 시리아 내전은 2011년 중동 지역을 덮친 민주화 시위인 「아랍의 봄」 여파가 시리아에까지 확산된 것이 계기가 됐다. 이후 바샤르 알아사드 독재정권에 항거하는 민중 봉기가 일어났는데, 아사드 정권의 유혈진압으로 내전으로 확산된 데 이어 주변국들이 이권에 따라 경쟁적으로 개입하면서 장기전으로 이어졌다. 시리아 내전은 2020년 교착 상태로 접어들었으나, 시리아 정부군에 대한 러시아와 이란의 지원이 소홀해진 틈을 타 지난 11월부터 반군의 본격적 공세가 시작됐다. 그리고 12월 8일 반군의 다마스쿠스 장악으로 시리아 내전은 종식됐는데, 그간 13년이 넘게 진행된 내전으로 50만 명이 넘는 사망자가 발생했으며 시리아를 떠난 난민은 내전 발발 전 시리아 인구(2100만 명)의 3분의 1에 가까운 630만여 명에 이른다. 특히 시리아 내전은 쏟아지는 시리아 난민들을 감당하지 못한 주변국들이 점차 국경을 봉쇄하고 이에 시리아인들이 유럽으로 향하면서 유럽 난민 사태의 원인이 되기도 했다. 한편, 아사드는 반군이 다마스쿠스를 점령하기 직전 탈출해 자신의 최대 우군인 푸틴 러시아 대통령이 통치하는 러시아로 망명한 것으로 전해졌다.

5 │ 잊혀진 전쟁에서 다시 부활? '러시아-우크라이나 전쟁'

조 바이든 미국 대통령이 11월 17일 우크라이나에 사거리 약 300km인 장거리미사일 「에이태큼스 (ATACMS)」를 이용한 러시아 본토 타격을 허용하면서 우크라이나 전황이 급변했다. 이러한 미국 정부의 조치에 푸틴 러시아 대통령은 핵보유국의 지원을 받은 비(非)핵보유국에도 핵무기를 사용할 수 있도록 하는 새 핵 교리를 승인하는 등의 맞대응에 나섰다. 여기에 우크라이나가 에이태큼스와 영국산 스톰섀도로 러시아 본토 공격에 나서자 러시아 측이 신형 중거리탄도미사일(오레시니크)를 발사하면서, 지상군과 전투용 드론(무인기) 위주로 전개되던 양국의 전투는 장거리미사일 각축전으로까지 확대됐다. 이처럼 양국이 미사일까지 발사하며 전쟁 수위를 높이는 데에는 2025년 1월 취임하는 도널드 트럼프 미국 대통령 당선자가 우크라이나 전쟁을 최대한 빨리 끝내기 위해 휴전 또는 종전을 밀어붙일 것이라는 전망이 높기 때문이라는 분석이 나왔다.

국정원, 北의 러시아 파병 확인 국가정보원이 10월 18일 북한군 동향을 밀착 감시하던 중 8~12일 러시아 해군 수송함을 통해 북한 특수부대를 러시아 지역으로 수송하는 것을 포착했다며 북한군의 우크라이나 전쟁 참전 개시를 확인했다고 밝혔다. 파병 부대는 북한군의 최정예 특수부대인 폭풍군단(11군단)으로, 총 10개 여단 가운데 4개 여단에 해당하는 약 1만 2000명이 파병된 것으로 전해졌다. 북한군의 러시아 파병을 두고 우크라이나 전쟁에 제3국이 참전하는 첫 사례인 데다, 북한과 러시아가 지난 6월 체결한 「전쟁 시 상호 군사원조」 내용이 포함된 군사동맹 조약을 실제 실행한 것이라는 점에서 향후 세계 안보를 흔들 새로운 위협으로 부상한 것이라는 우려가 나오기도 했다.

6 │ '푸틴'의 러시아 대선 압승 - 집권 5기 개막

「현대판 차르(황제)」로 불리는 블라디미르 푸틴(71) 러시아 대통령이 3월 15~17일 사흘간 치러진 러시아 대선에서 87.28%의 압도적 지지로 집권 5기 시대를 개막했다. 러시아 대선에서 80%대 득표율이 나온 것은 이번이 처음으로, 이는 푸틴 대통령의 종전 득표율 기록인 2018년의 76.69%보다도 10%포인트 넘게 오른 것이다. 다만 이번 대선에서는 비밀투표를 보장할 수 없는 투명한 투표함이 동원되고, 반정부 성향 인사들의 대선 출마는 원천 차단되면서 사실상 결과가 정해진 선거였다는 비판이 제기됐다. 푸틴 대통령은 지난 2000·2004·2012·2018년 대선에 이어 이번에도 승리하면서 2030년까지 6년간 집권을 이어가게 됐다. 해당 임기를 예정대로 수행하면 푸틴은 이오시프 스탈린 옛 소련 공산당 서기의 29년(1924~1953

▲ 블라디미르 푸틴
(출처: 위키피디아, CC BY 4.0)

년) 집권 기간을 넘어 30년의 집권 기록을 쓰게 된다. 특히 지난 2020년 개헌으로 2030년에 열리는 대선까지 출마할 수 있는 길을 열어둔 푸틴 대통령은 이론상 84세가 되는 2036년까지 정권을 연장할 수 있어 사실상 종신 집권을 열었다는 평가가 나오는데, 이 경우 푸틴 대통령은 18세기 예카테리나 2세의 재위 기간(34년)도 넘어서게 된다.

7 '일본 자민당', 12년 만에 중의원 단독 과반 실패

일본 집권 자민당과 연립여당 공명당이 10월 27일 치러진 일본 중의원 선거(총선)에서 15년 만(자민당 단독 과반은 12년 만)에 과반 의석(233석) 확보에 실패했다. 이번 선거에서 자민당은 191석(기존 247석)·공명당은 24석(기존 32석)을 확보하며 215석을 차지했는데, 이는 선거 전보다 64석이나 줄어든 것이다. 이처럼 자민당·공명당이 총선에서 과반 의석을 놓친 것은 옛 민주당에 정권을 넘겨준 2009년 이후 15년 만에 처음이다. 반면 야당은 나머지 250석을 가져갔는데, 특히 제1야당인 입헌민주당이 선거 전(98석)보다 50석을 늘리며 148석을 차지했다. 이로써 조기 해산 승부수로 국정 동력을 얻고자 했던 이시바 시게루(石破茂) 총리에 대한 책임론이 부상하면서 거취에 대한 위기론이 일기도 했다. 하지만 11월 11일 치러진 총리 지명선거에서 이시바가 총리로 재선출되며 2차 이시바 내각이 출범했다. 다만 집권 자민당과 공명당이 중의원 과반에 미치지 못해 향후 이시바 내각의 국정 운영에 있어서는 난관이 예상되고 있다.

⬜ 일본 중의원 선거

양원제를 채택하고 있는 일본 의회는 참의원과 중의원으로 구성돼 있다. 중의원은 의석수 480석(소선거구 300명, 비례대표 180명)으로 임기는 4년이지만 해산이 가능하기 때문에 이보다 짧아질 수 있다. 해산권이 적용되지 않는 참의원은 6년의 임기가 보장되는 것에 비해, 임기 4년인 중의원은 총리가 국회 해산권을 행사했을 때 사실상 의원직이 상실되므로 임기가 보장되지 않는다. 일본 의회는 참의원보다 중의원이 강한 권한을 갖고 있다. 법안 채택이나 총리 선출에서도 양쪽의 의견이 대립되면 중의원 쪽을 우선하는데, 이는 중의원의 경우 지역구를 가지고 있기 때문이다. 중의원의 가장 중요한 권한은 내각불신임안 또는 신임동의안을 제출할 수 있는 권한으로, 참의원의 경우 법률상으로 내각불신임안을 제출할 수 없다.

8 사상 첫 10만 달러선 돌파, '비트코인'

올 한해 비트코인을 비롯한 가상자산 시장은 각종 호재가 이어지며 승승장구를 거듭했다. 올 1월 미국 증권거래위원회(SEC)는 비트코인 현물 상장지수펀드(ETF) 11개를 승인하면서 비트코인을 직접 보유하지 않고도 상장된 ETF를 통해 비트코인에 간접투자할 수 있는 길을 열었다. 이를 시작으로 4월 비트코인 반감기를 앞두고 비트코인 가격이 급등하기 시작했는데, 비트코인 반감기는 약 4년을 주기로 전체 발행량이 제한된 비트코인의 채굴 보상이 절반으로 줄어드는 것으로 2009년 비트코인이 처음 생성된 후 2012·2016·2020·2024년까지 네 차례에 걸쳐 반감기를 맞았다. 여기에 11월 5일 치러진 미국 대선에서 「가상자산 대통령」을 공언한 도널드 트럼프가 당선되면서 비트코인의 가격은 급등세를 탔는데, 트럼프 당선 이후 10일 가까이 신고가 랠리가 이어졌고 특히 12월 5일에는 사상 처음으로 10만 달러를 넘어서기도 했다. 이후 조정이 이뤄지면서 비트코인 가격은 10만 달러선 안팎을 넘나들고 있으나, 호재만 있으면 가파르게 오르며 강세를 유지 중에 있다.

9 　美 연준의 '빅컷', 전 세계 금리 인하 돌입

미국 중앙은행인 연방준비제도(Fed·연준)가 9월 18일 기준금리를 기존 5.25~5.50%에서 4.75~5.0%로 0.5%포인트 인하하는 「빅컷(Big Cut)」을 단행했다. 이는 코로나19 위기 대응을 위해 긴급하게 금리를 낮췄던 2020년 3월 이후 4년 6개월 만으로, 2022년 3월 기준금리를 올리기 시작한 이후로는 30개월 만의 피벗(Pivot, 통화정책 전환)이다. 이날 결정으로 2022년 3월부터 이어졌던 미국의 긴축 통화정책 기조는 사실상 마무리됐으며, 이로써 글로벌 금리 인하가 본격화될 것으로 전망됐다. 특히 2023년 2월 이후 1년 7개월째 역대 최장기간 기준금리(3.50%)를 동결해 오고 있는 한국은행의 행보에 관심이 모아졌는데, 한은은 10월 11일 연 3.5% 수준인 기준금리를 연 3.25%로 0.25%포인트 인하하기로 결정했다. 한은이 기준금리를 인하한 것은 지난 2021년 8월 금리를 0.25%포인트 올리며 통화긴축 기조에 나선 지 3년 2개월 만이었다. 한은은 이어 11월에도 기준금리를 0.25%포인트 더 낮추며 두 차례 연속 금리를 내렸다.

10 　전 세계를 덮친 폭염·폭우, 일상이 된 '기상이변'

유럽연합(EU) 기후감시기구인 코페르니쿠스 기후변화서비스(C3S)가 11월 지구 표면 온도가 산업화 이전보다 1.62도 높은 것으로 나타나, 2024년이 가장 뜨거운 해가 될 가능성이 매우 크다고 전망했다. C3S는 올해 1~11월 자료를 토대로 2024년 평균 기온이 1.6도 상승해 종전 최고치(2023년·1.48도)를 넘어설 것으로 예상된다고 밝혔는데, 이로써 올해는 2015년 체결한 파리협정의 목표치(1.5도)를 벗어난 첫해가 될 전망이다. 특히 이러한 이상고온으로 올해 초부터 인도·사우디아라비아·미국·멕시코 등 전 세계에서는 이른 불볕더위가 덮치는 기상이변이 잦았다.

특히 사우디에서는 낮 최고기온 50도를 넘나드는 폭염으로 이슬람 성지순례(하즈) 기간(6월 14~19일) 메카를 찾은 죄소 550명의 순례자가 온열질환으로 사망하는 일이 벌어졌다. 반면 케냐·중국·브라질 등에는 장기간 폭우가 이어지면서 홍수 피해가 속출했다. 이처럼 폭염과 폭우가 동시에 찾아오는 이상기후는 우리나라도 예외가 아니었는데, 6월부터 본격화된 찜통 더위는 9월까지 이어지면서 추석에도 대부분 지역에 폭염특보가 유지됐다. 또 올여름 기상 뉴스에서는 짧은 시간 기습적으로 퍼붓는 「극한호우」라는 말이 자주 등장했는데, 이는 1시간 누적 강수량 50mm 이상·3시간 누적 강수량 90mm 이상이 동시에 관측될 때를 말한다.

> 🔵 **난기류(亂氣流, Air Turbulence)**
>
> 불규칙한 대기운동으로, 태양이 지표면에 닿으면서 올라오는 복사열로 기류가 불안정하게 이동하는 현상을 가리킨다. 이는 계절과 상관없이 발생하는데, 특히 공기의 움직임이 활발해지는 여름철과 적도 근방에서 많이 일어난다. 특히 이상기후로 인해 상공의 난기류가 증가하는 추세로, 실제로 지난 5월 21일 영국 런던에서 싱가포르로 향하던 여객기가 미얀마 상공을 지나던 중 극심한 난기류를 만나 하강과 상승을 반복하는 과정에서 1명이 사망하는 일이 벌어지기도 했다.